分卷主编　葛夫平

中华民国时期外交文献汇编

1911—1949

第二卷

上

中华书局

本卷说明

本卷收集的档案文献资料主要涉及 1918 年—1925 年间北京政府的外交政策与活动，分四个专题：一、巴黎和会与中国；二、华盛顿会议与中国；三、一战后中外交涉个案；四、一战后的中国与国际社会。

巴黎和会是近代中国第一次以战胜国的身份参与的国际大会，中国希望藉此提高国际地位，但在强权政治之下，中国的期望落空。和会将德国在山东的各项权利交于日本，直接导致五四运动的爆发，在国际社会也引起强烈反响。巴黎和会，中国虽然未能如愿，但它对 20 年代中国民族主义运动的高涨和不平等条约的修改产生了巨大的影响。

华盛顿会议是巴黎和会的继续，旨在限制军备和解决远东太平洋问题。中国问题是华盛顿会议的一个主要议题。在华盛顿会议上，中国代表团为收复国家主权进行了不懈努力，先后提出了解决中国问题的十项原则、六项要求。会议根据对中国的一系列决议和条约，签署了《九国条约》。中国力求在华会解决的另一重要问题是山东问题。中国代表团在中国政府和人民的支持下为收复山东主权展开了艰苦的斗争，通过会外交涉，最后与日本代表在 1922 年 2 月 4 日签署了《关于解决山东悬案的条约》。

巴黎和会对山东问题的处置以及由此引发的五四运动，加剧了中外矛盾。一战后中国掀起了一股反帝爱国运动的高潮。福州中日人民斗殴案、临城劫车案等事件都在一定程度上反映了战后中外矛盾的激化。另一方面，西方列强迫于中国民族主义运动的压力，为了缓和矛盾，也陆续将租借地、租界交还中国，或放弃庚子赔款余额。中英关于收回威海卫租借地的交涉和中法金法郎案交涉就是在这一背景下展开的。北京政府在人民反帝爱国运动的推动下收回了部分主权。

　　一战后所构筑的凡尔赛—华盛顿体系,既反映了东西方列强实力对比的变化,同时也标志着新的国际格局的形成。一战改变了世界,也改变了中国与世界的关系。战后中国积极参与国际事务,努力融入新的国际社会。一战在中国国际化的过程中具有里程碑的意义。

目　录

一、巴黎和会与中国 ……………………………………………… 1

（一）中国对和会的期望和参与 ………………………………… 2

1. 中国对和会的希望与筹备 …………………………………… 3

国务院致外交部　1918 年 12 月 28 日 …………………… 3

附件一：收参议院咨 ………………………………… 3

附件二：请咨政府预筹处置中国与德奥两国财产办法
提出和平会议建议案 ……………………… 3

附件三：请咨政府将欧战期内中日国际间发生障碍亲
善之三案提出议和大会请求公道处分建议案 …… 4

附件四：请咨政府参预议席请将辛丑和约未经交付之
赔款全部取消免予交付提议案 ……………… 6

国务院、外交部致顾维钧　1919 年 1 月 5 日 …………… 9

山东省议会郑钦等致外交部　1919 年 1 月 11 日 ……… 10

卢春芳致外交部　1919 年 1 月 17 日 …………………… 11

甘肃省议会致外交部　1919 年 1 月 17 日 ……………… 12

施肇基致外交部　1919 年 1 月 17 日到 ………………… 12

陆徵祥来电　1919 年 5 月 7 日 …………………………… 13

中国之希望条件 …………………………………………… 14

废除一九一五年中日协定说帖 …………………………… 40

附录：平和会议议长复中国全权委员长函 ………… 55

孙宝琦致陆徵祥　1919 年 …………………………………… 55

孙宝琦致陆徵祥　1919 年 6 月 …………………………… 56

附件：豫备各交战国媾和时关于中国海关问题提议办法…… 57

国民外交协会致驻法公使等 ·················· 59

2. 中国加入和会与全权人数问题 ·················· 59

胡惟德致外交部　巴黎,1918 年 11 月 16 日 ·········· 59

施肇基致外交部　伦敦,1918 年 12 月 7 日 ·········· 60

胡惟德等致外交部　巴黎,1918 年 12 月 25 日到 ······ 60

施肇基等致外交部　1918 年 12 月 30 日到 ·········· 60

陆军部致章宗祥　1919 年 1 月 2 日 ·············· 61

国民外交协会致梁启超 ·························· 61

施肇基、顾维钧致外交部　巴黎,1919 年 1 月 9 日 ···· 62

陆徵祥来电　巴黎,1919 年 1 月 15 日 ············ 62

陆徵祥来电　巴黎,1919 年 1 月 17 日 ············ 63

陆徵祥来电　巴黎,1919 年 1 月 19 日 ············ 63

陆徵祥来电　巴黎,1919 年 1 月 20 日 ············ 64

陆徵祥来电　巴黎,1919 年 1 月 24 日 ············ 64

陆徵祥关于力争全权人数的报告 ·················· 64

3. 全权次序问题与代表团内部矛盾 ·················· 66

大总统特委全权委员命令　1919 年 1 月 21 日 ······ 66

陆徵祥来电　巴黎,1919 年 2 月 9 日 ············ 67

国务院致陆徵祥　1919 年 2 月 13 日 ············ 67

国务院致陆徵祥　1919 年 2 月 21 日 ············ 67

钱能训致施肇基　1919 年 2 月 21 日 ············ 68

国务院致顾维钧　1919 年 2 月 21 日 ············ 68

代表团内部名次问题 ···························· 68

陆徵祥等电　巴黎,1919 年 3 月 3 日 ············ 73

陆徵祥来电　巴黎,1919 年 3 月 8 日 ············ 73

王正廷等来电　巴黎,1919 年 3 月 10 日 ·········· 73

唐宝潮致陆军部等　1919 年 3 月 13 日 ············ 74

代表团内的初期摩擦 ···························· 74

胡惟德致钱能训　巴黎,1919 年 3 月 13 日 ……………… 76

代表团内部困难加深 …………………………………… 77

魏宸组来电　巴黎,1919 年 3 月 13 日 ………………… 79

陆徵祥致国务院　巴黎,1919 年 3 月 26 日 …………… 79

国务院致陆徵祥　1919 年 3 月 28 日 ………………… 80

国务院致陆徵祥　1919 年 3 月 28 日 ………………… 80

国务院致陆徵祥　1919 年 3 月 31 日 ………………… 80

　　附录:伍朝枢与府院秘书长电 ……………………… 81

　　附录:府院吴郭秘书长复伍朝枢电 ………………… 81

陆徵祥致国务院　巴黎,1919 年 4 月 7 日 …………… 82

陆徵祥来电　1919 年 4 月 14 日 ……………………… 82

陆徵祥来电　1919 年 4 月 22 日到 …………………… 83

(二)会中关于山东问题的讨论 ………………………… 83

1. 山东问题的提出 …………………………………… 84

陆徵祥致外交部　1919 年 1 月 19 日到 ……………… 84

陆徵祥致外交部　1919 年 1 月 23 日到 ……………… 84

外交部致陆徵祥　1919 年 1 月 24 日 ………………… 85

陆徵祥来电　巴黎,1919 年 1 月 27 日 ………………… 85

陆徵祥致外交部　1919 年 1 月 29 日到 ……………… 85

陆徵祥来电　1919 年 1 月 29 日到 …………………… 86

外交部致陆徵祥　1919 年 1 月 29 日 ………………… 86

陆徵祥来电　巴黎,1919 年 1 月 30 日 ………………… 87

　　附录:日本内田外部在贵众两院演词 ……………… 88

顾维钧关于山东问题的发言　1919 年 1 月 28 日 …… 89

2. 和约草案未发表前关于山东问题的交涉 ………… 93

陈箓会晤小幡酉吉问答　1919 年 2 月 2 日 ………… 93

外交部致陆徵祥　1919 年 2 月 5 日 ………………… 96

陆徵祥致外交部　1919 年 2 月 7 日到 ……………… 97

陆徵祥来电　巴黎,1919 年 2 月 7 日 ………………………… 97

　　附录:一九一七年英日换文大意 …………………………… 98

施履本往晤小幡酉吉问答　1919 年 2 月 11 日 ……………… 98

中华民国全权代表在巴黎和会关于山东问题的说帖

　　1919 年 4 月 …………………………………………………… 99

国务院、外交部致陆徵祥　1919 年 2 月 15 日 ……………… 108

外交部致陆徵祥　1919 年 2 月 25 日 ………………………… 108

外交部致陆徵祥　1919 年 2 月 26 日 ………………………… 108

　　73—1 附件:中国答覆牧野之宣言 ………………………… 108

国务院致外交部　1919 年 3 月 8 日 ………………………… 112

日本使馆致外交部　1919 年 3 月 10 日 ……………………… 112

外交部致陆徵祥　1919 年 3 月 27 日 ………………………… 113

山东省议会致外交部　1919 年 4 月 1 日 …………………… 113

陆徵祥致外交部　1919 年 4 月 5 日 ………………………… 113

陆徵祥来电　巴黎,1919 年 4 月 17 日 ……………………… 114

陆徵祥来电　巴黎,1919 年 4 月 18 日 ……………………… 115

施肇基来电　1919 年 4 月 19 日到 ………………………… 115

施肇基来电　1919 年 4 月 20 日到 ………………………… 116

陆徵祥来电　巴黎,1919 年 4 月 22 日 ……………………… 117

　　附录:某要人欧洲来电 ……………………………………… 118

陆徵祥致外交部　巴黎,1919 年 4 月 23 日 ………………… 119

陆徵祥来电　巴黎,1919 年 4 月 24 日 ……………………… 119

施肇基来电　1919 年 4 月 26 日到 ………………………… 120

陆徵祥来电　巴黎,1919 年 4 月 28 日到 …………………… 120

陆徵祥来电　巴黎,1919 年 4 月 29 日 ……………………… 121

施肇基来电　1919 年 5 月 1 日到 ………………………… 122

3. 和会对山东问题的处置与中国代表的抗争 ……………… 123

陆徵祥来电　巴黎,1919 年 4 月 30 日 ……………………… 123

陆徵祥来电　巴黎,1919 年 5 月 1 日　…………………… 123

陆徵祥来电　巴黎,1919 年 5 月 2 日　…………………… 124

陆徵祥等来电　巴黎,1919 年 5 月 3 日　………………… 125

陆徵祥来电　巴黎,1919 年 5 月 3 日　…………………… 125

陆徵祥来电　巴黎,1919 年 5 月 5 日　…………………… 126

陆徵祥来电　巴黎,1919 年 5 月 6 日　…………………… 127

施肇基来电　1919 年 5 月 7 日到…………………………… 128

陆徵祥致外交部　1919 年 5 月 7 日到　…………………… 128

陆徵祥来电　巴黎,1919 年 5 月 8 日　…………………… 128

陆徵祥来电　巴黎,1919 年 5 月 8 日　…………………… 130

陆徵祥来电　巴黎,1919 年 5 月 9 日　…………………… 130

陆徵祥来电　巴黎,1919 年 5 月 10 日　…………………… 131

陆徵祥致外交部　1919 年 5 月 11 日到　………………… 132

陆徵祥致外交部　1919 年 5 月 12 日到　………………… 133

陆徵祥致外交部　1919 年 5 月 13 日到　………………… 134

陆徵祥致外交部　1919 年 5 月 16 日到　………………… 135

陆徵祥来电　巴黎,1919 年 5 月 17 日　…………………… 136

陆徵祥致外交部　1919 年 5 月 19 日到　………………… 137

陆徵祥来电　巴黎,1919 年 5 月 20 日　…………………… 138

陆徵祥来电　巴黎,1919 年 5 月 22 日　…………………… 138

陆徵祥来电　巴黎,1919 年 5 月 26 日　…………………… 139

陆徵祥来电　巴黎,1919 年 5 月 27 日　…………………… 140

陆徵祥致外交部　1919 年 5 月 28 日到　………………… 141

陆徵祥来电　巴黎,1919 年 5 月 28 日　…………………… 141

陆徵祥来电　巴黎,1919 年 5 月 31 日　…………………… 142

　附录:日本牧野代表在巴黎之声明　……………………… 142

　　附录:*Zürich* 载德日密约　………………………………… 143

陆徵祥来电　巴黎,1919 年 6 月 6 日　…………………… 143

陆徵祥来电　巴黎,1919 年 6 月 7 日 ·················· 144

陆徵祥来电　巴黎,1919 年 6 月 13 日 ················· 145

施肇基来电　1919 年 6 月 20 日到 ···················· 146

陆徵祥致外交部　1919 年 7 月 4 日到 ················· 146

陆徵祥致外交部　1919 年 7 月 6 日到 ················· 148

陆徵祥来电　巴黎,1919 年 6 月 27 日 ················· 150

4.关于签约的讨论与拒签德约 ························· 150

陆徵祥来电　巴黎,1919 年 4 月 18 日 ················· 150

陆徵祥来电　1919 年 4 月 21 日 ····················· 150

山东外交商榷会致外交部　1919 年 5 月 4 日 ·········· 151

国务院致各省督军等电　1919 年 5 月 10 日 ··········· 151

奉天省议会等致外交部　1919 年 5 月 10 日 ··········· 152

陆徵祥致外交部　1919 年 5 月 12 日到 ················ 152

国务院、外交部致陆徵祥　1919 年 5 月 12 日 ·········· 153

浙江省议会电　1919 年 5 月 13 日 ···················· 153

江西省议会电　1919 年 5 月 13 日 ···················· 153

山东省议会等电　1919 年 5 月 14 日 ·················· 154

陆徵祥来电　巴黎,1919 年 5 月 14 日 ················· 154

　　附录:条议三件 ·································· 154

国务院致各省省长　1919 年 5 月 15 日 ················ 156

刁作谦往晤芮恩施问答　1919 年 5 月 16 日 ············ 157

王广圻致外交部　巴黎,1919 年 5 月 17 日 ············· 159

湖南省议会等电　1919 年 5 月 18 日 ·················· 160

国务院、外交部致陆徵祥　1919 年 5 月 20 日 ·········· 160

南京总商会代电　1919 年 5 月 21 日 ·················· 160

陆徵祥致外交部　1919 年 5 月 25 日到 ················ 161

陆徵祥来电　巴黎,1919 年 5 月 28 日 ················· 161

国务院转交外交部唐继尧来电　1919 年 5 月 31 日 ······ 162

陆徵祥来电　巴黎,1919 年 6 月 17 日 ……………………… 163

上海和平联合会来电　1919 年 6 月 20 日 …………………… 163

孙中山、岑春煊等致徐世昌　1919 年 6 月 20 日 …………… 164

福嘉森致外交部　华盛顿,1919 年 6 月 24 日 ……………… 164

长安律师公会来电　1919 年 6 月 25 日 …………………… 165

中国代表团内对保留签字的意见与讨论 …………………… 165

巴尔福致寇松　巴黎,1919 年 6 月 30 日 …………………… 169

陆徵祥致外交部　1919 年 7 月 2 日到 ……………………… 169

顾维钧关于中国拒签和约的回忆 …………………………… 170

国务院致外交部　1919 年 7 月 4 日 ………………………… 177

　　附件一 ……………………………………………………… 177

　　附件二:议员杜惟俭等提议案 …………………………… 178

外交部致驻外各使领　1919 年 7 月 4 日 …………………… 178

外交部致陆徵祥并转各使　1919 年 7 月 11 日 ……………… 178

(三)签定奥约与中德协约的签署 …………………………… 179

1.中国对德、奥的赔偿要求与条件 ………………………… 180

颜惠庆致外交部　1918 年 12 月 13 日到 …………………… 180

颜惠庆致外交部　1918 年 12 月 20 日到 …………………… 182

陆徵祥等来电　巴黎,1919 年 3 月 7 日 …………………… 183

陆徵祥来电　巴黎,1919 年 3 月 11 日 ……………………… 184

　　附录:中国提出德奥和约中应列条件说帖 ……………… 184

关于中国对德条件的报告 …………………………………… 188

关于中国对奥条件的报告 …………………………………… 193

2.签定奥约 …………………………………………………… 196

陆徵祥来电　巴黎,1919 年 5 月 29 日 ……………………… 196

陆徵祥来电　巴黎,1919 年 6 月 7 日 ……………………… 197

陆徵祥来电　1919 年 7 月 7 日到 …………………………… 197

国务院致陆徵祥　1919 年 7 月 7 日 ………………………… 198

陆徵祥来电   巴黎,1919 年 7 月 9 日 ……………………… 198

陆徵祥来电   巴黎,1919 年 7 月 9 日 ……………………… 198

陆徵祥来电   巴黎,1919 年 7 月 12 日 …………………… 199

国务院致陆徵祥   1919 年 7 月 13 日 ……………………… 199

陆徵祥来电   巴黎,1919 年 7 月 15 日 …………………… 200

陆徵祥来电   巴黎,1919 年 7 月 15 日 …………………… 200

陆徵祥来电   巴黎,1919 年 7 月 16 日 …………………… 201

陆徵祥来电   巴黎,1919 年 7 月 18 日 …………………… 201

陆徵祥来电   巴黎,1919 年 7 月 21 日 …………………… 201

陆徵祥来电   巴黎,1919 年 7 月 26 日 …………………… 202

陆徵祥来电   巴黎,1919 年 7 月 26 日 …………………… 202

陆徵祥来电   巴黎,1919 年 7 月 30 日 …………………… 203

顾维钧来电   巴黎,1919 年 8 月 12 日 …………………… 203

顾维钧来电   巴黎,1919 年 8 月 13 日 …………………… 204

顾维钧来电   巴黎,1919 年 8 月 15 日 …………………… 205

陆徵祥来电   巴黎,1919 年 8 月 18 日 …………………… 205

陆徵祥来电   巴黎,1919 年 8 月 19 日 …………………… 206

陆徵祥来电   巴黎,1919 年 9 月 3 日 ……………………… 206

陆徵祥来电   巴黎,1919 年 9 月 5 日 ……………………… 206

陆徵祥来电   巴黎,1919 年 9 月 8 日 ……………………… 207

陆徵祥来电   巴黎,1919 年 9 月 9 日 ……………………… 207

陆徵祥来电   巴黎,1919 年 9 月 10 日 …………………… 207

陆徵祥来电   巴黎,1919 年 9 月 11 日 …………………… 208

3. 中德协约的签署………………………………………………… 208

陆徵祥来电   巴黎,1919 年 6 月 28 日 …………………… 208

陆徵祥等来电   巴黎,1919 年 7 月 9 日 ………………… 209

陆徵祥来电   巴黎,1919 年 7 月 18 日 …………………… 209

附录:大总统布告 ……………………………………………… 209

财政部、农商部、交通部、法制局关于中德协约案之
　　签注及外交部之说明　1919 年 ……………………………… 210
颜惠庆致吴笈孙　19　年 10 月 1 日 …………………… 217
　　说　帖 …………………………………………………… 218
　　声明文件译稿 …………………………………………… 218
　　中德协商草案 …………………………………………… 219
　　会议录摘要 ……………………………………………… 220
　　说明书 …………………………………………………… 221
中德协约　1921 年 5 月 20 日 ……………………………… 222
卜尔熙致颜惠庆照会　1921 年 5 月 20 日 ……………… 223
颜惠庆复卜尔熙照会　1921 年 5 月 20 日 ……………… 224
卜尔熙致颜惠庆公函　1921 年 5 月 20 日 ……………… 225
颜惠庆复卜尔熙公函　1921 年 5 月 20 日 ……………… 226
大总统命令　1921 年 6 月 28 日 ………………………… 227
（四）会后山东问题的讨论与调停 ………………………… 228
1. 国际社会对于中国拒签条约的反应 …………………… 228
容揆来电　华盛顿，1919 年 7 月 7 日 …………………… 228
施肇基致外交部　伦敦，1919 年 7 月 9 日 ……………… 229
唐在复致外交部　1919 年 7 月 11 日到 ………………… 230
福开森来电　华盛顿，1919 年 7 月　日 ………………… 230
塔夫顿与霍恩贝克会谈纪录　巴黎，1919 年 7 月 18 日 … 230
艾斯顿致寇松　东京，1919 年 7 月 18 日 ……………… 231
中国驻美使馆致外交部　华盛顿，1919 年 7 月　日 …… 232
中国驻美使馆致外交部　华盛顿，1919 年 7 月　日 …… 232
陆徵祥致外交部　1919 年 7 月 21 日 …………………… 233
庄璟珂致外交部　东京，1919 年 8 月 3 日 ……………… 233
朱尔典致寇松　北京，1919 年 8 月 4 日 ………………… 234
庄璟珂致外交部　东京，1919 年 8 月 5 日 ……………… 235

容揆来电　1919 年 8 月 7 日 ………………………………… 236

陆徵祥、顾维钧来电　巴黎,1919 年 8 月 7 日 ………… 236

顾维钧来电　巴黎,1919 年 8 月 8 日 …………………… 238

顾维钧来电　巴黎,1919 年 8 月 8 日 …………………… 239

顾维钧来电　巴黎,1919 年 8 月 13 日 ………………… 239

岳昭燏来电　巴黎,1919 年 8 月 14 日 ………………… 240

顾维钧来电　巴黎,1919 年 8 月 14 日 ………………… 240

顾维钧来电　巴黎,1919 年 8 月 14 日 ………………… 241

陆徵祥来电　巴黎,1919 年 8 月 17 日 ………………… 241

施肇基来电　伦敦,1919 年 8 月 17 日 ………………… 242

容揆来电　华盛顿,1919 年 8 月 20 日 ………………… 243

某外交要人关于日美间应付山东问题之意见

　　1919 年 8 月 21 日 …………………………………… 244

陆徵祥来电　巴黎,1919 年 8 月 24 日 ………………… 245

陆徵祥来电　巴黎,1919 年 8 月 27 日 ………………… 245

岳昭燏致外交部　巴黎,1919 年 8 月 30 日 …………… 246

施肇基来电　伦敦,1919 年 8 月 30 日 ………………… 246

陆徵祥来电　巴黎,1919 年 9 月 4 日 …………………… 247

容揆致外交部　华盛顿,1919 年 10 月 17 日 ………… 247

顾维钧来电　巴黎,1919 年 10 月 24 日 ……………… 247

顾维钧来电　巴黎,1919 年 11 月 18 日 ……………… 248

施肇基致外交部　伦敦,1920 年 1 月 30 日 …………… 248

容揆致外交部　华盛顿,1920 年 3 月 4 日 …………… 249

庄璟珂致外交部　东京,1920 年 5 月 25 日 …………… 249

2. 中国代表团的因应 ………………………………………… 250

施肇基来电　伦敦,1919 年 7 月 4 日 …………………… 250

施肇基来电　1919 年 7 月 7 日到 ……………………… 250

施肇基来电　1919 年 7 月 11 日 ……………………… 251

陆徵祥致外交部　1919 年 7 月 12 日到 ……………………… 251

陆徵祥来电　巴黎,1919 年 7 月 12 日 …………………… 251

陆徵祥来电　巴黎,1919 年 7 月 17 日 …………………… 252

陆徵祥来电　巴黎,1919 年 7 月 19 日 …………………… 253

施肇基来电　1919 年 7 月 21 日 ………………………… 253

陆徵祥来电　1919 年 7 月 24 日到 ……………………… 254

巴尔福致寇松　巴黎,1919 年 7 月 24 日 ………………… 255

　　附件:巴尔福和顾维钧会谈纪录 ……………………… 256

陆徵祥来电　巴黎,1919 年 7 月 26 日 …………………… 258

陆徵祥致外交部　1919 年 7 月 27 日到 ………………… 258

陆徵祥致外交部　1919 年 8 月 6 日到 …………………… 259

格雷厄姆和陆徵祥的会谈纪录　1919 年 8 月 …………… 260

施肇基来电　1919 年 8 月 22 日 ………………………… 261

施肇基来电　1919 年 8 月 31 日 ………………………… 261

顾维钧来电　巴黎,1920 年 2 月 10 日 …………………… 262

　　附录:政府对于答复日使通牒之研究 ………………… 262

　　附录:美顾问芮恩施之来电 …………………………… 265

　　附录:外交部答复日使通牒 …………………………… 266

施肇基来电　伦敦,1920 年 7 月 15 日 …………………… 266

施肇基来电　伦敦,1920 年 7 月 30 日 …………………… 267

顾维钧来电　华盛顿,1920 年 10 月 16 日 ………………… 267

顾维钧来电　华盛顿,1920 年 10 月 16 日 ………………… 268

顾维钧来电　华盛顿,1920 年 10 月 18 日 ………………… 269

顾维钧来电　华盛顿,1920 年 10 月 18 日 ………………… 270

顾维钧来电　华盛顿,1920 年 10 月 20 日 ………………… 271

施肇基来电　伦敦,1920 年 10 月 20 日 …………………… 271

顾维钧致外交部　华盛顿,1920 年 11 月 5 日 …………… 272

3. 中国政府与民间的态度 ……………………………… 272

国务院致陆徵祥　1919 年 7 月 3 日 ⋯⋯⋯⋯⋯⋯⋯⋯⋯⋯ 272

吴佩孚通电　1919 年 7 月 13 日 ⋯⋯⋯⋯⋯⋯⋯⋯⋯⋯⋯ 273

上海山东协会致国务院　1919 年 7 月 19 日 ⋯⋯⋯⋯⋯⋯ 274

郭则澐来函　1919 年 7 月 24 日 ⋯⋯⋯⋯⋯⋯⋯⋯⋯⋯⋯ 274

　　406—1 附件 ⋯⋯⋯⋯⋯⋯⋯⋯⋯⋯⋯⋯⋯⋯⋯⋯⋯⋯ 274

浙江教育会等致国务院　1919 年 7 月 25 日 ⋯⋯⋯⋯⋯⋯ 276

国务院、外交部致陆徵祥　1919 年 7 月 30 日 ⋯⋯⋯⋯⋯ 277

江苏省议会来电　1919 年 8 月 29 日 ⋯⋯⋯⋯⋯⋯⋯⋯⋯ 278

二、华盛顿会议与中国 ⋯⋯⋯⋯⋯⋯⋯⋯⋯⋯⋯⋯⋯⋯⋯⋯ 279

(一)会议的发起与中国的对策 ⋯⋯⋯⋯⋯⋯⋯⋯⋯⋯⋯ 280

1. 英美的提议与召集 ⋯⋯⋯⋯⋯⋯⋯⋯⋯⋯⋯⋯⋯⋯⋯ 281

顾维钧来电　伦敦,1921 年 7 月 8 日 ⋯⋯⋯⋯⋯⋯⋯⋯ 281

顾维钧来电　伦敦,1921 年 7 月 8 日 ⋯⋯⋯⋯⋯⋯⋯⋯ 281

顾维钧来电　伦敦,1921 年 7 月 9 日 ⋯⋯⋯⋯⋯⋯⋯⋯ 281

顾维钧来电　伦敦,1921 年 7 月 9 日 ⋯⋯⋯⋯⋯⋯⋯⋯ 282

顾维钧来电　伦敦,1921 年 7 月 11 日 ⋯⋯⋯⋯⋯⋯⋯ 282

顾维钧来电　伦敦,1921 年 7 月 11 日 ⋯⋯⋯⋯⋯⋯⋯ 283

顾维钧来电　伦敦,1921 年 7 月 11 日 ⋯⋯⋯⋯⋯⋯⋯ 283

芮德克致颜惠庆　1921 年 7 月 12 日 ⋯⋯⋯⋯⋯⋯⋯⋯ 284

颜惠庆会晤芮德克问答(节录)　1921 年 7 月 18 日 ⋯⋯ 285

芮德克致颜惠庆　1921 年 8 月 5 日 ⋯⋯⋯⋯⋯⋯⋯⋯⋯ 285

颜惠庆致芮德克　1921 年 8 月 6 日 ⋯⋯⋯⋯⋯⋯⋯⋯⋯ 285

芮德克致外交部　1921 年 8 月 13 日 ⋯⋯⋯⋯⋯⋯⋯⋯ 286

施肇基致美国外交部　1921 年 8 月 16 日 ⋯⋯⋯⋯⋯⋯ 286

外交部致芮德克　1921 年 8 月 17 日 ⋯⋯⋯⋯⋯⋯⋯⋯ 287

2. 中国的加入与代表团的派遣 ⋯⋯⋯⋯⋯⋯⋯⋯⋯⋯⋯ 287

顾维钧来电　伦敦,1921 年 7 月 16 日 ⋯⋯⋯⋯⋯⋯⋯ 287

汪荣宝来电　1921 年 7 月 20 日 …………………………… 289

顾维钧来电　伦敦,1921 年 7 月 21 日 ……………………… 289

王继曾来电　1921 年 7 月 21 日 …………………………… 290

胡惟德来电　1921 年 7 月 22 日 …………………………… 291

王广圻来电　1921 年 7 月 25 日 …………………………… 291

夏诒霆来电　1921 年 7 月 25 日 …………………………… 292

陈篆来电　1921 年 7 月 25 日 ……………………………… 292

章祖申来电　1921 年 7 月 29 日 …………………………… 293

魏宸组来电　1921 年 8 月 2 日 ……………………………… 294

刘崇杰来电　东京,1921 年 8 月 10 日 ……………………… 294

魏宸组来电　1921 年 8 月 18 日 …………………………… 295

施肇基来电　华盛顿,1921 年 9 月 10 日 …………………… 295

施肇基来电　华盛顿,1921 年 9 月 12 日 …………………… 296

舒尔曼致外交部照会　1921 年 9 月 12 日 ………………… 297

驻外各公使来电　1921 年 9 月 13 日 ……………………… 298

王广圻来电　1921 年 9 月 14 日 …………………………… 298

胡惟德来电　东京,1921 年 9 月 14 日 ……………………… 299

施肇基来电　华盛顿,1921 年 9 月 19 日 …………………… 299

施肇基来电　华盛顿,1921 年 9 月 19 日 …………………… 300

施肇基来电　华盛顿,1921 年 9 月 23 日 …………………… 300

施肇基来电　华盛顿,1921 年 9 月 30 日 …………………… 301

施肇基来电　华盛顿,1921 年 10 月 1 日 …………………… 301

舒尔曼致外交部　1921 年 10 月 4 日 ……………………… 303

顾维钧、王宠惠来电　伦敦,1921 年 10 月 6 日 …………… 303

顾维钧、王宠惠来电　伦敦,1921 年 10 月 6 日 …………… 304

大总统令　1921 年 10 月 6 日 ……………………………… 304

参与华盛顿会议中国代表团衔名录　1921 年 ……………… 304

施肇基来电　华盛顿,1921 年 10 月 10 日…………………… 306

施肇基来电　华盛顿,1921 年 10 月 15 日 ·············· 307

施肇基来电　华盛顿,1921 年 10 月 17 日 ·············· 307

施肇基来电　华盛顿,1921 年 10 月 20 日 ·············· 307

施肇基来电　华盛顿,1921 年 10 月 27 日 ·············· 307

施肇基致外交部　华盛顿,1920 年 10 月 29 日 ··········· 308

施肇基来电　华盛顿,1921 年 11 月 5 日 ··············· 308

外交部致王宠惠　1921 年 12 月 8 日 ················· 309

外交部致施肇基等　1921 年 12 月 8 日 ··············· 309

3. 中国的应付方针 ····························· 310

顾维钧致外交部　伦敦,1921 年 10 月 17 日 ············ 310

顾维钧致外交部　伦敦,1921 年 10 月 17 日 ············ 310

顾维钧致外交部　伦敦,1921 年 10 月 24 日 ············ 311

顾维钧致外交部　伦敦,1921 年 10 月 24 日 ············ 311

外交部致代表团　1921 年 10 月 27 日 ················ 312

外交部致代表团　1921 年 10 月 31 日 ················ 314

顾维钧致外交部　伦敦,1921 年 11 月 1 日 ············· 314

外交部致代表团　1921 年 11 月 3 日 ················· 315

国民外交联合会对于华盛顿会议中国提案之意见

1921 年 11 月 7 日 ······················· 316

曹云祥来电　华盛顿,1921 年 11 月 11 日 ·············· 317

外交部致代表团　1921 年 11 月 15 日 ················ 318

施肇基、顾维钧、王宠惠来电　华盛顿,1921 年 11 月 17 日 ······ 318

附录:顾使与英某代表之谈话 ················· 319

附录:福开森之演讲 ····················· 319

外交部致代表团　1921 年 11 月 23 日 ················ 319

(二)山东问题 ······························ 320

1. 日提鲁案与中国的因应 ······················ 320

顾维钧来电　伦敦,1921 年 8 月 24 日 ··············· 320

胡惟德来电　东京,1921 年 8 月 31 日 ……………………… 321

施肇基来电　华盛顿,1921 年 9 月 3 日 …………………… 321

胡惟德来电　东京,1921 年 9 月 6 日 ……………………… 321

胡惟德来电　东京,1921 年 9 月 10 日 …………………… 322

胡惟德来电　东京,1921 年 9 月 16 日 …………………… 322

　　附录:日使面递山东善后处置大纲九条 ………………… 322

王广圻来电　1921 年 9 月 17 日 …………………………… 323

陈箓、章祖申来电　1921 年 9 月 17 日 …………………… 323

芮恩施来电　华盛顿,1921 年 9 月 20 日 ………………… 324

汪荣宝、唐在复、顾维钧来电　1921 年 9 月 21 日 ……… 325

施肇基来电　华盛顿,1921 年 9 月 26 日 ………………… 325

施肇基致外交部　华盛顿,1921 年 10 月 7 日 …………… 327

　　附录:外交部答复日使节略 ……………………………… 327

外交部致施肇基、朱兆莘　1921 年 11 月 3 日 …………… 328

　　附录:兰辛、韦罗贝、吴而塞建议答复日本节略 ………… 330

2. 美欧的意见与日本的态度 ……………………………………… 331

施肇基致外交部　华盛顿,1921 年 9 月 17 日 …………… 331

胡惟德来电　东京,1921 年 9 月 17 日 …………………… 332

施肇基来电　华盛顿,1921 年 9 月 18 日 ………………… 332

施肇基来电　华盛顿,1921 年 9 月 19 日 ………………… 334

顾维钧来电　伦敦,1921 年 9 月 20 日 …………………… 335

施肇基来电　华盛顿,1921 年 9 月 22 日 ………………… 335

顾维钧来电　伦敦,1921 年 9 月 24 日 …………………… 336

施肇基来电　华盛顿,1921 年 9 月 26 日 ………………… 336

胡惟德来电　东京,1921 年 10 月 1 日 …………………… 337

施肇基来电　华盛顿,1921 年 10 月 8 日 ………………… 337

施肇基来电　华盛顿,1921 年 10 月 9 日 ………………… 338

胡惟德来电　东京,1921 年 10 月 9 日 …………………… 338

胡惟德来电　东京,1921 年 10 月 9 日 ……………………… 338

顾维钧来电　伦敦,1921 年 10 月 10 日 ……………… 339

夏诒霆来电　里约热内卢,1921 年 10 月 11 日 …………… 339

陈箓致外交部　巴黎,1921 年 10 月 11 日 ……………… 340

顾维钧来电　伦敦,1921 年 10 月 11 日 ……………… 340

胡惟德来电　东京,1921 年 10 月 12 日 ……………… 340

施肇基来电　华盛顿,1921 年 10 月 20 日 ……………… 340

顾维钧来电　伦敦,1921 年 10 月 24 日 ……………… 341

　附录:日本二次致外交部节略 ……………………… 341

3. 会外交涉鲁案 …………………………………………… 344

顾维钧来电　伦敦,1921 年 10 月 24 日 ……………… 344

顾维钧来电　伦敦,1921 年 10 月 25 日 ……………… 344

施肇基来电　华盛顿,1921 年 10 月 27 日 ……………… 345

施肇基来电　华盛顿,1921 年 10 月 27 日 ……………… 345

福开森来电　华盛顿,1921 年 10 月 28 日 ……………… 346

福开森来电　华盛顿,1921 年 11 月 1 日 ……………… 347

朱兆莘来电　伦敦,1921 年 11 月 2 日 ……………… 347

施肇基、顾维钧、王宠惠来电　华盛顿,1921 年 11 月 10 日 …… 347

施肇基、顾维钧、王宠惠来电　华盛顿,1921 年 11 月 14 日 …… 348

施肇基、顾维钧、王宠惠来电　华盛顿,1921 年 11 月 17 日 …… 348

外交部致代表团　1921 年 11 月 21 日 ……………… 348

施肇基来电　华盛顿,1921 年 11 月 25 日 ……………… 349

施肇基来电　华盛顿,1921 年 11 月 25 日 ……………… 350

外交部致代表团　1921 年 11 月 26 日 ……………… 351

外交部致施肇基　1921 年 11 月 28 日 ……………… 351

外交部致代表团　1921 年 11 月 28 日 ……………… 352

施肇基、顾维钧、王宠惠来电　华盛顿,1921 年 11 月 28 日 ………… 352

施肇基、顾维钧、王宠惠来电　华盛顿,1921 年 11 月 29 日 …… 352

施肇基来电　华盛顿,1921 年 11 月 29 日…………………… 353

施肇基、顾维钧、王宠惠来电　华盛顿,1921 年 11 月 30 日……… 353

施肇基、顾维钧、王宠惠来电　1921 年 12 月 1 日 …………… 354

外交部致代表团　1921 年 12 月 4 日 ………………………… 355

外交部致代表团　1921 年 12 月 7 日 ………………………… 355

芮恩施来电　华盛顿,1921 年 12 月 8 日 …………………… 355

国务院、外交部致施肇基、顾维钧　1921 年 12 月 10 日……… 356

施肇基、顾维钧、王宠惠致外交部　1921 年 12 月 11 日……… 356

施肇基、顾维钧、王宠惠致外交部　1921 年 12 月 12 日……… 357

外交部致代表团　1921 年 12 月 12 日………………………… 358

施肇基、顾维钧、王宠惠来电　华盛顿,1921 年 12 月　日……… 358

外交部致施肇基、顾维钧、王宠惠　1921 年 12 月 13 日……… 358

国务院、外交部致各省巡阅使等　1921 年 12 月 13 日 ……… 359

施肇基、顾维钧、王宠惠来电　华盛顿,1921 年 12 月 14 日…… 360

施肇基、顾维钧、王宠惠来电　华盛顿,1921 年 12 月 15 日…… 360

外交部致施肇基、顾维钧、王宠惠　1921 年 12 月 15 日……… 361

施履本致国务院　1921 年 12 月 17 日………………………… 361

施肇基、顾维钧、王宠惠致外交部　1921 年 12 月 18 日……… 361

施肇基、顾维钧、王宠惠来电　华盛顿,1921 年 12 月 18 日…… 362

施履本致国务院　1921 年 12 月 18 日………………………… 362

施肇基、顾维钧、王宠惠来电　华盛顿,1921 年 12 月 19 日…… 362

上海闸北学界游行会致徐世昌等　1921 年 12 月 20 日……… 363

施肇基、顾维钧、王宠惠致外交部　1921 年 12 月 22 日……… 363

施肇基、顾维钧、王宠惠致外交部　1921 年 12 月 23 日到……… 364

施肇基、顾维钧、王宠惠致外交部　1921 年 12 月 23 日……… 364

施肇基、顾维钧、王宠惠来电　华盛顿,1921 年 12 月 24 日…… 364

国务院致外交部　1921 年 12 月 24 日………………………… 365

外交部致代表团　1921 年 12 月 25 日………………………… 365

安徽太平洋会议外交后援会代电　1921 年 12 月 26 日 …………… 366

国务院致外交部　1921 年 12 月 26 日 …………………………… 366

外交部致施肇基、顾维钧、王宠惠　1921 年 12 月 28 日 ………… 367

外交部致代表团　1921 年 12 月 28 日 ……………………………… 367

施肇基、顾维钧、王宠惠致外交部　华盛顿,1921 年 12 月 29 日 …… 368

施肇基致外交部　华盛顿,1921 年 12 月 29 日 …………………… 368

施肇基、顾维钧、王宠惠来电　华盛顿,1921 年 12 月 30 日 ……… 368

施肇基、顾维钧、王宠惠来电　华盛顿,1921 年 12 月 30 日 ……… 369

田中玉致外交部　1921 年 12 月 31 日 …………………………… 369

外交部致代表团　1921 年 12 月 31 日 …………………………… 370

外交部致代表团　1921 年 12 月 31 日 …………………………… 370

施肇基、顾维钧、王宠惠致外交部　1922 年 1 月 1 日 …………… 370

施肇基、顾维钧、王宠惠来电　华盛顿,1922 年 1 月 2 日 ………… 371

施肇基、顾维钧、王宠惠致外交部　1922 年 1 月 2 日 …………… 371

施肇基、顾维钧、王宠惠致外交部　1922 年 1 月 2 日 …………… 371

施肇基、顾维钧、王宠惠来电　华盛顿,1922 年 1 月 4 日 ………… 372

施肇基、顾维钧、王宠惠来电　华盛顿,1922 年 1 月 4 日 ………… 372

施肇基、顾维钧、王宠惠来电　华盛顿,1922 年 1 月 4 日 ………… 372

施肇基、顾维钧、王宠惠致外交部　1922 年 1 月 5 日 …………… 373

朱兆莘致外交部　1922 年 1 月 5 日 ……………………………… 373

外交部致施肇基、顾维钧、王宠惠　1922 年 1 月 5 日 …………… 373

施肇基、顾维钧、王宠惠致外交部　1922 年 1 月 6 日 …………… 374

施肇基、顾维钧、王宠惠致外交部　1922 年 1 月 6 日 …………… 374

施肇基、顾维钧、王宠惠来电　华盛顿,1922 年 1 月 6 日 ………… 374

外交部致施肇基、顾维钧、王宠惠　1922 年 1 月 7 日 …………… 375

施肇基、顾维钧、王宠惠来电　华盛顿,1922 年 1 月 7 日 ………… 375

施肇基、顾维钧、王宠惠来电　华盛顿,1922 年 1 月 9 日 ………… 375

施肇基、顾维钧、王宠惠来电　华盛顿,1922 年 1 月 10 日 ……… 376

外交部致代表团　1922年1月10日　……………………………… 376

施肇基、顾维钧、王宠惠致外交部　1922年1月11日　………… 377

外交部致施肇基、顾维钧、王宠惠　1922年1月12日　………… 378

施肇基、顾维钧、王宠惠致外交部　华盛顿,1922年1月13日 …… 379

国务院、外交部致各使馆　1922年1月13日　…………………… 379

施肇基、顾维钧、王宠惠致外交部　1922年1月13日　………… 379

外交部致代表团　1922年1月13日　……………………………… 380

施肇基、顾维钧、王宠惠致外交部　1922年1月14日　………… 380

国务院关于赎回胶济路之通电　1922年1月14日　……………… 380

国务院秘书厅通电　1922年1月14日　…………………………… 381

施肇基、顾维钧、王宠惠致外交部　1922年1月15日　………… 382

施肇基、顾维钧、王宠惠来电　华盛顿,1922年1月15日　…… 382

施肇基、顾维钧、王宠惠来电　华盛顿,1922年1月16日　…… 383

国务院、外交部致施肇基、顾维钧、王宠惠　1922年1月17日 … 383

外交部致施肇基、顾维钧、王宠惠　1922年1月17日　………… 383

施肇基、顾维钧、王宠惠来电　华盛顿,1922年1月17日　…… 384

施肇基、顾维钧、王宠惠来电　华盛顿,1922年1月18日　…… 384

施肇基、顾维钧、王宠惠来电　华盛顿,1922年1月18日　…… 385

施肇基、顾维钧、王宠惠来电　华盛顿,1922年1月19日　…… 386

梁士诒通电　1922年1月20日　…………………………………… 386

施肇基、顾维钧、王宠惠致外交部　1922年1月20日　………… 387

施肇基、顾维钧、王宠惠来电　华盛顿,1922年1月20日　…… 387

施肇基、顾维钧、王宠惠来电　华盛顿,1922年1月22日　…… 388

外交部致施肇基、顾维钧、王宠惠　1922年1月22日　………… 389

外交部致代表团　1922年1月22日　……………………………… 389

外交部致代表团　1922年1月22日　……………………………… 390

施肇基、顾维钧、王宠惠致外交部　1922年1月23日　………… 390

施肇基、顾维钧、王宠惠致外交部　1922年1月23日　………… 390

施肇基、顾维钧、王宠惠致外交部　1922 年 1 月 23 日 ………… 390

施肇基、顾维钧、王宠惠来电　华盛顿,1922 年 1 月 24 日 ………… 391

施肇基、顾维钧、王宠惠来电　华盛顿,1922 年 1 月 24 日 ………… 391

施肇基、顾维钧、王宠惠来电　华盛顿,1922 年 1 月 25 日 ………… 392

外交部致代表团　1922 年 1 月 26 日 …………………………… 392

施肇基、顾维钧、王宠惠来电　华盛顿,1922 年 1 月 28 日 ………… 393

施肇基、顾维钧、王宠惠来电　华盛顿,1922 年 2 月 1 日 ………… 393

外交部致代表团　1922 年 2 月 6 日 ………………………… 394

4. 鲁案签字及善后事宜 ……………………………………… 394

施肇基、顾维钧、王宠惠来电　华盛顿,1922 年 1 月 23 日 ………… 394

施肇基、顾维钧、王宠惠来电　华盛顿,1922 年 1 月 26 日 ………… 394

外交部致代表团　1922 年 1 月 29 日 ………………………… 395

施肇基、顾维钧、王宠惠来电　华盛顿,1922 年 2 月 1 日 ………… 395

施肇基、顾维钧、王宠惠来电　华盛顿,1922 年 2 月 2 日 ………… 395

外交部致代表团　1922 年 2 月 4 日 ………………………… 395

施肇基、顾维钧、王宠惠来电　华盛顿,1922 年 2 月 4 日 ………… 396

施肇基、顾维钧、王宠惠来电　华盛顿,1922 年 2 月 4 日 ………… 396

施肇基、顾维钧、王宠惠来电　华盛顿,1922 年 2 月 4 日 ………… 396

外交部致施肇基、顾维钧、王宠惠　1922 年 2 月 5 日 ………… 397

徐世昌致哈定电　北京,1922 年 2 月 5 日 ………………… 397

施肇基、顾维钧、王宠惠致外交部　1922 年 2 月 5 日 ………… 397

外交部致施肇基、顾维钧、王宠惠　1922 年 2 月 6 日 ………… 398

盐务署致外交部　1922 年 2 月 6 日 ………………………… 398

外交部致总统府秘书厅　1922 年 2 月 6 日 ………………… 399

　　附件:日本全国非难反对现在华盛顿之德川公爵及

　　日本之政局 …………………………………………… 399

施肇基、顾维钧、王宠惠致外交部　1922 年 2 月 7 日到………… 405

颜惠庆会晤小幡酉吉问答　1922 年 2 月 8 日 ……………… 405

施肇基、顾维钧、王宠惠致外交部　1922 年 2 月 13 日 ⋯⋯⋯⋯ 406

施履本致外交部　1922 年 2 月 15 日 ⋯⋯⋯⋯⋯⋯⋯⋯⋯⋯ 406

施肇基、顾维钧、王宠惠致外交部　1922 年 3 月 16 日 ⋯⋯⋯⋯ 407

国务院致外交部　1922 年 3 月 29 日 ⋯⋯⋯⋯⋯⋯⋯⋯⋯⋯ 407

盐务署致外交部　1922 年 4 月 10 日 ⋯⋯⋯⋯⋯⋯⋯⋯⋯⋯ 408

外交部致徐世昌　1922 年 4 月 28 日 ⋯⋯⋯⋯⋯⋯⋯⋯⋯⋯ 409

外交部致徐世昌　1922 年 4 月 28 日 ⋯⋯⋯⋯⋯⋯⋯⋯⋯⋯ 409

江洪杰致外交部　1922 年 5 月 8 日 ⋯⋯⋯⋯⋯⋯⋯⋯⋯⋯⋯ 410

田中玉来电　1922 年 5 月 10 日 ⋯⋯⋯⋯⋯⋯⋯⋯⋯⋯⋯⋯ 410

山东鲁案善后研究会致外交部　1922 年 5 月 11 日 ⋯⋯⋯⋯ 411

王正廷致颜惠庆　1922 年 5 月 11 日 ⋯⋯⋯⋯⋯⋯⋯⋯⋯⋯ 411

沈瑞麟会晤小幡酉吉问答　1922 年 5 月 30 日 ⋯⋯⋯⋯⋯⋯ 412

日本馆会晤问答　1922 年 5 月 30 日 ⋯⋯⋯⋯⋯⋯⋯⋯⋯⋯ 412

外交部致国务院　1922 年 6 月 2 日 ⋯⋯⋯⋯⋯⋯⋯⋯⋯⋯⋯ 413

外交部致驻外公使、巡阅使、省督军省长、济南
　鲁案善后督办公署　1922 年 6 月 2 日 ⋯⋯⋯⋯⋯⋯⋯⋯⋯ 413

沈瑞麟呈文　1922 年 6 月 3 日 ⋯⋯⋯⋯⋯⋯⋯⋯⋯⋯⋯⋯ 414

熊垓会晤吉田问答　1922 年 6 月 7 日 ⋯⋯⋯⋯⋯⋯⋯⋯⋯ 414

(三)关于中国各项问题的讨论 ⋯⋯⋯⋯⋯⋯⋯⋯⋯⋯⋯⋯ 415

1. 华盛顿会议的宗旨与原则 ⋯⋯⋯⋯⋯⋯⋯⋯⋯⋯⋯⋯⋯⋯ 415

第一次大会议事录（节译）　1921 年 11 月 12 日 ⋯⋯⋯⋯⋯ 415

第二次大会议事录（节译）　1921 年 11 月 15 日 ⋯⋯⋯⋯⋯ 422

太平洋与远东问题委员会第一次会议议事录
　1921 年 11 月 16 日 ⋯⋯⋯⋯⋯⋯⋯⋯⋯⋯⋯⋯⋯⋯⋯⋯⋯ 423

中国提出的十条原则　1921 年 11 月 ⋯⋯⋯⋯⋯⋯⋯⋯⋯⋯ 427

华盛顿会议中国代表会议宣言书 ⋯⋯⋯⋯⋯⋯⋯⋯⋯⋯⋯⋯ 429

太平洋与远东问题委员会第二次会议议事录
　1921 年 11 月 19 日 ⋯⋯⋯⋯⋯⋯⋯⋯⋯⋯⋯⋯⋯⋯⋯⋯⋯ 430

第四次大会议事录　1921 年 12 月 10 日 ·················· 437

第七次大会议事录（节译）　1922 年 2 月 6 日 ·············· 453

2. 关于废除列强在华特权问题 ····························· 457

　顾维钧与朱尔典谈话　1921 年 10 月 25 日 ·············· 457

　外交部致顾维钧、施肇基、王宠惠　1921 年 11 月 12 日 ····· 457

　施肇基、顾维钧、王宠惠来电　华盛顿,1921 年 11 月 16 日 ··· 458

　顾维钧、施肇基、王宠惠来电　华盛顿,1921 年 11 月 21 日 ··· 458

　外交部致代表团　1921 年 11 月 22 日 ················· 460

　在华客邮分股委员会第一次会议议事录

　　　1921 年 11 月 26 日 ··························· 460

　在华客邮起草分股委员会第一次会议议事录

　　　1921 年 11 月 26 日 ··························· 464

　施肇基、顾维钧、王宠惠来电　华盛顿,1921 年 11 月 26 日 ··· 466

　外交部致代表团　1921 年 11 月 28 日 ················· 466

　在华领事裁判权分股委员会第一次会议议事录

　　　1921 年 11 月 28 日 ··························· 467

　在华领事裁判权分股委员会第二次会议议事录

　　　1921 年 11 月 28 日 ··························· 470

　中国关税分股委员会第一次会议议事录　1921 年 11 月 29 日 ··· 474

　中国关税分股委员会第二次会议议事录　1921 年 11 月 30 日 ··· 481

　外交部致施肇基　1921 年 12 月 6 日 ·················· 486

　外交部致代表团　1921 年 12 月 6 日 ·················· 487

　施肇基、顾维钧、王宠惠来电　华盛顿,1921 年 12 月 8 日 ···· 487

　国务院、外交部、财政部致代表团　1921 年 12 月 10 日 ······ 488

　刁作谦致外交部电　1921 年 12 月 13 日 ················ 488

　外交部致代表团　1921 年 12 月 13 日 ················· 490

　外交部致代表团　1921 年 12 月 15 日 ················· 490

　施肇基、顾维钧、王宠惠来电　华盛顿,1921 年 12 月 18 日 ··· 491

施肇基、顾维钧、王宠惠来电　华盛顿,1921 年 12 月 22 日 ⋯⋯⋯⋯⋯ 492

施肇基致外交部　华盛顿,1921 年 12 月 24 日 ⋯⋯⋯⋯⋯⋯⋯⋯ 492

施肇基、顾维钧、王宠惠来电　华盛顿,1921 年 12 月 25 日 ⋯⋯⋯⋯⋯ 493

外交部致代表团　1921 年 12 月 25 日 ⋯⋯⋯⋯⋯⋯⋯⋯⋯⋯⋯⋯ 494

施肇基、顾维钧、王宠惠来电　华盛顿,1921 年 12 月 27 日 ⋯⋯⋯⋯⋯ 495

中国关税分股委员会第三次会议议事录　1921 年 12 月 27 日 ⋯⋯⋯ 496

中国关税分股委员会第四次会议议事录　1921 年 12 月 28 日 ⋯⋯ 499

国务院、外交部、财政部致代表团　1921 年 12 月 28 日 ⋯⋯⋯⋯⋯ 512

施肇基、顾维钧、王宠惠来电　华盛顿,1921 年 12 月 29 日 ⋯⋯⋯⋯⋯ 513

国务院、外交部、财政部致代表团　1921 年 12 月 30 日 ⋯⋯⋯⋯⋯ 513

国务院、外交部、财政部致代表团　1921 年 12 月 31 日 ⋯⋯⋯⋯⋯ 514

国务院、外交部、财政部致代表团　1921 年 12 月 31 日 ⋯⋯⋯⋯⋯ 514

施肇基、顾维钧、王宠惠来电　华盛顿,1922 年 1 月 1 日 ⋯⋯⋯⋯⋯ 515

施肇基、顾维钧、王宠惠来电　华盛顿,1922 年 1 月 3 日 ⋯⋯⋯⋯⋯ 516

施肇基、顾维钧、王宠惠来电　华盛顿,1922 年 1 月 3 日 ⋯⋯⋯⋯⋯ 516

中国关税分股委员会第五次会议议事录　1922 年 1 月 3 日 ⋯⋯ 517

中国关税分股委员会第六次会议议事录　1922 年 1 月 4 日 ⋯⋯ 525

施肇基、顾维钧、王宠惠来电　华盛顿,1922 年 1 月 4 日 ⋯⋯⋯⋯⋯ 527

施肇基、顾维钧、王宠惠来电　华盛顿,1922 年 1 月 4 日 ⋯⋯⋯⋯⋯ 527

国务院、外交部、财政部、税务处致代表团　1922 年 1 月 5 日 ⋯⋯ 528

施肇基、顾维钧、王宠惠来电　华盛顿,1922 年 1 月 5 日 ⋯⋯⋯⋯⋯ 528

施肇基、顾维钧、王宠惠来电　华盛顿,1922 年 1 月 6 日 ⋯⋯⋯⋯⋯ 529

国务院、外交部、财政部致代表团　1922 年 1 月 6 日 ⋯⋯⋯⋯⋯ 529

国务院、外交部、财政部、税务处致代表团　1922 年 1 月 8 日 ⋯⋯ 530

外交部致代表团　1922 年 1 月 10 日 ⋯⋯⋯⋯⋯⋯⋯⋯⋯⋯⋯⋯ 531

国务院、外交部、财政部、税务处致代表团　1922 年 1 月 11 日 ⋯ 531

施肇基、顾维钧、王宠惠来电　华盛顿,1922 年 1 月 16 日 ⋯⋯⋯⋯⋯ 531

施肇基、顾维钧、王宠惠来电　华盛顿,1922 年 1 月 19 日 ⋯⋯⋯⋯⋯ 532

中东铁路技术分股委员会第一次会议议事录

　　1922 年 1 月 19 日 ·· 533

中东铁路技术分股委员会第二次会议议事录

　　1922 年 1 月 20 日 ·· 536

施肇基、顾维钧、王宠惠致外交部　华盛顿,1922 年 1 月 20 日 ····· 545

外交部致代表团　1922 年 1 月 24 日 ·························· 545

外交部致代表团　1922 年 1 月 26 日 ·························· 546

施肇基、顾维钧、王宠惠致外交部　华盛顿,1922 年 1 月 27 日 ····· 546

顾维钧、施肇基、王宠惠致外交部　华盛顿,1922 年 1 月 27 日 ····· 546

施肇基、顾维钧、王宠惠致外交部　华盛顿,1922 年 1 月 28 日 ····· 547

施肇基、顾维钧、王宠惠致外交部　1922 年 1 月 29 日 ············ 548

中东铁路全权分股委员会第一次会议议事录

　　1922 年 1 月 31 日 ·· 549

第五次大会议事录（节译）　1922 年 2 月 1 日 ··············· 556

中东铁路全权分股委员会第二次会议议事录

　　1922 年 2 月 1 日 ··· 579

中东铁路全权分股委员会第三次会议会议录

　　1922 年 2 月 2 日 ··· 585

施肇基、顾维钧、王宠惠来电　华盛顿,1922 年 2 月 3 日 ········ 592

施肇基、顾维钧、王宠惠来电　华盛顿,1922 年 2 月 4 日 ········ 593

第六次大会议事录（节译）　1922 年 2 月 4 日 ··············· 593

3.《九国公约》的签订 ··· 622

华盛顿会议关于远东问题之条约及议决案　1922 年 2 月 6 日 ··· 622

施肇基、顾维钧、王宠惠致外交部　华盛顿,1922 年 2 月 7 日 ····· 635

施肇基、顾维钧、王宠惠致外交部　华盛顿,1922 年 2 月 7 日 ····· 635

施肇基、顾维钧、王宠惠致外交部　华盛顿,1922 年 2 月 9 日 ····· 635

顾维钧等致徐世昌　1922 年 2 月 28 日 ······················· 636

舒尔曼致外交部　1922 年 4 月 26 日 ························· 638

外交部致国务院　1922 年 4 月 28 日 ……………………… 639

外交部致徐世昌　1922 年 4 月 28 日 ……………………… 639

外交部致张名振　1922 年 5 月 3 日 ………………………… 640

陆军部致外交部　1922 年 11 月 10 日……………………… 640

驻美使馆致外交部　1922 年 11 月 21 日…………………… 641

刘锡昌接见韩德卫问答　1923 年 1 月 25 日 ……………… 642

荷兰使馆致外交部　1923 年 2 月 1 日 …………………… 642

驻意大利使馆致外交部　1923 年 4 月 7 日 ……………… 643

驻意大利使馆致外交部　1923 年 5 月 9 日 ……………… 643

王景岐致外交部　1923 年 1 月 25 日 ……………………… 644

舒尔曼致外交部　1923 年 ………………………………… 645

三、一战后中外交涉个案 ………………………………… 647

（一）福州事件 …………………………………………… 648

陈箓致小幡酉吉　1919 年 11 月 20 日……………………… 648

小幡酉吉致陈箓　1919 年 11 月 20 日……………………… 649

陈箓致小幡酉吉　1919 年 11 月 27 日……………………… 651

陈箓致小幡酉吉　1919 年 11 月 29 日……………………… 653

陈箓致小幡酉吉　1919 年 12 月 1 日 ……………………… 653

小幡酉吉致陈箓　1919 年 12 月 1 日 ……………………… 653

小幡酉吉致陈箓　1919 年 12 月 16 日……………………… 655

小幡酉吉致陈箓　1919 年 12 月 17 日……………………… 659

陈箓致小幡酉吉　1919 年 12 月 26 日……………………… 660

陈箓致小幡酉吉　1919 年 12 月 27 日……………………… 661

附件一：王寿昌致森泽暹 ………………………………… 662

附件二：王寿昌致森泽暹 ………………………………… 663

外交部致督办边防事务处　1919 年 12 月 10 日 ………… 664

附件：福州日人殴伤学生案交涉经过情形 ……………… 664

陈箓致美国使馆　1920 年 1 月 6 日 ……………………… 669

美国使馆致陈箓　1920 年 1 月 15 日 ……………………… 669

陈箓致小幡酉吉　1920 年 1 月 19 日 ……………………… 670

　　附件一:福州交涉员呈外交部文 ………………… 670

　　附件二:福建王交涉员清折 …………………… 672

小幡酉吉致陈箓　1920 年 1 月 30 日 ……………………… 676

陈箓致小幡酉吉　1920 年 3 月 12 日 ……………………… 678

小幡酉吉致陈箓　1920 年 3 月 25 日 ……………………… 678

小幡酉吉致陈箓　1920 年 3 月 25 日 ……………………… 679

陈箓致小幡酉吉　1920 年 4 月 26 日 ……………………… 680

小幡酉吉致颜惠庆　1920 年 11 月 12 日 ………………… 681

颜惠庆致小幡酉吉　1920 年 11 月 12 日 ………………… 681

小幡酉吉致颜惠庆　1920 年 11 月 12 日 ………………… 681

颜惠庆致小幡酉吉　1920 年 11 月 12 日 ………………… 682

(二)庙街事件交涉 ……………………………………… 682

林建章致海军部　1920 年 5 月 30 日 ……………………… 683

国务院致外交部　1920 年 6 月 1 日 ……………………… 683

外交部致庄璟珂　1920 年 6 月 2 日 ……………………… 684

外交部致海军部　1920 年 6 月 4 日 ……………………… 684

国务院、外交部致庄璟珂　1920 年 6 月 18 日 …………… 684

外交部致海军部　1920 年 6 月 24 日 ……………………… 685

王崇文致外交部　1920 年 6 月 28 日 ……………………… 685

国务院致外交部　1920 年 6 月 29 日 ……………………… 687

权世恩致陈箓　1920 年 7 月 4 日 ………………………… 688

庄璟珂致外交部　1920 年 7 月 7 日 ……………………… 688

外交部致庄璟珂　1920 年 7 月 9 日 ……………………… 688

陈箓致蔡会办　1920 年 7 月 10 日 ………………………… 689

陈箓致小幡酉吉　1920 年 7 月 15 日 ……………………… 689

陈箓致小幡酉吉　1920 年 7 月 22 日 ……………………… 690

日本使馆致外交部　1920 年 7 月 27 日 ………………… 690

小幡酉吉致陈箓　1920 年 8 月 4 日 …………………… 692

陈箓致小幡酉吉　1920 年 8 月 6 日 …………………… 692

小幡酉吉致陈箓　1920 年 8 月 14 日 ………………… 693

外交部致海军部　1920 年 8 月 18 日 ………………… 693

颜惠庆致小幡酉吉　1920 年 8 月 23 日 ……………… 694

外交部致海军部　1920 年 8 月 25 日 ………………… 694

外交部致海军部　1920 年 8 月 30 日 ………………… 695

外交部致小幡酉吉　1920 年 8 月 31 日 ……………… 695

外交部致海军部　1920 年 9 月 1 日 …………………… 695

小幡酉吉致颜惠庆　1920 年 9 月 7 日 ………………… 696

外交部致海军部　1920 年 9 月 13 日 ………………… 696

日本公使馆致外交部　1920 年 9 月 18 日 …………… 697

权世恩致外交部　1920 年 9 月 21 日 ………………… 697

权世恩致外交部　1920 年 9 月 30 日 ………………… 698

王鸿年面交外交部判决副本　1920 年 10 月 13 日 …… 698

萨镇冰致颜惠庆　1920 年 10 月 15 日 ……………… 699

外交部致小幡酉吉　1920 年 11 月 12 日 …………… 700

小幡酉吉致颜惠庆　1920 年 11 月 17 日 …………… 701

颜惠庆致小幡酉吉　1920 年 12 月 21 日 …………… 702

颜惠庆致胡惟德　1920 年 12 月 23 日 ……………… 703

小幡酉吉致颜惠庆　1920 年 12 月 24 日 …………… 704

小幡酉吉致颜惠庆　1920 年 12 月 24 日 …………… 704

（三）中英关于收回威海卫权益交涉 ………………… 704

顾维钧、施肇基、王宠惠致外交部　华盛顿,1922 年 1 月 23 日 … 705

白尔福致施肇基　1922 年 2 月 3 日 ………………… 706

施肇基致白尔福　1922 年 ……………………………… 706

外交部关于收回威海卫租借地案报告　1923 年 …………… 707

外交部关于威海卫租借地交涉议案　1923 年 ……………… 712

外交部关于威海卫案意见书的说明　1923 年 ……………… 712

接受威海卫督办梁如浩回京　1923 年 1 月 7 日 ………… 713

中英委员会第三次会议录(关于接收威海卫事)

　1923 年 1 月 9 日 …………………………………………… 713

太平洋会议善后委员会第十四次会议议事录

　1923 年 1 月 26 日 ………………………………………… 716

太平洋会议善后委员会关于接收威海卫整理文字

　分委员会会议纪事录　1923 年 2 月 14 日 …………… 717

吉林省议会要求收回威海卫快邮代电　1923 年 8 月 5 日 … 718

(四)临城劫车案 …………………………………………………… 719

交通部致内务部　1923 年 5 月 8 日 ……………………… 719

各国驻北京公使向北京政府严重抗议临城劫案

　1923 年 5 月 8 日 …………………………………………… 720

北京政府关于惩处临城劫车案肇事地区文武官

　吏的命令　1923 年 5 月 8 日 …………………………… 720

外国使节与北京政府关于临城劫车案的交涉

　1923 年 5 月 9 日 …………………………………………… 721

孙凤藻致北京政府交通部　1923 年 5 月 9 日 ………… 723

交通部致曹锟、田中玉、熊炳琦　1923 年 5 月 9 日 …… 724

内务部致南京齐督军、韩省长,安徽马督理、吕省长

　1923 年 5 月 9 日 …………………………………………… 724

内务部致田中玉、熊炳琦　1923 年 5 月 9 日 ………… 725

熊炳琦致国务院等　1923 年 5 月 11 日 ………………… 725

田中玉致北京政府　1923 年 5 月 12 日 ………………… 725

熊炳琦致北京政府　1923 年 5 月 12 日 ………………… 726

北京政府代表与临城劫车匪首开议　1923 年 5 月 13 日 … 726

附录：田少仪："细说孙美瑶与临城劫车案之四" ·············· 727

各国公使再提严重抗议　1923 年 5 月 13 日 ·············· 730

熊炳琦致国务院等　1923 年 5 月 15 日 ·············· 732

王怀庆致交通部　1923 年 5 月 15 日 ·············· 732

吴毓麟致王怀庆、冯玉祥　1923 年 5 月 15 日 ·············· 733

田中玉致黎元洪等　1923 年 5 月 16 日 ·············· 733

内务部致直隶省等　1923 年 5 月 17 日 ·············· 734

吴毓麟等致黎元洪　1923 年 5 月 18 日 ·············· 735

外交部致吴佩孚等　1923 年 5 月 19 日 ·············· 735

外交部致曹锟　1923 年 5 月 19 日 ·············· 736

临城劫匪提出释放被掳人质之条件　1923 年 5 月 24 日 ·············· 736

　附录一：钱锡霖之呈报 ·············· 737

　附录二：临城劫车后的官匪交涉 ·············· 737

汉口外侨协议临城劫车案善后方策　1923 年 5 月 24 日 ·············· 740

田中玉致外交部等　1923 年 5 月 31 日 ·············· 741

田中玉致外交部等　1923 年 6 月 1 日 ·············· 741

田中玉致外交部等　1923 年 6 月 3 日 ·············· 742

田中玉致外交部等　1923 年 6 月 6 日 ·············· 743

田中玉致外交部等　1923 年 6 月 12 日 ·············· 743

田中玉致曹锟等　1923 年 6 月 13 日 ·············· 744

田中玉致外交部等　1923 年 6 月 13 日 ·············· 745

田中玉致国务院等　1923 年 6 月 25 日 ·············· 746

田中玉致外交部等　1923 年 6 月 25 日 ·············· 746

山东督军田中玉订定护路防匪办法七条　1923 年 6 月 ·············· 747

驻北京外交使团致外交部　1923 年 8 月 10 日 ·············· 748

田中玉致外交部等　1923 年 8 月 14 日 ·············· 751

外交部致驻北京外交使团　1923 年 9 月 24 日 ·············· 753

山东省各界代表张思纬等致高凌蔚请愿书　1923 年 9 月 ········· 756

驻北京外交使团致外交部　1923 年 10 月 4 日 …………… 757

外交部致驻北京外交使团　1923 年 10 月 15 日………… 758

郑士琦致外交部等　1923 年 10 月 27 日………………… 759

郑士琦致国务院等　1923 年 12 月 20 日………………… 759

（五）金法郎案 …………………………………………… 760

颜惠庆会晤傅乐猷问答　1921 年 12 月 14 日…………… 761

外交部致傅乐猷　1921 年 12 月 17 日…………………… 763

傅乐猷致外交部　1921 年 12 月 19 日…………………… 764

外交部、财政部致陈箓　1922 年 1 月 19 日……………… 766

外交部致陈箓　1922 年 2 月 3 日 ………………………… 766

外交部致傅乐猷　1922 年 2 月 23 日……………………… 767

外交部致财政部　1922 年 4 月 1 日 ……………………… 767

外交部致陈箓　1922 年 6 月 22 日 ……………………… 767

陈箓致外交部　1922 年 6 月 25 日………………………… 768

傅乐猷面交外交部节略　1922 年 6 月 28 日……………… 768

外交部致财政部　1922 年 6 月 28 日……………………… 769

颜惠庆会晤甘司东问答　1922 年 6 月 29 日……………… 769

王克敏致外交部　1922 年 6 月 30 日……………………… 772

陈箓致外交部　1922 年 7 月 1 日 ………………………… 775

外交部致傅乐猷　1922 年 7 月 5 日 ……………………… 776

外交部致艾维滋　1922 年 7 月 6 日 ……………………… 778

颜惠庆会晤傅乐猷问答　1922 年 7 月 7 日……………… 779

沈瑞麟会晤傅乐猷问答　1922 年 7 月 9 日……………… 780

傅乐猷致外交部　1922 年 7 月 9 日 ……………………… 781

颜惠庆会晤傅乐猷问答　1922 年 7 月 11 日……………… 783

颜惠庆会晤克来佛问答　1922 年 7 月 12 日……………… 784

傅乐猷致外交部　1922 年 7 月 13 日……………………… 785

甘司东致外交部　1922 年 7 月 13 日……………………… 785

外交部致施肇基、朱兆莘　1922 年 7 月 18 日 ……………… 786

傅乐猷致外交部　1922 年 7 月 19 日 ………………………… 786

朱兆莘致外交部　1922 年 7 月 23 日 ………………………… 786

财政部致外交部　1922 年 7 月 25 日 ………………………… 787

财政部致外交部　1922 年 7 月 25 日 ………………………… 787

外交部致傅乐猷　1922 年 7 月 27 日 ………………………… 787

外交部致财政部　1922 年 7 月 27 日 ………………………… 788

外交部致傅乐猷　1922 年 7 月 28 日 ………………………… 788

董康致外交部　1922 年 7 月 29 日 …………………………… 788

外交部致董康　1922 年 7 月 30 日 …………………………… 789

外交部、财政部致陈箓　1922 年 7 月 31 日 ………………… 789

朱兆莘致外交部　1922 年 8 月 1 日 …………………………… 791

朱兆莘致外交部　1922 年 8 月 2 日 …………………………… 792

容揆致外交部　1922 年 8 月 3 日 ……………………………… 792

外交部致朱兆莘　1922 年 8 月 5 日 …………………………… 792

外交部致王克敏　1922 年 8 月 7 日 …………………………… 793

外交部致财政部　1922 年 8 月 7 日 …………………………… 793

　　附抄件：照译刁敏谦博士说帖 …………………………… 794

　　　　张参事说帖 ……………………………………………… 795

王曾思致外交部　1922 年 8 月 9 日 …………………………… 795

外交部致陈箓　1922 年 8 月 10 日 …………………………… 796

朱兆莘致外交部　1922 年 8 月 11 日 ………………………… 796

外交部致财政部　1922 年 8 月 11 日 ………………………… 796

陈箓致外交部　1922 年 8 月 14 日 …………………………… 797

驻法使馆致外交部　1922 年 8 月 14 日 ……………………… 797

外交部致财政部　1922 年 8 月 17 日 ………………………… 798

财政部致外交部　1922 年 8 月 23 日 ………………………… 798

艾维滋致外交部　1922 年 9 月 4 日 …………………………… 799

外交部致国务院　1922 年 9 月 4 日　⋯⋯⋯⋯⋯⋯⋯⋯⋯⋯⋯　799

外交部致艾维滋　1922 年 9 月 4 日　⋯⋯⋯⋯⋯⋯⋯⋯⋯⋯⋯　800

财政部公债、泉币司致外交部　1922 年 9 月 6 日　⋯⋯⋯⋯⋯⋯　800

外交部致王景岐　1922 年 9 月 16 日　⋯⋯⋯⋯⋯⋯⋯⋯⋯⋯⋯　801

王景岐致外交部　1922 年 9 月 22 日　⋯⋯⋯⋯⋯⋯⋯⋯⋯⋯⋯　801

外交部致王景岐　1922 年 9 月 23 日　⋯⋯⋯⋯⋯⋯⋯⋯⋯⋯⋯　801

艾维滋致外交部　1922 年 9 月 26 日　⋯⋯⋯⋯⋯⋯⋯⋯⋯⋯⋯　802

外交部致艾维滋　1922 年 9 月 27 日　⋯⋯⋯⋯⋯⋯⋯⋯⋯⋯⋯　802

艾维滋致外交部　1922 年 9 月 28 日　⋯⋯⋯⋯⋯⋯⋯⋯⋯⋯⋯　802

陈箓致外交部　1922 年 9 月 29 日　⋯⋯⋯⋯⋯⋯⋯⋯⋯⋯⋯⋯　803

外交部致财政部　1922 年 9 月 29 日　⋯⋯⋯⋯⋯⋯⋯⋯⋯⋯⋯　803

艾维滋致外交部　1922 年 9 月 30 日　⋯⋯⋯⋯⋯⋯⋯⋯⋯⋯⋯　803

外交部致财政部　1922 年 10 月 3 日　⋯⋯⋯⋯⋯⋯⋯⋯⋯⋯⋯　804

外交部致朱兆莘　1922 年 10 月 11 日　⋯⋯⋯⋯⋯⋯⋯⋯⋯⋯　804

艾维滋致外交部　1922 年 10 月 30 日　⋯⋯⋯⋯⋯⋯⋯⋯⋯⋯　804

财政部致外交部　1922 年 11 月 1 日　⋯⋯⋯⋯⋯⋯⋯⋯⋯⋯⋯　805

　附会电稿二份、抄电两件　⋯⋯⋯⋯⋯⋯⋯⋯⋯⋯⋯⋯⋯⋯⋯　805

　照译十月十六日收到巴黎来电　⋯⋯⋯⋯⋯⋯⋯⋯⋯⋯⋯⋯⋯　805

　照译十月二十七日接到巴黎来电　⋯⋯⋯⋯⋯⋯⋯⋯⋯⋯⋯⋯　806

外交部致傅乐猷　1922 年 11 月 6 日　⋯⋯⋯⋯⋯⋯⋯⋯⋯⋯⋯　806

外交部致财政部　1922 年 11 月 7 日　⋯⋯⋯⋯⋯⋯⋯⋯⋯⋯⋯　807

朱兆莘致外交部　1922 年 11 月 7 日　⋯⋯⋯⋯⋯⋯⋯⋯⋯⋯⋯　807

傅乐猷致外交部　1922 年 11 月 8 日　⋯⋯⋯⋯⋯⋯⋯⋯⋯⋯⋯　807

财政部致外交部　1922 年 11 月 8 日　⋯⋯⋯⋯⋯⋯⋯⋯⋯⋯⋯　807

　照译宝道顾问节略　⋯⋯⋯⋯⋯⋯⋯⋯⋯⋯⋯⋯⋯⋯⋯⋯⋯⋯　808

外交部致朱兆莘　1922 年 11 月 14 日　⋯⋯⋯⋯⋯⋯⋯⋯⋯⋯　809

外交部致财政部　1922 年 11 月 16 日　⋯⋯⋯⋯⋯⋯⋯⋯⋯⋯　809

陈箓致外交部　1922 年 11 月 21 日　⋯⋯⋯⋯⋯⋯⋯⋯⋯⋯⋯　810

朱兆莘致外交部　1922 年 11 月 24 日 ……………… 810

翟录第致外交部　1922 年 11 月 26 日 ……………… 810

铎使芬德致外交部　1922 年 12 月 1 日 ……………… 811

外交部致财政部　1922 年 12 月 1 日 ……………… 811

外交部致财政部　1922 年 12 月 1 日 ……………… 812

外交部致财政部　1922 年 12 月 5 日 ……………… 812

傅乐猷致外交部　1922 年 12 月 11 日 ……………… 812

外交部致财政部　1922 年 12 月 15 日 ……………… 813

财政部致外交部　1922 年 12 月 23 日 ……………… 813

艾维滋致外交部　1922 年 12 月 27 日 ……………… 814

外交部致财政部　1922 年 12 月 29 日 ……………… 814

艾维滋致外交部　1922 年 12 月 30 日 ……………… 815

翟录第致外交部　1922 年 12 月 30 日 ……………… 815

傅乐猷致外交部　1922 年 12 月 30 日 ……………… 815

傅乐猷致外交部　1923 年 1 月 6 日 ……………… 816

施肇基会晤傅乐猷问答　1923 年 1 月 9 日 ……………… 817

施肇基会晤英克代使问答　1923 年 1 月 10 日 ……………… 818

外交部致陈箓　1923 年 1 月 10 日 ……………… 818

外交部致财政部　1923 年 1 月 13 日 ……………… 819

陈箓致外交部　1923 年 1 月 14 日 ……………… 819

陈箓致外交部　1923 年 1 月 14 日 ……………… 819

沈瑞麟会晤傅乐猷问答　1923 年 1 月 17 日 ……………… 820

外交部致财政部　1923 年 1 月 18 日 ……………… 821

傅乐猷致外交部　1923 年 1 月 22 日 ……………… 822

外交部致凌文渊　1923 年 1 月 23 日 ……………… 822

朱兆莘致外交部　1923 年 1 月 26 日 ……………… 823

税务处致外交部　1923 年 1 月 30 日 ……………… 823

靳志会晤韩德卫问答　1923 年 1 月 30 日 ……………… 824

财政部致外交部　1923 年 1 月 31 日 ················· 825

外交部致财政部　1923 年 1 月 31 日 ················· 825

沈瑞麟会晤傅乐猷问答　1923 年 2 月 1 日 ··········· 825

傅乐猷致外交部　1923 年 2 月 6 日 ·················· 826

朱鹤翔会晤韩德卫问答　1923 年 2 月 9 日 ··········· 827

财政部致外交部　1923 年 2 月 10 日 ················· 828

外交部致傅乐猷　1923 年 2 月 10 日 ················· 828

上海总商会致外交部　1923 年 2 月 11 日 ············· 828

傅乐猷致外交部　1923 年 2 月 13 日 ················· 829

黄郛会晤艾维滋问答　1923 年 2 月 14 日 ············· 829

黄郛会晤翟录第问答　1923 年 2 月 14 日 ············· 830

黄郛会晤铎使芬德问答　1923 年 2 月 14 日 ··········· 831

国务院致外交部　1923 年 2 月 15 日 ················· 831

　　附众议院咨文 ································· 831

王廷弼等致外交部　1923 年 2 月 16 日 ··············· 832

外交部致上海总商会　1923 年 2 月 16 日 ············· 833

国务院交抄致各省区电　1923 年 2 月 21 日 ··········· 833

外交部致陈箓　1923 年 2 月 22 日 ··················· 834

外交部致傅乐猷　1923 年 2 月 23 日 ················· 835

陈箓致外交部　1923 年 2 月 25 日 ··················· 835

朱鹤翔与韩德卫问答　1923 年 2 月 26 日 ············· 835

黄郛会晤翟录第问答　1923 年 2 月 28 日 ············· 836

全国商会联合会致外交部　1923 年 2 月 28 日 ········· 837

傅乐猷致外交部　1923 年 2 月 28 日 ················· 838

财政部致外交部　1923 年 2 月 28 日 ················· 838

虞维铎致外交部 ································· 839

外交部致虞维铎　1923 年 3 月 1 日 ·················· 840

中华全国商会联合会致外交部　1923 年 3 月 1 日 ······ 840

外交部致虞维铎　1923 年 3 月 2 日　…………………… 841

外交部致傅乐猷　1923 年 3 月 3 日　…………………… 841

外交部致财政部　1923 年 3 月 3 日　…………………… 841

外交部致财政部　1923 年 3 月 5 日　…………………… 842

外交部发国务会议说帖　1923 年 3 月 5 日　………… 842

财政部致外交部　1923 年 3 月 6 日　…………………… 843

国务院致外交部　1923 年 3 月 6 日　…………………… 843

　　附件………………………………………………… 844

国务院致外交部　1923 年 3 月 6 日　…………………… 844

外交部致国务院　1923 年 3 月 6 日　…………………… 844

外交部致财政部　1923 年 3 月 6 日　…………………… 845

外交部致全国商会联合会　1923 年 3 月 6 日　……… 845

傅乐猷致外交部　1923 年 3 月 8 日　…………………… 846

外交部致国务院　1923 年 3 月 9 日　…………………… 846

刘锡昌往晤翟录第问答　1923 年 3 月 9 日　………… 846

杭州总商会致外交部　1923 年 3 月 9 日　…………… 847

外交部致财政部　1923 年 3 月 12 日　………………… 847

外交部致财政部　1923 年 3 月 21 日　………………… 847

财政部致外交部　1923 年 3 月 24 日　………………… 848

外交部致财政部　1923 年 3 月 26 日　………………… 848

外交部致财政部　1923 年 3 月 27 日　………………… 849

沈瑞麟会晤傅乐猷问答　1923 年 3 月 28 日　……… 849

四国公使致外交部　1923 年 3 月 29 日　……………… 849

外交部致国务院　1923 年 3 月 31 日　………………… 850

吉林省教育会致外交部　1923 年 4 月 1 日　………… 850

国务院交顺直省议会常驻委员电　1923 年 4 月 3 日　… 851

外交部致财政部　1923 年 4 月 5 日　…………………… 851

财政部致外交部　1923 年 4 月 7 日　…………………… 851

财政部致外交部　1923 年 4 月 19 日 …………………………… 852

王景岐致外交部　1923 年 4 月 21 日 …………………………… 852

外交部致财政部　1923 年 4 月 24 日 …………………………… 853

财政部致外交部　1923 年 4 月 24 日 …………………………… 853

外交部致财政部　1923 年 4 月 27 日 …………………………… 854

外交部致王景岐　1923 年 4 月 28 日 …………………………… 854

靳志会晤韩德卫问答　1923 年 4 月 28 日 ……………………… 855

陈箓致外交部　1923 年 5 月 1 日 ………………………………… 855

外交部致国务院、财政部　1923 年 5 月 2 日 …………………… 855

国务院致外交部　1923 年 5 月 7 日 ……………………………… 856

姚钟琳致周赞尧　1923 年 5 月 7 日 ……………………………… 856

　　附节略一扣 ……………………………………………………… 856

外交部致财政部　1923 年 5 月 9 日 ……………………………… 856

傅乐猷致外交部　1923 年 5 月 11 日 …………………………… 857

外交部致国务院、财政部　1923 年 5 月 14 日 ………………… 857

朱鹤翔会晤韩德卫问答　1923 年 5 月 14 日 …………………… 858

王景岐致外交部　1923 年 5 月 17 日 …………………………… 858

艾维滋致外交部　1923 年 5 月 18 日 …………………………… 859

外交部致国务院、财政部　1923 年 5 月 18 日 ………………… 859

外交部致国务院、财政部　1923 年 5 月 19 日 ………………… 859

刘显世致外交部　1923 年 5 月 22 日 …………………………… 860

傅乐猷致外交部　1923 年 6 月 21 日 …………………………… 860

铎使芬德致外交部　1923 年 6 月 21 日 ………………………… 861

外交部致财政部　1923 年 6 月 22 日 …………………………… 861

外交部致国务院、财政部　1923 年 7 月 13 日 ………………… 861

国务院致外交部　1923 年 7 月 18 日 …………………………… 862

财政部致外交部　1923 年 7 月 24 日 …………………………… 862

傅乐猷致外交部　1923 年 8 月 13 日 …………………………… 862

顾维钧会晤艾维滋问答　1923 年 8 月 15 日 ……………………… 863

外交部致国务院、财政部　1923 年 8 月 17 日 ……………… 864

靳志接见韩德卫问答　1923 年 9 月 13 日 …………………… 864

刘锡昌接见韩德卫问答　1923 年 10 月 26 日………………… 865

外交部致国务院、财政部　1923 年 10 月 26 日 …………… 865

沈瑞麟会晤韩德卫问答　1923 年 10 月 29 日 ……………… 865

外交部致傅乐猷　1923 年 10 月 29 日…………………………… 866

顾维钧会晤傅乐猷问答　1923 年 10 月 31 日 ……………… 866

外交部致财政部　1923 年 10 月 31 日 ………………………… 867

外交部致国务院、财政部　1923 年 11 月 1 日 ……………… 868

外交部致傅乐猷　1923 年 11 月 1 日 …………………………… 868

八国公使致外交部　1923 年 11 月 5 日 ……………………… 869

财政部致外交部　1923 年 11 月 8 日 …………………………… 870

朱兆莘致外交部　1923 年 11 月 10 日 ………………………… 870

外交部致高泽畬、张岱彬　1923 年 11 月 10 日 …………… 870

朱鹤翔往晤傅乐猷问答　1923 年 11 月 12 日 ……………… 871

傅乐猷致外交部　1923 年 11 月 14 日 ………………………… 871

顾维钧会晤翟录第问答　1923 年 11 月 14 日 ……………… 872

外交部致朱兆莘　1923 年 11 月 15 日 ………………………… 873

外交部致财政部　1923 年 11 月 17 日 ………………………… 873

顾维钧会晤舒尔曼问答　1923 年 11 月 19 日 ……………… 873

朱鹤翔接见韩德卫问答　1923 年 11 月 21 日 ……………… 874

朱兆莘致外交部　1923 年 11 月 26 日 ………………………… 875

国务院致外交部　1923 年 11 月 26 日 ………………………… 875

　附件 …………………………………………………………………… 875

朱兆莘致外交部　1923 年 11 月 27 日………………………… 876

顾维钧会晤傅乐猷问答　1923 年 11 月 28 日 ……………… 876

外交部致朱兆莘　1923 年 11 月 30 日 ………………………… 876

外交部致国务院　1923 年 11 月 30 日 …………………… 877

靳志接见德礼格问答　1923 年 12 月 5 日 ……………… 877

外交部致施肇基　1923 年 12 月 7 日 …………………… 877

施肇基致外交部　1923 年 12 月 10 日 …………………… 878

顾维钧会晤傅乐猷问答　1923 年 12 月 12 日 ………… 878

朱兆莘致外交部　1923 年 12 月 13 日 …………………… 878

外交部致朱兆莘　1923 年 12 月 13 日 …………………… 879

朱兆莘致外交部　1923 年 12 月 15 日 …………………… 879

朱兆莘致外交部　1923 年 12 月 23 日 …………………… 880

傅乐猷致外交部　1923 年 12 月 23 日 …………………… 880

朱兆莘致外交部　1923 年 12 月 23 日 …………………… 881

陆洪涛致外交部　1923 年 12 月 23 日 …………………… 881

外交部致施肇基　1923 年 12 月 25 日 …………………… 881

施肇基致外交部　1923 年 12 月 27 日 …………………… 882

施肇基致外交部　1923 年 12 月 27 日 …………………… 882

外交部致财政部　1923 年 12 月 28 日 …………………… 882

朱兆莘致外交部　1923 年 12 月 30 日 …………………… 883

顺直省议会致国务院　1923 年 12 月 31 日 …………… 883

外交部致国务院、财政部　1923 年 12 月 31 日 ……… 883

朱兆莘致外交部　1924 年 1 月 3 日 …………………… 884

上海总商会致外交部　1924 年 1 月 4 日 ……………… 884

吉林省教育会致外交部　1924 年 1 月 5 日 …………… 884

朱兆莘致外交部　1924 年 1 月 6 日 …………………… 885

外交部致驻外使馆　1924 年 1 月 7 日 ………………… 885

王广圻致外交部　1924 年 1 月 9 日 …………………… 885

陈箓致外交部　1924 年 1 月 9 日 ……………………… 886

汪荣宝致外交部　1924 年 1 月 10 日 …………………… 886

唐在复致外交部　1924 年 1 月 10 日 …………………… 887

朱兆莘致外交部　1924 年 1 月 11 日 …………………………… 887

朱兆莘致外交部　1924 年 1 月 11 日 …………………………… 887

江西省议会致外交部　1924 年 1 月 11 日 ……………………… 887

王景岐致外交部　1924 年 1 月 12 日 …………………………… 888

外交部致上海总商会　1924 年 1 月 18 日 ……………………… 888

外交部致王广圻　1924 年 1 月 18 日 …………………………… 888

王广圻致外交部　1924 年 1 月 20 日 …………………………… 888

朱兆莘致外交部　1924 年 1 月 26 日 …………………………… 889

朱兆莘致外交部　1924 年 2 月 2 日 ……………………………… 889

陈箓致外交部　1924 年 2 月 7 日 ………………………………… 890

朱鹤翔往晤欧登科问答　1924 年 2 月 7 日 …………………… 890

朱兆莘致外交部　1924 年 2 月 8 日 ……………………………… 890

陈箓致外交部　1924 年 2 月 9 日 ………………………………… 891

朱兆莘致外交部　1924 年 2 月 16 日 …………………………… 891

外交部致国务院、财政部　1924 年 2 月 16 日 ………………… 892

王广圻致外交部　1924 年 2 月 28 日 …………………………… 892

上海闸北地方自治筹备会致外交部　1924 年 2 月 28 日 …… 892

顾维钧会晤傅乐猷问答　1924 年 3 月 1 日 …………………… 893

傅乐猷致外交部　1924 年 3 月 1 日 …………………………… 894

外交部致陈箓　1924 年 3 月 1 日 ……………………………… 894

外交部致驻外使节　1924 年 3 月 3 日 ………………………… 895

陈箓致外交部　1924 年 3 月 4 日 ……………………………… 895

外交部致驻外使节　1924 年 3 月 4 日 ………………………… 896

王广圻致外交部　1924 年 3 月 5 日 …………………………… 896

汪荣宝致外交部　1924 年 3 月 5 日 …………………………… 896

王景岐致外交部　1924 年 3 月 5 日 …………………………… 897

吉林省议会致国务院　1924 年 3 月 6 日 ……………………… 897

施肇基致外交部　1924 年 3 月 6 日 …………………………… 897

外交部致陈箓　1924 年 3 月 7 日 ·················· 897

刘锡昌往晤傅东猷问答　1924 年 3 月 8 日 ·········· 898

陈箓致外交部　1924 年 3 月 8 日 ················· 899

陈箓致外交部　1924 年 3 月 9 日 ················· 900

朱兆莘致外交部　1924 年 3 月 11 日 ··············· 900

顾维钧会晤傅东猷问答　1924 年 3 月 12 日 ·········· 900

朱兆莘致外交部　1924 年 3 月 12 日 ··············· 901

朱兆莘致外交部　1924 年 3 月 13 日 ··············· 902

李世中致外交部　1924 年 3 月 13 日 ··············· 902

外交部致陈箓　1924 年 3 月 18 日 ················ 903

唐在复致外交部　1924 年 3 月 28 日 ··············· 903

刘崇杰致外交部　1924 年 3 月 30 日 ··············· 903

唐在复致外交部　1924 年 4 月 5 日 ··············· 903

朱兆莘致外交部　1924 年 4 月 17 日 ··············· 904

朱兆莘致外交部　1924 年 4 月 18 日 ··············· 904

朱兆莘致外交部　1924 年 4 月 21 日 ··············· 904

李世中致外交部　1924 年 4 月 27 日 ··············· 905

四、一战后的中国与国际社会 ······················ 906

(一)中国与国际组织 ··························· 907

1. 中国与国联 ······························· 907

国际大同盟与中国 ··························· 907

国际同盟与中国 ···························· 908

关于国际大同盟 ···························· 911

陆徵祥致国务院　巴黎,1919 年 2 月 11 日 ········· 914

陆徵祥致国务院　巴黎,1919 年 2 月 11 日 ········· 914

覆国际联盟同志会电 ························· 915

陆徵祥等来电　巴黎,1919 年 3 月 22 日 ··········· 915

陆徵祥来电　巴黎,1919 年 3 月 23 日 ……………………… 916

陆徵祥来电　巴黎,1919 年 3 月 25 日 ……………………… 918

陆徵祥来电　巴黎,1919 年 3 月 27 日 ……………………… 919

陆徵祥来电　巴黎,1919 年 4 月 11 日 ……………………… 920

陆徵祥来电　巴黎,1919 年 4 月 12 日 ……………………… 921

陆徵祥关于国际联合会经过情形的报告 ……………………… 923

2. 中国与国际劳工组织 …………………………………………… 938

陆徵祥关于巴黎和会期间劳动股经过情形的报告 ………… 938

陆徵祥来电　巴黎,1919 年 4 月 12 日 ……………………… 940

外交部关于派员参加国际保工会说帖　1919 年 ………… 940

容揆致外交部　1919 年 11 月 5 日 ………………………… 941

万国劳工会办事处致外交部　1920 年 4 月 6 日 ………… 942

施肇基致外交部　1920 年 7 月 1 日 ……………………… 943

顾维钧致外交部　1920 年 9 月 16 日 ……………………… 944

国际劳动事务局致颜惠庆　1921 年 2 月 4 日 …………… 945

国际劳动事务局致颜惠庆　1921 年 2 月 4 日 …………… 947

3. 中国与国际航空委员会和交通大会 ……………………………… 947

航空事务处致外交部雷炳焜 ………………………………… 947

附件:航空事务处启 ……………………………………… 948

外交部存《国际航空委员会与国际航空条约

节略》稿　1923 年 ……………………………………… 951

陈篆致交通部 ………………………………………………… 952

交通股经过情形报告 ………………………………………… 956

章祜致国际交通大会会长　1921 年 4 月 14 日 ………… 957

章代表对于解释借道运输契约第十条第一节

条文之意见书 …………………………………………… 958

国际联盟会秘书长致章祜　1921 年 4 月 20 日 ………… 958

孟达诺耶耶报告附件第二号《中国代表之宣言》 ………… 959

国际联盟会秘书长致章祜　1921 年 5 月 26 日 ……………………… 959

中国代表签交通新约时之宣言书…………………………………… 960

交通部致章祜　×年×月 18 日 …………………………………… 961

章祜致交通部　×年×月 22 日 …………………………………… 961

施肇基寄送之交通股议决草案之一节(第四条) …………………… 961

(二)新银行团与其他问题 ………………………………………… 962

1. 在华国际新银行团……………………………………………… 963

国际联盟会秘书长致章祜　1921 年 5 月 26 日………………… 963

蓝辛致美国各银行　1918 年 7 月 10 日 ……………………… 963

蓝辛致驻美英代使　1918 年 10 月 8 日 ……………………… 965

美外交部致法英日三国大使　1918 年 10 月 8 日 ……………… 967

美外交部致英法日驻美大使　1919 年 5 月 31 日 ……………… 969

　附:银行家巴黎会议之决议案 ………………………………… 969

新银行团草合同原文 …………………………………………… 970

叶景莘致外交部 ………………………………………………… 972

国务院、外交部、财政部致庄璟珂　1919 年 5 月 31 日 ………… 974

小田切致拉门德　1919 年 6 月 18 日 ………………………… 974

拉门德复小田切　1919 年 6 月 23 日 ………………………… 975

驻日美大使致日本外部　1919 年 7 月 6 日 …………………… 976

马勒致怀特　伦敦,1919 年 7 月 17 日 ………………………… 976

寇松致康邦　伦敦,1919 年 7 月 29 日 ………………………… 976

美国政府致日本大使馆　1919 年 7 月 30 日 ………………… 977

英政府致日政府　1919 年 8 月 11 日 ………………………… 978

寇松致美国驻英大使　伦敦,1919 年 8 月 11 日 ……………… 980

驻美日大使致美政府　1919 年 8 月 27 日 …………………… 980

美外部致日本使馆　1919 年 10 月 28 日 ……………………… 980

英外部致日本大使　1919 年 11 月 20 日 ……………………… 982

日本驻英大使馆致英国外交部　1920 年 2 月 ………………… 983

　　附:二月二十七日内田外务大臣致珍田大使第 80 号

电报,关于不属于新借款共同范围之说明书 ⋯⋯⋯⋯⋯ 984

日本大使馆致美外部　1920 年 3 月 2 日　⋯⋯⋯⋯⋯ 985

　附:日本政府之方式及说帖 ⋯⋯⋯⋯⋯⋯⋯⋯⋯⋯ 986

币原致内田　1920 年 3 月 3 日　⋯⋯⋯⋯⋯⋯⋯⋯ 987

井上致芳泽　1920 年 3 月 5 日　⋯⋯⋯⋯⋯⋯⋯⋯ 988

美国国务院致日大使　1920 年 3 月 16 日　⋯⋯⋯⋯ 994

英外部致日大使　1920 年 3 月 19 日　⋯⋯⋯⋯⋯⋯ 995

驻美日使致美国务院　1920 年 4 月 3 日　⋯⋯⋯⋯⋯ 996

寇松致艾斯顿　伦敦,1920 年 4 月 3 日　⋯⋯⋯⋯⋯ 998

蓝普森致寇松　北京,1920 年 4 月 5 日　⋯⋯⋯⋯⋯ 998

驻英日大使致英外部　1920 年 4 月 14 日　⋯⋯⋯⋯ 1000

小幡酉吉致内田　1920 年 4 月 16 日　⋯⋯⋯⋯⋯⋯ 1002

艾斯顿致寇松　北京,1920 年 4 月 17 日　⋯⋯⋯⋯ 1003

柯逊致珍田　1920 年 4 月 28 日　⋯⋯⋯⋯⋯⋯⋯⋯ 1003

小幡酉吉致内田　1920 年 5 月 5 日　⋯⋯⋯⋯⋯⋯ 1005

美国务卿致日本大使　1920 年 5 月 8 日　⋯⋯⋯⋯ 1007

日大使致英外部　1920 年 5 月 11 日　⋯⋯⋯⋯⋯⋯ 1007

梶原致拉门德　1920 年 5 月 11 日　⋯⋯⋯⋯⋯⋯⋯ 1009

拉门德致梶原　1920 年 5 月 11 日　⋯⋯⋯⋯⋯⋯⋯ 1009

内田致币原　1920 年 5 月 11 日　⋯⋯⋯⋯⋯⋯⋯⋯ 1010

　附记:日本银行团代表者致美国银行团代表者公函 ⋯ 1010

美国银行团代表致日本银行团代表　1920 年 5 月 11 日 1011

艾斯顿致寇松　北京,1920 年 5 月 14 日　⋯⋯⋯⋯ 1012

内田致高桥　1920 年 5 月 17 日　⋯⋯⋯⋯⋯⋯⋯⋯ 1012

　附件:梶原横滨正金银行总经理五月十五日函致

　　内田外务大臣及高桥大藏大臣之申请书 ⋯⋯⋯⋯ 1013

寇松致艾斯顿　伦敦,1920 年 5 月 18 日　⋯⋯⋯⋯ 1015

艾斯顿致寇松　北京,1920 年 5 月 25 日　⋯⋯⋯⋯ 1015

法国外交部致驻法日本大使　1920 年 5 月 25 日 …………… 1016

各国驻京公使致外交部　1920 年 9 月 28 日 ………………… 1016

顾维钧致外交部　1920 年 10 月 16 日发,10 月 18 日到 ……… 1018

施肇基致外交部　1920 年 11 月 16 日发,19 日到 …………… 1019

外务省公布关于成立对华新借款团之件　1920 年 11 月 20 日 … 1019

各国驻京公使致外交部　1921 年 1 月 18 日 ………………… 1020

2. 其他问题 ……………………………………………………… 1021

(1)中外贸易 ……………………………………………………… 1021

齐耀琳致田文烈　1918 年 3 月 11 日发 ……………………… 1021

齐耀琳呈大总统并致国务总理暨部处　1918 年 8 月 28 日发 … 1022

齐耀琳致财政部　1918 年 8 月 30 日发 ……………………… 1023

省议会议案　1918 年 10 月 25 日到 ………………………… 1024

齐耀琳致国务院　1918 年 11 月 4 日发 ……………………… 1024

(2)赈济日灾问题 ………………………………………………… 1025

安徽吕调元致国务院等　1923 年 9 月 8 日 ………………… 1025

阎锡山致国务院　1923 年 9 月 8 日 ………………………… 1026

齐燮元、韩国钧致国务院　1923 年 9 月 9 日 ……………… 1026

吴佩孚致国务院等　1923 年 9 月 9 日 ……………………… 1027

田中玉、熊炳琦致国务院　1923 年 9 月 10 日 ……………… 1027

曹锟、王承斌致国务院等　1923 年 9 月 10 日 ……………… 1027

(3)中外航空 ……………………………………………………… 1028

航空署致外交部及外交部复函　1924 年 4 月 ……………… 1028

附件:中国特准美国飞机飞航国境临时办法 ……………… 1028

外交部致航空署　1924 年 4 月 ……………………………… 1030

何遂致临时执政　1925 年 6 月 24 日 ……………………… 1030

中国特准俄机飞航国境临时办法 …………………………… 1031

冯玉祥致北京航空署　1925 年 6 月 27 日 ………………… 1032

航空署致执政府军务厅　1925 年 6 月 29 日 ……………… 1033

附件:外交部致航空署 …………………………………………… 1033

附件:中华民国十四年六月廿七日苏联大使馆致外交部…… 1034

执政府军务厅致西北边防督办公署　1925 年 6 月 30 日 ……… 1034

何遂致临时执政　1925 年 7 月 7 日 …………………………… 1035

中国特准日本国飞机飞航国境临时办法 ……………………… 1036

吴俊陞致外交部等　1925 年 8 月 6 日 ………………………… 1037

一、巴黎和会与中国

说明：巴黎和会是近代中国第一次以战胜国的身份参与的国际大会，中国希望藉此提高国际地位。受美国总统威尔逊的"十四点"原则的鼓舞，中国对巴黎和会寄予莫大的期望，向和会提出包括舍弃势力范围、撤退外国军队巡警、裁撤外国邮局及有线无线电报机关、裁撤领事裁判权、归还租借地、归还租界、关税自由权等七项要求。但大会以此类问题不在和会权限以内而拒绝讨论，中国不得已将主要目标放在山东问题上。关于山东问题，中国最初要求由德国直接交还。但大会对德和约草案却将德国在山东各项权利交于日本。这一消息传到中国，全国舆论鼎沸，直接导致五四运动的爆发。中国政府和代表鉴于国家利益和民意，决定保留签字，在对山东问题特别声明保留的前提下签署对德和约。但是，中国对山东条款的保留要求和让步一再被拒，中国代表团不得已作出拒签的决定，并声明保留中国政府对于德约最后决定之权。为确保中国加入国际联盟的资格，中国于 1919 年 9 月签定奥约。同年 9 月 15 日，中国宣布结束对德战事状态。1921 年 5 月 20 日，中德两国全权代表在北京签订《中德协约》，恢复友好及通商关系。巴黎和会对山东问题的处置以及中国对德约的拒签，在国际社会引起强烈反响。中国政府和民间在愤慨之余也积极商讨应对策略，中国代表团则继续与有关大国代表接洽，争取他们的支持和调停。所有这些努力，为不久后华盛顿会议的召开和山东问题的解决创造了有利的条件。巴黎和会，中国虽然未能如愿，但是它在中国国际化的历程上还是占有重要的地位，同时它对 20 年代中国民族主义运动的高涨和不平等条约的修改产生了巨大的影响。

本章主要资料来源：

中国第二历史档案馆藏总统府军事处档案、北洋政府国务院档案、北洋政府外交部档案、北洋政府参陆办公处档案、北洋政府督办参战事务处档案

外交部编印：《中国之希望条件》

外交部编印：《参与欧洲和平大会分类报告》

外交部编印：《外交文牍——中德协约及附件》，1921 年 7 月

中国社会科学院近代史研究所《近代史资料》编辑室主编，天津市历史博物馆编辑：《秘笈录存》，中国社会科学出版社，1984 年

台湾中研院近代史研究所编印：《中日关系史料——巴黎和会与山东问题》，2000 年

中国社会科学院近代史研究所译：《顾维钧回忆录》第 1 分册，中华书局，1983 年

E. L. Woodward and Rohan Butler ed. , *Documents on British Foreign Policy* (1919–1939) (《英国外交政策文件》，以下简称"DBFP") , First Series , Vol. 6 (London：Her Majesty's Stationery Office , 1956).

（一）中国对和会的期望和参与

说明：中国参战的主要动因就是希望战后列席和会，提高国际地位。受美国总统威尔逊的"十四点"原则的鼓舞，中国对巴黎和会寄予莫大的期望，但因缺乏经验，加之国内政局动荡，当时中国并没有一个具体一致的方案，综合各方来电，除要求将德国在山东的各项权利直接归还中国外，还要求废除列强在华的特权、取消庚子赔款、废除中日"二十一条"协定等。最后，中国向和会提交《中国之希望条件》，包括舍弃势力范围、撤退外国军队巡警、裁撤外国邮局及有线无线电报机关、裁撤领事裁判权、归还租借地、归还租界、关税自由权等七项要求。但大会以此

类问题不在和会权限以内而拒绝讨论,中国不得已将主要目标放在山东问题上。美国总统所提倡的公道、平等、尊重主权诸项原则在现实面前显得苍白无力,最终屈服于强权政治。这对国人是一次深刻的教育。

1. 中国对和会的希望与筹备

国务院致外交部
1918 年 12 月 28 日

为咨行事:准参议院咨开,议员黄锡铨等提出请咨政府参预议席,请将辛丑和约未经交付之赔款全部取销,免予交付建议案,又请咨政府预筹处置中国与德奥两国财产办法提出和平会议建议案,又请咨政府将欧战期内中日国际间发生障碍亲善之三案提出议和大会,请求公道处分建议案,经院议可,决咨请查照施行等因。相应抄录原文暨建议案三件,咨行贵部查照可也。此咨。

附件一:收参议院咨

为咨达事:据本院议员黄锡铨提出请咨政府参预议席,请将辛丑和约未经交付之赔款全部取销,免予交付提议案,又请咨政府预筹处置中国与德奥两国财产办法提出和平会议建议案,又请咨政府将欧战期内中日国际间发生障碍亲善之三案,提出议和大会,请求公道处分案到院,于十二月二十一日提出大会。依院议以三案性质相近,应合并讨论,又以三案皆系当然提出于欧洲和平会议事件,应省略读会手续,即付表决等情,当经院议多数可决通过。查议院法第三十九条之规定,建议案可决后,即日咨达政府等语。相应抄录原案三件,备文咨达贵院,希即查照施行可也。此咨国务院。

附件二:请咨政府预筹处置中国与德奥两国财产办法提出和平会议建议案

德奥两国以武力抗全球,中立各国均受生命财产之损失,我政府于民国六年对德奥宣布绝交,继而参战,并参酌协约国处置敌国财产办法处理该两国之财产。查德奥财产有不动者,有流动者,其不动财产之处置,应另提议,不入此案范围。此案提议专属流动财产中之赔款、借款两种,亦未及于他种流动之财产。现在德奥已经降伏,所有中国应付德奥之赔款、借款,固应拟定处置办法,而德奥应付中国之赔款、借款亦应拟定办法,预备提出和议大会,与列国采一致之进行。谨先将财产种类分别列表,加以说明理由,拟议办法,供使席之采择,表说如后:

(甲类)中国应交德奥之赔款,计二款。

(乙类)中国应付德国与他国共同契约之借款,计三款。

(丙类)中国应付德奥单独契约之借款,计十一款。

(丁类)德国应赔没收中国之款,计一款。

(戊类)奥国应赔未交军舰军械之款,计四款。

······

附件三:请咨政府将欧战期内中日国际间发生障碍亲善之三案提出议和大会请求公道处分建议案

中日两国同处亚洲,同文同种,唇齿相依,休戚相共。斯言也,昔时尚属常谈,今日急宜实践,盖大势所趋,远东实为首冲,两国必有亲善之诚心,他国乃无干涉之藉口。无如国境接触,不无障碍之发生。欧战初起,又因地位势力之不同,所发生之故障于亲善尤多,防碍两国之民心,知其故,各抱悔憾于寸心,不敢向政府以吐露,盖虑反汗之不易也。际兹欧战既停,议和开会,两国之民自宜各摅衷心之诚,搜求欧战期间两国交涉公案中苟有关于障碍亲善之巨案,应请政府提出议和大会,与战事求一致之解决,表示亲善之实征。所以不由两国政府解决而必提出大会者,一以避免自埋自掘之嫌,一以避免利害冲突之弊。嫌怨不致重结,交谊自加融和,此诚最好之时机也。本员调查所得,有三案急须提付大会者,谨分晰胪列于后:

其一,德国租借我青岛胶州湾全部地方,设立海军根据地,妄思雄长亚洲。欧战既起,日本为铲除德国势力,保安东亚起见,兴动大军,围攻青岛,占而守之,至今未有交还,此为亲善障碍之一,我国应将此案提

请大会,劝日本为无条件之交还,其理由有六:

一、青岛胶州湾地方系中德两国由契约发生之租借地,原非德国属地,亦非德国殖民地,其实在主权仍属于中国。

二、中国参战之日,中德间条约一概破废。从前由条约租借之地方之主权,即于是日归还于中国,不容有第三国之干涉。

三、中国参战以后,中日两国地位同等,休戚同情。德国既失青岛胶州之租借权,日本直接交还于中国,不待德国之协议,中国向日本直接收回,亦无庸德国之承认。

四、日本政府于攻取青岛之先,曾有对德最后之通牒,占守之后,又有对列国之宣言,皆声明将青岛交还于中国,大义炳然,必能实践。

五、协约各国战时占有敌国之领土或殖民地,此次会议或有不能交还者,中国居协约之一,日本何至以敌国相对待,不将青岛交还于中国。

六、协约各国战时占有敌国之领土或殖民地,此次会议或因赔偿损失,或因交换利益,而为有条件之交还者,日本既不至以敌国待中国,自不至以义举攻德所受之损失,向中国索偿,希望有条件之交还。

其二,民国四年五月,中日两国所订条约两件,一关于山东条约四条,一关于南满洲及东部内蒙古条约九条,又交换公文十三件。此项条约及公文亦为亲善障碍之一,今我国宜将此案提请大会劝告日本,将此项条约全部取消。其理由有六:

一、此约有害我之主权。

二、此约有害我之内政。

三、此约于机会均等主义不符,又于中国与各国条约抵触。

四、此约之成立,带有强迫之形迹,急宜取消,灭其形迹。

五、国民对于此约之恶感,若为纪念,急宜取消,释其纪念。

六、此约足陷中国于被指导被支配之地位,急宜取消,保全我独立之资格。

其三,欧战期内各国无力借款,中国用兵之际,饷械俱缺,不得不告贷于日本。自民国四年至七年,共借过二万万七千五百七十余万元,在中国渴极求饮,自不恤许重利以相求,加抵押以坚信,不知一言抵押,即不由不任债权人之选择,弊害即伏于其中。今稽抵押品三十二款,或关地方主权,或关政治利权,有清款即能回复者,有永远不能回复者。譬彼窭人举债,月偿重利,又引债权人住我室,佃我田,据我祖遗财产,奴隶我妻子,此非债权人之过,实债务人之过。事至今日,木既成舟,在我国民不敢推诿清还之负担,但求解除致命之抵押。拟请政府将此案提出大会,请协约各国俟和议成立后,许借大款于中国,并请预先劝告日本,许中国于所借大款中拨出钜款,将所欠日本借款本利无论到期未到期,概行尽数清还,撤销一切抵押之券约,藉以表示解除亲善之障碍,巩固比邻长久之交情,于东亚大局深有裨益。谨调查借款抵押款目,编表附后,以备采择。

欧战期内中国借入日本债款抵押表(略)

以上三案,仅依院法提出建议案,请付大会从速公决,咨请政府查照办理。提出者:黄锡铨。连署者:韦荣熙、林韵官、陈介、周诒春、何焱森、林炳华、陈振先、谭两三、刘冤执、庐谔生。

附件四:请咨政府参预议席请将辛丑和约未经交付之赔款全部取消免予交付提议案

拳匪召戎,辛丑媾和,赔偿兵费四万五千万两又利息五万三千二百二十三万八千一百五十两,自光绪二十八年壬寅起,至民国二十九年庚辰止,分三十九年清偿。初期九年,年交一千八百八十三万九千余两,分期递增,最后之期几增一倍。溯自壬寅至丁巳,交过十六年关税,不足挪及盐税,罗掘俱穷,借债填补。丁巳以后,年交二千四百万余两者尚有十四年,年交三千五百万余两者,又有九年,更不知如何应付。况内外国债岁岁增加,国家岁入只有此数,以有限之岁入,供无限之赔偿,必有捉襟见肘,举鼎绝膑之一日,思量往复,畴不痛心。查各国先例,如日俄之战、美西之战、意土之战、尔干之战,皆无战费赔偿。又如普法之战、俄土之战、中日之战,虽有战费赔偿,亦无如辛丑赔款之钜,为从前所未有,其所以致此,实由德帝威廉第二所主张,当亨利亲王统军赴亚之日，德帝诏之曰：此行当用无上武力以制服半教化之国民，使他日毋敢再抗。及至媾和，即实行经济灭国之毒计，强索四百五十兆两，其初原议，交银以海关两计算，未几又索四厘年利，未几又索以银易金，未几又索赔补镑亏，争议五年，始克定案，总计利息超过本金八千三百万余两。辛丑以后金镑月贵，吃亏弥甚，今虽暂缓交款，而五年之后困难更甚于前，此吾国人唯一之痛苦也。夫以如此钜款，在十四国分而受之，原无大利之可言，在中国则害及数十年后之子孙，其结果则各国同受其大害。何以言之，罄中国之岁入，除供赔款国债之外，仅能养少数国军及官俸，实无余力以谋教育实业之发达。教育实业立国之本，前清既因本坏而亡国，民国又无力以振兴，从此国民失教，穷民失业，盗贼烦兴，农产短绌，工业颓废。虽有外贷，而购买力弱，虽有外资而清偿为难，百废不举，变乱环生，列国之财产生命投托于吾宇内者，无一不蒙其危险，此非臆测之言，实有必至之势。故为列强计，明知不能尽灭中国之民，而占有其土地，何如宽留教养之资，以厚待其良民，可期安享通商之永利。

美国知其然也，首先退还一部分，培养清华学生。日本知其然也，最近亦有退款办学之义。其他各国现均允许缓交，稍纾民力。凡兹轸念之深情，亦已有加而靡已，然吾国民所愿望尚不止此也。回忆二三年前，中南方面之国民不尝联合百数十万人电恳各政府请免赔款乎，旅居中国之教士商民不尝联电其政府，代吾国民请愿乎。彼时欧战初起，无暇商议，原非忘情，迨去年德奥甫露和机，美总统、英首相即取非赔偿主义宣告全球，奠议和之基础。本月大战甫停，美总统又怜恤德奥国民，宣言救济，夫以争战最久，损失最大之欧战，尚可以无赔偿了结，且施惠泽于战败之国民，岂有在先朝受拳匪扰乱之国民，又担负兵费赔偿之钜款。至于今日情见势绌，困穷呼吁，犹不能得列国同情之减免，殊不敢信其中有此，本议员所由代表国民，急请政府提议也。

查此项赔款本利合计九百八十二兆二十三万八千一百五十两，民国七年以前已交过三百二十一兆一十八万余两，占三分一弱，未交之款尚占三分二强。今向和议席上提议减免，其办法不能混同，当就各国先今不同之情形剖分各有理由之办法，乃不致受协同一致之驳回。不揣愚陋，谨分别拟议如下：

一、德奥两国屈服于协约国，中国居协约之一，所欠该两国赔款，当然与其他在中国境内之财产一律为无条件之没收，不再交付。

二、美国应收之赔款，既经退还为中国办学经费，以后照旧办理，毋庸请其减免。

三、日本应收之赔款既有退办教育之议，尚未实行，在我提议之先，应由我大使探询日本大使意见，能否定议实行，如能实行，不必提议减免，不能实行，则一律提议，如此交涉较为圆融。

四、英、法、俄、比、意、西、葡、荷、瑞九国及归英国代理各国应收之赔款，一律提议，请求本利全部概行减免。

按照所拟办法四条，上三条似易办到，第四条殆有辩论之余地，不可不多筹应付之法，以免临时为难。盖应收之款俄国最钜，现又最穷，五年缓交之决议，各国皆全部从缓，独俄国缓交三分之一，其情可想。今又议全数减免，万一俄使不允，暗约诸国联同阻挠，彼时我国恐不能不退让一步，致提免一部之议。所谓减免一部者，即以后每年只交本银，免交利银是也。倘能办到此步，以后亦减轻数百兆之负担，倘让到此步，各国仍有阻力，或援美国退还办学之法，议将赔款全部以后仍按年照交，所交之款全部退还中国，分给振兴教育实业之经费，果如此立说，吾国不能不欢迎其热心，荣予以美名，慨然承诺，再不便设词拒辩，致类乞怜。惟未承诺之先，尚有最要一著要求列国公认者，一著为何，即延长期限是也。查此项赔款约定至民国二十九年交清，今后若仍然按期照交，虽将全数拨归中国，诚恐力难筹足，年年短欠，反贻列国之干涉。美意变为恶意，故不如请展限二十年，至民国四十九年，本利一律交清，如此则以后四十三年期内，每年筹还不及二千万两，民力较为从容。又将此一千余万两以整理教育实业，行之四十年，人才云兴，国力渐裕，百废俱举，中外辑睦。大陆国民实拜列强之赐，东亚商务弥增繁荣之休。谨依院法提出,并开列己未年以后应付诸国赔款数目表,附请公决,咨请政府办理。

附　表

兹将己未年(即一千九百一十九年)一月一日以后应付辛丑和约诸国偿款(本利并计在内)数目表开列如后:

英　　　国	一〇七三八九九二	镑
葡　萄　牙	一九五七〇	镑
归英代理各国	三一七五二	镑
瑞　典　国	一三三二七	镑
德　　　国	三八九一六九九七四	马　克
奥　　　国	二〇三五七七四八	克勒尼
比　　　国	四四九九八一九〇	佛　郎
西　班　牙	七一七六六六	佛　郎
法　　　国	三七五九一五〇〇一	佛　郎
意　　　国	一四一一六七八八五	佛　郎
美　　　国	三四五六六九〇五	金　圆
日　　　本	六九二三六一一	镑
俄　　　国	二七五二一三九三	镑
荷　兰　国	一九八六六一六	弗乐林

提出者:黄锡铨。连署者:蒋荣、史宝安、韦荣熙、许受衡、刘冤执、蔡汉卿、魏斯灵、沈国均、王锡蕃、汪有龄、术之亮、卢谔生、谭两三、周诒春。

《中日关系史料——巴黎和会与山东问题》,第10—24页

国务院、外交部致顾维钧

1919 年 1 月 5 日

二十八日电悉。外蒙事,政府为维系蒙情起见,对于自治制度一时似不宜轻易更动,但愿取消从前俄蒙协约。外蒙近颇知与我接近,俄蒙

协约中如限我驻兵、设邮等条，事实上业经破坏，如能将条约障碍摒除，较易促进文化。东三省仍以各国机会均等为主旨，山东系中国腹地，尤不愿他国有特殊势力。日本派往满洲里等处军队并未撤减，近日迭据报告，霍谢冲突内幕，实由日本利用谢米诺夫，以谋攘西比利亚权利，并在西比利亚铁路沿线各站配置军队，似别有用意。总之，我国对于蒙古、东三省、山东问题自以保障领土完全为原则，已与陆专使详洽，陆到时，请与商定。至山东民政署，上年九月，交通部借日款修筑济南、顺德及高密、徐州铁路，经章使与日外部换文，日本承认将民政署撤废，但尚未实行，特复。国务院、外交部。

《中日关系史料——巴黎和会与山东问题》，第 25 页

山东省议会郑钦等致外交部

1919 年 1 月 11 日

窃维此次欧洲和平会议各国所期望者，在植永远和平之基础，故凡关于欧战发生之国际问题，宜交该会公同议决，方足以饫餍世界之人心，铲除竞争之根株。乃近来中外喧传，青岛交还有由中日两国单独协定之说。查该项问题及附属条件藤葛纠繁，范围广漠，苟有一端之争执，必失两国之感情。况强弱相形，宁能我利，抵偿交换，取与纷纭，利害苟陷于偏颇，即贻世界未来之隐祸。各国即不径加干涉，亦必群肆计谋，小之贻国家颜面之羞，大之酿国际地位之累。即使东邻能甘退让，于我无求，然如其私相授受，致启列强之猜疑，孰若昭示大公，取决众论之评判。总之，世局趋向既达于光明，国际行为斯不容隐昧，诸公虑深瞩远，当能见及。恳即转饬陆使，恪慎奉行，将青岛问题提会公议，勿贪近利，勿惑甘言，以挽我国之主权，即以洽各国之心志，吾国幸甚，山东幸甚。山东省议会郑钦、王朝俊、张介礼等叩。蒸。

《中日关系史料——巴黎和会与山东问题》，第 25—26 页

卢春芳致外交部

1919 年 1 月 17 日

外交^{总次}长大人钧鉴:敬呈者:欧战告终,平和伊始,我国既于欧战期内自相残杀,以致失去国内建设之绝大机会,今当欧洲平和会议之秋,凡能伸我主权之条件,皆当提出,以邀公平列强之赞许,谅必均在洞鉴中也。日前读北京益世报内,有中国应提和平条件之外论一篇,颇表同意,因其为驻京美国商务部代表安立德先生所提议,芳与安君供职有年,其于我国之言论常令人感佩不已。是以将该篇裁下,携至公署,与原文校对,稍改错误,并参以鄙意如下:

一、凡一切条约或合同规定,以在中国之势力范围有特权或特别权利许予任何外国者,皆取消之。

二、中国全国之铁路,凡关涉外人利益者,均须中国赎回自理。其应还路款作为国债,按年交付。(亦指南满、东清二路而言)。

三、同意。

四、凡任何外国所享中国领土之让予权,皆取消之,但中国关于该地之司法、行政,均须改良办理。

五、驻在中国之各国军队虽为庚子和约所规定者,一概撤回。但中国关于军事及警察行政须大加实行改革,以保治安。

六、同意。

七、中国设置一种统一币制机关。由政府聘请各国财政专家襄理币制事宜,并同时训练华人为永久自理之预备。

八、凡土货外货转口内地税,一概废止时,列强应即许中国以自定税率之权。同时海关行政亦须改良,如出口税应废止者,则废止之,原料应列入无税货品者,则列入之,并规定训练华人,俾可接管海关之预备。又需设一估价部。

九、同意。

十、同意。

以上各条,是否有当,尚祈钧裁,提出于欧洲和会为幸。谨呈。敬颂勋安。附益世报剪录一篇。卢春芳谨呈。

《中日关系史料——巴黎和会与山东问题》,第 26—27 页

甘肃省议会致外交部

1919 年 1 月 17 日

国务院钧鉴:准江苏省议会微电开:主张此次欧洲和平会议,我国派员列席与议,应提出一切正当之要求,如修废条约恢复主权各节,国际所关,至重且大,应请届时严重交涉,务必达到目的,中国幸甚。甘肃省议会。艳印。

《中日关系史料——巴黎和会与山东问题》,第 29 页

施肇基致外交部

1919 年 1 月 17 日到

外交部:和局重大,谬荷垂询,谨贡刍荛,无当万一。观他国计划约分三端:一备和会自提之件,一谋对于他人提出要求,一防和会后发生问题。至各国在会条款大纲,当不外日前美总统宣布交战宗旨十四条,我应进行者则分四端:一自提条款亦应根据美十四条,其中一、四、五、六、十四诸条皆与我有关,尤以五、六、十四三条为甚。五条宜于青岛,英国与日有成约,似仍应设法请美主张,交会汇议。六俄失之地,英相宣布听俄自理,美则主张归还,我当与美一致,盖俄地不返,必谋东渐。十四条商据英法律专家麦端雷称:英、法、德、义等在欧多利用牵掣,且迭次海牙大会先后宗旨变更,独我不然,此次又为尊重公法加入,将来如阐发此旨,力主公道,人必钦服。一预筹对付,各国战疲财匮,非商战不能恢复,我当其冲,内极应力图工商发达,外在和会格外注意。一先事联络,查和会能发言者一方为德,一方则英、美、日、法,惟美处特别地位,盖既无疆土问题,又无盟约关系。中美感情素厚,外相更为旧交,当益加欢联声明,我因美劝而战。再将来英、法等似与在欧洲强弱大小各

国皆有自由发展权,应恣恳美国,并主张推及亚洲,于我日后振兴有裨。一自筹整顿,曰秩序应力求统一,以杜外人干涉。曰财政前当善后借款已呈外人监督之象,近来债务外人经办,本利年清自理,如奥款迭次爽期,甚至停付,易滋口实。此外,欠德亦多,恐德亦借此进步,在在可危,应急筹信偿善策,并聘富有阅历、人品端正理财专家西人为顾问,督饬经理外债,以防外人实行监督。曰华工平日在英水手已多,工党反对时有所闻,应请查基第四十号函,速自取缔。现在招工数复钜万,目前英、法两馆派员分管,固已照顾不及,而战毕前敌工既无用,英法兵散,自谋安插不暇,禁逐华人为意中事。惟比伤重人乏,工多待举,可事消纳。兹事体大,非有专派大员先期来欧,与彼各界时相往还,然后方可磋商进行。至使馆仍当遇事相助,务期有济。查前西藏专员陈贻范通晓西文,熟悉外情,应请即简来欧,为管理华工专员,预筹一切。管见所及,伏祈裁择。再将来在和会顾问亦极重要,麦端雷学高品优,望重资深,部询战后交通部沪宁铁路案,均系与彼商办,堪以胜任。倘荷赞同,拟先嘱赴华半载,俾悉情形。基。十六日。

《中日关系史料——巴黎和会与山东问题》,第29—30页

陆徵祥来电
1919 年 5 月 7 日

我国希望条件,除对于德奥者早经提出并经大会将对德各项大致采用列入草约外,其对奥条件现亦正待接洽,请彼照列和约。此外,关于协商各国公共之件附列辛丑赔款一项,迭经讨论,只能分向各政府接洽,未便提出大会外,其领事裁判权、关税、租界、租借地、邮政、兵警、势力范围七项,并二十一条修正案,亦经提送大会。惟此次会中议事程序,先尽对敌。现对德约案甫经交出,对奥及土、布约案方始从事。而各国重要全权,大约俟德约签字即将离会。所有我国希望各提案,殆非候国际联盟会开幕,势难讨论。至于各国意见,大体尚不反对。法外部曾言,其中数件,法政府可表同情,故欲与之细谈,则彼以尚未详细研

究。美总统于三国会议中,当英、法两总理前,切实向祥及顾使声称:一俟联盟会成立,必力为中国协助,改良中国现时所处国际地位,俾将各项不平等之待遇设法改善,危险状态设法免除,为一完全独立自主大国。并称:日本牧野对于此意亦允赞助等语。祥等一日在会自必竭力设法,冀能将各议案早日提议。现联盟会宪法通过后,准备委员会业经开过一次,大约九月或十月间先即在华盛顿开第一次大会。我国应派三员,即请慎加遴选。该会关系我国之钜不减于此次和会。顾使于该会最为接洽,我国适宜之员无出其右,谅在鉴中。此外二员亦应慎选有资望而彼此能同心协力共济时艰者,方为妥协。统乞钧裁。祥。七日。

《秘笈录存》,第153页

中国之希望条件

绪　言

自二十世纪之初,中国于政治、行政、经济咸有可称。而自帝制改革、民国肇兴以来,进步尤为卓著。顾犹未能遂其发展之自由者,则苦于国际障碍之多也。诸障碍中,有本为昔日从权待变之办法,今事过境迁而因循未改者,亦有为近日不合法律公道之举动所迫成者。长此不变,必致滋生龃龉之端。案威总统十四要点所含公道、平等,尊敬主权诸原则,业经联盟及共事诸国公同承认,今平和会议方欲借为基础,而建设新世界,苟不绝远东争竞之种子,其功未谓圆满也。中国代表爰提出说帖,胪列诸问题,冀依主权国所不可少之土地完整,政治独立、经济自由诸原则,而加以纠正。庶障碍消除,而发展得遂其自由,幸甚。

中国之希望条件目录

绪　言

说　帖

一、舍弃势力范围。

二、撤退外国军队、巡警。

三、裁撤外国邮局及有线、无线电报机关。

四、裁撤领事裁判权。

五、归还租借地。

六、归还租界。

七、关税自由权。

结　论

舍弃势力范围

中国地富人庶，利于商务及投资。政府为促进本国经济上之发展起见，尝谋予各国以均等机会。顾力有未逮，则以在中国有利益关系之各国，要求其所谓势力范围者，为之梗也。此等要求之意，似谓在此势力范围之内，惟要求国得独享领土上之利益以及优先或独得商务与投资之权利或特权。

德国要求以山东省为势力范围，实为造端之始。嗣各国于中国他处亦有同类之要求，似出于维持远东均势之意。各国在中国要求势力范围，其所依据不外二端：一即各国自相缔结而中国未与闻之协议，如一八九八年九月二日英、德银行团所订立并经英、德两政府核准之关于建筑铁路合同，与一八九九年四月二十八日英、俄二国所订关于两国在中国互享铁路利益之协约是也；一即在中国不能自由行使其意愿之时，各国与中国所订之条约或协议，如各国争夺权利时代所订之不割让土地（所）各约，与一八九八年三月六日之中、德胶澳租借条约，以及因日本二十一款之要求而订之一九一五年五月二十五日之中日条约是也。

各国在中国要求势力范围之政策，其为不合公道，厥有数端：其一，即不特不能助中国经济上之发展，反足以阻碍之也。此等政策，似专为要求国之利益而设，指定中国之一省或数省为其人民专享之利薮，而于中国人民经济之需要在所不顾，实足以阻滞羡余资本之自然倾注，剥夺选购物料，雇用专门人才之自由。而供求相应之原则，亦且因之而失其作用。往往有经营事业适在某国势力范围之内，该国既不能自供必要之资本与合宜之人才，而又不肯任他国之兼有资本人才者投资举办。此等事实已不一而足。

其次,则因破坏各国商工业机会均等之原则,而妨及他国之公益也。一国既有势力范围,而于筑路、开矿以及他种实业之投资得享优先或专有之权利、特权,往往得居经济上之优越地位。而该地经济集权之要素亦渐渐入其掌握,则其利益与机会自非他国所能平分矣。

抑势力范围之要求,更有大不可者,一国要求于此,他国必要求于彼,要求无已,则其结果不特不能在中国境内为统一有序之经济发展,徒造成多数经济区域互相对抗。既足以危害中国领土之完整与政治之独立,抑将引起国际之猜忌,而妨及远东之和局。故为中国计,兼为世界真利益计,凡有关系之各国宜舍弃其势力范围之要求。盖此种范围实为经济上之障碍,足以使各国商工业机会均等之原则不能适用,且滋生经济上之仇意,最易变成国际重大争端之原素也。

鉴于以上各项理由,苟有关系之各国,本其诚意重视中国主权暨与中国通商各国公共利益之旨,发为宣言,各自声明在中国既无势力或利益范围,亦无提出此项要求之意;并声明从前所订一切条约、协议、换文、合同,凡因之而授予领土上之专有利益以及优先或独得之让与及权利、特权足以发生势力范围而妨及中国之主权者,或可解释为有授予之意者,并愿与中国磋议修改,此中国政府所深望者也。

撤退外国军队、巡警

中国境内,在非租借地及租界各处有外国军警,久为政府所极焦心之事。兹举军队、巡警二者分别言之。至租界与租借地,详另篇。

一、在中国之外国军队

甲　此项军队之来由

驻中国之外国军队不外二类:一、根据约章而来者;二、无所根据而来者。

(一)拳匪之乱,联军各政府于一九〇〇年十二月廿二日向中国政府提出议和条件,其要求之一,即各国在使馆界内均得常设卫队,以护使馆。旋中国于一九〇一年一月十六日照覆允其所请,复于一九〇一年九月七日条约中申明此意。该条约又准各画押国于北京至海口之间，自相商酌，择地设兵驻守，以护交通。于是在京奉铁路上指定地点若干处，为外兵驻守之所。诸画押国中，除日斯巴尼亚外，其余如奥匈、比利时、法国、德国、英国、和兰、义大利、日本、俄国、美国皆派兵驻守一、二处不等。欧战以前，各国军队之总数时有增减，大致在九千左右。自一九一四年欧战起始，各国有撤退军队者。及中国与德、奥断绝邦交，德、奥军队皆为中国所拘留，然尚有他国军队，迄今犹存。

（二）尚有中国他处之外国军队，非若使馆卫队。京奉驻兵之根据约章，乃毫无根据而来，且不顾中国之屡次抗议者。

（甲）满洲之俄、日两国军队。按一八九六年中国与道胜银行所订东清铁路合同第五条云：中国政府应设法保护该路及路上所用人员。旋俄国政府给予东清铁路特许状有云：在铁路及其附属处所受地界内维持法律秩序之事，责成该公司所派巡警人员办理。又云：该公司应拟定巡警章程。依据此两项规定，该公司遂常设护路巡队。然该路建筑之际，俄国借口于保护路线，派兵至满洲。及拳匪起事，俄国复藉端增加兵额，占据牛庄、奉天及沿东清铁路扼要各处。虽一九〇二年四月八日俄国与中国订立合同，担任于约时定期之内将军队撤退，然终未肯实践。仅将军队移至铁路公司界内，而又占据辽河口及凤凰城、安东各处。旋日、俄两国有所磋商，未能就绪。继以日、俄之役，其战场即在满洲。

俄国因朴兹茅斯和约，将旅顺至奉天之铁路移交日本。按该约第三条，俄、日两国虽互相担任，除辽东半岛之租借地外，同时将军队完全退出满洲，仍于另一条中保留权利，均得驻扎卫队，以各护其在满洲之铁路。其额数每一基罗米特不得过十五人。在此限数以内，俄、日两国军官得自相协定何者实用所需至少之数。此南满铁路沿途日本军队之所由来也。

中国虽于一九〇五年十二月廿二日与日本订议，允俄国将日、俄战事前所有租借权利、铁路特权及矿产权利移交日本，然上述之另条关于铁路卫队者，中国不特未许，且于第十一条内深表示愿满洲日、俄军队及铁路卫队从速退去之意。而日本政府则愿俟俄国肯撤退铁路卫队时，或中、俄两国议定他种合宜办法时，亦举行相类之办法。然铁路卫队究未撤退。自俄国政变后，东清铁路及哈尔滨、长春铁路之俄国卫队虽已尽易中国军队，而南满、东安二路之日本卫队如故。

（乙）自一九〇一年以来，日本政府在奉天之六道沟及吉林之延吉等处日本领事馆驻扎日兵。旋于一九一一年俄国步日本后尘，亦于吉林延吉等处领事馆驻扎军士。

（丙）一九一一年之秋，中国革命起事时，日本以保护侨民为词，遣一支队约六百人至长江上游距海约八百英里之汉口，驻扎于条约所载租界地址以外，其数有时增至一千五百人。虽中国政府屡次请其撤退，迄未退去。该队现有机关枪一连，其所住营房系兵到后特建者，可容二千五百人，设有无线电站。

（丁）内蒙边界之辽阳地方亦有日军，系一九一四年遣来。是年秋，有中国巡警一队在满洲内地昌图地方与群盗鏖战，适有日军一连经过该处，误以为中国巡警向其轰击，遂亦开枪，毙中国巡警三人，又路人一名。日人亦有二名受伤，然其是否受创于巡警，抑为群盗所伤，无从证实。日本领事闻悉此事，即派兵至辽阳。嗣后虽经中国政府惩罚巡警，申斥警官，并赔款一万二千元，以为案已办结，而日本军队迄未撤去。

（戊）一九一四年欧战发起，日本向德宣战，随即攻击青岛。日军登岸之处为龙口，在其目的地之北约一百五十英里，又藉口于军事上之必要，将山东腹地之胶济铁路全行夺取，并占据沿途紧要车站，迫令中国军队退出附近地方。嗣后虽军事于十一月间完全停止，青岛亦于次年一月一日开放市场，而日本军队不顾中国屡次之抗议，仍逗遛山东，计沿铁路之日军数目约二千五百人。

（己）一八九六年，英人在中国回部新疆省之库叶喀尔地方设立邮站。有邮差数名往来于该处与印度之间投送文牍。五年后，俄国亦在该处设立邮站，护以骑兵十余人。及一九〇〇年，俄兵增至一百五十人。一九一八年,英国遣印度兵三十人至该处,声言系为保护领馆之用。

乙　所以应撤退之故

（甲）以外国军队之因一九〇一年专约而驻扎于中国境内者言之,中国政府深信现无驻扎此项军队之必要。该约为拳祸之后果。彼时鉴于中国北方情形而有驻兵之条件,今此等情形已不复存,中国人之尊重外人生命财产已极昭著,而无可非议,虽在内乱之时犹然也。

（乙）使馆之卫队,京海间之驻兵,不特为中国人民之辱,抑亦为主权之疵累。而使馆界之划地自守,不准中国人民居住,尤为世界各国首都之所无。

（丙）此等外国军队每致滋生事端,扰害地方秩序,往往两国军士彼此寻仇,虽未必酿成重大事故,而地方官已为之不安。

（二）至于毫无根据而阑入中国之外兵,则不特具有以上之弊病,抑更有亟应撤去之理由。

（甲）外兵阑入中国境内,足以损害各国彼此间之睦谊也。试举事实以证之。一九〇〇年俄兵屯集于蒙边及满洲,而俄、日之间遂生恶（惑）〔感〕,卒以俄国不允撤回满洲之军队,而致有日、俄之战。

（乙）此等兵队之逗遛,足以损害中国与该兵队所属国之交谊也。观于日本军队与中国人民龃龉之多,可资证佐。试举一二如左:

一九一三年,驻汉口之日本军队中有西森大佐者,欲强入第二师之司令部,守门军士劝阻,被其刃伤,彼时民气甚为激昂。

一九一三年九月,直隶省昌黎地方之事件,则较为重大。是时有日兵数人图窃小贩之梨,为巡警所阻。旋有日军官率兵四十人攻击警署,欲将该巡警捕去,日军官并刺伤警长。而四十日兵则放枪三排,击毙中国巡警四人,以致民情愤怒,中国官长竭力防杜,始免暴动。

一九一三年九月,吉林省之长春地方,有日人殴击中国小贩。经中国巡警干涉,旋有日兵一小队约百余人拥至第三、第四两警区,搜寻该巡警,欲将其捕去。

一九一六年,内蒙古郑家屯地方,中日军队冲突,计毙华兵四人、日兵十二人,互有负伤。日本藉此要求多端,其中不乏大碍中国之条件,中日邦交为之不固者计五阅月。

日军驻扎山东内地屡滋事端,致居民发生恶感。中国政府因其违法逗遛,提出抗议,而日本乃借此于一九一五年一月出其脍炙人口之二十一条要求,致中日交谊为之大伤。

中国政府鉴于以上诸理由,故请:(一)将所有外国军队无法律上之根据而驻在中国者,立即撤退。(二)将一九〇一年九月七日专约之第七、第九两款宣告废止。凡根据该两款而驻在中国之使馆卫队暨外国军队,即自平和会议日起,一年以内悉行撤退。

二、外国巡警

自一九〇五年以来,日本政府于满洲设立巡警机关,日渐扩张。一九一七年据奉天、吉林地方官报告,此项巡警机关已增至二十七处。

租界之内设外国巡警,虽为条约及中国政府所核准之租界章程所许,其在他处则未尝以此项特权授与外国。故日本之设立巡警,实无理由。

日本政府屡谋向中国取得南满洲及东内蒙设立巡警之特权。及一九一六年八月郑家屯事件发生,要索尤力。欲中国政府允其于南满洲、东内蒙择必要之处设立日本巡警,以保护日本人民。并欲中国政府准南满洲官长雇用日本警官。其所持理由,则谓日本政府以为该处地方为管理并保护日侨起见,有设立日本巡警之必要,且南满洲之内地,早已设立日本警官多名,地方曾与接洽,是业已承认,且此项特权系与治外法权相辅而行者。

中国政府之答覆,谓管理保护日侨之事,已有约章规定,并无设立日本巡警之必要。巡警问题,不能与治外法权相提并论,中国政府亦不能认为相辅而行。且自有治外法权之条约以来,从未闻有此等要求。至业已设立之日本巡警机关,则久经政府及地方官屡次抗议,特再行抗议,请即撤去云云。

中国政府对于满洲之日本巡警，仍持以上看法，兹特再请将此项巡警与此外法律上无所根据而驻在中国之外兵及卫队，一并立即撤退。

裁撤外国邮局及有线、无线电报机关

自一八六〇年以后，中国通商各口渐次增设外国邮局，然非条约所准，亦未经特别许可，仅为中国政府所容忍而已。

同时中国海关仿照西法，附设常川递信机关，往来于沿海各口及扬子江一带。创设以后，日有进步。至一八九六年，上谕专设机关，派定专任人员，不复由关员兼任。及一九一一年，邮政总局直隶交通部，遂完全与海关脱离。

中国虽于一八七九年承万国邮政公会邀请加入，而自顾制度未备，迟迟未决。至一九一四年始有加入之举。自是以后，中国遂为邮政之第一等国，担任经费亦在最多之列。

中国邮局于一九一一年脱离海关改隶交通部之时，其分局已遍布全国，并推及蒙古与喀什噶尔暨俄国交界等处。计是年分局之数为六千二百零一处。及一九一七年则增至九千一百零三处。

一九一七年，邮局送递信件之途径共长五十二万里，即十七万英里左右。大半为铁路、轮船所未通，较之一九一四年计增多三十四万里之谱。

成绩之进步亦称是。一九一一年所递信件之数四百二十一兆，一九一四年为六百九十二兆十八万二千二百，及一九一七年则增至九百六十五兆四十七万八千三百七十一件。

此外，送递包件之数亦属不细。计一九一七年所递包件之数为十一兆四十七万五千零六十一件，估价一百三十六兆十三万七千二百元，共重三十七兆七十九万七千二百七十一基罗，即四万吨左右。

又有挂号信处，信札、包件均可挂号保险，并可代商家递送货品，代收货价。

邮政汇票亦已风行多年。计一九一七年所发邮政汇票之数为一百零三万张，共值二十一兆五十二万三千元。其尤可注意者，则英、法政

府支付在欧华工之家属费用,皆利用中国邮政汇票也。即就威海卫一处之英政府招工局而论,其一九一七年九个月内之间,所购中国邮政汇票已达一百万元之数。其所递邮政汇票之处,大半在直隶、山东之内地。计华工家族二万五千余户,从未闻有一票遗失者。

邮局初设之际,不免赔累。近则不特能自给,且有盈余。计一九一七年收入之数为八百五十四万六千元,支出之数为七百七十万四千元,计盈余一百四十二万二千元,可资推广整顿之用。

中国邮政虽在革命之时,极边之处,亦毫无停滞。

邮政机关如是其大,所用人员自不得不多。计一九一七年十二月间,在邮局服务之外邦人员,虽因战事而数目大减,然尚不只百人,分任邮政司、副邮政司、助理员等职。同时中国人员之数为二万五千八百六十七人。中国政府之意,于需用外人助理之时,仍不裁撤外人。

就以上所举概略观之,可见中国邮政发起于五十年前,扩张至今日之大,分局完密,办事精到。近五年来已在邮政公会中为设备完全之国。

中国政府之意,以为中国邮局既能完全胜任,则援各独立国之通例,国内不应有他国邮政机关。故请平和会议裁决,凡现在中国之他国邮政机关,宽予期限,俾得从容收束,自一九二一年一月一日起一律裁撤。

中国又有所不能不要求者,中国境内不应设立外国有线、无线电报机关。凡此项业已设立之机关,亟应由中国政府给价收回。

裁撤领事裁判权

领土主权之行使与领事裁判制度之存在,二者互相抵触,尽人而知,无俟赘论。兹第论此项制度之行于中国,非根乎国际公法之原理,乃纯由条约强造而成。条约订设此制之最早者,有一八四三年中英五口通商章程第十三款。此约虽经中英天津条约宣告废弃,而该款要旨仍载入天津条约第十五、第十六、第十七等款。见附件一。此外,则有一八四四年中美五口贸易章程第二十一及第二十五款。见附件二。及同年中法五口通商章程第二十五、第二十七、第二十八等款。见附件三。原此制设置之理由,盖以当时中外法律悬殊,中国司法制度未臻完备,顾此项矫揉造作制度原属暂设,终归撤废。试观一九〇二年中英商约第十二款,彰彰明甚,其文如左:"中国既深愿改良其司法制度,期与泰西各国司法制度不相出入。英国兹允尽力襄助此举,并俟中国法律状况、审检办法及其他情形足使英国满意,彼将允弃其治外法权。"此外,如一九〇三年中美商约第十五款及同年中日商约第十一款,亦有同等之条文焉。

诸友邦正式惠允抛去领事裁判权之约既如此明显,则首应解决之问题即现时中国法律状况审检办法是否已臻妥善,足使英、美、日本及其他有约国咸觉满意,俾可实行抛弃领事裁判权是已。我人虽未敢遽谓中国现时司法情形已足媲美先进诸国,然自上述商约缔结以后,中国司法改良之成绩固已斐然可观,此实中外所共睹而共信,姑择要言之如左:

一、中国临时约法采三权分立之制,凡所以保卫人民生命财产之根本权利及保障司法官之审判独立,不受立法、行政两权之干涉,悉有明文规定,载在宪章。见附件四。

二、中国业经编有法典草案五种:一、刑法。二、民法。三、商法。四、刑事诉讼法。五、民事诉讼法。各种法律、法典有已呈准暂行援用者,如暂行新刑律及刑事民事诉讼法内管辖再理各节是已;有业经正式公布者,如法院编制法、高等以下审判厅试办章程等是已。见附件五、六、七、八、九。凡诸法与法律之编纂,多取才于先进诸国,剂量折衷,并以不背乎中国社会为度。

三、正式法院系分三级:曰大理院,曰高等审判厅,曰地方审判厅。并经采用检察制度,各级法院均配置有检察厅焉。见附件十。

四、关于诉讼法律之改良,其显著者则民、刑案件分庭受理,审判取公开主义。刑事案件注意证据,刑讯、勒供早经废止。辩护制亦已仿行,凡业律师者须经法定考试,或具有相当资格。

五、各级法院之推事、检察官咸受有相当之法律教育,其中毕业于外国专门大学者甚夥。

六、监狱、警察诸制度,均经整顿改良,成绩昭昭,在人耳目。见附件十一、十二、十三、十四、十五、十六。

上列各项成绩既若是显著,而司法改良之进行,且复骎骎未艾。准是以推,上列商约所订撤销条约之实行,为日当已不远。是昔日所据以设领事裁判之理由,业已无复存在。不特此也,试举此项制度之劣点,其撤销之不容缓,更属明甚。

一、适用法律之参差也。领事裁判之管辖,依据被告国籍而定,此为通例。讼英人者,赴英领署。讼法人者,赴法领署。讼美人者,赴美领署。余准此类推。而各国法律,间有出入。同一案也,甲领署认为有罪,乙领署容为无辜,此以为证据未充,彼容谓理由已足,往往案情虽同,而判决竟异。冤滥之繁恒由斯起。劣点一。

二、领署对于异国之证人,原告无管辖权也。案中所需证人,苟其国籍异于被告,领署非特不能勒令出庭作证,即彼自愿作证或作证而所言不实,领署既不能科以罚金,并不能科以妨害公务或伪证之罪。对于他国籍之原告亦复如是。且假使被告对于原告之请求虽不能抗辩而提起反诉以为抵销,顾该领署既无管辖原告之权,该项反诉理由虽极充足,无从为之审理。劣点二。

三、外国人在中国内地犯罪,搜集证据之艰难也。外国人旅行内地,如有犯罪情事,按照条约"应就近送交领事官惩办,沿途止可拘禁,不可凌虐"。前美国驻华公使黎德曾有言曰:此项条文,质言之直谓旅行内地之外国人,虽犯强奸、故杀,须解送远在千里外之通商口岸领署惩办,沿途止得宽行看守,日久远遥,搜检证据之艰难,不问可知矣。劣点三。

四、领事官与裁判官职务之冲突也。领事以保护本国侨民之利益为职务。今以他国人民诉其本国人民之案件交彼审理,与其保护之职务既不相容,而欲望其裁断平允,毫无偏袒,不亦难乎? 至此制之与现今行政司法分权之原则显相背驰,更无论矣。劣点四。

右举领事裁判制度之种种劣点，已足为撤废之理由而有余。况旷览寰区，此制大有日就消灭之势。在昔日本此法行焉，厥后五种法典及法院编制法次第编纂颁布，乃要求各国改正条约，卒于一八九九年将此制全行撤废。暹罗自改组后，亦得英、法各国允许将其领事裁判权之一部分移交暹国法院，并允俟司法事宜改良完竣，扩充其境内法权焉。

因是，中国亦请求有约诸国允于一定期间内，下列两项条件实行后，将现行于中国境内此种陋制，实行撤废。

一、刑法、民法、商法及民事诉讼法、刑事诉讼法完全颁布。

二、各旧府治所在地（实际上外国人普通居住之地），地方审、检厅完全设立。

中国允于五年内实行右列两条件，同时要求有约诸国允俟该项条件实行后，即将领事裁判权撤废。其在中国境内设有特别法庭者，同时一并裁撤。

更有请者，在领事裁判实行撤废之前，中国要求有约诸国立为下列两项之许可。

一、华、洋民刑诉讼，被告为中国人，则由中国法院自行讯断，无庸外国领事观审参预。

二、中国法院依法发布之传拘票、判决书，得在租界或外国人居宅内执行，无庸外国领事或司法官预行审查。

抑领事裁判权之撤废，受其利者不独中国而已也。有约诸国行见于中国法权统一之下，凡华、洋诉讼及国籍不同之外国人诉案、讼件，历来种种窒碍不便之处消释以尽。不宁惟是，今中国举国人民莫不殷盼司法权之收回，一旦如愿以偿，其感激友邦亲善之美意，庸有既极？且中国法权既能普及于全境之居民，于国内行政及治安之保障亦有莫大之裨益。举国人民将自行敦促政府开放全国，俾外人贸易居住。将来国际商务之发达，可操左券。此尤中外人民所共同跂望者也。

撤销领事裁判权案附件目录

一、一八四三年中英五口通商章程第十三款暨一八五六年中英天津条约第十一款、第十五款、第十六款、第十七款。

二、一八四四年中美五口贸易章程第二十一款、第二十五款。

三、一八四四年中法五口通商章程第二十五款、第二十七款、第二十八款。

四、民国临时约法第六条、第四十八条、第四十九条、第五十条、第五十一条、第五十二条。

五、暂行新刑律。英译。

六、法院编制法。英、法译。

七、高等以下各级审判厅试办章程。英、法译。

八、公司条例。英译。

九、商事公断处章程。英译。

十、中国已成立新法院表。

十一、中国已成立新监狱表。

十二、监狱规则。英译。

十三、看守所章程。英译。

十四、北京第一监狱纪实。英译。

十五、北京第一监狱摄影。英文注释。

十六、中国十三新监狱摄影。英文注释。

附注：上列附件五、六、七、八、九、十二、十三、十四、十五、十六均系单行本，合并声明。

附件一：一八四三年中英五口通商章程

第十三款

一、英人、华民交涉词讼一款。凡英商禀告华民者，必先赴管事官处投禀，候领事官先行查察谁是谁非，勉力劝息，使不成讼。间有华民赴英官处控告英人者，管事官均应听诉，一律劝息，免致小事酿成大案。其英商欲行投禀大宪，均应由管事官投递。禀内倘有不合之语，管事官应驳斥另换，不为代递。倘有交涉词讼，管事官不能劝息又不能将就，即移请华官公同查明其事，既得实情，即为秉公定断，免滋讼端。其英人如何科罪,由英国议定章程、法律发给管事官照办。华民如何科罪,应治以中国之法。均仍照前在江南原定善后条款办理。

一八五九年中英天津条约

第一款

一、前壬寅年七月二十四日江宁所定和约,仍留照行。广东所定善后旧约并通商章程,现在更章,既经并入新约,所有旧约作为废纸。

第十五款

一、英国属民相涉案件,不论人产,皆归英官查办。

第十六款

一、英国民人有犯事者,皆归英国惩办。中国人欺凌扰害英民,皆由中国地方官自行惩办。两国交涉事件,彼此均须会同公平审断,以昭允当。

第十七款

一、凡英国民人控告中国民人事件,应先赴领事官衙门投禀,领事官即当查明根由,先行劝息,使不成讼。中国民人有赴领事官告英国民人者,领事官亦应一体劝息,间有不能劝息者,即由中国地方官与领事官会同审办,公平讯断。

附件二:一八四四年中美五口贸易章程

第二十一款

一、嗣后中国民人与合众国民人有争斗、词讼、交涉事件,中国民人由中国地方官捉拿审判,照中国例治罪,合众国民人由领事等官捉拿审判,照本国例治罪。须两得其平,秉公断结,不得各存偏护,致启争端。

第二十五款

一、合众国人民在中国各港口自因财产涉讼,由本国领事等官讯明办理。若合众国人民在中国与别国贸易之人因事争论者,应听两造查照各本国所立条约办理。中国官员均不得过问。

附件三:一八四四年中法五口通商章程

第二十五款

一、凡佛兰西人有怀怨及挟嫌中国人者，应先呈明领事官复加详核，竭力调停。如有中国人怀怨佛兰西人者，领事官亦虚心详核，为之调停。倘遇有争讼，领事官不能为之调停，即移请中国官协力办理，查核明白，秉公完结。

第二十七款

一、凡有佛兰西人与中国人争闹事件，或遇有争斗中或一、二人及多人不等被火器及别器械殴伤致毙，系中国人，由中国官严拿审明，照中国例治罪。系佛兰西人，由领事官设法拘拿，迅速审明，照佛兰西例治罪。其应如何治罪之处，将来佛兰西议定例款如有别样情形，在本款未经分晰者，俱照此办埋。因所定之例，佛兰西人在五口地方如有犯人小等罪，均照佛兰西例办理。

第二十八款

一、佛兰西人在五口地方如有不协争执事件，均归佛兰西官办理。遇有佛兰西人与外国人有争执情事，中国官不必过问。至佛兰西船在五口地方，中国官亦不为经理，均归佛兰西及该船主自行料理。

附件四：中华民国临时约法

第六条　人民得享左列各项自由权：

一、人民之身体非依法律不得逮捕、拘禁、审问、处罪。

二、人民之家宅非依法律不得侵入或搜索。

三、人民有保有财产及营业之自由。

四、人民有言论、著作、刻行及集会、结社之自由。

五、人民有书信秘密之自由。

六、人民有居住迁徙之自由。

七、人民有信教之自由。

第四十八条　法院以临时大总统及司法总长分别任命之法官组织之。法院之编制及法官之资格，以法律定之。

第四十九条　法院依法律审判民事诉讼及刑事诉讼，但关于行政诉讼及其他特别诉讼，以法律定之。

第五十条　法院之审判须公开之。但有认为妨害安宁秩序者,得秘密之。

第五十一条　法官独立审判,不受上级官厅之干涉,

第五十二条　法官在任中不得减俸或转职,非依法律受刑罚宜告应免职之惩戒处分,不得解职。惩戒条规,以法律定之。

附件十:中国已成立新法院表

(甲)审判机关:

(一)大理院,设于北京。

(二)高等审判〔厅〕,设于北京及各省城,如下:天津、沈阳、吉林、龙江、济南、开封、太原、江宁、怀宁、南昌、闽侯、杭县、武昌、长沙、长安、阜兰、成都、广州、桂林、昆明、贵阳。

高等审判分厅,设于离省较远交通不便之都会,共十有八,如下:河南省:洛阳。江苏省:清江。安徽省:凤阳。山西省:安邑、大同。江西省:赣县。陕西省:南郑。甘肃省:平凉。浙江省:永嘉、金华。湖北省:襄阳、宜昌。贵州省:镇远、毕节。四川省:巴县、雅安、泸县、阆中。

(三)地方审判厅,设于北京及各省城繁要之区,共四十七,如下:北京。直隶省:天津、保定。吉林省:吉林、长春、延吉。奉天省:沈阳、营口、安东、远东、锦县、铁岭、洮南、海龙、辽源。黑龙江省:龙江。山东省:济南、福山。河南省:开封、洛阳。山西省:太原。江苏省:江宁、上海。安徽省:怀宁、芜湖。江西省:南昌、九江。福建省:闽侯、思明。浙江省:杭县、鄞县、永嘉、金华。湖北省:武昌、夏口。湖南省:长沙、常德。陕西省:长安。甘肃省:阜兰。四川省:成都、巴县。广东省:广州、澄海。广西省:桂林。云南省:昆明、蒙自。贵州省:贵阳。

此外,在计划中,拟于五年内设立者为数颇多。

(乙)检察机关:凡新设之审判衙门,均分别配置检察厅。如大理院配置总检察厅,高等审判厅配置高等检察厅,地方审判厅配置地方检察厅。其所在地名与审判衙门同,不复述。

附件十一:中国已成新监狱表

北京:北京第一监狱、北京第二监狱。直隶省:天津监狱、清苑监狱。

奉天省:沈阳监狱、营口监狱、辽阳监狱、新民监狱、铁岭监狱、昌图监狱。

吉林省:吉林监狱、长春监狱。黑龙江省:龙江监狱。

山东省:历城监狱、烟台监狱。山西省:太原监狱、太古监狱、河东监狱。

河南省:开封监狱。江苏省:江宁监狱、上海监狱、吴县监狱。

安徽省:怀宁监狱。江西省:南昌监狱。

浙江省:杭县监狱。福建省:闽侯监狱。

湖北省:武昌监狱、宜昌监狱。湖南省:长沙监狱。

陕西省:长安监狱、南郑监狱。甘肃省:皋兰监狱。

四川省:成都监狱。广东省:广州监狱。

广西省:桂林监狱。云南省:昆明监狱。

贵州省:贵阳监狱。京兆特别区域:京兆第一监狱、京兆第二监狱。

热河特别区域:承德监狱。绥远特别区域:绥远监狱。

以上共四十一处,此外,在计划中拟于五年内陆续设立者为数颇多。

归还租借地

中国境内之有租借地,实危及领土之完整,其发端之始,起于德国之侵略行为。德国以武力占据山东省之一部,中国政府屈于武力,不得已允以海滨最良之港口即山东省之胶州湾租与德国,以九十九年为期。

一八九七年十一月,有德教士二人在山东内地被害,德国舰队立即占据胶州,要索赔偿。凶手旋即伏法,地方官员数人亦坐办事不力受惩,并建教堂两所以志憾。虽衡以最苛之标准,其所以谢德人者,不可谓不至且切矣。

抑知伸雪之后,犹未能息事。曹州之教案甫经办结,而德国驻北京公使海靖子爵即向中国政府提议,须将胶澳租与德国。德皇复遣其弟亨利亲王率舰队至中国海面,以壮声气。亨利亲王濒行,德皇赐宴,勖以无惜铁拳。中国政府见国际情形如是,迫不得已而从其请,爰于一八九九年三月六日签定租借条约,划出胶澳周围百里环界,准德国官兵随时过调,并以胶澳海口南北两面之地及岛屿若干处租与德国,以九十九年为期。在租界地内,德人并有建筑炮台之权利。该约复准德国建筑铁路,横贯该省。并在铁路附近三十里内勘采矿产。积英伦与威尔施之幅员,不及山东一省。而按照此约,该省如需外国帮助,须尽先用德国人民、德国料物、德国资本。

德国既在中国沿海得有斥候要塞,俄国遂借均势之义,于胶澳租约画押之日,向中国提出限期答复之要求,谓旅顺口、大连湾及附近海面应租与该国,庶该国舰队得有稳固之根据。并要求其他事件,如建筑铁路贯串满洲,与两年前许其兴筑横亘满洲之铁路相接,且以俄兵驻守该路,即其一也。

中国政府屈于俄国之压力,乃于一八九九年三月二十七日允以旅顺、大连租与俄国,以九十九年为期。同时并允其他项要求。日俄之役,以一九〇五年九月五日扑次茅司之约为结束。俄国于该约中订明,经中国许可之后,即以旅大两口及附近地面、海面之租借权暨附属于租借权之权利,特权,转让于日本。旋经与中国和衷磋商,中国亦即允之。此一九〇五年十二月二十二日事也。

自德租胶澳、俄租旅大之后,而广西沿海之广州湾于一八九九年四月二十二日租与法国,以九十九年为期。九龙拓界及香港附近之地面、海面于是年六月九日租与英国,亦以九十九年为期。而山东沿海之威海卫于是年七月一日租与英国,则以俄国占有旅顺口为期。英、法二国之要求租借地,皆根据远东均势必须保全之说。

各国对于租借地所得行使之管理权限,虽各有不同,其租期则均有年限,而其非经中国政府之许可,不得转让于第三国,则或明白规定或隐示限制。在租借之内治理之权,虽或委诸受租之国,如胶澳之例,而主权则无不仍属于中国。且大多数租约皆规定中国兵舰得使用租借港口为海军根据地,其权与租借国无异。仅广州湾租约则附有条件,以中国处中立地位时为限耳。关于以上所述,则领土主权于治理租借地之权虽有限制,而其地仍为中国领土之一部分则甚明。此种租借地系从条约发生,自事实上及法律上言之,皆与割让不同,且不能谓与割让相似。

此等租借地即作如是看法,亦无继续存在之充分理由。不特中国之准予租借出于迫胁,且他国之要求租借,无非为造成均势起见。所谓均势者,非指中国与他国而言,乃各国争谋权力利益,彼此抵制之谓。盖其时满清失政,中国有分裂之虞也。二十年来情形大变,德人势力既已划除,则扰乱远东和局之重要原素已不复存,且不日万国联合会成立以杜侵略战争,此后更无维持远东均势之必要。租借地之要求,本以均势为主要原因,则各国舍去租借地之理由又多一层矣。

不特此也,中国政府以为租借地之存在,大伤中国之利益。此等地方俱在形势扼要之处,不特为国防之障碍,且不啻在一国之中另立多国,有危及领土之完整。况受租各国利益每不能相容,往往自起纷争,累及中国。而于彼此战争时为尤甚。

且此等租借地,往往用以为垄断附近地方经济权之张本,而为势力范围之起点。于在华各国工商业门户开放之原则,殊有损害。租借地一日在他国掌握,则中国之困难一日不去,而其流弊且日增一日。中国政府实有不得不请各国概行舍弃者。至关于保护界内业主权利及治理退还地方,为此项租借地退还后应有之义务,此中国政府所深知而愿担任者,可保证也。

归还租界

自一八四二年八月二十九日中英订立江宁条约;其第二条准英国民人寄居广州、福州、厦门、宁波、上海五处贸易通商无碍,而外人在中国居住贸易之权利始确实规定。次年又为便于实行起见,又订续约。其第七条规定,于通商各口由地方官知会领事指定地亩、房屋,专备英国人民之用。他国亦与中国订立相类之条约,其人民亦获相类之权利。

自一八四二年以后，五口之外又增多处。其中亦有划定专界备外人居住、贸易者。

此等通商务口之专界，即所谓租界者也。各处租界每由一国单独享受，故往往一口之内而有租界多处，如天津、汉口是也。上海之英，美两国租界于一八五四年合并为一，改称公共租界。惟法国租界仍为独立。

租界之地，仍为中国领土。其外人之执有地产者，仍须缴纳地税于中国政府，与中国人民无异。惟治理之权则或属于承受该租界之国所派领事官，或属于纳税外国人民所选举之工部局。凡租界利病所关，皆归其管理并发布命令，以维持租界秩序。又征收房税，以备地方费用及建造公用租屋、修筑道路、雇用巡警之用。

租界内之人民，虽中国人居其多数，租界之收入亦大抵出诸中国人民，而除鼓浪屿一处之工局常有地方官派委员参与工部局事务外，其他处租界工部局之选举，中国人不得与焉。上海公共租界，中国人民居全数百分之九十五，而只有各商团所举之中国值年董事三人，仅备顾问之用。

各租界大抵为商业繁盛之区，中国对外通商之进步，以各租界之功为多，而人民之受其益者亦不浅。然各租界之外国官员每争索权力，以致损害中国主权，阻碍中国内政。

举一事而言之，中国人民居住租界者，中国政府不得施其裁判之权。即如中国地方官欲于租界之内拘捕中国人民，则必须先得该承受该租界之国领事官许可，在公共租界者必先得领袖领事官之许可。若该中国人与任何外国商行或家族有关系者，又须先得该商行或家族所属国领事官之许可。租界之内华人互控之案，虽与外人利益毫无关系，仍须由会审公廨审断。其外国会审员不特从旁视察，且实握判决之权。中国人有因案逃避于租界者，中国官非先请租界外国官许可，发出拘票，则无从拘捕。

租界虽为中国领土，而中国军队不得经过。是租界之外国官长已不认中国之主权。

此种专享权利，不啻于一国之内另设一国，于领土所属国之主权，大有妨碍。此等情形，实非当日创设者之意料所及。一八六三年四月八日，英国外相洛塞尔子爵训告英国驻北京公使布鲁斯云：英国租界内之地，自系中国领土，毫无疑义。中国人民不能因居住租界内之故，遂得免其履行天然之义务。是年驻京各国公使会议，决定上海公共租界改组之原则如下：

一、关于领土之权限，必须由各国公使直接之于中国政府。

二、此项权限，以纯粹地方事务暨道路、巡警及地方所需之捐税为限。

三、中国人非实系外国人所雇用者，须完全归中国官管束，与在内地无异。

四、各国领事官，仍各自管束其人民。工部局官长止能拘捕违犯公安之罪人，向其所属之中外官长控诉。

五、工部局中须有中国董事。凡一切有关中国居民利益之措施，须先谘询，得其同意。

此等原则至近年始行废弛。

推广租界之案亦层出不穷。租界居民渐增，则要求中国政府准其推广。顾以领事官及工部局所专之主权甚为广泛，每为所拟推广界内之民所反对。中国政府自不能无所迟疑，外人不谅，每有怨言。

推广租界之案，不特足以伤中外之感情，亦往往引起各国彼此间之争执。一国要求推广租界，他国亦援例要求，每有两国利益不能相容，则彼此之感情为之大伤。

租界由工部局治理之权，遂为近年所订新辟租界之条约所许，其从前划定外人居住管理之各地，则并未授予此项权限。不过基于租界章程，为中国地方官与各国领事官所同意者而已。

兹姑不论其权限之所自来，总之，今日已无维持此项独立工部局之必要。昔中外交通之始，人民尚未相习，故以划分外人专用地界为便利。而此等专界每在郊野之区，则又不得不设立一种地方组织以维持该处侨民之秩序，如此则可免中外人民之龃龉。而领事官行使其条约所定之保护管束事宜，亦较为便利。然昔日分居之必要，今不复存。即如长沙、南京等处，并无外国租界，而中外人民相安无事，即租界内中国人民甚多，亦未闻有与外国人相冲突之事也。

中国近来于地方自治大有进步，如租界收回，尽可担负切实治理之责任。以北京地面之广，而地方行政皆从新法，中外居民无不翕服。又如天津、汉口之德、奥租界，自一九一七年中国宣战收回自治之后，亦未闻有非议者。

现在租界治理之办法，亦非享受通商权利所不可无。二十年来，中国于鼓励国际商务之政策推行无间，不特于条约上增设通商口岸多处，且在内地自辟商埠，以便外国通商。即如济南等处外人，须服从中国地方及巡警章程，与中国人无异，行之亦无弊病。此类商埠虽系新辟，而外人来者日多，渐成繁盛商区。

中国政府因以上所列理由，深望各国现有租界者，允将租界归还中国。中国政府亦愿与各国商议办法，以保障各口外人租用地面之权利。

在实行归还以前，中国政府愿租界内治理之章程稍加更改，俾中国居民可得平允之待遇，亦可为最后归还之准备。此项更改之处，与有约各国人民之权利毫无损害，胪举如下：

一、中国人民在租界内得购置地亩，与外国人民无异。

二、中国人民居住租界者，得有选举工部局董事及被举之权。

三、租界外之中国主管法庭所发之传、拘票及判决，应在租界内执行，不由外国官长审查。

四、凡租界内华人互控案件，不得由外国会审官参与审断。

关税自由权

中国现行海关税则，发端于一八四二年之中英江宁条约。次年复依据该约议定则例，按货注明税率，大抵以值百抽五为比例，然亦有值百抽十者。嗣后他国与中国通商即援此为例。及一八五九年中国与英、法等国改订税则,始一律以值百抽五为率。各约内均有按期改订之规定,即嗣后所订商约亦均有改订之条款。然自一八五九年以来,仅于一九〇五年及一九一九年改订两次。即此两次改订,亦不过改订货价,而值百抽五之率则仍旧贯。此项税则不特不公,且亦不合科学原则。盖日用必需之品课税之重,与奢侈品无异。其流弊必至大伤中国之财政与商务。兹举其理由言之:

一、无交换也。因此类条约及最惠国条款之故,各国均得享受普通之税则。又以最惠国条约之故,苟一国得享受任何权利、特权他国即可援例享受。然中国不能得交换利益。故凡有约国之货物,皆得以值百抽五完税运入中国。而中国货物之运往各国者,不能享此利益。按国际习惯,通商税则无不以交换互让为根。此等不交换之情形,实与国际习惯相背。

二、无区别也。自一八五九年课税不复区别,而原料及日用必需之品课税,与奢侈品相同。此亦与各国习惯相异者。试列表以证之:

一九一三年各国奢侈品课税之率(一九一三年为欧战发起之前一年,其时情形未失常度)。

	烟叶	醇酒
英	每磅八先六便	每轧仑十五先二便
美	每磅十八先九便又值百抽二十五	每轧仑十先十便
法	每磅一镑七先二便半	每轧仑二先六便半
日	值百抽三百五十五	每轧仑十先二便
中国	值百抽五	每轧仑四便半

观以上税率,轻重昭著,无待赘一词矣。

因税率轻微之故,国家收入不足,以致不应征税之货物,亦不得不免于税课。试观下列数目即知一九一三年中国与各国免税货物成数之比较:

中国免税货物居全数百分之　六五

日本　四九五

法国　五〇〇

美国　五四五

英国　九〇七

此种划一税则，不适于今时之情形，可就下列比较数目而见之：

税则所列货物种数　进口货物之价值（鸦片不在内）

一八五九年　一百三十八种　约三十兆两

一九〇二年　三百三十二种　约二百八十兆两

一九一二年　五百九十八种　约五百四十五兆两

于此可见，六十年来虽货物之种数增至四倍，进口货之价值增至十八倍，而值百抽五之划一税则仍未更改。当一八五九年中国允行值百抽五划一税则之时，外国商务尚未臻重要。今则其数大增，不特觉其分配担负之法至为不公，且原料机器之输入无从鼓励，奢侈品之输入无从限制，于国家经济大有不利。

三、收入不足也。值百抽五之率，已较各国为轻。而即此值百抽五，亦仅有名无实。条约中本有随时改订税则之规定，而从未按时实行。即有改订之举，其所定货价标准，亦必较时价为低。即如一九〇二年之改订，则以一八九七至一八九九年之平均价目为标准。故货价虽涨，而关税所收则恒不能得按照时价应收之数。且海关所收进口税，仅居全国收入之一小部分。即如一九一四年全国收入为二百八十兆两，而进口税所得仅十八兆两，不及百分之七。于是政府因关税收入不足，而不得不取盈于他税，虽明知其有害，而欲罢不能。即如厘金一项，中外人士同声非议，然因其收入有四十兆两之多，不能废也。

各国久知厘金之害，故一九〇二至一九〇三年中国与英、美、日三国订立条约，其中有废止厘金，增关税至值百抽一二·五之规定。然非有约各国全体承认，则不能实行。而国数既多，欲其全体同意，又几为不可能之事。故此条规定虽有若无。于此更可见关税一事，中国虽以权利遍饷各国，而不能食报也。

四、改订有名无实也。值百抽五之税率规定于一八五九年，嗣后并无真实之改订。其一九〇二年与一九一九年所谓改订者,不过重估货物之价目,而计算各货应完关税之多少。而值百抽五之率,则五十年来从未更改。

依据万国联合会之宗旨目的,中国应有改定税则之权利。甚望各友邦承认而乐从之。且改订关税之事,必经有约国全体之许可,此为平时所不易办到者。故中国政府尤以此次平和会议为绝好机会也。

中国所望于平和会议之同意者,为两年以后废止现行税则,易以无约国货物之税则。此两年内,中国亦愿与各国磋商,就各国所最注意之货品,按照下列条件另订新税则。

(一)凡优待之处,必须彼此交换。

(二)必须有区别,奢侈品课税须最重,日用品次之,原料又次之。

(三)日用品之税率不得轻于百分之一二·五,以补一九〇二至一九〇三年商约所订废止厘金之短收。

(四)新条约中所指定期限,期限届满时,中国不特可自由改订货物之价目,并可改订税率。

中国以废止厘金为交换条件,以冀除去商务之障碍,为一劳永逸之计。中国并无施行保护税则或苛敛之意,不过以现行税则不得其平,不符学理,不合时宜,不敷需要,故要求修订之而已。中国对外商务输出不抵输入,积年既久,负债日多,财政经济益见困难,非改订税则,鼓励输出,不能救济。且输出多,人民之购买力亦增,于他国亦未尝无益也。及此改良已嫌其迟,中国政府对于平和会议提出此案,实为全国人民所属望。凡我友邦,其以独立国应享之经济权利还我中国,俾中国人民得以发展其富源,而增其购买世界货物之能力,与各国从事于文化之进步,此中国政府所深望者也。

结　论

中国政府提出说帖于平和会议,非不知此类问题并不因此次世界战争而发生。然平和会议之目的,固不仅与敌国订立和约而已,亦将建设新世界,而以公道、平等、尊敬主权为基础。征以万国联合会约法,而益见其然。此次所提各问题，若不亟行纠正，必致种他日争持之因，而扰乱世界之和局。故中国政府深望平和会议熟思而解决之如下：

一、关于势力或利益范围者。其有关系诸国各自宣言，声明在中国现无势力或利益范围，无亦提出此项要求之意。至从前所订一切条约、协议、换文、合同之授予领土上之专有利益以及优先权、特权，足以造成势力或利益范围而妨及中国主权者，或可解释为含有授予之意者，并愿与中国商议修订。

二、关于撤退外国军队、巡警者。凡法律上无所根据而现在中国之外国军队及巡警机关，立即撤去。一九〇一年九月七日之专约第七、九两款，由平和会议宣告废止。自宣告日起，一年以内所有外国使馆卫队及依据该约而驻扎中国之军队，一律撤退。

三、关于外国邮政及有线、无线电报机关者。自一九二一年一月一日起所有外国邮局一律撤去，此后非经中国政府明白允许，不得再在中国领土上设立有线、无线电报机关。其业已设立者，由中国政府给价收回。

四、关于领事裁判权者。中国担任于一九二四年年底以前，（一）颁行五种法典，（二）在前有各府城设立审判厅。而各国则允将其领事裁判权及设在中国之特别法庭一并放弃。并在领事裁判权实行撤消以前，允从下开办法：

甲、华、洋民刑诉讼，被告为中国人，则由中国法庭自行审判，无庸外国领事或代表参与讯断。

乙、中国法庭所出传、拘票及判决者，得在租界或外国人居宅内执行，无庸外国领事预先审查。

五、关于租借地者。此项租借地归还中国，由中国担任归还后应尽之义务，如保护产业权及治理归还地面之义务是。

六、关于外国租界者。请有关系各国允于一九二四年年底，将租界归还中国。中国担任义务保护界内之产业权。在实行归还以前，先按照说帖所述更改租界章程。

七、关于关税自由权一端。请宣言由中国与各国商定时期。此时期届满时,中国得自行改订关税。又在此时期内,中国得自由与各国商定关税,交换协约时并得区别必要与奢侈之税则。其必要品之税率,不得轻于百分之一二·五。在未订此项协约之前,先于一九二一年起废止现行规则,中国允于新协约订立后废止厘金。

《中国之希望条件》

废除一九一五年中日协定说帖

导　言

本说帖之主旨,在以一九一五年五月二十五日中、日两政府所缔结或交换之条约、文书全部废除之问题,呈请和会鉴阅。中国签定此项条约与文书(为便利起见,即称为一九一五年之协定),实以受二十一条要求之压迫,不得已而为之。二十一条要求者,日本政府以一九一五年一月十八日提出之,并以同年五月七日之哀的美敦书而强令中国承受。

中国之以此协定诉诸和会者,根据于下述原故;

第一部　日置益之最初训令

(一)一九一四年十二月三日,北京日本公使日置益氏自东京方面接到二十一条要求全文,命其递交中国政府。此类要求分为五类。

当时日本外务大臣加藤男爵所致日置益之最初训令,至一九一五年六月九日在东京正式发表。其文曰:

"帝国政府为准备厘定日、德战后发生之地位,并为增重帝国地位,以保固远东之永久和平起见,决定与中国政府进行谈判,依照附件中(即二十一条要求)前四类之要旨,缔结条约及协定。帝国政府深信,为巩固日本在东亚之地位,并保障此方之一般利益起见,必须指引中国遵依上述之条件。帝国政府已决定用其权力中所可施行之种种方法,以期达此目的。故请贵公使用其全力行使本大臣所委托之交涉事宜。"关于第五类中包含之条件,日本政府命日置益递呈之,似乎不过为"帝国政府之一种愿望"。然同时亦请其"竭尽能力,务欲达到实现之目的"。据此观之,则第五类条件之提交中国政府,实为要求而非愿望也。亦当为吾曹所应注意者矣。

日本参战之目的

(二)吾人举此最初训令使人注意者,盖观测其他日本对华政策之举动,苟能忆此训令,即可推知日本对中欧诸国宣战之主要目的,实为巩固己国在东亚之地位,且决定用其权力所可行施之种种方法,达此目的也。

(三)吾人苟欲以种种事实呈诸和会之前,则叙述日本战争之目的,为必不可少之举。盖能如是,则对于日本要求无条件让与胶州租界地及德人在山东铁路诸种权利决定干涉之,为根据于正义公理之举矣。

苟日本宣战之目的非为毁坏德国之军阀主义,而为自己造成一种地位可以巩固其在东亚之优胜位置,则中国当然有权请求拒绝前项要求。其所根据之理由,则以日本对于此届大战及其结果之观念,与协约国及美国在战争中及胜利时所抱之主义相去太远也。而协约联合国中之为日本之牺牲品者,独中国而已。

二十一条要求之递致

(四)自日本政府发出最初训令之六星期后,彼间乃以为提出二十一条之时机已经成熟。一九一五年一月十八日实行提出。提出之先数日,中华民国外交总长曾致牒文于日本驻华公使门置益,答其来书者也。日使方接是文,即行提出二十一条要求。又复声明中国政府从前在日本攻击青岛德国防兵时所划定之军事区域今乃欲取消之,日本万难应允云。

(五)提出要求前,中国外交总长所致之牒文,其后附以与驻京日使交换之换文六件,其中非徒述及山东之特别军事区域,且更对于日本强占山东铁道之举,述明中国政府抗议之意。山东铁路者,控制山东全省,日本并无占用之必要,而竟以兵方强占者也。观此牒文,即可表见二十一项要求之举,实与日本军人派当举行攻击青岛要塞时在山东所造成之地位有密切之关系者也。

当时青岛要塞防兵五千二百五十人,以德、奥之在役兵及后备兵组成之,仓猝间集中于防地。日本军队借口于军事上之必要,乃由要塞后方相距一百五十英里(二百三十五基罗迈当)之中国领土入境。其后在陆地战争中,日本死军官十二、士卒三百二十四,伤军官四十、兵士一千一百四十。海上战争,则一小巡洋舰触小雷而沉,船员溺死二百八十人。此外,海军中死伤四十人。举此事实,非对日本在此届大战中所自诩为最大之胜利者欲故意减轻其战功也,乃为指明攻破要塞行动之实在情形也。

(六)中国外交总长之牒文又称,自青岛陷落已经两月,德国之军事根据地已经破灭,英国军队已经撤退,即贵国军队亦已逐渐撤退。则特别军事区域中已无军事之行动,而应即撤销也,昭然若揭矣。(中略)吾人竭吾全力,从友谊上解决贵我两国间所发生之种种争端,并极希望贵政府抱有保障远东和平,维持国际信义友善之主义也。(下略)

(七)自中国政府表示上述意志之三十六小时后,日置益氏即向中华民国总统递致二十一项要求。凡中国当局及其人民视此要求,莫不以为在政治界上与二十四星期以前引起欧洲大战之奥匈帝国对塞哀的美敦书,同其性质也。

第二部　二十一条要求之解释

(八)日本对于中国所提出之二十一条要求,较之前在高丽取销独立以前日本所遇之性质,未必稍轻也。

第一类

(九)第一类中所述者,为关于山东省之要求,是省面积、人口多于英国,为中国神圣之行省,孔子遗留之纪念今尚充塞全省,世人莫不尊之为中国文化之发源地。

(十)第一类第一条之要求,谓将来日本政府关于德国根据约章在山东省内所获约之一切权利、利益、让与权等,凡与德国所磋商同意之处置办法,中国政府均应承认之。

当日本提出二十一条要求之时,所谓德国原在山东之权利、利益、让与权者,包有胶州租界地及青岛港口、山东铁路或曰青济铁路及省内之矿权,是为德人在山东行使侵略行为十六年之结果。苟为利于日本之处置,则以从前德国宰割并攘夺山东省之利器及方法,重复授予一强国手中矣。此强国者,已在中国领土上强占旅顺口之军事根据地矣。

以铁道宰割中国北部

(十一)德国所有之其他两铁路权,由日本行使。此其酿成之地位,将使德国权利移交日本一事之真实关系,益易明了也。日本在和会中之决定计划,其目的虽仅在德国在山东省所获有之铁道及其他权利,而尤迫促中国承允第一类之最先要求,其中包有从前德人所有之两铁道权,即供给资本,材料及建筑之权。兹二铁道线者,起点诚在山东,而其延长线则将达于直隶、江苏二省者也。

苟和会允许日本此项要求,则将酿成下述之重大地位:山东铁道之西端尽点为省城济南府,与津浦铁路之北段(即德人所筑之一段)相衔接。日本执有山东铁路,则可宰割山东全省及津浦要线之北半段矣。

日本要求让与权之两铁道线,苟得其一(按指高徐),而遂供给资本、材料并实施建筑,则日本即可自山东铁路线上之高密地方,接至津浦铁路南段(即英人所筑之一段)之某军事要地(按即韩庄或徐州)。如是,日本即可为津浦全线之主人翁矣。津浦铁路者,连接北部中国要港并北京出路之天津港与扬子流域及南部中国之重要血脉也。

若日本得其第二线(按指济顺)而遂供给资本、材料并实施建筑,则将拦腰取得中国连络南北两大纵线(按指京汉)矣。盖日本所要求之第二线,将自济南府(沿)〔延〕长山东铁路,西达京汉路线上之某点(按即顺德)也。

吾人苟或连想及日本又复掌握南满,东蒙之铁道线,则日本以攫有铁道而在扬子以北行使主宰权,其范围之大,可见一斑矣。

于是北京陷于孤立之势,非徒在陆路上与南方声气不通,即在海面上亦形隔绝。盖北直隶湾为直达京都出路天津海口之要道,然为日本所管之旅顺港所控制也。

威海卫形势行将减抑

(十二)试观第一类中之第三条要求,而注意其与日本所抱军事计划之关系。此其军事计划,即根据于宰割中国南部铁道线之策略者也。第三条要求,即谓中国承允日本建筑连接龙口或芝罘与山东铁路之新路线也。

在旅顺口之对面而稍偏于东,沿直隶湾之南岸,威海卫租借地在焉。自俄国占据旅顺口后,英国即在此建设势力,以维持中国方面之均势。在中国观察之,则以威海卫及其他租借地之占领,为侵犯其领土完全之举。然苟占领旅顺口之强国,又复为龙口或烟台城之主人翁,则威海卫之军事形势行将大为减抑。盖龙口与烟台之于英国租借地,皆为其军略上之后卫重地也。自中国观察之,此层诚亟当注意之也。

第二类　并吞之政策

(十三)第二类之要求七条,将以南满洲及东蒙古之优先权、利益权及特权之全部,授予日本及其人民。诚如是,则向来中国官吏在此两区所感受行政上之困难、束缚、困苦之使之不能发生实效者,益将增加矣。从前使高丽变成日本行省之领土制度,益将便于推广矣。其目的惟此二者而已;此项要求,虽已影响于中国在南满、东蒙之领土完全及政治独立权,而吾人仍以第二类第一条之要求请人注意。盖在是条,日本要求(沿)〔延〕长旅顺口、大连湾租借权及南满、安东铁道让与权之期限九十九年。(沿)〔延〕长前项租借及让与期限者,其目的在使异族之政权永远留南满也。而此异族政权,则危及中国之领土完全及政治独立者也。旅顺口者,亚洲大陆最强固之堡垒也。大连湾者,商业根据地,与南满、安东两铁路衔接者也。日本占此两地,即在政治及商业两方上握有中国历史上外患所自来之要道矣。中国历来所受外患,均自北方侵入。最后之外患(按指满清),即自满洲门户之山海关辟一通道,侵入中国北部之大平原者也。合历史上之教训及实际之经验而言,即可以见日本在南满之政策,实与中华民国之安全有万不相容之现象也。自日本有上述延长租期之要求,而反对声浪益形显著。据当初允借俄国之条约规定,旅顺口及大连湾可在一九二三年归还中国,今则不复能据前约矣。中国非至一九九七年,将仍见二地之在日本手中也。而一九九七年之时,德国当已允还胶州矣。

第三类　日本与中国之铁矿

(十四)二十一条要求,除其侵犯中国在山东、南满、东蒙之主权及领土完全外,又复僭夺中国之经济独立权。盖在第三类关于汉冶萍公司之要求中,将使日本获有扬子江流域间最重要之实业也。

据最后之程式,该项契约之内容曰:苟在将来汉冶萍公司与日本资本家双方同意将公司改归合办,则中国政府根据于日本资本家与该公司已有之密切关系,当立予允许。中国政府并须约定,苟不得日本资本家之同意,则不可将该公司之财产充公或改为国家事业。又,除日本资本外,不得为该公司假用他国资本。

日本之两宣言书

(十五)观日本最近之两宣言书,即可以揭露日本之经济政策矣。关于汉冶萍公司之合同,即所以表明是项政策之用意也。其一为和会日本代表松井氏所发表,而载在巴黎最近发刊之某书中者,其言曰:"中国富有原料,吾人(日本自谓)正需原料,而吾人拥有必要之资本,可与中国通力合作,开发中国之富源,俾便吾人及华人之利用。"

今日本外交大臣内田氏,亦曾在正月间东京国会开幕时发为演说,主张是说,曰:"吾人应为大规模的依恃中国富饶之天产,以固吾人本身之经济立足地位。"

中国之意,以为中国之天产不能用以固日本之经济立足地位,亦犹亚尔萨斯、洛林之天产,不可用以固德国之经济立足地位也。

第四类

(十六)第四类中惟含要求一条,谓中国承认不将沿海之港湾、岛屿让与或租给任何别国。

日本之注意此点,所以表显其目的在乎保障中国之领土完全也。

然其处置之方法,照订定之形式而言,则日本似在中国所与约定不再侵犯其领土完全之诸国范围以外者矣。

中国政府虽已竭力抗议此种含有危机且模棱两可之程式,而日本政府之哀的美敦书,仍唯坚迫中国约定不将沿海港湾、岛屿让与任何别国。

第五类

(十七)吾人最后将举第五类中所包之要求七条矣。当公众对此七条加以注意时,即为日本所否认。其后各大国为二十一条要求事向日本探问,而日本之复牒亦将此七条删去不提,此则无人不知者也。

日本在此第五类中,要求中国政府承诺聘用日人为外交、财政及军事上之顾问,中国重要之警务应由中、日两国合办,中国应向日本购买一定数量之军器(居中国政府必需数量之百分之五十或在此数以上)。又,在中国设一中、日合办之军械厂,其中应聘用日本专门技师,并购买日本材料。

又在他条中,要求中国军队应受日本有力军事顾问之组织并指挥,其军械应用日本格式及日本所制者。

(十八)日本又在第五类中要求数铁道线之让与权。然此要求苟或许可,则将抵触一九一九年三月六日之沪杭甬铁路合同、一九一四年三月三十一日之宁湘铁路合同及一九一四年八月二十四日以南昌、潮州计划线之优先权许予英国商家之成约。故日本公使虽曾与英国方面磋商妥善而用种种方法力谋承受,然中国政府则仍根据前述理由,处于不能接受是项要求之地位也。

传布日本宗教

(十九)第五类中有两条要求,其目的在取得开设学校、医院、寺院之土地及传布宗教之权利。中国政府对于是项要求,发表重要之反抗。盖两国之宗教虽相同,并无日人在中国境内传布宗教之必要也。同教中之中、日两派,必将发生疾仇。疾仇之结果,适足以造成无数争端。西国传教士所居,与中国社会隔别至远,而日本教士则将与华人同居一处,两国人民状貌、体态、宗教、礼俗、生活状况无不相同,则欲为之区别并予以保护,不亦难乎?

中国之所惧者,尤在日本之教士戴讲道之假面具,或竟从事于与维持中国独立不相容之政治运动也。

在福建省内之一外国

(二十)第五类中,关于福建省之要求一条,当略加叙述。盖在日置益所接之最初训令中,虽谓其并非要求而为愿望,而日本竟以哀的美敦书强中国之承受也。

福建为中国务部最近台湾岛之一省。台湾岛者,以一八九四至一八九五年不幸之战事,而割让于日者也。

台湾离中国海岸尚有二百基罗迈当,而日本竟根据于地理上密迩之理由,以要求福建省之特别权利。日本又复要求,谓若中国乞助于外国资本,而利用或开发其海岸线上之天然利便,以为海军船坞、军用贮煤所、海军根据地及其他军政机关之用,则日本有权反对之。

日本对于福建之通牒,其用意在要求中国允许一外国在省内建设海军船坞、贮煤所或其他军政机关也。

日本代表在办理此条交涉之谈判中,谓日本政府深信美国将用某种方式染指于福建,借此口实以证实其要求之正当。

留待将来交涉之意义

(二十一)第五类之要求,除关于福建者外,皆暂搁置留待将来交涉。即在日本所提哀的美敦书中,亦不强令接受,此真确无疑者也。日本之哀的美敦书将以结束二十一条之谈判也。其中力迫中国遵依第一、二、三、四类之规定,虽视原案略加修改,而皆无关重大者也。

一九一五年五月七日日本递致中国政府之哀的美敦书,声称帝国政府(日本)如在五月九日下午六时以前不得中国政府对于日本所提意见之满意答复,则帝国政府将取其自视为适应时局必要之手段矣。

第五类之暂行搁置留待将来交涉,在日本政府似以为对中国表示好意之佐证。然世人莫不知其以有其他强国之对日陈说而后有此暂行搁置之决定也。日本政府未尝不主张中国政府在答复哀的美敦书时，应切实宣称第五类要求已暂行搁置，留待将来交涉。

（二十二）自哀的美敦书提出而后，凡日本政策之表露者，莫不含有某种主义。所谓留待将来交涉之第五类要求非他，即所以实行此主义者也。

克罗本斯基氏之证书

（二十三）俄国驻日大使克罗本斯基氏曾发电报两通于其政府，吾人读此两电，即可审知日本搁置第五类留待将来交涉之真确意义矣。此项电报自俄国外交部文书库中觅得，一九一七年十一月二十二日为革命政府所发表。第一电发于一九一七年十月十六日。其内容曰："余曾询问日本外交大臣，外面谣诼纷起，皆称日本将以大宗军械售与中国，此事真相如何？彼答称，此讯良确。且谓北京政府已允不将此项军械为攻击南方之用。然外相所言，明指北京政府之诺言纯为形式上之声明，适足以证明此种售卖为违反不'干涉中国内讧主义'之举动。此主义者，即彼日本亦曾宣言之。日本之目的，尤在取得供给中国全国军队器械之特权，并使中国将来倚赖日本之军械厂及军需品，此尤可以窥见者也。估计将来供给军械之价值，可在 30,000,000 日圆之谱。同时日本有意在中国设一军械厂，以制造种种战争之材料。"

克罗本斯基之第二电

第二电发于一九一七年十月二十二日。克罗本斯基任驻日大使之前，曾为俄国驻华大使。一九一五年二十一条要求提出并磋商之时，克氏适在任中，故为俄国外交家中之最熟悉中、日事务者。是电既为渠所发，当然有至大之价值也。

克氏之电先言美国承认日本在中国特殊地位，其结果将促成俄、日两国间之误解。继乃言曰："日本解释其在中国应有特殊地位之趋向，已渐显露。其意义若谓他国苟非先与日本交换意见不得在中国有任何之政治行动。此其情形，取中国之对外事务，依某种程度置诸日本掌握之下也。（当日本并合高丽之前，曾有一九〇五年十一月十七日日韩条约之缔结，以高丽外交事务之管理及指挥权移交日本政府。此则吾人所当追忆者也。）至在彼方面，日本政府虽亦承认中国之门户开放及领土完全主义，而并不重视之。日本不过以此诺言为抄袭从前各国所予之保证，重达一遍，而不足以拘束其在中国所行使之政略者也。是故，美、日两国日后对此问题或将发生误解，非不可若之事也。日本外交大臣在今日谈话之中曾向余声明，谓石井大使在华盛顿所办之交涉，其所讨论之要点，非仅在中国某某部分许日本以特别让与权而已，实为日本在中国全部之特殊地位之间题也。"

日本与兰辛石井协定

（二十四）克罗本斯基又在一九一七年十一月十九日发第三也于其政府。其中指陈兰辛石井之协定承认日本在中国之特殊地位与特殊利益。解释此约，必将发生误解。日本之若何观察，电中即述明之。克氏又称，彼曾询日本外交大臣谓："君（指口外相）不虞将来美、日两国任意解释'在中国特殊地位、特殊利益'之条文，而误解即发生于此时乎？"据日之外相之答语，可知其深信误解之必将发生。然彼以为遇此时机，日本当用效力超过美国之种种手段，以图尊重自己之解释也。

第三部　废除一九一五年之协定

（二十五）因日本提出二十一条要求及一九一五年五月七日哀的美敦书之结果，而在一九一五年五月二十五日中、日两政府间所签订并交换之条约牒文全部，论其性质，应视为一种单方面之条约，发生于协约联合国对于中欧诸国之战争且与之连系者也。

此条约之主要部分，为关于山东之要求数条。盖日本之要索继续从前德国在该省所获有之胶州土地以及其他权利、利益、让与权等，皆可在此项要求中证明其不正当也。

日本曾以要求无条件让与胶州租借地、铁道及其他德人原有权利之决定书，呈请五大会议鉴核，则此主要部分之非经和会不得厘定，彼日本政府亦已承认之也。

据此以观，则此条约之全部，自直接发生于战事。研究此案，良当为和会职权内之事。且和会亦有修订其条文之资格者也。

一九一五年协定与战事连系之线索

（二十六）一九一五年协定与战事连系之线索，日置益所接之最初训令已证明矣。其开端日："帝国政府为准备厘定日、德战后发生之地位，并为增重帝国地位以图保固远东之永久和平起见，决定与中国政府进行谈判，依照附件中（即二十一条要求）前四类之要旨，缔结条约及协定"云云。日本之哀的美敦书中，亦坚称日本切愿共臻一种结定之局面，以期适合于日、德战争后所发生之新地位。

一九一五年之协定以受胁迫而签字

（二十七）观中国政府当时签定该协定之事实，可知和会修改之权限并不为之减削。非然者，中国请求解脱此项束缚将受妨碍矣。中国政府签字于该协定，实以受有一九一五年五月七日日本哀的美敦书之胁迫，当时所处地位，凡有自由承认约中条件之提议，均被拒绝。

一九一五年协定之废除对于日本并无非礼或侮慢之意义

（二十八）废除一九一五年之协定，则日本对于无条件让与山东德人全部权利之要求，自必拒绝。在此特点中国拒绝日本继续德人在山东强暴政策之要求，既非以非礼待日本，亦未尝侮慢遇之，此当注意者也。苟日本之所要求者毫无所获，则其地位视其他与中国领土毗连之列强，并不有所见拙也。即使假定以日本地理上接近之缘故而在中国应有特别之地位，则英、法之亚洲属地亦与中华民国之领土相毗连者也，然英、法则从未有此要求也。

中国若何而被阻不能加入战团

（二十九）苟无日本之态度，则中国或在一九一四年八月间或最迟在一九一五年十一月间，早已与协约诸国联合向中欧诸国作战矣。所谓日本之态度者非他，即以其切望接代德国在山东之地位而鼓起之者也。

当一九一五年八月间，中国政府已声明其已准备向德作战而参加于英、日之行动中，以攻击驻胶州租借地青岛之德国防兵。当时中国之未能坚决不移者,以有人忠告,谓苟依拟定之方针参加战争,则易致与第三国发生纷争也。

至一九一五年十一月间,中国政府重复表示其加入协约方面参与战争之愿望,然仍为日本政府所拒绝。

其后,至一九一七年二月九日,中国政府始对德国致第一抗议书,三月十四日断绝外交关系,八月十四日对德、奥宣战。当时日本政府反对之情形,在俄国克罗本斯基氏一九一七年二月八日致其政府之电文中叙述至详。克氏并报告其曾竭力劝告日本对于中国联合协约之举动,毋再施行反对。(参观第三十四节)注,吾人将乘此机会追述中国对于世界大局所尽之义务,及其迭次以大宗人力供献协约及美国调用之功绩,想和会亦必许之也。在战争时期内,华工之应募工作于法国北部战线后方者,其数达十三万六百七十八人,华工之以敌人之军事行动而惨遭死伤者,数至不鲜。当英军在美索波达米亚及德属东非行动时,华工之应募调用者亦夥。又,英国多数军舰之船员,亦多以中国水手组成之。中国政府以自国输出贸易之需要,而未能以轮船九艘供给协约国政府调用,然亦曾愿以十万军士派遣至法,以图增厚协约联合国之军力。巴黎之协约国最高军事会亦已赞成此议,惜以运输缺乏而延缓实行。

(三十)苟胶州地方未为日本所占,则中国以其有联合协约国及美国对抗中欧同盟国之资格,早已收回其地矣。此则可以从理法上预料者也。

柏林会议

(三十一)除吾人上述之种种理由外,犹可援引先例,以证实和会之可以废除一九一五年协定也。

例如在柏林会议中,列强即通力合作,改订俄、土所订条约中之处置方法。其所根据之缘由极多,最重要者,以俄国在圣斯丁发拿所提出之条件,其性质将扰乱欧洲之和平也。

故吾人以为一九一五年日本在北京所提之条件,其性质将扰乱远东之和平。推而言之,即扰乱世界之和平也。

和会之一种决定

(三十二)证明一九一五年协定之不生效力,犹有两种理由。其一,根据于和会之一种决定;其二,根据于该协定之具有临时的性质也。

据该约第一条关于山东问题之条文(即发生于二十一条要求之第一条者),将来日本对于德国在山东省内所有之权利、利益、让与权等,凡与德国所商妥之处理方法,中国应允准承认之。又据关于胶州问题之换文中,日本声明有条件的交还租借地。其条件之一,谓由日本政府指定之地域内设一特别让与区域,约列强之赞助,以图实践日本对于山东及太平洋中岛屿之愿望。此项愿望之所包含者,为继续前此德人在山东所有之全部权利、特权,并获得现在日人所占据赤道以北之德属群岛。日本外相并对克氏直言,日本政府极愿俄帝国政府立即予以赞助是项要求之保证。

克氏乃慎重声言曰:为使中、德绝交之重大问题更进一步,余似以为日人所请求之诺言应即许予之。

俄国之诺言

(三十五)俄国之诺言,竟以一九一七年二月二十日东京俄国大使所致之通牒而许予之矣。其文曰:"为答复二月十九日贵国外交大臣之牒文事,本大使代表俄帝国政府向日本政府称诺,关于日本愿意以山东原属德人之权利及日军所占据太平洋赤道以北之德属群岛让予日本一节,俄帝国政府应予以扶助之保证。"(三十六)日本既视一九一五年对于中国之协约为确定之处置,则其关于山东之要求,无须再在未来之媾和会议中请求协约诸国之赞助,日本岂非作此设想乎?

其他协约国之诺言

(三十七)英国以一九一七年二月十六日、法国以同年三月一日相继许予赞助日本之诺言。至于意大利,则其外交大臣于一九一七年三月二十八日口头声明,意大利政府并无反对之表示。观察此诸诺言,亦与前条所述者同。

当中国准备加入战团与协约国联合抵抗中欧战团时，而突有此种协定之缔结，中国人民闻悉其事，无不发生怀疑其有意欺诈之见解，此则吾人无须提及者也。然吾人所应述明者，在中国政府之意，以为一九一七年八月十四日中国既已加入战团，与协约国及美国联合一致，则当时情势，自与协约国允诺日本之时绝对改变，所处地位亦完全不同。有此理由，则英、法、意三国更无所用其联合赞许日本关于中国事务之要求，而其种种诺言，自当视为破毁矣。

中国政府之保留

（三十八）中国政府自身亦以一九一五年之协定为具有临时之性质。盖在其正式发表之二十一条交涉经过中插入保留，则显而易见者也。当二十一条要求正在交涉之中，日本政府突在南满、山东调动军队。及中国政府责问，则北京日本公使声言非俟交涉有满意之结果时，此项军队不能撤退。中国虽受此压迫，而仍在日本政府提出五月七日之哀的美敦书强迫获得满意之结果之后，立即正式宣布交涉之经过，谓："中国以受压迫，不得已而承受哀的美敦书之条件。纵承受矣，然凡有抵触历来列强所缔结保障中国政治独立、领土完全或维持原状，声明各国对华工商平等待遇之协定契约者，无论其若何变更，均不能赞同。"

单方面之谈判

（三十九）中国在宣布前节所举宣言书之前，曾以交涉之情形布告于世。谓其谈判直无异为日本所指使把持。一强国之政府既已决意用其权力内所可施之种种方法以谋达其目的，而从前所与约定中国政治独立、领土完全之三大国，又方在力战强德无暇东顾之时，此强国政府乃乘此时机以二十一条要求劫夺中国。中国经此逼迫，遂不得不与日本为极不平等之谈判。谈判时之真相，则皆在此项布告中揭露之。

盖在此交涉中，代表之人数及选择代表之人物，皆为日本所强行指派把持。日本并拒绝保存正式会议录，以致对于中国全权代表所发重要布告之意义,两方代表意见不符,又使日本借此异见为根据,而在哀的美敦书中斥责中国政府对其首席全权代表所发之宣言擅自更变意旨。然其实中国首席代表,从未有何宣言也。又,中国之正式公文谓:日本公使将此交涉故意停止两次,其用意则显然欲使中国对于某某争论之要点,遵从日本之观察方法也。一言以蔽之,此项交涉,其中经过及谈判之词句,皆为日人所把持者也。

美国政府之抗议

(四十)哀的美敦书提出以前四日,美国政府有同式之牒文电致中、日两政府。美国鉴于交涉进行之若是强暴而有此举,则无疑者也。其电文曰:"美国政府以现在中、日两国正在进行中而尚未解决之交涉,及将来所酿成之契约其环绕之情形,有促令不能不进一言者,故向中国政府声明,苟或中、日两国所缔结之契约,抵触美国及其国民依据历次条约在中国所掌有之权利,或违反中国政治领土之独立,蔑弃各国对华政策之所谓开放门户主义者,则美国政府不能承认之。"同时,向日本政府亦提出同样之牒文。

结　论

吾人以上所述之陈词,举其概要,则中国要求废除一九一五年之协定,其理由有五:

(第一)因此项协定为自大战所产生单方面之论断事物,其所欲解决之问题,独媾和会议始能厘定之也。

(第二)因协约国共秉一种原则及正义之规程,当媾和会议举行厘定各国纷争时,即用以为指导媾和会议之行动,以图销灭未来之战争。纵不销灭,亦当减少之至于极少数。而此协定则与该原则相违反者也。

(第三)因历届英、法、俄、美四国分别与日本缔结契约、协定多种,保障中国之政治独立及领土完全。而此协定则与之抵触者也。

(第四)因此协定未曾为中国从容允诺,但以一九一五年五月七日之哀的美敦书强令承受者也。

(第五)因其具有临时之性质,即日本自身亦作如是看法。盖日本在允认中国加入协约及美国方面参预战争之前,先行谈判秘密契约多种,以使前项协定之克臻确定,而此种秘密契约,则与交战国所公认以为议和基础之主义不相符合者也。

附录:平和会议议长复中国全权委员长函

1919 年 5 月 14 日

中国代表团送来说帖两件:其一为中国要求平和会议废止一九一五年五月二十五日中日条约换文事,其一胪列各项重要问题,如撤退外国军警、裁撤外国邮局、撤销领事裁判权等等,请平和会议提出纠正事。以上两条业已收到,本议长兹代表联盟共事领袖各国最上会议声明。[再]联盟共事领袖各国最上会议,充量承认此项问题之重要,但不能认为在平和会议权限以内。拟请俟万国联合会行政部能行使职权时,请其注意。嘱本议长答复如右。此致

中国外交总长陆

法国国务总理兼陆军总长克雷孟索

《中国之希望条件》

孙宝琦致陆徵祥

1919 年①

子兴仁弟总长大鉴:欧战告终,和会开始,我国国势之盛衰,实以此次列强会议为转移。执事物望攸归,重膺使命,必能折冲尊俎,收效于谈论间,以副国人之仰望。星槎待发,无任钦迟。我国海关税法受条约束缚者,数十年矣。此次列强会议,我国应行提议事件甚多,而复我税法自由权,亦其一端。本年六月间,本处业已拟有预备各交战国媾和时关于我国海关问题提议办法,函达台览,所拟办法分为四步,而尤以第一步为重要。如能办至第一步,不特税法无束缚之苦,如财政亦顿形活泼之象。此鄙人所殷殷祈祷而深愿旦暮遇之者也。兹将前拟办法照录

---

① 原件为抄件,无时间,落款为"孙启",推测应为时任税务处督办的孙宝琦。

一通再陈冰案,意者以此为执事记事珠,尚祈于折冲尊俎,时常注意,相机提议,俾中国财政商业已失利权得资补救,曷胜企祷,专此奉布,敬颂行祺。

孙　启

中国第二历史档案馆藏总统府军事处档案

孙宝琦致陆徵祥

1919 年 6 月

子兴仁弟总长大鉴:密复者,前承开示节略,以欧战议和大势已渐接近,我国对于筹备议和事件不得不积极进行,嘱将主管事项将来应在大会中提出要求者,指定专员详细研究,达部汇总讨论。又承函开,将来中国在大会中如欲关税自由之要求,应如何提议,有无他项利益可以牺牲互换,用何手段可期达到目的,如必不能达到,则对于先行关税约章应如何提议改订,冀于根本上稍有补救,嘱派员迅将前项问题详实研究,并饬与总税务司接洽,密相讨论,将所得意见缮具说帖,从速送交,俾资准备,各等因,均经诵悉。当将关税问题派员详加研究,并令与总税务司密商。据总税务司之意,以为中国不能收回治外法权,则关税自由之希望恐亦难达目的,此外并未陈述若何意见。鄙意收回治外法权实为我国切要之图,且与海关事权极有关系,缘外人之违犯关章私运禁品入口者,照现在办法,海关仅能没收其物品,若欲治私运者以相当之罪,便须要求该管领事按该国法律办理,非中国法律所能及,故为海关计,亦甚盼治外法权之能以早日收回。惟此事将来各国议和时应如何提出要求及应以某项利益相抵换,应请贵部另商该管机关妥为预筹。至于关税问题,就本处人员研究所得者约可分为四部办法,现已缮成说帖,应即送请察核。弟将来提出大会时仍请由部先交国务会议可决后再行提出,以昭妥慎。此外,关于本出主管事项,如续见为有应行提出大会者,当再随时奉达。先此布复,即颂勋绥。

孙　启

附件：豫备各交战国媾和时关于中国海关问题提议办法

第一步　要求复我自由制定税则之权，而以土货之可听其任便出洋者免征出口正税以为交换条件。

按我国海关税则向受条约之限制，以致进口货无论何种物品均仅纳一值百抽五之税，其运入内地时再纳一半税，不能稍有增加。往往物品如烟酒等类为东西各国科以极重之税者，我国则因条约限制不能重税，而出口土货则又因国用攸关，不能减免其税，数十年来，商务之不振，实业之不兴受害实由于此。若能乘机恢复我关税自由权，（在未与各国订约前，我本有自由制定税则之权）则此中酌剂盈虚，在我便可随时操纵，以济国用。而外人采运出洋之土货亦可择其向不施禁及非我国工业所需重要之品免征出口之税，以为交换条件，如此则于国计民生实有莫大之利益。即不然，亦宜要求允我于进口货中之奢侈品及消耗品科以相当之税，不以值百抽五为限，仍酌择土货一二种，允以出口免税以为报酬。但恐各国以中国为极大商场，此事关系过重，或未必能容受我之要求，则惟有注重第二步办法。

第二步　要求允我实行加税免厘，而以英美日本及葡续订商约，向中国尚未实行各款积极进行以为交换条件。

按加税免厘原系改定通商行船条约之一款，而改定通商行船条约则本于辛丑和约第十一款，改款内称，大清国国家允定将通商行船各条约内诸国视为应行商改之出及有关部门通商各他事宜均行商议，以期妥善简易，等语。嗣于光绪二十八年八月一千九百二年九月与英国所订商约，光绪三十年十月一千九百四年十一月与葡国所订商约，均订有加税免厘办法。后又与德国提议，未能就绪，遂致中辍。今我若能乘机得达加税免厘之目的，则于国内工商各业亦良有裨益（惟照各商约所加之税与所免之厘，其数能否相抵，似宜先由财政部确切查明，以免行之有碍）。但我亦宜将各该商约内尚未实行各款——许以积极进行以为交换条件，倘各国仍不见允，则惟有要求第三步办法。

第三步　要求允我随时修改税则，废去十年一修之期限。

　　按海关税则十年一修载在条约,然货物价值往往有不数年间而骤然腾贵者,必待十年后方能修正其税率,则我之税收吃亏甚巨。是宜乘机要求废去十年一修之期限,且不必为全部分之修改,但使有某种货物,其市价忽然增涨,已超过订则时所估之价值者,即可由我随时提出修改,总以不逾值百抽五之原则为度。其或有货价较订则时锐减者,亦可随时提出,议减其税率,以昭公允。倘此节仍不能办到,则尚有第四步办法。

　　第四步　税则仍照约十年一修,但声明凡遇修改税则时期,一以最近之一年货价为改定税率之标准。

　　按税则十年一修,我国吃亏甚巨。既如上节所述,而每值修改税则时期又或以货价年度标准,彼我意见不同,致起争辩,迁延不决,旷日持久,以致吃亏之中又吃亏焉。若能乘机与各国订明,凡遇修改税则时期其应行调查之货价,一以距离该时期之最近一年货价为标准,从事调查,以免争辩,亦可稍资补救。

　　此外尚有一节应行注意者,我国所谓海关者,实系包括沿海沿江及边界陆路各关而言,而外人解释海关两字,则仅以水路各关当之,往往海关应享之权利欲推及于边界陆关,则恒起争辩。将来提议海关事件,宜将中国所谓海关者实包括水路各关在内向各国切实声明,以免后论。

　　又查粮食禁运出洋载在约章,原为重视民食起见,今年来东三省所产粮食内有数种准予出洋,仍系变通办法。其实中国地大物博,但使讲求树艺,不患供不给求。即如面粉,亦民食之一种,自准商人缴纳照费报运出洋后,国内面粉并无匮乏之虞,外人需要我之粮食者甚殷。倘将来各国议和时,如对我以粮食开禁为前开第三步以上各办法互换之条件,似亦可以酌允,但声明年丰准运,年歉禁运,便与民食无若何之关碍矣。

中国第二历史档案馆藏北洋政府外交部档案

国民外交协会致驻法公使等

国民外交协会致巴黎胡公使暨各委员电

巴黎中国公使馆胡公使并转陆委员长暨顾、王、施、魏、伍诸公鉴：此次巴黎和会，重在改造世界，远东关系尤为重要，本会联合全国各界、各团体拟请愿于和会大纲如下：（一）赞助国际联盟之实行；（二）撤废势力范围并制订实行方法；（三）废更一切不平等条约及以威迫利诱、或秘密缔结之条约、合同及其他国际文件；（四）定期撤去领事裁判权；（五）力争关税自由；（六）取消庚子赔款余额；（七）收回租借地域改为通商市场。除另寄请愿书外，特电闻。请先提出和会，极力主持，无任盼祷。再，本会已公举梁启超君为驻欧本会代表，请接洽。国民外交协会、各省议会，教育会，农、工、商会叩。

中国第二历史档案馆藏北洋政府外交部档案

2. 中国加入和会与全权人数问题

胡惟德①致外交部

巴黎，1918 年 11 月 16 日

顷据政务司长面称：和会总在十二月十七日停战满期以后，至早须十八日开会。所有交战国自应预会，惟各国情形不同，势难全数同时会议，除开会、闭会日各国会员全数列席外，各就关系事件，分股讨论。（改约）国所派全权，至多以三人为限。中国途远，不妨先期密派。届时彼此欢迎全权入会等语。又称：所言各节，尚未正式决定，或有更动，亦未可知。据此，则中国加入似无疑问。目前佛赛宫并无会议。昨，英、义执政来法，仅与法执政谈话接洽，业已竣事回国。余续闻。德。十六日。

《秘笈录存》，第 60 页

---

① 中国驻法公使。

施肇基致外交部

伦敦,1918 年 12 月 7 日

顷访法大使,所谈与英外部同,谓大纲仅由领袖数国议定,径送敌国承认。嗣另开大会,凡和约涉及欧洲事件,自不烦中国,惟关于亚洲者,中国谅必邀请接洽。又谓,和约告成不知何日。盖前普法和约,尚经十五月之久,此次问题较多,且德内不靖,届时未知彼有能代表国民之政府否。列席人数一层,据称,全权人数自不能多,但各国在会议事,谅只计权数,一国总止一权,列席人数多寡,似无出入。法专使列席,除首相外,拟加三人,惟尚未准定。并称,所谈论各节,均系私见,不能作准云云。基。七日。

《秘笈录存》,第 64 页

胡惟德等致外交部

巴黎,1918 年 12 月 25 日到

我国全权员数,现德仍与法政府竭力磋商,冀达五人目的。窃以德等三人均在政府拟派之列,再三亲自与各方面切商,恐彼疑为有个人关系,反未便坚持。据称员数问题,须由四国公共商决。查我国既庶且富,与战后国际商业关系尤钜,此次和会拟派五员,意在乘机与各国增进邦交,推广商务实业,共谋永久和平,非仅为己计。倘能由政府切商英、法、美、义驻京公使,电商各该国政府,请其赞成,或易见效。敬乞荩裁办理,并祈电复。德、基、钧。二十四日。

《中日关系史料——巴黎和会与山东问题》,第 10 页

施肇基等致外交部

1918 年 12 月 30 日到

本日往见前驻京公使,现法外部政务司马士理,谈及四国谈话会自正月中旬方在巴黎开始,专俟英首相约定准期,至全权人数尚在电商之间。现拟办法系领袖四战邦各派五人,余者三人,欧洲新组织之国各派

二人,南美洲已与德、奥宣战,而未出力之国各派一人。当告以中国拟派全权五人,万难再改种种理由。彼云:达此目的,恐不容易。经再询以葡萄牙等国派全权五人,业经发表。彼答:仅见报纸,未接该国正式公文等语。再美总统闻月底由英回法后,即由瑞士国往义一行,约二月初旬回美。再联邦对俄政策,现在考查反对广义派,惟不另添派军队入俄,仅维持反对该派之各机关而已。再国际联合会问题,英、法当局议论均恐难达,美总统所言目的,现在应否将组织该会事先行商妥,一并订入和约,抑俟和约订后,另案磋议,尚属问题,闻谈话会之迟延,多半亦以此故云。基、钧。二十七日。

《中日关系史料——巴黎和会与山东问题》,第 24 页

陆军部致章宗祥①

1919 年 1 月 2 日

东京章公使鉴:陆总长赴欧,政府派定梁少将上栋、吴少将振南为军事委员,并有王少校赓、陈少校执礼随同前往,已定本月四日出京,先到日本,十一日由横滨乘克仑比亚船赴美,再由美起欧。该员等到日时,尚祈派员照料。又闻,美人于上船时检验等事,甚为烦难,并希商明驻日美大使,请其转嘱横滨美领,于经过各项手续时,格外照拂为盼。陆军部。冬。印。

北洋政府参陆办公处档案

国民外交协会致梁启超

国民外交协会致梁任公电

巴黎中国公使馆转梁任公先生:本会拟上书欧洲和会,已将大纲七条电胡公使暨各专使,请先提出。兹特举公为驻欧本会代表,乞就近接洽,裁酌主持进行至祷。国民外交协会张謇、熊希龄、林长民、王宠惠、

---

① 中国驻日公使。

范源濂、庄蕴宽等叩。

中国第二历史档案馆藏北洋政府外交部档案

施肇基、顾维钧致外交部

巴黎,1919 年 1 月 9 日

谈话会闻有日本国加入成五国之说。连日各方确探,并设法我亦加入。据法一方面云,仍限定四国,而据某要人称,或亦须请日加入云。似目前数尚未定,至谈话会开会准期,亦尚未定,盖英相星期六晚方来,并须于星期日或星期一先由各国不正式接洽后始可商定会期及四国或五国之数。又,全权人数一层,据密报,四国与日本国均五人,出力战邦三人。中国与巴西有特别关系,亦均三人。余则二人或一人。谨闻。基、钧。九日。

《秘笈录存》,第 66 页

陆徵祥来电

巴黎,1919 年 1 月 15 日

探悉全权人数问〔题〕,须于十五日末次会议决定。当晚即约王儒使暨胡、施、顾、魏各使密商办法,以祥名义函托法总理赞成五员之数。由胡、施、顾各使分别亲致法、英、美各外部,请其赞助。今晨九钟,祥又偕顾使面谒兰辛外部,切托赞成。彼谓,无不尽力,极愿于最后解决各国代表人数以前帮忙,惟收效如何,殊难预必等语。义国方面已由王劼使接洽。据云,似定局,转圜非易,但仍力托。日本方面亦均接洽。查昨日法总理及和会法秘书长所称,均谓中国人数,法原主张三人,但某国主张二人,致法未能如愿。而据某外部称,中国全权二人乃系法所主张。附闻。祥。十五日。

《秘笈录存》,第 67 页

陆徵祥来电

巴黎,1919 年 1 月 17 日

和会列席全权人数,顷准法外部通知使馆,本月十八日下午三时正式开会,请中国派全权委员二人列席等语。当由胡使赴外部询及,报载正式公布谓全权人数各国政府可自行决定,惟列席人数不得超过会议决定之数。本公使未接贵部通告,不知确否? 彼答:报载各节,确系本部正式公布等语。据各方面解释之词,此次人数分配原则,大致以军事关系为依据。但议席较少,即此军事关系较著各国之间,亦已不能一律,故以比利时、塞尔维亚之举国牺牲,亦仅得二人之数。惟各国全权人数虽异,然将来大会表决问题时,每国只有一表决权。开会以后各国是否顺受,殊难预测。祥与各使再四斟酌,一面答复法外部仍开送全权五人,以贯彻我主张国际平等之原则;一面拟于十八日开会时提出,请大会取决,究竟能否有效,尚难悬揣。请转呈大总统,将祥及前署理工商总长王正廷、驻英公使施肇基、驻美公使顾维钧、驻比公使魏宸组五人,用正式命令任为议和全权委员。余俟明日大会决定后,即电闻。陆徵祥。十七日。

《秘笈录存》,第 67—68 页

陆徵祥来电

巴黎,1919 年 1 月 19 日

列席人数事,前后争议情形,迭经电达。现巴西、比利时、塞尔维亚获加一人,中国仍属向隅。据称,巴西以美总统之提议,比塞以军事上之牺牲,是否实情,无从定断。祥回忆海牙第二次平和会各国列席情形,形式上尚属平等。今则显示分别,不但对于英、美等五国无从抗衡,且视巴、比、塞三国亦有轩轾。两会性质虽不甚同,个人衰庸更可概见。惟盼多赐训示,俾有遵循。祥。十九日。

《秘笈录存》,第 71 页

陆徵祥来电

巴黎,1919 年 1 月 20 日

祥病尚未愈。本日下午五钟半,勉强进谒法总统,面呈亲笔书及相片。谈次,祥又提及全权人数,务乞设法挽救。法总统答称:承贵国大总统盛意,极为感谢,并祝康健。人数问题,相机设法等语。特闻。祥。二十日。

《秘笈录存》,第71—72 页

陆徵祥来电

巴黎,1919 年 1 月 24 日

所争人数问题,迭电计达。事隔数日,迄未转圜,深为焦灼。查民国六年,中国与德、奥宣战时,八月十四日驻京英代使复文曾声明:英国政府,因此举动与中国邦交格外亲密,并可竭力帮助使中国得享大国应有之地位云云。其余协商各使馆复文,措词虽有不同,意义无甚出入。现在中国全权人数,与英、美、义、法、日五国显有区别,足见英代使复文要旨,尚未履行。希查一九一七年八月十四日协商各使复文,备函声明,请其设法补救,务须与原议相合,方不失国际平等之原则,并令查照备案。祥。二十四日。

《秘笈录存》,第72 页

陆徵祥关于力争全权人数的报告

中国加入战团即为加入和会地步,加入和会即为共享国际平等之待遇地步。民国七年正月,欧战尚在剧烈时间,我政府先有议和筹备处之组织,是年十一月十一日欧洲停战,条件布告全球,徵祥即奉命赴欧参与和议。十二月一日,自京出发,道经日、美两国,备受优礼。八年一月十一日抵巴黎,是时各国委员团亦均陆续到齐。十三日晨即偕胡馨使谒见法外部,面商全权列席人数。法外部云昨日会议法政府为中国提出三人,讨论结果只有二人。祥谓中国政府希望五人,若此,甚为失望,询以分别人数依据何项理由。彼称以参与战事出力程度为依据,故英、美、义、法、日本五国各派五员，比、塞、罗马尼亚、希腊、中国、巴西、葡萄牙、波兰、赤哈等国各派二人，暹罗、南美各小国各派一人。祥谓中国加入战团后种种牺牲众所共见，当时中国整备出兵并拟陆续添派华工赴法，此中诚意当为贵政府所亮察，且中国即以土地人民历史关系而言亦应有五员列席，况当与敌宣战互换照会时协商各国均有深愿维持中国国际最高地位等语在案。彼答贵总长所称各节极表同情，所以昨日提出三人，无如会议通过结果如是，致令贵国未能满意，实非我愿，请贵国不妨多派专门委员研究接洽，虽无全权名称，实于办事上无异，并谓二三日内当即开议，届时请贵政府正式派员列席等语。十五日为五国末次会议，决定全权人数问题。前晚即约王儒使暨胡、施、顾、魏、王各使切商办法，以祥名义函托法外部仍赞成五员，函由胡、施、顾、王各使分别亲致法、英、美、义各外部，力请赞助。日本方面亦均接洽在先，冀达最后之希愿。迨十七日，准法外部通知使馆，称十八日下午三时正式开会，请中国派全权委员二人列席等语。当由胡使赴外部，询以报载正式公布谓全权人数各国政府可自行决定，惟列席人员不得超过会议决定之数，本使未接贵部通告，未知确否。彼答报载各节确系本部正式公布等语。是时各方面解释之词谓此次人数分配原则大致以军事关系为依据，但议席有限，即此军事关系较著各国之间亦已不能一律，以比利时、塞尔维亚之举国牺牲亦不能如愿，各国全权人数虽异，然将来大会表决问题时每国只有一表决权云云。祥与各使再四斟酌，最后答复法外部，仍开送全权五人，以贯澈我主张国际平等之原则。十八日，第一次正式开会，祥偕王专使出席。二十一日，祥谒见法总统，复以全权人数问题切托法总统设法挽回。二十四日，因所争人数未有转圜，希望急电外交部，查照民国六年中国与德、奥宣战时八月十四日英代使覆文曾声明英国政府因此举动与中国邦交格外亲密，并可竭力帮助使中国得享大国应有之地位等语，并查照同时协商各使覆文对我声明各节，迅速通知驻京协商各使，请其设法补救，务须与原议相符，方不失国际平等之待遇。二十五日，第二次开会，议题分五项：（一）国际联合,(二)赔偿损失,(三)惩罚战事祸首,(四)劳动法律,(五)海口及水陆交通之规定。以上问题分五股讨论,除赔偿损失股英、法、美、义、日各派三人,比利时、希腊、罗马尼亚、塞尔维亚各派二人,余国均不列席外,其他四股每股股员仅十五人,英、法、美、义、日每股各派二人,其余尚有五人由各国委员公推股员。如此限制较之限制全权人数更觉不平,会中颇动公愤,比利时、巴西、塞尔维亚、波兰、暹罗、赤哈等国委员先后起立争辩。祥亦辩论,并称本日提议之五种问题,中国对于第一股依据国际平等为国际联合之根本法律应请加入;对于第四股,此次中国工人在英、法方面工作不下十五万人,战事结果华工间接出力不少,应请加入;对于第五股,中国地大海岸之延长及战后交通之发达亦请加入;至第二股、第三股,祥拟依据各他国办法一致进行。是时尚未申请,至三月三日五国会议议决另组财政经济专股,我国对于第二股亦请加入。祥见各国委员纷纷争议,恐无效果,特向会中提议请查照两次海牙平和会先例,各股列单由各国委员择与该国有关系各股随意指定一员或二员入股讨论,未见采纳。二十七日,开审查会,选举股员,祥与魏专使赴会。国际联合股,十七国投票,中国得十四票。海口及水陆交通股,中国得十三票,均当选。国际股由顾专使担任,交通股由王专使担任,当即通知大会。从此以后,各国委员团目光所注,均在事实上进行,对于全权人数极少争持之机会。祥对于该问题始终表示不能满意,开送名单虽仍五人,其实前往列席仅得有二,国际待遇之不平于此已著一斑矣。

《参与欧洲和平大会分类报告》(一)

3. 全权次序问题与代表团内部矛盾

大总统特委全权委员命令

1919 年 1 月 21 日

特委陆徵祥、顾维钧、王正廷、施肇基、魏宸组充赴欧参与和会全权委员。此令。

《秘笈录存》,第 68 页

陆徵祥来电

巴黎,1919 年 2 月 9 日

祥病体尚未痊复。数旬以来,力疾支持,奔走接洽于列强领袖之间,并承各专使、驻使分头协助,仍觉竭蹶异常。现在会务方才入手,如此孱弱之躯,何以久膺艰巨?祥早岁读书,粗知大义,兹值国事艰危之际,本无自图诿卸之思,惟祥抚衷内省,气体既衰,手力又绌,若不陈明原委,异日如有陨越,何以对此国民。应请大总统速为全局筹思,另派声望素孚之大员在欧参与议会,祥愿从旁襄助,不拘地位,默效涓埃,耿耿愚诚,惟祈采纳,不胜屏营待命之至。征祥。九日。

《秘笈录存》,第 78—79 页

国务院致陆徵祥

1919 年 2 月 13 日

九日电悉。尊使尚未痊复,甚为驰念。现在欧洲和会正在吃紧之时,樽俎折冲,所关綦重,盘根错节,惟公是赖。主座倚畀方殷,属为切实慰勉,勿萌退志。我公关怀国事,夙具热诚,当必体念时艰,力疾从事,用副群望,至深跂仰。院。元。

《秘笈录存》,第 79 页

国务院致陆徵祥

1919 年 2 月 21 日

此次全权人数及次序,系在临时更定,远道未及接洽,明令致出两歧,各员皆一时茂选,同受国家付托之重,自必一德一心,无分畛畛,应即照送会单开全权次序列席,希查照转知各员为祷。院。二十一日。

《秘笈录存》,第 79 页

钱能训①致施肇基

1919 年 2 月 21 日

此次会议使席次序小有变更。执事为国宣勤,甘苦共喻,关怀大局,当略小端,深盼同心协力,折冲坛坫,用副倚任之殷,是为至望。能训。二十一日。

《秘笈录存》,第 79 页

国务院致顾维钧

1919 年 2 月 21 日

和会至关重要,主座凤稔公才,明令次序,倚畀綦殷。惟开单送会在先,致涉歧异。事关对外,既经在会宣布,自以仍照单开次序为宜。执事为国宣勤,甘苦共喻,关怀大局,当不沾沾小节,务希随事匡持,同心干济,用副倚畀,是为至望。院。二十一日。

《秘笈录存》,第 80 页

代表团内部名次问题

陆总长一行定于 1919 年 1 月 11 日抵达瑟堡,但船到瑟堡的准确时间未定,火车到巴黎的准确时间更无从得知。公使馆参赞和武官几次向我们通报有关抵达时间的情况。我在唐(译音)将军家里,其他外交官在自己的寓所或公使馆内,大家都在焦急地等候着去车站迎接从北京来的外交总长和其家眷以及随行人员。一直到凌晨四时,我们才确知火车将于半小时内到站。大家急奔车站,总算及时赶到。这次迎接的阵容声势浩大,凡是当时在欧洲的中国外交使团的团长,几乎全部出席,在月台上排列成行,同法国外交部和新任命的和会秘书长办公厅的许多法国代表以及许多法国代办站在一起。陆总长一行下车后随即

---

① 时任国务总理。

前往吕特蒂旅馆。那是中国代表团的总部,所有的中国外交使团团长在那里都有房间,我也有一个办公室。

当天下午,陆总长召开首次会议。与会的中国外交官们所关注的第一个问题是中国能够指派几名代表出席和会。显然这个问题在陆总长的心目中也占主要地位。据悉仅分给中国两个席位,他显然对此大失所望。起初,陆曾得知主要协约及参战国每国将获五个席位,他认为中国总可获得五个席位的,所以不仅给我,还给其他大约五、六名公使发出电报,邀请我们每人都参加代表团,并作为一名代表。现在,陆先生的处境十分困难。他是一个优秀的法语学者,他和法国一直保有密切联系,因此他毅然往见法国外长和据悉将任和会主席的法国总理,他对这两位先生寄予极大希望。

与此同时,陆先生让施肇基先生和我分别与英、美代表团再次就席位问题进行磋商。美国代表团一如既往,对此深表同情。他们向我保证,威尔逊总统将给予支持。他们还指出,席位问题不仅关系到中国利益,与其它国家也有关系。例如,巴西和西班牙也在请求增加席位。然而,中国代表们的四处奔走共同努力并未能带回多少鼓舞人心的消息。我们感到,仅有美国将支持中国的要求,如不能获得五席,至少也要多于两席。

法、英的反应令人沮丧。法国外交部的回答尤其如此。他们向陆徵祥先生解释说,一个国家在和会上的地位是要由该国在战争中为协约国所作过的努力来确定的。当时获悉,巴西有发言权的代表已由两席增至三席。陆以此为据,在法国外交部进行争辩,强调也应照此对待中国。但是,法国说,中国对协约国方面实际帮助甚少,而巴西海军曾巡弋南大西洋,保护了协约国运军火的船只,对协约国贡献甚大。

1月18日下午,和会正式开幕前三十六小时,陆总长召集中国代表团开会,中国驻欧各国使团团长全体到会,自然也有我这个从华盛顿来的驻美公使。许多从国内来的顾问和主要驻欧使团的参赞也出席了会议。会议要决定中国参加和会的正式代表,以便陆总长呈请大总统颁布任命。但此类涉及人事的问题,在座的公使没有人愿意提出任何建议。有人建议由总长决定。这时,陆情绪激动、踌躇不决,很是为难。但他最后终于宣布,为国家全局利益,并鉴于需要美国、英国以及当然还需要法国的帮助,拟请大总统任命五位代表。这也是因为陆总长已在法国外交部弄清,中国虽然仅有两席正式席位,但每次与会人员可以调换,不限于固定二人。陆总长接着说,他想让王正廷任第二代表,我任第三、施肇基博士任第四、魏宸组博士任第五。他说,他所以考虑让魏任代表,是因为魏曾任外交部和会筹委会秘书长并擅长撰写中文公文,对此经验丰富。他还说,他极愿让驻巴黎公使胡惟德先生任代表,所憾席位有限,无法如愿;但是,胡虽非正式代表,将和正式代表享有同等地位,同时他将有赖于胡的合作,而驻巴黎公使一职正可使胡为代表团助力,他希望胡能理解这一点。

胡惟德是个具绅士风度的老式外交家和学者,态度自然地答道,他虽无特别头衔,亦将继续效劳;请陆总长放心,他于头衔并无所求。

接着,我便发言。我说,此次任命还以我列第五为宜。在外交界,施博士资历比我深,魏公使年龄比我大。而且,魏在 1912 年曾任国务院秘书长,是我的顶头上司,我那时只是他手下的一名秘书。不管怎样,名次对我是毫无影响的,我将继续工作,一如既往。我所感兴趣的只是即将开展的工作。

陆总长说,就那些与中国利益有关的问题而言,和美国代表团的接触最为重要。而我是与美国代表团保持密切接触的当然人选。至于魏先生,他是负责用中文起草文件以及负责代表团内务工作。魏先生列第五也符合他本人意愿。

我又坚持道,关于魏先生的情况,我可以理解,但是对于施先生,还是将他列于我之前为妥。陆总长最后总算是理解我的想法了,他宣布,名单将排列如下:陆徵祥先生、王正廷先生、施肇基博士、我和魏宸组先生。于是驻巴黎公使馆参赞、代表团秘书长岳昭燏负责准备致和会函件,签字后立即发出。魏先生负责拟写电文,呈请中国大总统按所报名单予以任命。电报也及时发出。

对我来讲，我觉得困难问题已经解决。但出乎我意料，北京推翻了这种安排。第二天是星期天，岳先生打来紧急电话称，陆总长想立即在他下榻的吕特蒂旅馆和我见面。我先去秘书长办公室，弄清为何如此急迫。他让我看打字机上快打完的函件稿。这个函件请求撤销二十四小时前致和会秘书长的函件，说明顷接大总统训令，中国代表名次应排列如下：陆徵祥总长、顾维钧、王正廷博士、施肇基博士、魏宸组博士。我当即对岳先生说："请勿发出，我要与陆总长谈谈。"

到陆总长那里之后，我发现他身体不适，心烦意乱，衣着不整。他默不作声，递给我一封电报，那上面有大总统关于五位代表名次的训令，将我列于王博士、施博士之前。我对陆说，这种改变令我吃惊，总长可以对北京进行说明，正式通知已经发出，不宜仅为代表名次而撤销原件，另发新函。我又说，任何这类突然变化都会使人产生不良印象，或者损害总长本人威信。外交总长毕竟是和会上中国政府在国际上的代表。

陆总长虽然看上去心情有些不快，但他态度很坚定。他说，不，由他签发的函件只不过是外交部函件，而载有大总统训令的电报高于任何外交部函件；总统的意愿必须尊重，我们都是政府的仆人。我对陆说，我名列第一还是第四，对我本人都一样，但是您身体欠佳，恐不能保证参加所有的会议。在我坚持己见时，他说道，他曾接过一封非正式电报，告诉他国内的形势，也表示了大总统和政府方面对他健康状况的忧虑。在北京政府心目中，如陆不能自始至终坚持工作，则应由我去代他为中国辩护。陆认为，在这点上北京是正确的。鉴于国内政治情势，如陆本人因健康关系不能经常参加会议，自然不便让南方的代表王正廷博士来代表中国政府。他最后说，他叫我来仅仅是为了通知我此项训令，至于函件的拟稿及发送已让岳先生去办理了。

看到没有争辩的余地，我只得告辞。从旅馆出来，我便去岳先生的办公室，将情况告诉岳先生。我让岳先生去请陆总长再考虑一下，先勿发文,名次问题仅涉及两名代表,事情不大。但岳先生说:"陆老让我速拟函件,他要立即签发。"我回答道:"这是我们内部之事,与和会并不相干。"岳先生说:"你我都知道,他一旦拿定主意是决不变更的。"我便说,我去和施肇基谈谈,他与此事关系最大。

我直奔施先生的公寓。他高兴地接待了我。我说,北京刚刚来电,我从吕特蒂旅馆来,陆总长给我看了一份大总统关于任命代表的电文。我刚一提及此事,他便迫不及待地向我询问电文内容。我告诉他后,见他面色铁青、愠然不语。我便劝他不必为此多想,我不想接受第二代表的名次。我说:"你在外交界资历比我深得多。至于我的工作,我觉得任何工作都同样重要,并不存在某种工作更为重要之想。你对我尽可放心。如果你想知道是何道理,我可以告诉你,除了公务上的考虑,我还有我个人的理由:我比你年轻十岁,我比你多十年的机会。"

施博士依然一言不发。谈话既已无法继续,我便去看望施夫人——我与她有亲戚关系。我向她保证,我并未主动谋求代表团内的地位,前天代表团开会,我还亮明过观点。施夫人叫我放心,说她相信我,理解我的态度,她答应尽她之力去对她丈夫解释这一切。嗣后,我便告辞。如果北京政府改变大总统训令转而同意陆总长所荐名次;或者,如果陆总长接受我的提议,不向和会主席重新发函,那么,这种不幸局面原本是可以避免的。但是,陆总长坚持发函。显然,陆此时也是进退两难,他感到形势对他个人来说可谓困难之极。他本人身体欠佳,北京知道这一情况。北京因恐陆再次犯病而作的准备也是十分正确的。陆在自北京赴巴黎途中已病倒两次。特别是在日本那次,由于身体不适,他只得放弃驻日公使与日本外务省及皇宫为他安排好的全部计划。我已预感到,他决定通知和会变更名次一事,必将使代表团成员之间难以相处。同时,陆显然也很清楚,他不能无视总统训令。

以上是陆的为难处之一,另一方面,他感到有责任、有义务为王正廷博士保留第二代表的位置。他在一次代表团会议上对此作过说明。他说,在纽约时,他个人曾对王正廷博士作过许诺。那时,他在劝说王博士参加代表团以便中国南北双方能一致对外出席和会。陆总长对我明确说过,他曾对王正廷博士讲,无论中国分有几席,王也将就任代表。如果中国仅获三席,王正廷博士将居其一,如果中国仅获两席,王仍将居其一。陆认为自己必须守信。这倒并非仅仅出于个人原因,也是为使中国能得以统一对外。但是结果却是:王正廷博士名列第四,施博士列第二,我列第三,这将在代表团内造成何等的摩擦,不久便可看到。

《顾维钧回忆录》第 1 分册,第 172—177 页

陆徵祥等电

巴黎,1919 年 3 月 3 日

伍君朝枢以广东所派全权名义,于二月三日起程来法,到后如何待遇,不得不先行决定。若由此间派为专门委员,不甚合宜。如在五全权中抽去一人,以彼补入,则孰去孰留亦颇难定。现与各专使商酌,仿葡萄牙六全权之例,加派一人,于对内对外或有裨益,是否有当,候示遵行。祥等。三日。

《秘笈录存》,第 115—116 页

陆徵祥来电

巴黎,1919 年 3 月 8 日

山东问题法文节略及向德、奥要求所拟英、法文件,于前晚送交大会。至日本二十一款与其余希望问题亦正赶紧预备,已有眉目。祥乘美总统未回巴黎前,暂赴瑞士国休养数日。并闻。祥。八日。

《秘笈录存》,第 114 页

王正廷等来电

巴黎,1919 年 3 月 10 日

陆总长近因体倦,于前晚赴瑞士休息,倘有辞职电报到京,请缓递。廷等已推魏使前往慰问,并促早日回法。今晚又嘱朱秘书官前往。特

此密闻接洽。廷等。十日。

《秘笈录存》,第 114 页

唐宝潮致陆军部等

1919 年 3 月 13 日

北京陆军部转段督办亲译。欧密。陆使因各国颇难于应付,遽往瑞士,会事多由王使主持。陈友仁、郭泰祺、伍朝枢均在法,南北形势若变,恐南方或利王地位有所活动,乞预注意。谨特密陈。宝潮叩。元。

中国第二历史档案馆藏北洋政府督办参战事务处档案

代表团内的初期摩擦

变更代表名次的后果极为不幸。它在代表团内,特别是在以王正廷先生、施肇基先生为一方,以陆总长为另一方的双方之间造成了难以想像的纠纷。同时,在代表们开会时,我有时也成了批评目标。

在和会正式开会后的第一周内,大家都忙于和会各委员会的组织工作,并进行各种活动,使中国选入某些委员会。王正廷博士和施肇基博士分别在经济委员会和财政委员会工作,我则每天去参加国际联盟委员会的会议,有时一天两次。同时,我还要准备备忘录,有些备忘录分派给顾问们,如严鹤龄博士等人去写,我本人要起草的有三、四份。施博士起草两份,一份是关于外国在华开办的邮电机构;另一份是关于外国驻军的。

代表团内发生的第一次公开摩擦,是指派我给以威尔逊总统为首的委员会起草国联盟约。陆总长显然把我看作是这个问题的学者,他读过我写的关于国联问题的两份备忘录,极为欣赏,签字批准了我首先提议的、并随后付诸实施的,使中国进入委员会的方案。由于我是中国在该委员会中的唯一代表,每次会后,我都写出报告供陆总长和同僚们参阅。同时,因需迅速向国内汇报,每次报告内容也即刻电呈北京。有时陆不在,电文甚至不经陆总长过目便即发出,以使北京随时掌握会议动态。外交部因急于知道国联问题的进展情况,曾特别指示代表团以最大可能尽快汇报。北京不止一次来电告知总统和总理期待收到关于国联委员会工作进程报告的急切之情。我的办法是将拍发国内的报告抄存一份在代表中传阅。但是,我的报告不断受到施肇基先生和王正廷博士的攻击。然而,他们的批评显然并不准确。因为批评得不对题,看来主要是有意使陆总长和我难堪。

他们曾有过这样一次措辞严厉的批评,说我有一份电文歪曲了国联委员会讨论中的真实情况,这种歪曲有损于中国,因为它使得中国好象不必要地站到了主张君主政体的国家一边。他们说,电文支持了以袁世凯为皇帝的洪宪政权。这可真是令人吃惊。他们显然是完全误解了"帝国主义"这个词。这个词主要是指一种主张殖民主义的政策,而非意指政体。我的报告中所涉及的是英、法等这样的国家,为维护其殖民政策,提出了一种委任统治制度来解决接管德国殖民地问题的观点,事情不过如此而已。但他们硬说我的电文弦外有音,而把这作为攻击陆总长的论据,说这一电文肯定出自陆的授意,因为陆于洪宪帝制时曾任过国务卿。他们的论点是,我本应表明,中国反对任何君主制政府,因为中国是共和国。但是,他们把"帝国主义"一词解释为"帝王的统治"了。

代表团会议于是便成为王博士和施博士二位代表吹毛求疵,肆意攻击陆总长或我的集会。在名次问题造成代表团内部矛盾之后的第一次代表团会议,是施肇基博士建议召开的,为的是任命一位新秘书长来负责会议记录和执行代表团交付的对外任务。当时办公室秘书长是胡惟德公使手下的参赞岳昭燏先生,他一直和陆总长在一起工作,与法国政府成员及各国驻巴黎外交使团都极为熟识。但是,因为他曾为陆总长起草了变更代表名次的函件,而且他未与施、王二位协商,也未听取我的建议暂且留下不发,以容再作考虑,而径将该函发出。所以,施博士和王博士显然对他很不高兴。这二位先生直截了当地攻击岳先生是陆总长的私人代理,并认为代表团应当任命一位事先取得全团同意的秘书长。听到这样的批评,真令人难堪。接着,施博士又提议,由他自己所信任的助手,驻伦敦公使馆一等秘书施斌先生来取代岳先生。王正廷博士附议这项动议。我表示反对,说,岳忠于职守,勤勤恳恳,他在巴黎交游广阔,完全称职。施博士说,既已提出动议并得到附议,请主席付诸表决。当然,除施先生之外,并无他人提议,除王先生之外,也无他人支持。我又说道,施自然有资格提出动议,但我以为岳先生工作甚佳,实无更换之必要。与会的代表和顾问们缄默不语。那次会议,有许多公使出席。如,驻丹麦公使、前驻柏林公使颜惠庆,驻罗马公使王广圻,驻西班牙戴公使①,驻荷兰公使唐在复。出席会议的还有许多其它中国外交代表。他们或是认为自己无权表决,或是因为不知道这一提议背后暗藏的目的,或是因自己仅是顾问而不愿参予代表之间的私人争吵。魏宸组先生赞同我的发言,他也认为换人并无必要。会议主席陆总长是一位温文谦逊的绅士,而且显然遵奉着老子哲学。他并未反对,只说他本人同意通过这项动议。于是,岳先生退职,施先生立即上任继岳先生负责代表团会议记录,但对和会方面,岳仍是代表团秘书长。在代表团内部正式提出一项动议,得到附议并付之表决,这还是第一次,据我回忆,这也是唯一的一次。

《顾维钧回忆录》第 1 分册,第 180—182 页

胡惟德致钱能训

巴黎,1919 年 3 月 13 日

和议关系綦重,若任陆总长辞去,一恐外人误会政府信任不专,从前提案更难顺手;二恐顾公使难以久留;三恐来法各使,无法补救,相率引去;四恐别生枝节,牵动全国大局。德焦灼万分,公明烛万里,切恳硕画维持,无任企祷。德。覃。

《秘笈录存》,第 114—115 页

---

① 经查应为陈霖——原注。

代表团内部困难加深

书面声明递交和会之后，我和同僚们都料想"十人会"会用一定的时间来讨论声明并作出结论。我们最初获得的印象是很好的。在进行论辩后的几周之内，无论是在宴会上，还是和友邦代表见面时，谈话总是给我们以鼓舞，使我们认为，中国的论辩已经获胜。

当时，已有大批中国政治家来到巴黎，他们是专为来观察和会向代表团献计献策的。其中有许多是各政党的首脑人物。如国民党的汪精卫先生、张静江先生、李石曾先生及该党其他要人；有与国民党对立而与北京政府合作的研究系领袖梁启超；有所谓交通系的领导人；也有民本社的代表，我想其中可能有张君劢博士和李教授，李曾在美国各大学执教，和中国驻华盛顿公使馆有过通信往来；还有中国青年党首领曾琦和左舜生这样的人。这些政党领袖们看来大都认为中国将在此案中获胜。同时，根据代表团所收到的贺电来判断，获胜的看法在国内肯定也很普遍。

与此同时，代表们之间的摩擦却日趋严重。2月初，代表团召开一次会议。通知是十时开会，我到会稍许提前二、三分钟。这已是我的一种习惯，我到会议室时，除新任秘书长和一、二名秘书外，还没有人来。通常在长桌上首给会议主席陆总长留有一个座位。可这次我看到那儿放着两把椅子，我第一次见到这样一种奇怪的安排。于是，我问新任秘书长，这是什么意思，谁叫这么作的。他说，这是一位叫赵麟苏（音译）的少校让这样作的。赵少校是作为王正廷博士的私人秘书来到巴黎，经过我同意了王的要求、才得以进入代表团的。据施斌先生讲，就是他重排了座位。我又问，这是为什么。施说，赵告诉过他，王正廷博士代表南方，如同陆总长代表北方一样，既然地位相当，就应象联合主席那样并排就座。接着，更为有趣的情况发生了。在大家步入会议室时，陆总长对这样的座位安排皱了皱眉头；但是他在紧靠着我的左侧椅子上平静地坐下。而王正廷却神态庄严地走进门来，坐在右侧椅子上。这简直是一幅喜剧画面，陆总长显然吃了一惊，以至有片刻时间一语不发。这时,王正廷博士竟无所顾忌地宣布开会,并且要求听取汇报。会议进行中,王正廷得寸进尺地把肘部向左侧挤去,每挤一次,陆总长便不得不挪让一次,直至最后离开桌子,坐到我这一边来了。但是陆总长并未作声。显然,其余的人此时即使没有对王的丑态厌恶,也是深感不对头。但是,会议依旧继续。我记得,我当时一言未发,一直按捺着未作汇报。直到最后,我提请大家注意这种我所看不惯的座位变化。我指出,陆总长是外交总长、代表团团长。我还记得,我当时说,我们必须先澄清这种局面后再开会。那次会议的内容倒并不重要,除了秘书长的例行汇报之外,别无其它。

翌日,陆总长称病未到会。不久,便离开巴黎,去向不明。甚至连陆最亲密的朋友、他毕生的支持者、驻罗马公使王广圻和陆的另一位亲密朋友、驻巴西公使夏诒霆也不知道他的去向。我们对此不仅骇然,而且不知如何应付这种局面。代表团内明显分为两派:一派支持施博士和王博士;另一派同情陆总长。我记得在和魏宸组先生进行了一次简短商议之后,召集了一些顾问和专家开会。我坚持尽管陆总长缺席,工作还应继续。这次会议没有邀请代表参加,它实际上仅是在办公室内举行的一次私人性质的非正式会议。我觉得大家应该按照所分派的任务继续进行准备工作,同时要竭尽全力查明陆总长去向,并把他找回。这些事情都迫在眉睫。王广圻先生曾报告说,陆总长很可能去了瑞士,他在洛迦诺湖畔有一处寓所,那是他最喜爱的休憩之地。

在2月份,陆先生不在的那些日子里,我们仍然继续工作。到3月中旬,七份体现中国迫切要求的备忘录已准备就绪,并递交和会。

北京得知陆托词休息已撇下代表团从巴黎转赴瑞士后,大为吃惊。这时巴黎有谣传说,梁启超先生已离京前来,将代陆任代表团团长。事实上,总统和总理从前曾电告陆氏,梁先生与和会筹委会来往密切,一直在研究对中国有影响的种种问题。而陆总长总是设法让梁充分了解正在处理的问题情况,并想让梁参阅包括机密文件在内的全部文件。代表团的成员并不轻信这一谣传。但梁启超,他的政治背景一向被认

为在涉及中日关系的问题上态度是较为和缓的。当时的这种印象可能
未必真实，但由于梁在北京是总统的亲密顾问，又是支持政府反对南方
的进步党领袖，这一传闻似乎又有些可信。3月上旬，陆总长回来了。
那时，由于北京内阁改组，他已被重新任命为外交总长。他在瑞士时和
北京有过通讯往来。现在得到的电稿表明，他一直在和北京就提高团
长权力，俾便处理代表团内部问题进行商淡。他重返巴黎时，带着代表
团总裁的头衔，同时拥有必要时可不经其他四名全权代表同意自己决
定任何问题的权力。我料想这一着棋是专为对付那两位同僚的，他们
在代表团内给他造成了极大的困难。陆先生回来以后，在代表团会议
上，代表们个人之间的关系并未改进，隔阂并未消除。对立更为隐蔽，
而在偶尔暴露对立之时，矛头所指更多的却是我，而非陆先生了。

《顾维钧回忆录》第 1 分册，第 189—192 页

魏宸组来电

巴黎，1919 年 3 月 13 日

和会重要问题已逐渐提出，效果虽不可知，照目前情形而论，列强
感情尚有多数赞同。惟内部无意识之争论，层见日出。总长此次猝然
赴瑞，中途辞职，原因即在于此。组与朱秘书官多方劝解，意稍释然。
详情到法再达。组即昼回法，总长首肯数日内亦回法京。美总统闻将
抵法，届时会务进行必速。闻四月中强国对于德奥草约可签字。组。
十三日。

《秘笈录存》，第 115 页

陆徵祥致国务院

巴黎，1919 年 3 月 26 日

伍君朝枢现已抵法，交阅总理及施君会衔迭致伍君谆劝赴欧函电，
其中有和议期迫，先派子兴诸公前往，兹梯云慨然依限启行赴欧，至所
忻慰。并有梯云经费已交陆总长带欧等语。并据王专使等各全权讨论

办法,粤中原有主张单独派员来欧,要求列席之议,独伍百计主张南北对外一致,以免他国借口,足见其深知大义。且粤中代表除伍系遵中央电邀而来,他不再至等情,幸赐垂察。祥。二十六日。

国务院致陆徵祥
1919 年 3 月 28 日

奉大总统谕:派陆徵祥为全权委员长,所有和会事宜,即由该委员长主持一切,务当悉心妥筹办理,以副倚任等因。遵达。院。二十八日。

国务院致陆徵祥
1919 年 3 月 28 日

奉大总统谕:此次欧洲和会,关系我国前途甚巨,遴派各全权,皆一时茂选,历办外交,夙著才绩,艰难共济,倚畀至殷,和会议席,由各全权参列与议,必能同心匡济,折冲樽俎。惟兹事体大,内部讨论,不厌周详,著派胡使惟德、汪使荣宝、颜使惠庆、王使广圻均参预和会事宜,在内部讨论时,准其一律列席,发抒意见,加入可决否决之数。该使等驻外有年,政府眷遇之殷,与各全权视同一体,惟以全权人数,久经宣示中外,且以倚任之切,不便有所增加,所有各该使权限职务,即由陆委员长酌量支配,呈明备案。讨论事件多关重要,在未经讨论决定以前,除委员长得便宜行事外,在会人员概不得以个人名义对外擅行发表,以昭慎重等因。希转知遵照。院。二十八日。

国务院致陆徵祥
1919 年 3 月 31 日

奉大总统谕:派伍朝枢参预欧洲和会事宜。除对外全权人数业经派定,应仍由各全权列席外,所有内部讨论,伍朝枢应与胡、汪、颜、王诸使一并列席,加入可决否决之数。该参议久办外交,中央倚畀长才,与各全权视同一体,其益摅干略,用副倚任等因。遵达。院。三十一日。

附录:伍朝枢与府院秘书长电

1919 年 3 月 22 日

弟此行,曾由幹老再三敦促,并述东海殷勤之意乃行抵巴黎,读国务院九日复,颇难措辞。欣老三日请加派代表电,提出疑问六端,与幹老直接致弟及由李秀督转弟各电,迥不相侔,未解何故。此间奉电,不欲重违院意。闻有电请畀弟全权或□□名义而不列席和会之说。鄙意为今之计,惟有加派一人,此不特对弟个人宜然,即对于南方,亦为至当不易之办法。南方原有一部份主张单独派遣代表赴和会者,弟以为一致对外,无分畛域,免蹈俄国两败俱伤无人列席之覆辙,故有此行。查议场上我国虽只占二席,而代表人数本无定额。葡萄牙亦有占二席派六人之先例。若不列席之全权,非驴非马,腾笑中外,个人关系甚轻,影响南北甚大。弟虽无似,决不任受,祈将此意分别转陈,万勿发表此项命令为感。朝枢。感。

附录:府院吴郭秘书长复伍朝枢电

1919 年 4 月 5 日

感电悉。承示一致对外,无分畛域,至佩伟识。曩欧会开始,元首亟思引重,迭由兴老、幹掭达意,倘其惠然肯来,固早在选派之列。迨全权既经出发,以公有西行意,复托鹤雏就商,翘伫德音,有逾饥渴。乃以名称席次,商未就绪,公复反粤,和会期迫,遂已简派全权,对外发表,主座以未能借重,辄深怅惘。此次台旌自粤西发,事前未承接洽,得兴老电始知概略,时移事异,幹掭复电所从容商榷者,非于公个人有疑问也。此时全权员名,对外久经宣布,变更增派,实有困难。公既到欧,以主座倚重,本旨不能不曲为设法,昨已有电派公参预和会,于内部讨论一体列席与议。胡、汪诸公久持使节,同列参预,足征倚畀。我公热诚大局,且凤从元首政幄,望以国家为重,慨为担任,他日欧会事竣,京华握手,快幸何如。笈孙、则澐。五日。

《秘笈录存》,第 116—117 页

陆徵祥致国务院

巴黎,1919 年 4 月 7 日

二十八日电敬悉。奉渝派征祥为全权委员长,愧悚之深,匪言可罄。祥猥以菲材,频膺重寄,未效涓埃之报,转增宵旰之忧,谴责不加,宠荣叠荷,苟存一息,敢不幡然。所不敢不据实直陈者,国际对我情形,今日更殊畴曩,列席人数,其尤著者也。即如我国全权到时,接待应酬之淡漠,列强领袖在会访问接洽之艰难,各界人物对华议论观察之轻慢,种种情况,江河日下。关于我国山东问题,除某国善意维持外,各国要人对我态度虽无不表示同情,然每以种种事实之关系,口吻多欲吐而仍茹。总之,强权利己之见,决非公理正义所能摇,故协群力以进行,犹恐九鼎之难举。祥惟有本鞠躬尽瘁之忧,仰答主座忧勤之意,所虑一误更将再误,弥觉四顾而难万全。祥。七日。

《秘笈录存》,第 117 页

陆徵祥来电

1919 年 4 月 14 日

北京总统府吴秘书长亲译。振密。呈钱幹老:伍君事奉三十日电传主座谕,遵即转达并请其到会去后,据复称,此行原奉军政府之命而来,未得军政府训令以前,对于京电未能有所表示,惟和会提案,关系甚巨,无论南北均有密切影响,当与会讨论一切云云。又王全权于对外发布之言论,往往偏于激烈,不甚合外交常轨,近日宣布外交部电来之英文长电,更复将原稿临时篡改,即平日讨论稿案之时,商榷意见非常困难,施使辄附和其主张。现各议草约是否月内可定,迄少确音。因各国重要问题未易解决,我国山东问题亦因此被搁,虽竭力运动,终无把握。英国方面关系极巨,而接洽之难,独为最甚,每筹议及此,施使辄先表示违言,且美总统之威望渐渐减落,每有公道之主张,辄为强权所破坏,尤于我国影响关系匪浅,祥精神材力实难兼顾,夙夜焦虑,寝馈给安,敢陈一二,伏祈教示,应否代呈,并祈裁酌。祥蒸。

中国第二历史档案馆藏总统府军事处档案

陆徵祥来电

1919 年 4 月 22 日到

北京公府吴秘书长面呈大总统、钱总理钧鉴:振密。伍君事,蒸日电计达。昨据交阅粤电如下:阳电悉,不能列席,何取任命,已电少川力争抽换或加派,并托李纯斡旋,如北庭固执,即向和会要求列席,并宣告北派不能代表全国,倘因此两败俱伤,固大可惜,然非始愿。陆使向顾大局,希与切商,转环政务会议。锡旋据王全权来商,吾国业经提出之二十一条问题,将来请由伍君出席和会说明,并据伍君称同前因,并有请由祥径即通知和会加派伍为全权,不必候北京政府命令之意等情。此事关系之巨,非楮墨所能罄述,且王全权等节节进行情形,显有政治作用,祥实焦头烂额,穷于应付,不但无余暇以资对外,抑恐贻患大局,与当时委曲周旋之初衷,适生相背之影响,究应如何办理,务请迅速密示机宜,毋任切祷。再上海会议究竟如何,彼方是否果有妥协之诚意,政府对此如何决定,亦请电示。祥十九日。

中国第二历史档案馆藏总统府军事处档案

(二)会中关于山东问题的讨论

说明:山东问题为中国在巴黎和会中力求解决的最重要问题,中国最初要求由德国直接交还,但遭日本反对。各国虽表同情,无奈中日既有协定于前,而英、法、意三国在战时对于日本亦有承认其继承德国在山东权利之密约,因而对于中国的请求不能主持公道。1919 年 4 月 30

日,三国会议决定将德国在山东各项权利一概放弃,交于日本。这一消息传到中国,全国舆论鼎沸,愤懑达于极点,各界纷纷请愿,而尤以学界最为激烈,五四运动即由此引发。5 月 6 日陆徵祥在会中宣言对于山东条款持保留态度,5 月 26 日又正式通知大会,维持保留。中国政府以民意所在,不敢轻为签字之主张,而国际地位所关又不敢轻下不签字之断语,但权衡利害,认为不签字实有六害,因此决定对德和约大体签字,惟山东问题应特别声明保留,并责令陆徵祥与王正廷前往签字。但是,中国对山东条款的保留要求未被接受。此事中国节节退让,最初主张注入约内,被拒;改附约后,又被拒;改在约外,又不允;改为仅用声明不用保留字样,又不允;不得已改为临时分函,声明不能因签字而有妨将来之提请重议云云。直至 6 月 28 日午时完全被拒,中国代表团不得已不往签字,当即备函通知会长,声明保存中国政府对于德约最后决定之权。

1. 山东问题的提出

陆徵祥致外交部
1919 年 1 月 19 日到

山东问题即须提出,但最近与日本在东京所签字之铁路、铁矿(均差一码)借款条约,未曾抄稿带来,无从措词。倘勉强提出,措词稍有不符,不但遭彼反诘,且可发生极危险之影响。请速将逐条意义详电,一面仍面交妥人,迅速将全稿带欧。祥。十八日。

《中日关系史料——巴黎和会与山东问题》,第 30 页

陆徵祥致外交部
1919 年 1 月 23 日到

顷据来询,日本近向中国政府要求,允许山东问题仍照民国四年原订条约办理,不在和会提出讨论。彼方面允在会赞助中国收回领事裁

判权及关税自由等,确否,盼速电复。十四日。陆徵祥。

《中日关系史料——巴黎和会与山东问题》,第33页

外交部致陆徵祥

1919年1月24日

十四、二十二两电均悉。日本并无此项提议,确(保)〔系〕谣传,惟本月二十一日日外相在国会,曾有按照大正四年五月二十五日中日条约关(保)〔系〕公文条项,将青岛交还之宣言,损失案已转知调查处迅查具复。外。

《中日关系史料——巴黎和会与山东问题》,第33页

陆徵祥来电

巴黎,1919年1月27日

本日午后三钟,五国会议关于青岛问题。法总理一钟亦来通知,当由顾、王两使出席。五钟余,回寓述悉,日本在会竟然要求胶济铁路及其他利益为无条件之让予。交还中国一层,一字不提。顾使当即声请,会中关于胶州问题,应由中国陈说理由后,再行讨论,会长允许。祥。二十七日。

《秘笈录存》,第72页

陆徵祥致外交部

1919年1月29日到

次长亲译,极密转呈。今晨五大国继续开议,先讨论岛屿,旋请中国代表发言。顾使陈述大致如下:一、山东因历史、人种、宗族、风俗、语言、国防等关系,与别种海屿不同,德国将所租青岛及胶济铁路及附属权利完全直接归还中国。二、所有中日在欧战期内所订条约换文合同等,因中国加入战国,情形变更,该项条约等均认为临时性质,须交大会决定等语,威总统询日本全权,所有中日从前接洽各条件,可否提交大

会。牧野以此种条件宣布于日本,不利答覆,支吾云:须请示政府。美、英、法各全权均露不满意之颜色,即询中国愿否交出。顾使即答以我国并无反对交出之意。各国代表以今日中国所请理由极为充足,均与顾、王两使握手表示,并于顾使陈述时,各强国代表屡有美意表示,现于颜色。究竟将来结果虽不可知,惟今日会中实情,为此特先奉闻。散会后某国全权示意,将我国战时内与日本所订种种条约换文合同,无论秘密与否,全数电来,以便对付云云。此后倘日本政府与北京商量山东问题,请告以该项问题已交全权在和会商决,勿为蒙蔽,详情续电。祥。二十八日午后。

《中日关系史料——巴黎和会与山东问题》,第 35 页

陆徵祥来电

1919 年 1 月 29 日到

二十一日电悉。山东现正提议吃紧,请将七年九月间奉使签定济顺、高徐借款合同全稿详细示知。此外,关于山东问题,如有类似此种之合同或条件,亦请彻查电知,以免窒碍。祥。二十八日。

《中日关系史料——巴黎和会与山东问题》,第 35 页

外交部致陆徵祥

1919 年 1 月 29 日

二十八日两电均悉。奉总统谕,山东问题顾使在会陈述各节,极为扼要,深堪嘉尚。我国总以实行门户开放及永绝争端为主旨,现在和会各强国既均表示好意,极应乘机极力联络,以巩固国际地位。查前次院电所开,拟提条件第一项,系取浑括主义,俾日本在远东特殊势力一扫而空。若仅就合同条件讨论,深恐挂一漏万,实应如何暗中联络,俾我提出条件可得列强赞同之处,希酌夺办理。

《中日关系史料——巴黎和会与山东问题》,第 35—36 页

陆徵祥来电

巴黎,1919 年 1 月 30 日

二十八日电计达。是日顾专使在会宣言,要旨如下:顷诸君讨论太平洋属岛问题,不过数兆人民之关系,彼此辩护甚力。至青岛问题,本全权为四百兆人民表示意愿,责任益形重要。仅就大纲原则而言,所有德国胶州租借地、胶济铁路及其他权利,即应直接归还中国。该地为中国领土完全之关系,不可稍有亏损;人民三千六百万,自有历史以来为中国种族,操中国语言,奉中国宗教。该地租与德国之原委,早为人所尽知。当时因教案问题,德人用武力要挟,中国不得已徇其所请。以形势言,胶州为中国北部门户,为自海至京最捷径路之关键,且胶济铁路与津浦相接,可以直达首都。即仅为国防问题,中国全权断不能听任何他国于此重要地点,有所争持。以文化言,山东为孔孟降生之地,即中国人民所视为神圣之地。中国进化,该省力量居多,故该省为中国全国人民目光之所集。以经济言,该省地狭而民庶,面积不过二万五千方英里,人口多至三十六兆,人烟稠密,竞存不易,设有他国侵入其间,不过鱼肉土著而已,亦不能为殖民地也。故以今日会议所承认之民族及领土之完全各原则言之,则该地之归还中国,实为应得之权利。中国全权视此一举为公正和平中条件之一。若议会另有看法,则中国全权不能不认为一误再误。惟日本军队为中国驱除德人势力于山东,中国至为感荷。英国于欧战危迫时,仍能出力相助,亦中国所深佩。其他联盟诸国与德相持,使不能分兵东援,亦中国所不能忘。但感荷之忱,虽至殷切,若竟割让中国人民天赋之权利以为酬报,由此再播将来纷争之种子,则中国全权倘不力争,不特无以对中国,亦无以对世界。中国全权深信,议会于斟酌德国在山东租借地及他项权利之处置时,必能重视我中国之根本及无上之权利,即政治独立及领土完全之权利,且勿忘我中国于世界和局有赞助之诚意也等语。日本代表发言辩论,谓关于胶州租借地及胶济铁路,中、日两国政府已有成议,故德国应将以上各项权利交与日本。惟中国方面应由日本收回后,再与接洽等情。美总统、英首相均有问询。顾专使乃云：中国对于胶济铁路事，与牧野男爵看法不尽相同。本全权陈说中国理由，并未谓日本从德国取得山东租借土地及他项权利后，不肯归还中国。日本曾向中国及世界剀切声明，不欲据为己有。我中国已深信不疑。今复闻牧野男爵在议席上重言声明，本全权尤为欣悦。但归还手续，我中国愿取直接办法。盖此事为一步所能达，自较分作二步为直捷。日本代表所提之约定办法，想系指一九一五年二十一款要求所发生之条约及换文而言。当时情形，无须赘述。当初商订情形，谅诸君尚能记忆，中国所处地位，极为困难。此项条约换文，经日本送达最后通牒，中国始不得已而允之。即舍当时成立之情形而言，此项约章既为战事所发生之问题，在中国视之，至多亦不过为临时暂行之办法，仍须由平和议会为最后之审查解决。纵令此项条约换文全属有效，而中国既向德国宣战，则情形即大不同。根据 Rebus Sic Staututes①之法理言之，亦为今日所不能执行。当时中国虽被迫而允将来日本与德所定处置德国在山东各项权利之办法，一概加以承认，然此项条件并不能使中国不得加入战局，亦不能使中国不以交战资格加入平和会议，故亦不能阻中国向德国要求将中国固有之权利直接交还中国也。且中国对德宣战之文，业已显然声明，中、德间所有一切约章，全数因战地位而消灭。约章既如是而消灭，则中国本为领土之主，德国在山东所享胶州租借地暨他项权利，于法律上已经早归中国矣。借日租借之约，不因中国对德宣战而废止，然该约内既有不准转交他国之明文，则德国本无转交他国之权也等语。特电奉闻。祥。三十日。

附录：日本内田外部在贵众两院演词

　　中国南北两派乖离日久，深恐害及中国安宁与损伤各国利益不鲜，故于去年十二月二日与英、法、美、伊等国同加劝告。且鉴于中国内证情形，恐因此对支借款或易惹起内外误解，并阻害中国统一之促进，其结果即生中、日两国之不利，故政府现在凡遇有于中国国内之政局恐加

———————

　　①　Rebus Sic Staututes，维持现状之意——原注。

纠纷之借款及其他财政之援助，决定停止。至关于我国民对于中国财政经济上之企画，基于邻接友好两国间之特殊关系，有当然参以正当之成果者，政府决不阻止。现中国南北共戢干戈，和平会议之机渐已成熟，实堪庆祝。政府情形，望中国各方面政治家舍去其感情上见解，不拘于法律论之末节，一以四亿民众全体之幸福为念，须应世界大势所趋，速确立国内之统一和平，以不背友邦之期待，实所切望云云。又谓：我对支方针，往往易生无稽风说，兹特明言：帝国对于邻邦之中国，毫无领土野心。不论何等行动，凡有形无形有阻害中国国利民福之发达者，令不出此。帝国仍照向来迭次所声明者，对于中国之独立及领土保全，绝对尊重。恪守商、工业上机会均等，门户开放主义。际此欧洲请和会议，帝国深愿以公正友好之精神处置中、日关系之问题。即如胶州湾租借地，帝国政府俟至由德国获得其自由处分权时，当遵行大正四年五月二十五日山东省所开中、日条约交换公文之条项，还附该租借地于中国，更不待言。及日本之经济的生存上，直接间接须仰给于中国之丰富资源者甚多，深信中国朝野必能尊重友好关系，不吝予以恳切之援助也。日本对于中国一般康宁福祉所必需之财政经济上援助及其他事件，不论大小、性质如何，凡希望可以贡献于中国全体之利福者，帝国必首先助力。

《秘笈录存》，第73—76 页

顾维钧关于山东问题的发言
1919 年 1 月 28 日

中国在"十人会"上的论辩关系至大。因为对中国来说，无论在国内还是在国外，山东问题都是一个极为突出的问题。同时，也是和会必须面对的一个棘手的问题。我们原来一直期待在会议过程中，中国能有机会被邀为自己辩护，但没料到机会来得如此之快。那是 1 月 27 日的午饭时分，我们第一次获悉，中国将被邀出席下午的"十人会"会议阐述自己的立场。这一消息是美国国务院远东事务司司长、美国代表团顾问威廉士出于友谊预先通报给我们的。他说,日本已在上午的会上阐述了自己的立场、它要保留德国在山东的租借地。威廉士非常希望中国代表团能为论辩作好准备。他还说,和会秘书长将会发来正式邀请函,我把这一消息告诉了正在就餐的同僚们。

这个消息对每个就餐的人来说,都不啻是一个晴天霹雳。当时在场的有施肇基博士、王正廷博士、魏宸组先生、胡惟德先生和岳昭燏先生。所有的代表,包括陆总长在内,都已习惯于共进午餐,并利用进餐时间商议工作。陆总长引人注目地没有出席。他是因患病卧床,未能参加午餐聚会。岳先生当即主动去给迪塔斯塔先生打电话。迪塔斯塔是法国驻瑞士大使、和会秘书长、法国总理克里孟梭的密友。岳先生带回消息说,迪塔斯塔正在准备邀请函,一俟签字即送达代表团。这就进一步证实了刚才威廉士先生打来的电话。代表团全部内争这下似乎都从在座者的头脑中消失了,人人保持着沉默。我充分意识到,同时,我断定别人也都充分意识到,中国代表出席下午会议的重要性。

我们正在讨论,邀请函送来了。到会时间定于下午三时,可此函来时,两点钟已过。我说,此事必须立即报告陆总长。岳便上楼去报告。但是,岳带来的回话是,陆总长疾病缠身,无法赴会,让我们自己决定赴会及论辩人选。时间早已两点多了,我便说,人选之事,并无问题。根据级别,我提议王正廷博士、施肇基博士赴会。我是了解施肇基博士和王正廷博士心理的,我本人又一直因并不看重名次而从未想过要名列于施博士之前,所以,这次无疑应由王正廷博士和施肇基博士代表中国出席。和会方面对与会代表倒并无特别要求,谁去都行,它不管中国自己任命了多少名代表,每次出席会议的代表可以是其中任何两名,——今天甲、乙,明天丙、丁,或甲、丙,或甲、丁。

施立即答道:"我不想去。我从未准备过这个议题。"他又指着我说:"该去的话,就该你去。因为你一直在研究准备这个议题。"我答道:"我想,虽说两人列席,发言可只是一人。团长陆总长缺席,自应由第二代表王正廷博士来发言。时间紧迫,大家不要客气了。"和会秘书长需要知道到会代表的姓名,会议主席要在会上宣布姓名,我催促大家迅速取得一致意见,以便岳先生通知和会秘书长。我说:"反正是王正廷博士发言,施肇基博士去,也无须开口的。"王博士说,如果他非去不可,他可以去,但他不发言,并指着我说,顾博士应该去,并且应该代表中国代表团发言。我说,发言自当有人,但我不想发言,还是施博士同王博士去才是。但王博士说,只有我同他去,并担任发言,他才去。至此,我只得说道:"是的,我不否认我一直在准备这个问题,也知道一些情况,但是,最终并未准备出什么东西来,再说,我们大家也未曾讨论过。"此事到此不了了之,施肇基在恳切表示不愿赴会之后便离开饭桌上楼去了。接着,王正廷说,我是必去的,至于他自己,如不发言,去亦可。我说,你是第二代表,陆缺席,你理应代理。但他说:"我无准备,你有准备,这是人所共知的。"我便说:"好吧,如果你坚持的话,我来发言。我只有一个条件,当他们请中国代表阐述观点时,你要起身宣布请你的同僚来代表中国讲话。你只需说这一句话。"王回答说,如果我坚持,他可以这样作。于是,我们就此最后达成协议。有此谅解之后,我们决定前去赴会。

我们于三时准时到会。这是中国代表第一次出席"十人会"的会议,因为这次"十人会"纯粹是为要解决与中、日直接有关的"山东问题"而召开的,克里孟梭主持会议。我想,这是因为他是和会主席,所以,根据职权,他同时也是"五巨头会"和"十人会"的主席。会议室是一间中等大小的房子,到会代表大约有二十五至三十人。劳合·乔治先生、阿瑟·贝尔福先生、威尔逊总统、蓝辛先生、意大利首相奥兰多和他的外长桑理诺男爵在会议厅内坐于主席右侧,我们在左侧相向而坐。房间中央的几排座位上,除了几名其它国家的代表之外,几乎全是日本代表,其中有牧野男爵、西园寺侯爵,还有日本代表小组的其他代表。

当主席请日本代表团阐述日本政府关于山东问题的观点后,牧野男爵发表了一个十分简短的声明,声称日本尊重日中之间的成约,并说,山东问题应在日、中两国之间,以双方所商定之条约、协议为基础来解决,他还陈述了日本在战争期间为协约国事业而作出的贡献。

这份声明显然不具说服力,原因很清楚。牧野讲完之后,克里孟梭请中国代表团考虑是否对日本声明作一答复,抑或需要一定的时间以作准备。我和王正廷商量了一下,然后王便对主席说,将由我答复日本声明,但需要时间以准备中国的声明,克里孟梭说,"十人会"将很高兴能在明天听取中国方面的声明。会议随即休会。

第二天,1月28日,我们再次出席"十人会"会议。在这次会议上,山东问题是议事日程上的唯一问题。克里孟梭请中国代表团按照前一天的商定宣读中国声明。我催请王正廷博士起立,说明他已要求他的同僚顾维钧来阐述中国政府的观点。于是,主席叫我发言。我没用讲稿,谈了半个多小时。虽说这不过是一次即席发言,但因我一直在研究这一问题并一直在制订处理这一问题的方法,我思想上是早有准备的。我刚一讲完,中国代表团就鼓起掌来。威尔逊总统走过来向我表示祝贺。随后,劳合·乔治、贝尔福、蓝辛也都跑来向我祝贺。威尔逊总统和劳合·乔治都说,这一发言是对中国观点的卓越论述。坐在前排主席对面的代表中,也有很多人跑来跟我和王正廷博士握手。整个气氛与前一天日本代表讲话之后出现的冷场对比鲜明。

克里孟梭说,他希望得到一份刚才所述中国观点的书面声明。他又问,这一声明能否在两、三天内交来。我说,中国代表团想提出一份尽可能充分的声明,所以需要有一定的时间来和本国政府联系,以得到所有必要的资料。其实,时间也不得不推延,因为和会主席也有将中日协定内容附于声明之后的要求。最后,和会主席同意给一周时间,在这一周时间之末,须将附有中日所签订的各种协定的声明送至"十人会"。

在我们离开房间时——应该说,是在离开房间之前——许多与会者,主要是美国人、英国人,还有一些法国人,将我们团团围住,说,他们对于中国这一声明印象极好,还说,会上这么多大国代表向我们祝贺,对中国可是个好兆头。

"十人会"的活动虽说是秘密的,但是各主要协约国及参战国都有自己的新闻发布官。这些新闻发布官惯于在会议结束后接见报界代表。于是,白天的会议新闻到晚上就在当地报纸上刊印出来了,——当然,是一般的报道,但是它特别强调中国声明受到除日本以外各大国代表的一致赞扬。显然,这一消息也传到了中国、日本和其他国家,因为在以后的若干天内,我们收到许多致代表团的贺电。在贺电中,人们称中国的论辩是杰作。这些贺电中,有中国大总统、总理、外交部和其他政府首脑发来的,还有各省当局和山东省公职人员、学生联合会等发来的。有关那天会议的所有报道,在国内,也在巴黎的友好人士中间唤起巨大的希望。人们认为中国的论辩将会获胜。中国代表团内的许多人也同样乐观。我本人自然颇受鼓舞,对于辩论受到欢迎亦觉快慰。但是,声明受到称赞是一回事,最终得到有利的解决又完全是另一回事。

《顾维钧回忆录》第 1 分册,第 182—187 页

2. 和约草案未发表前关于山东问题的交涉

陈箓会晤小幡酉吉[①]问答

1919 年 2 月 2 日

施履本、西田参赞在座。

一、巴黎和议事

小幡云:一月二十八日巴黎万尔赛会议,德国殖民地问题,贵国代表顾维钧、王正廷两氏带同一随员出席,顾氏谓:关于胶洲湾及胶济铁路并其他山东各利权问题,中国方面有应陈述之意见。于是其有议论。乃顾氏在会议席上并未与日本代表接洽,遽告各国新闻记者谓:关于山

---

　　① 日本驻华公使。

东之各项问题,中日两方面所订定之秘密文件无论何时□以发表。查外交惯例,两国所订定之秘密文件,如须发表,必须得两方面之同意。顾氏此举是漠视日本之体面,且违反外交之惯例。兹奉本国政府之训令,嘱唤起贵国政府之注意,一面并请以此意电知贵国代表。

次长云:本部所得电报,亦知二十八日会议席上顾、王两氏与贵国珍田、松井两氏颇有辩论,当经呈明大总统,大总统注重两国邦交,已嘱外交部电令该代表等勿得过于激烈。今贵公使既来提及此事,本国政府当更注意。

小幡云:日本政府并非不愿发表前项文书,无论何时,但得两国政府同意均可发表。今顾氏并未得日本方面之同意竟向新闻记者言明可以发表,日本政府殊不愉快,且于外交惯例不符。

次长云:该代表等所来电报并未提及向新闻记者言及发表何项文件之事,本国政府亦未训令两代表等言及此事,且陆总长最看重我两国之邦交,深信不至如此操切。

小幡云:本公使得巴黎会议之电报及本国政府之训令,谓此事之详细情形系一月二十七日为德国殖民地问题开预备会议,顾维钧、王正廷两氏出席。顾谓此项会议须使中国有发言之机会。嗣于二十八日正式会议,顾氏向美总统、法总理声请发言。顾氏所主张之理由,谓日英合力攻取青岛,深表谢意,惟民国四年之中日条约并非中国之自由意思,所订定应请将胶洲湾、胶济铁路及山东省各利权直接交还中国。抑知民国七年九月二十四日中日约定关于会办胶济铁路及该铁路之延长何尝非出于中国之自由意思,且胶洲湾之还付中国为日本已定之方针,且陆总长过日本时内田外相亦曾与之接洽,乃顾氏欲假外国之势力,以抑压日本,殊与日本以不快之感,且又示与日本代表接洽,任言可以发表秘密文件,殊属漠视日本之关系。

次长云:中国政府并无定须发表前项文件之意,因如欲发表,则早已发表矣,何必待至今日?惟闻二十八日会议席上美总统及法总理曾询问中国代表是否可以发表前项秘密文件,中国代表谓中国方面并不反对发表,彼时日本代表颇不赞成发表,谓须请示政府云云。

小幡云:当是日会议终了之时,顾氏忽向新闻记者言及此事,日本牧野代表以将散会,未及发表意见,因言此事之辩论拟留待至下次会议之期。总之,中国代表欲假借外国势力,以抑压日本,姑无论日本能否受此抑压,而中国代表所恃之英国势力已不可靠,该国之爱兰现已独立,改为共和国,且尚有多数人之罢工矣。况日本亦有相当之体面,不能不极力维持。日本舆论之态度较前已形变更,且事事为好意的考量,不料中国代表竟有如此这态度。

次长云:日前将会议情形报告大总统时,大总统尚不知会议之详情,即言中日两国邦交素笃,万不可因此次之会议伤及两国之感情。足见大总统甚注重两国之邦交。

小幡云:闻贵代理总长之言极为满足,容即电达本国政府,惟本国政府仍希望贵国政府以本国政府训令之意,电达贵国代表。

次长云:容向国务会议讨论,再行奉复。

二、发表关于胶济铁路文件事

小幡云:本国政府第二之训令,谓美总统及法总理在会议席上,曾询牧野代表,可否以胶济铁路等项文件见示,本国政府现拟将民国七年九月二十四日中日订定之合办胶济铁路,即济顺高徐等项文件,即行发表,因此事中国各报纸早已发表,日本政府认为并无窒碍,特命征求贵国政府之同意,请详细讲座后见复。

次长云:容后日到国务会议讲座之后,于二三日内奉复。

三、国防军事

小幡云:本公使又奉本国政府训令,谓去年段督办曾组织参战军,嗣因欧战业已平和,西比利亚亦无派兵之必要,遂以三个师团改为国防军,此项军队之军需品系由日本供给,且向日本订借二千万元之借款。前项借款已付过三百万元,其余一千七百万元尚拟继续过付,军需品亦在陆续运交。惟据本公使所闻:一、西南方面之意见,以为此项国防军实足搅乱南北和议,将于和议不成功时,即以此军为征南之用。又或为某军阀之私兵,藉以掣肘徐大总统之平和计划。其中唐绍仪之意思,且谓应以撤废国防军,为南北和议之先决问题。二、北方之有识者亦以国防军为可虑,报纸亦有此议论。三、驻京英美公使曾询及本公使,谓此项国防军恐足为内乱之原因,日本能否将前项借款及军需品停止交付。本公使答以泰平公司及银行家已与中国订有合同,日本政府不便令其违反合同上之义务等语。惟据以上情形观之,日本政府招此等种种之误会,颇立于困苦之境地。兹奉本国政府训令,嘱面达贵国代理部长,日本政府仍可继续饬令履行合同上之义务,惟拟请中国政府向日本政府声明此项国防军绝不以之干预南北和议,亦不至为内乱之原因。

次长云:此事内容,本代理总长不知其详,容提交国务会议。惟恐国务员中亦未必尽知其底蕴。

小幡云:但期以贵国政府之名义向日本政府声明,请向贵国政府当局详加讨论。

次长云:兹事关系重大,容再详细□□,恐答复未必能速耳。

中国第二历史档案馆藏总统府军事处档案

外交部致陆徵祥
1919 年 2 月 5 日

三日第六、第七号电计达。日使请发表合办胶济铁路及济顺、高徐铁路合同文件,征求我政府同意,元首及阁议均主张将二十一款条约换文,同时发表。本日征求日使意见,现已与商定,如日本代表将以上铁路各合同文件在大会提示,我国方面亦将二十一款条约换文同时在会提示。双方意见并以在未提示以前,两国代表先行互相接洽为妥,祈察核办理。篆。五日。

《秘笈录存》,第 77—78 页

陆徵祥致外交部

1919 年 2 月 7 日到

北京外交部顾次长亲译呈大总统、总理钧鉴:外部三日电悉。小幡所称宣告,报馆毫无其事,此次日本未先与我接洽,密于五国会议中商议处置德属问题时,乘机将胶州问题要求各大国同意,为某国坚请该问题解决之先,须邀中国委员到会陈述意见。乃始于一小时前通知我国,我方能到会陈述,陈述之后列席各员均表赞美。日本始谋不遂,并在会相形见绌,因而向我国内设法恫吓,或运动各公私机关、个人舆论,破坏我在会所处良好地位,各国亦所预料,幸钧座及部院一致坚持,不胜感佩。先是顾使一方面亦已得有密报,与来电所告情形大致相同,并闻某国亦密饬其驻远东之军事机关注意。此事关系我国存亡,千钧一发,如再为其所动,在会稍有退让,则爱我者必将鄙我,即使幸安数月,恐不可思议之问题,不久即将发生,务请持以决心,是所切祷。其小幡所称英国情形,尤属臆说,除此间各使分头接洽,另筹对付方法外,谨先电闻。再小幡前后晤谈并答覆情形,务祈随时详电,至盼。至其所请济顺、高徐铁路合同,交付大会征求同意一层,自应照允,并盼将合同第八条内所称,正式合同四个月内订定一节,是否业已实行,迅先电示。祥。五日。十一号。

《中日关系史料——巴黎和会与山东问题》,第 43 页

陆徵祥来电

巴黎,1919 年 2 月 7 日

今日下午牧野秘书来见,并带有交出大会文件四种:(一)关于山东日英、日法、日俄、日义秘密换文。此项换文,即英、法、俄、义从前承认将来议和时,对于山东问题,允助日本。(二)一九一五年关于山东中日秘密换文,即二十一条之一部分。(三)关于胶济铁路换文。(四)关于开原海龙吉林铁路、长春洮南铁路、洮南热河铁路、洮热开通起至海边止换文。查二、三两种,此处已有案,惟第四种无案可查,火速将原文电

达。彼既择要交出，则在我自以全交为宜。务将所有关于中日秘密事件，除已电此处者外，概行将原文火速电达。切盼于初十日前电到，至要、至急。祥。七日。

附录：一九一七年英日换文大意

英政府致日本代表文　来函所云山东及赤道以北群岛之德国权利继承问题，希望支持贵国（日本）要求等语，英国政府欣然承诺。愿以日本政府支持英国对于赤道以南德属群岛之要求同一精神处理之。

日政府对英代表复文　日本深信英国态度，于日、英国交上更加一纽带。今特表明，日本愿支持英国主张之意。

《秘笈录存》，第78页

施履本往晤小幡酉吉问答
1919年2月11日

欧洲和议事

履本云：日前贵使晤本部陈代总长，所云中国代表在巴黎会议席上未与日本代表接洽，遽告新闻记者谓，无论何时可以发表中日所订关于山东问题之秘密文件，于外交惯例不符一节，业由陈代总长向国务会议提及，并以贵公使之言电达巴黎中国代表。惟中国代表在会议席上对于新闻记者之言论，究系如何情形，尚待详查。至发表合办胶济铁路及济顺高徐等项合同文件，征求本国政府同意一事，本国政府可以同意。惟中日所订关于二十一款之条约换文，本国政府亦拟提示大会，拟请贵国政府同意。此项条约换文在当时曾经发表，此次提示更无窒碍。

小幡云：大约无甚窒碍，容即电达本国政府。

履本云：贵国政府所欲发表之合同文件暨本国政府所拟发表之二十一款条约换文，统俟贵公使以本官之言电达贵国政府，得其复电，再行同时发表，抑贵国政府得知中国业已同意，即先行发表乎。

小幡踌躇良久云：日本代表或已在大会提示，亦未可知。

履本云：若然，则可如此解释，即贵国代表如果在大会提示关于胶济铁路及济顺、高徐等项合同文件,中国代表即可同时提示关于二十一款之条约换文。

小幡云:可,惟两国代表于未提示之前,以先行互相接洽为妥。

《中日关系史料——巴黎和会与山东问题》,第45—46页

中华民国全权代表在巴黎和会关于山东问题的说帖
1919 年 4 月

说帖　中华民国全权代表在巴黎和会关于山东问题提出中国要求胶澳租借地、胶济铁路暨其他关于山东省之德国权利直接归还中国

甲、德国租借权暨其他关于山东省权利之缘起及范围

一、初,德国亚东舰队欲于远东得适宜之地,为海军根据及商港,曾游弋于中国沿海一带,竭力搜求。德政府调查员,尝以胶澳地方最为相宜之说进。适一八九七年十一月,有德国教士二人,在山东内地之曹州被害,论厥情形,本为地方官防范所不及。而德政府方欲以武力遂其素志,久思有所藉词,全是,即挟为口实,遣军舰四艘至胶澳,派兵登岸,声言占领。中国政府见德兵入境,事势危急,迫不得已,乃与德国订立一八九八年三月六日之约。

二、该约规定,胶澳海面潮平周围一百里内,准许德国官兵过调,惟主权仍归中国。复以胶澳之口南北两面及岛屿若干处租与德国,以九十九年为限。

三、该约复准德国在山东省盖造铁路二道,并于铁路附近之处相距三十里内开挖矿产。

此项路矿事业,由专设之德华合股公司举办,华德商人均得投入股本、选派董事。中国政府又勉力允从,在山东省内如有开办各项事务,需外国帮助或用外国人或用外国资本或用外国料物,应先问该德国商人等愿否承办。

胶济铁路及支线,共长四百三十四基罗迈特,为山东铁路公司投资建筑两路之一。该公司于一八九九年六月一日,奉德政府特许,于是年

六月十四日成立。一千九百年三月二十一日，该公司与山东巡抚订立中德胶济铁路章程。一九○四年六月路工告竣，开车营业。

一八九八年三月六日之约所准之开采矿产权利，由山东矿务公司承办。该公司于一八九九年十月一日，奉德政府特许，于是年十月十日成立。其已经开办及正在开办之矿产，为淄川、坊子之煤矿及金岭镇附近之铁矿。一九一三年二月五日，山东矿务公司复将所有权利负担让与山东铁路公司管业。于是路矿两权，均为铁路公司所有。

四、保护胶济铁路之权，属于中国。一千九百年三月二十一日订定之胶济铁路章程第十六款云：倘在百里环界外，有须兵保护之处，由山东巡抚派兵前往，不准派用外国兵队。

又，第十六款云：该公司在查路时及行车时，倘因事禀请山东巡抚派兵保护，应立即准如所请。

至保护山东矿产一层，则有同日订定之山东华德煤矿公司章程。其第十款云：或在勘查矿苗，或在开采时，在百里环界以外，倘须禀请山东巡抚派兵前往保护一切，届时查度情形，见禀随即照准，不准请用外国兵队。

一千九百年，有德国军队派往租借地以外百里环界以内之高密、胶州二处屯驻，嗣经中国山东巡抚与德国青岛总督于一九○五年十一月二十八日订立中德胶高撤兵善后条款，德国将该项军队撤回青岛，并承认百里环界以内中国之铁路警察权与环界以外之铁路无异。又承认，环界以内，中国有施行山东省警察章程之权。中国随于胶州设立警署，接管环界内铁路警察事务。

五、此外，德国尚有关于山东省之铁路借款优先权，按一千九百十三年十二月三十一日之换文，中国一面以两铁路投资建筑并供给物料之优先权界德国。此二路者，一自高密至津浦路路线之某点，暂时择定为韩庄，一自济南至京汉线上顺德、新乡之间。德国一面则让还其德州、正定间及兖州、开封间两路之优先权，以及一八九八年三月六日专约所准之山东省南部铁路之优先权。此外，并允批准一九一一年七月廿四日山东巡抚与山东矿务公司所订之收回矿权合同。嗣因一九一四年六月十日中德换文，德国又获得济顺铁路向西续展路线与烟潍线、济宁开封线之优先权。

按：一八九八年三月六日之约，德国在山东省本有附近铁路相距三十里，即十英里内之矿权。嗣因订立上述一九一一年七月二十四日之收回矿产合同，其权遂大为缩减。按照该合同所订，山东矿务公司除仍自留办淄川坊子煤矿及金岭镇铁矿外，其余矿权，均行取销。其所留办之三处，则划清矿界，而让还矿界内如有开矿所需，应借用德国资本，购用德国所产机器材料，聘用德国工师。

乙、日本在山东军事占领之缘起及范围

一、欧战初起，中国即于一九一四年八月六日，以大总统命令宣告中立。两星期后，日使通知中国政府称：日本曾于八月十五日以最后通牒递交德国，劝将该国军舰及一切武装船只，立即退出中日两国之领海，并于九月十五日以前，将胶澳租借地全境移交日本，以备日后交还中国。且要求于一九一四年八月二十三日日正午以前，对于此项劝告，为无条件之承认。按该最后通牒所称，此举之用意，乃在除去远东和局扰乱之根，且为保卫英日同盟之公共利益计。中国政府虽未见商于前，然对于所拟关于胶澳租借地之办法，亦曾表示愿为同袍之意。旋以未见嘉纳，始不坚持。嗣日本以最后通牒未见答复，乃于一九一四年八月二十三日向德国宣战。

二、日军首队二万余人，本系派往攻击青岛，不意竟择龙口为登陆之处。龙口处山东北部海滨，南距青岛一百五十英里，日军于九月三日登陆，横穿山东半岛，以达胶州。沿途占据城镇，收管中国邮电机关，征取人工物料，困苦居民，皆视为必要之举。其先锋队于九月十四日始抵该处，而会攻青岛之英军，则于九月二十三日在德国租借地以内之劳山湾登陆。劳山湾距青岛较近，沿途所遇之障碍，自亦较日军前进时为少，故与德军交绥之第一役，犹及与焉。

三、龙口既有日军行动，中国政府为较易保障中立起见，不获已于九月三日宣告,参照日俄战争先例,所有在龙口、莱州及接近胶州湾附近地方,交战国军队□用,本政府不负责任,此外各处,仍严守中立。同日将此项宣告,照会各国驻北京公使。是时复与日本政府约定该特别行军区域,系从至胶济铁路之潍县车站以东为限,约距青岛一百英里,日军应遵守界限,不得侵越而西。

四、讵于九月二十六日有日军四百名,突至潍县占据车站,十月三日,复迫中国军队退出铁路附近地方。三日后,即十月六日,又不顾中国政府之抗议,进至济南,将车站三处悉行占据。于是胶济全线皆为所占。沿路分驻日军,路员亦渐易日人,铁路附近之矿产,亦于是时均被占据,赓续开采。□时围攻青岛之举,方在进行,迨十一月七日,德人以青岛降于英日联军,是月十六日联军入城,次年一月一日复开港贸易。

五、中国政府以德人既以青岛完全投降,战争已毕,交战两方之军事设备业已解除,遂请将山东内地之日军,撤回青岛,并卸除龙口至张店之轻便铁道以及附挂于中国电杆之电线,而日本政府无可理喻。中国政府以昔日不得已而宣告划定特别行军区域之理由,今既不复存在,遂取消当日之宣告。复于一九一五年一月七日,将取消之举照会驻京英日公使,旋于一月九日据日使复照,谓奉本国训令,此项取消之举,实属独断处置,轻视国际信义,不顾邦交,措置诚有未当。并谓日本政府决不使山东帝国军队之设施行动,受此等取消之影响及拘束云云。

六、日本占据青岛及胶澳之后,要求自派日本人约四十名,充当海关人员之权。所谓海关乃指一八九九年四月十七日中德青岛设关条约所订设,复经一九〇五年修订者而言。中国政府觉此等提议无可允许,盖一从其请,恐海关组织将因之而纷乱,且在德人管理之日,青岛海关人员,亦全由中国自派也。此事磋议未毕,而日本神尾总司令已奉命将青岛海关之文件财产遽行押收矣。

七、山东省之情形如是,而日本驻北京公使于一九一五年一月十八日向中国大总统提出二十一款之要求,颇令中国寒心。此项要求现已脍炙人口。计分五号,其第一号即涉于山东省问题磋商之事。延至五月，日本政府遂于是月七日以最后通牒送达中国政府，限四十八小时以内为满意之答复。同时，有满洲、山东日军增多之消息传至北京。中国政府实逼处此，舍屈从日本外，他无可择。不得已于一九一五年五月二十五日与日本签订关于山东省之条约，附以三项换文暨其他各约。虽非所愿，只以欲维持远东之和局，使中国人民免受无端之痛苦。而诸友邦为伸张正义、自由、公道之故，方与中欧强国为空前之战争，尤不欲见其远东利益之受损，不得不委曲求全。且深信此项问题与二十一款要求所发生之其他问题，止能于和平会议中为最后之解决也。

八、日本政府复以一九一七年之第一百七十五号上谕，设民政署于青岛，复设分署于坊子、张店、济南。此三处者，皆沿胶济铁路而在百里环界之外者也。三处中以坊子距青岛为最近，然亦九十英里之谱。坊子民政分署竟有擅理华人词讼、征收华人赋税之举。而胶济铁路与各矿则置诸民政署铁路股管理之下。

九、山东铁路，深入腹地，讵沿路日军，逗留不去，而民政各署之设，在中国人民视之，似有久踞山东之意。山东本中国人民所深爱，于是举国惶恐，而山东为尤甚。政府迫于众议，不得不思所以安人心，以俟战事告终，和会召集，以解决一切关于世界将来和局之问题也。乃与日本开始磋商，一九一八年与日本订立草合同借款筑铁路二道。此二路者即一自胶济线至徐州连接津浦沪宁铁路，一连接京汉铁路者也。日本政府以此合同之故，乃于同日即一九一八年九月二十四日换文中允将胶济沿路日军除济南留一支队外，余均撤回青岛，并裁撤山东省内之日本民政名署，借款已垫交日金二千万元，惟正合同尚未画押。

丙、中国何以要求归还

一、胶州租借地，包括胶澳及其岛屿而言之，素为中国领土中不可分拆之一部分，其地之属于何国，从未发生问题。且胶澳租借条约中，本有主权仍归中国之明文。一八九八年之租与德国，实肇始于德国侵略之行为，中国□于威力，不得已而允之，其情形已详本说贴之甲段。德国在战事前，所有在山东省内之路矿权利，亦即此次让与之一部分。

此项权利及租借地之归还中国,实不过依据公认之领土完整原则为公道之一举,若仍举以畀德,或转给他国,是不予中国以公道矣。

二、胶州租借地为山东省之一部分,昔日德人所造、今为日本所据之铁路,自青岛入内地,绵亘二百五十四英里有余者,亦在该省。该省人口三千八百万,皆志节高尚热心爱国之民,为纯粹中华人种,其语言文字及尊奉孔教,与他省人民咸无以异,不特于国籍之原则毫无欠缺,抑亦为备具此项原则之模范,而其志愿殷切,欲其桑梓之得免于德国或他国之凌迫,尤无疑焉。

三、以历史言之,山东为中国两大圣贤孔子孟子所诞生,中国文化所肇始,实人民之圣域,中国崇奉孔教之文儒,每岁跋涉至此,省谒圣迹于曲阜者,数以千计。全国人民之目光,胥集于此。盖中国之发展,此省之力为多,今犹然也。

四、山东省人民稠密,致经济竞争颇为剧烈,况三千八百二十四万七千之人口,聚集于三万五千九百七十六方英里之地面,衣食之源,不外农业,谋生自非易事。盖人口之多,几与法国相埒,而地面之广不过四分之一,其不能容纳他国羡余人民,亦已明甚。此地而创立他国特殊势力范围或特别利益关系,则除居民横被朘削外,无他结果也。

五、不宁惟是,山东一省,备具中国北部经济集权之要则。其人民之众,可增外货之畅销,矿产之饶,亦利于实业之发展。抑尤有重于此者,则将来胶州一湾,必成为中国北部外货输入土货输出之第一要路是也。数百年来,胶州久为山东省之重要商港,该省货物取道于十二世纪所辟之运河而至此处,与内地最重要之商场曰潍县者相联络。虽胶澳北部为积淤所塞,胶州今不复为海市之城,然青岛今为山东省之海口,其所座落之沿岸地位,正与胶州相同,复为新辟商务孔道如青胶、潍济铁路者所挹注,而此路又与京津宁沪铁路会于济南,且处于胶澳之边。胶澳地势屏蔽,为寒风所不及,终年不冻,非天津之北河可比。故此新立商场,实足以邀截中国北部全境之商务。职是之故,植立外国势力范围,足以危害国际商务及实业者,莫甚于山东,维持门户开放主义以普益各国者,亦莫利于山东,而最能维持之者,则莫过于中国也。

六、以形势言之,胶澳为中国北部门户之一,胶济铁路至济南而接津浦,可以直达北京,实足以扼自海至京最捷之一途。尚有一途,即自旅顺大连至奉天而达北京之铁路是也。中国政府为巩固国防计,益以他项理由,久欲杜绝德人之盘踞青岛,今幸得英日联军驱而出之,中国深愿留此重地于自己掌握也。

七、就各方面审察之,胶澳租借地以及附属权利之问题,止有一法可以满意解决。苟平和会议以此地及铁路等权归还中国,则不特德国肆意横行之罪恶借以矫正,且各国在远东之公共利益亦借以维护。山东人民感觉灵敏,其于外人之侵入桑梓,以图政治经济之集权,乃所厌恶,且不惮表示其厌恶之意。德人之盘踞胶澳,侵入山东,固其所痛恶,即今日共战之友邦,暂时占据该租借地与铁路,亦其所不喜。观省议会商会之抗议可知也。他省人民亦同此感。政府防范人民使其表示反对止于抗议,不进而为更剧烈之行动,颇非易事,可见其于此问题感情之深矣。设不归还,则不特中国与将来掌握该租借地及铁路暨他项德国权利之国,必生龃龉,而山东人民与该国人民之间,必且尤甚。既与攻击青岛时宣言巩固东亚长久稳固和局之用意,难以相容,亦与英日同盟之宗旨所谓保中国之独立完整,守各国在华商工业机会均等之原则,以全各国在华之公共利益者,亦不相符合矣。

丁、何以应直接归还

中国政府陈说各项理由,以明胶州租借地胶济铁路及附属权利应完全归还中国,既不含有日本向德国索得租借权及铁路权之后将不肯交还中国之意,尤无疑虑之心,中国对于日本保证之声明,固深信不疑,所以注意重于完全归还中国一节者,不过欲引人注意于此举之为根本上之公道而已。

一、抑归还之法,厥有二途,即直接归还中国与间接由日本归还是也。于此二途,中国愿择其直接者。其理由之一,即取其程序简单,不致滋生枝节。盖一步所可达者,自较分作两步为易也。且中国从诸联盟国与共战之后,得与于克捷之光荣,若向德国径直收回青岛及山东权利,则足以增我国家之威信,而联盟国与共战国敌忾同仇,以维持之正义与公道之原则,亦从此而益彰矣。

二、中国之请求直接归还,非不知日本将德人驱出青岛时所受之牺牲与其所损失之生命币款,中国政府、人民于日本海陆军队英勇慷慨以助邻国之举,实深铭感。而英国于欧洲战事危急之时,仍能力助此举,亦所深荷。即其他联盟国与共战国之军队,与敌人相持,使不得分兵以援远东,而延长是处之战事,中国政府、人民亦不能忘其惠。中国鉴于山东人民当攻陷青岛时,因联军之行动,受种种苦楚牺牲,愈觉此等援助举动之可感。然感激虽深,中国终不能承认其领土之权利可因他国之战争,彼时身处局外而辄受影响也。且日本固宣言战争之目的在使远东和局不为德人所危害,目的既完全达到,则其虽有所牺牲,而食报之丰已无以加矣。

三、中国政府亦非不了然于日本四年以来对于此项租借地及铁路等项权利处于军事占领者之地位,然徒因战事期内之占领,不能遂获得所占土地或产业之主权。总之,不过暂时办法,必须经平和会议,综计诸联盟国与共战国之普通利益而追认或取销之。此次日本军事占领租借地与铁路,自中国对德奥宣战之日起,即为反对共战国权利之举,而其占据铁路,则自最初之时,即已不顾中国之抗议矣。

四、中国固曾于一九一五年五月二十五日与日本订立关于山东省之条约,其第一条云:中国政府允诺:日后日本国政府拟向德国协定之所有德国关乎山东省依据条约或其他关系对中国政府享有一切权利利益让与等项处分,概行承认。然应忆此约与此外关于满洲东内蒙之一约暨多数之换文,皆发生于一九一五年一月十八日日本无故向中国提出之二十一款要求。中国政府本所不愿,经日本送递最后通牒,限四十八小时以内为满意之答复,始勉强允之。无论当时订约情形,在中国极为痛苦。总之,中国政府视之至多不过为暂时之办法,必须经平和会议为最后之修正。因其所涉首要问题,本为战事所发生,故舍最后之平和会议外,不能为满意之解决也。即较近所订关于胶济铁路暨昔日让与德国他项路权之合同,中国对之,亦同一看法。不特此也。就以上所引条文而细审之,可见日本并未获得关于山东租借地与铁路暨他项德国权利,不过得有保证,谓所有关于德国权利利益让与之处分,倘经日本与德国协定,中国即从而承认之耳。此项保证,自系设想中国始终中立,不能参与最后之平和会议而言。若加以他项解释,则势必指日本为另有用意,与其所明白宣告,如英日同盟条约,所谓愿保中国之独立等事者,不能无悖。盖苟不认中国有宣战及列席平和会议之权,即不啻不认其政治独立所发生最要权利之一也。中国既入战局,则该约所设想之情形,即已根本改变。故依据事变境迁之法理,此约已不复有效。

五、进而言之,中国既于宣战布告中,显然声明所有中德两国从前所订一切条约合同协约,皆因两国立于战争地位,一律废止,则一八九八年三月六日之约,德国因之而得据有租借地暨铁路,以及他项权利者,当然在废止之列。而德人所享之租借权利,按法律言之,即业已回复于领土之主权国,即出租该地之主权国。易言之,即德人业已丧失其租借地等各项权利,故已不复享有所谓关于山东省之权利,可以让与他国者也。即谓租借之约,不因战事而废绝,然该约中本有不准转租之明文,亦未见德国能转租其(他)〔地〕与他国也,至铁路一节,则按一九〇〇年三月二十一日之中国胶济铁路章程,本有中国国家可以收回之规定,即含有不准转让与他国之意。

中国鉴于上列各理由,深信平和会议对于中国要求胶澳租借地、胶济铁路,暨关于山东省之他项德国权利之直接归还,必能认为合于法律公道之举。苟完全承认此项要求,则中国政府、人民对于诸国秉公好义之精神,必永远感激于无涯。而对于日本,必且尤甚。此一举也,不特日本与诸友邦所愿维持之中国政治之独立与领土之完整,借以巩固,而远东之长久和局,亦借此新保证而益坚矣。

中国第二历史档案馆藏北洋政府外交部档案

国务院、外交部致陆徵祥

1919 年 2 月 15 日

十日二十七号、十二日三十一号电,均悉。中日文件,除二十一条全案交涉始末及公同防敌案卷业经由外交部抄送携带,吉黑林矿借款合同、满蒙铁路借款草合同、山东高徐顺济借款草合同、胶济合办等事换文,均已由外交部前后电达外,此外并无他项合同,尤无密约。希随时相机悉数提出大会,便宜办理为盼。国务院、外交部。十五日。

《秘笈录存》,第 106 页

外交部致陆徵祥

1919 年 2 月 25 日

京报转载牧野宣言,关于青岛国际租界及其他权利之约,由中国允许日本于交还青岛胶州后,有会同中国启发山东之机会,并称该约因手续未完,故未宣布等语。此事本部暨国务院均毫无所知,已于十五日二十六号电达尊处,牧野宣言不知究何所指,殊属不解,应否在会声明,以免影射,希酌夺。再迭电各合同外,现闻尚有参战军械借款合同,连日向财、交、参战处询问,均无底稿,现已由院电东京章使检稿电复。特闻。外。

《中日关系史料——巴黎和会与山东问题》,第 51—52 页

外交部致陆徵祥

1919 年 2 月 26 日

下列英文稿,系解释牧野宣言,请查核宣布。如有修正,请摘要电部,俾同时宣布。外。

73—1 附件:中国答覆牧野之宣言

日本遣赴巴黎代表某员,日前向前新闻记者关于远东情事之概括宣言,已引起中国政府之注意。中国政府代表东亚四分之三人民与土地,世人对于中国当局关于解决时艰之根本意见,更应加以同等之体

察，敬请世人注意下列之解剖也。开章之始，所不能为中国讳者，中国于辛亥革命及民国未立以前，除设法杜遏因中外交通日繁所生之政治恶影响，而外无确定之外交政策。当时之满廷与旧日之日本相类，专力于关闭政策，以个人政府之主义为重，不能顺从各国之希望，开放其家国。故在民国未成以前之历史中，中国与各国时生冲突，有因之启战衅者，亦有和平解决者。于今国际联盟大主义缓和国际之竞争，以让步代替战争之威胁，故于今日详述令人痛心之旧事，固属无谓，然民国政府以受国民之托付，且为追念旧日忠于国家之官员，不得不历举事实，请人注意于同前远东之竞争。然此项竞争，其第一次趋于激烈时，系于二十五年前，因高丽事件所由来。当时满清政府对于高丽所有宗主权，为世界所公认，因高丽对西国初次订约，即一八八二年朝美条约，系由美国全权代表在高丽海滨美国战船上签字，由中国战舰三艘为之护卫。在一九一四年中日战争以前，在高丽都垣及高丽各省颇有纷争，以故中日战事之真相一时为之淆乱。所谓当时中国之战系侵略性质，而日本之战系防卫性质者，全属谬词。查酿成中日战争之原因，实由日本巡洋舰击沉中国所雇之英船高升号。该英船装运中国军队前往高丽，抵制日军，二万名中国军队不肯降服，故被击沉。中日之战虽在中国领土领海之内，而战事结局时，日本不独要求高丽独立，台湾割让，并要求极险要之辽东半岛。此次日本代表宣言中，有因三国干涉交还辽东之语，并未提及除议定赔偿二万万两外，以辽东故，又益之以三千万两，约共合英金四千万磅，系在伦敦交付，以作日本改金本位之基本金也。中日战争后之土地租借亦列入该宣言中。土地租借，历史家均以拳匪起事为一大原因，中国将土地出租，实为强力所迫使然也。但英国租借威海卫，当时英外相沙侯在议院曾有宣言，谓英国租借期限以俄之租借旅顺期限为标准，英国此举实愿壮华人之胆。窃思沙侯当日此言，系忆一八一五年英暂占高丽南部波见埶港，以抵制俄国之事。追忆一八四七年，俄人名漠拉米贝夫者，初次顺黑龙江南下时，中国屡受俄前朝之压迫，非但满洲深受其害，即沿海诸省在一八六〇年亦割让于俄国，遂易名为沿海洲。此外俄人在高丽亦有种种阴谋，以故当日中日两国已有恶感。目前民国政府对于拳匪之野蛮举动自不易讳饰。拳匪之变经二月之久，只有二年来过激派之骚扰欧洲可比，但为追念当日忠心尽职人员，及注意中华全国人民要求豁免辛丑和约之赔款，即中国担负已经二十年者，现在政府敢将庚子年总理衙门部员两人，因欲阻止拳匪之乱，将上谕中攻击外人一语，改为保护外人，卒致以身为殉，且当时满廷亲贵虽鼓励暴徒，而京内及各省文武官员多有竭力设法阻止杀戮外人之狂暴计划者，因之一幕惨剧未致蔓延全国。拳匪变乱以后，俄国素有图伯主义，愿藉之以为口实，遂以武力侵入满洲，速将铁路修造完备。该处铁路本系商业性质，由中俄两国合办者，忽易而为军事上之利器，致酿成日俄之战争。该两国战争全在中国领土之内，故与中国极有关系。光绪三十一年，中日条约中载有中国虽承认朴资茅斯条约，以旅顺租借权及南满铁道经营权让与日本，然中国仍希望日本军队退出满洲。日本于附约第二条中业经允许，惟须俟中国与俄国商妥后，日俄兵队一律撤退而已。然日本虽有此语，究未实行，今历多年，日本复与俄前朝订立密约多起。又十年前美国提议将满洲铁道作为中立，卒归无效，于是中国之希望已绝。目前俄已变为共和，须俟国内平复，或能副邻邦合乎情理之期望耳。一千九百十四年，对德战争之事起，德国在中国领土内之重要胶州作为海军根据地，中国并非不知。袁前总统未悉英愿借助于英日同盟，与日本将递最后通牒于德国以前，曾有交回胶州全部之磋商。此时民国政府于欧战初起时，对于胶州问题，深以亲密之同盟国不请中国相助，殊为错误。中国对于欧洲大战，虽为意料所不及，然一千八百七十年普法之战，法与德约在中国海面之法德战舰严守中立，并会同中国政府办理警察事宜。如协商国于一九一四年请中国调遣胶澳附近多数陆军，以抑制区区四千德人之势力，固所愿也，并可将法德战舰严守中立之事作为先例。以故一九一七年中国对德宣战之事，可提前于一九一四年办理，彼时外交界有谓中国宜审慎从事者，是以坐失机宜，非中国之咎也。其后袁前总统复有加入战团之表示，卒为某方面破坏,不果行。迫至一九一七年,经美国直接之请,方对德宣战,在今日而责备中国中立三年者,不亦严酷耶。爰夫日本和议代表特别对二十一条要求已有所论及,中国政府自不得不请人注意下列之事实:当时中国政府所以承认其有碍中国完善政治之条款者,实因日本已递哀的美敦书于中政府,时值欧战方酣,各国无暇东顾中国,自不得不屈服。日本以武力强迫中国承认,条件系仿德国模范,强令中国承认旅顺九十九年租借权以及满洲铁道九十九年让与权,实即与从前德人之山东条件无异。厥后日本前内阁与中国所订各合同,其主义非独有害中国行动之自由,且危及中国真正之独立。今日中国如要求取消或修改一切合同,即因其条件与国际同盟主义抵触之故耳,日本在青岛驱逐德人,牺牲二千名可贵之生命,诚系事实,但中国民人深知欧洲战场大半藉美军二百万之协助,故美国牺牲之生命,较诸日本奚啻三十倍,而美国固未尝愿在此已恢复之亚、罗两省地方要求路矿也。尚有一事为众所知者,英国多少健儿战死于法兰特斯地方,该地几成为英国少年之坟地,且负世界最大之国债,然英国对于比利时亦未曾要求一二让与权,或请求必须让予其他人所不能有之各物也。凡此种种情形,于中国人民均有重要关系。近来中国日刊报纸已甚发达,每日电报消息亦多,是以中国人民对于世界无论何处发生之事均能洞悉。彼等深知违犯民族主义,施者、受者双方均伤害。至关于亚、罗两省之愤恨法国,全部政治生活固受其毒害,而德国政治生活亦未尝不受毒害也。现在收回旧有土地之主义不独高丽也,即满洲与山东亦已发现,因系实情,然因全力注重外交,致碍国内进步。中国人民亦知中国对于战事所尽之力甚微,当时如得善言劝勉,其效或可稍大。但英、法两国所招之华工,以少数言之,已达数万名,即再增加,亦不至妨碍中国之人力。现在中国各地驻有外兵,中国铁道为外人分离中国之利器,中国各处警政均在一般觊觎中国财产者之掌握。迫至和平发展,与邻邦友谊敦睦,警察完全由华人自办,中国亦愿以无穷之机会赐与外人云。凡此种之问题,人人心中皆宜加以适当之推测,此层最关紧要。中国自一九一一年革命,改为泰西制度之政体,实无机会可以发展其政治、经济,所有国内树党分离等事,时有为外国所主动,进步因之迟滞。日本因欧战而致富,中国自身则愈穷。现在中国如果要求完全自主权,以造成其命运而得其真正独立,此乃出于中国深信,唯有照此办法,东亚可享永久和平及幸福,前二十五年之故事恶果俾得消免殆尽。

《中日关系史料——巴黎和会与山东问题》,第52—55页

国务院致外交部
1919年3月8日

径启者:准贵部折开,欧战以来,中日两国所订密约合同,迭准专使来电,业经外交部一一电复,并定在大会发表。惟中外访员对其纷纷质问,而谣言亦因之蜂起,于外交前途不无妨碍。本部意见,国内方面似亦应一律发表,以免淆乱观听,是否之处,仍希公决等因。现经国务会议议决,应由院分函各部处,所有陆军部之军事协定正文、附件,全套军械借款合同、无线电话借款合同、海军部之无线电合同、海军协定条文、参战借款合同及关于军事协定各件、财政部之林矿借款合同、电报借款合同,一律由各该部抄送外交部。其经过详情,并由各该部咨达外交部,由外交部正式具呈从速宣布等因。除分函外,相应函请贵部查照可也。此致外交部。

《中日关系史料——巴黎和会与山东问题》,第62页

日本使馆致外交部
1919年3月10日

径启者:本月六日,贵部施秘书对本馆船津书记官云,自欧战以来,所有贵国与各国所订之一切协约及契约之内容,自本月八日起,依次公布云云。查中日两国所订之协约及契约中,有经约定不公布者,例如军事协定,此项协约及附带协定已有两国应守秘密之明文,是以此种协定之公布,乃须慎重考虑之问题,应有先由中日两国充分了解之必要。至

关于其他契约亦应于发表以前,得两国间之了解,于是则可免去将来无益之纷纭。再者,帝国政府未有确答以前,凡关于中日两国间所有之各种协定,请暂缓公布。再关于此事,本馆亦须审议,请将贵国所欲发表之中日两国间各种契约及约定之名目,从速开送本馆为荷。

《中日关系史料——巴黎和会与山东问题》,第 62—63 页

外交部致陆徵祥

1919 年 3 月 27 日

十九日八十号电悉。报载将山东问题在北京商议一节,并无其事。特复。外。二十七日。八十一号。

《中日关系史料——巴黎和会与山东问题》,第 68 页

山东省议会致外交部

1919 年 4 月 1 日

自日本占据青岛,数年以来,吾国始终抗议,不认日本继承德国权利。嗣经吾国加入协约,更无与日本单独缔约之理。乃去年九月,政府竟听一二私人换文订约,启日本以后来藉口之资,陷东人于没世不复之惨,属在国民,同深愤慨,迫切呼吁,若罔闻知,诚不知政府是何用意。查此种秘约既未经过会通过,复不由元首盖印,且成于欧战行将解决之时,对内对外均无所可。今欧洲会议将次解决,失此不图,悔将无及。东省人民为自谋保全起见,用是再申前请,务恳俯顺舆情,力主取消。勿因一二私人丧心之行,致政府诸公分负卖国之谤,东省人民实深祷祝,痛切剥肤,鸣不接音,望诸公怜而拯之。山东省议会叩。陷印。

《中日关系史料——巴黎和会与山东问题》,第 71 页

陆徵祥致外交部

1919 年 4 月 5 日

二十六日电,胶州问题不久可望决定,计达,当经一面由各使分向

各国接洽。顷施使交发电称,访晤某国要人托及此事,查某国有盟约关系,办事难免瞻顾。据该要人称,某国注重在于交还后,其结果为实际为形式,而于交还时其手续为间接为直接。次之,即如日本现将该处铁路其他事项□□站码头楼房,并其他重要商务建筑,设法划归彼国界内,此种举动不无反对。又如中日所订该处海关纯用日人,更形反对,并我对美素示亲密,大致相同,东方亦极其注意,上节所云,并应向美提醒。至于各条铁路中国自与签订在先,款已提用,他国从旁启口更难,为大局计,不得不求破坏之法。查上年美有提倡新银团事,主张公共投资行政实业,借款已遵照藉此着手,故现已向美赞成,并允将已得种种利益交出,归入新团,此事拟即与法提商,谅无不允,则日本势不得不亦加入,并将近时所得铁路等项权利同时交出矣。再国内已派海军要人前往澳洲,筹办一有力远涉海军,以澳为根据地,目的所在,明眼人无烦详解,足征某国对于东方极为注意云云。用特密闻,并祈代呈等情。祥。三日。第百号。

《中日关系史料——巴黎和会与山东问题》,第 73—74 页

陆徵祥来电

巴黎,1919 年 4 月 17 日

今晨,顾使引见王、施、魏全权及王劼使于威总统,复提山东问题。威总统称:现在大众意见,急将对德和约尽先赶办。所询一节,昨日有四领袖及五国联合会同兰辛外部提出一条,德国在欧洲以外所有一切权利,交于本会各国公同暂收。该办法我以为然,业已交起草员照拟,列入草案,俟草案拟定后,再由五国会议送交四领袖会议决定。惟此系目前之看法,不敢谓此即为固定之办法云云。先达。祥。十七日。

《秘笈录存》,第 130 页

陆徵祥来电

巴黎，1919 年 4 月 18 日

十七日电计达。山东问题顷又由顾使探得详情如下：十六日，美外部于五国会议中口头提议，德国在中国所有已得租借地、路矿及优先等各项权利、利益，应还中国。惟先由本会暂收，俟中国将青岛及山东省内要点按照协约国另议之办法开作商埠后，即将前项各权利、利益交还之。日本牧野起而抗议，以青岛问题中、日业有成约，应交由日本转交。美外部质问牧野，现与德订立和约，该问题应于约内规定，如日本亦以为应即交还中国者，可由本会交还之；如以为应暂缓交还者，亦应由本会公同保留，不应一国独占。牧野甚不谓然，英、法、义各外部均缄默，美外部遂搁议。其搁议之故，系鉴于当时各国外部缄默情形，深恐激生意外等情。昨日，和约起草会开会。美会员提议，将德国现定境外所有已得协约各国土地、权利、利益交由本会各国一层，改为交由五国处置；其处置方法，仍须得关系国之同意等语。日本会员称：日本在中国有特殊利益，对于中国问题由五国处置一层，不能同意。美会员又称：中国问题与世界有关，美国原无单独处置之意，亦不能任他一国独为处置。嗣经提交五国总长会议，将该条通过。惟牧野声称：日本对于山东问题，正月中在五国会议中所提之案，当时鉴于情势，尚有未经断结，故未及将所有关系切实完全说明。现政府对于该问题尚有意见书提出，特先声明等情。祥。十八日。

《秘笈录存》，第 130—131 页

施肇基来电

1919 年 4 月 19 日到

北京公府吴秘书长鉴：巴密。山东问题在会情形，经在英美两方疏通后探闻，似已略有转机。查义大利亦有土地要求问题，当其加入战时，并经与英法协商，允定在先，现大会拟翻改原约，送请美总统规定。山东事日与英法义亦有相商在先，情形正复相同。故昨访美军某要人，

特婉向托转请美总统将山东问题留待解决于义事之后，庶事有先例可援，不虑再为日与各国协约所牵。据允照达，并称美总统对于此事，主意颇不定，故我当有希望云。基。十六日。

中国第二历史档案馆藏总统府军事处档案

施肇基来电
1919年4月20日到

北京公府吴秘书长鉴：巴密。早十一钟，美总统约见我，全权总长托疾未往，问答情形谨陈如下：渠称久殷把晤，顷始得暇相见，深知诸君咸全力注意远东问题。我答：诚然。渠称：本总统亦极注意。我答：至感，有何项好消息，极愿得闻。渠称：今世之好消息在抵均参决矣，和议规定大约一星期内可望备就，先交德人承认，至对其余三国情形大体相同，即易办理。我询：山东事草约内已否订入？如何办法？渠答：日前兰辛外部于五国会议时，曾将德国属地及各种权利固应由德承认让出授托大会接收处分，此节正待起草，至究如何处分，其细则须日后议定。我称：山东事如不得完美解决，不特关于中国前途、亚洲前途，而与全球将来和平尤有密切关系。渠称：此层深能体会，查此事一月底另代表在会宣言，得悉中日密约甚多，曾请两国作速送会，现亟欲查阅。顾使答称前次威总统返美之日，即经将所备送会，各密约先送一份，想蒙途中翻阅。渠称：未曾见及，且经检觅无著。又称美人柯兰素与中国感情深厚，现来法，又颇为中国表扬，承贵国大总统所赠之诗，亦经交到，至为欣谢。日皇赠余以剑，而贵国大总统则惠以书，柯称中国良具深意，盖古人彦云：笔之能力尤胜于剑也。我询：约何时返美？渠答：总统俟和议粗竣，再行国会召集，当在动身之前云云。查柯即十六日电，所云某要人视此，似所托之事，业代达矣。基。十七日。

中国第二历史档案馆藏总统府军事处档案

陆徵祥来电

巴黎,1919 年 4 月 22 日

本日下午,大会以四领袖名义来邀出席,祥偕顾使前往。美总统、英总理、法总理均到,义总理缺席。美总统先称:日本代表欲将胶州问题于草约内专列一条,昨特来谒。今日上午又在四国会议中争持甚坚。现查该问题实为复杂,中国、日本既有一九一五年五月之条约换文于前,又有一九一八年九月之续约于后,而英、法等国亦与日本协定条件,有维持其继续德国在山东权利之义务。此次战事,本为维持条约之神圣等语。祥即请顾使以英文答复,大致谓一九一五年之约,为日本哀的迈敦书所迫而成,当时为保全东亚和平,不能不稍隐忍。一九一八年者,亦即根据前约而来等语。英总理称:一九一八年九月,当时协约军势甚张,停战在即,日本决不能再强迫中国,何以又欣然同意与之订约?顾使答:以当时日本在山东之军队既不撤退,又设民政署,置警察、课税则,地方不胜其扰,非常愤闷,政府深恐激生事端,故又致有此约。该约亦只有临时之性质。以我所见,英、日等各项协件均因战事发生,当然于本会可有变更之法。英总理称:英与日本协定条件之时,全国海军萃于西方,地中海东部空虚,德人复行潜艇战略,不能不仗援助。吾辈亦明知当时所允酬日本之价未免稍昂,然既有约在前,究不能作为废纸。此次战胜,不能谓为日本加入之力,但日本曾以实力援助战事事实,亦不可借辞没却。拟将胶州问题分两层办法:一按中日协定条件;一使日本继承德国权利。中国于两法之中何者为愿? 顾使详陈一切弊害。英总理又请将所询两层答复。顾使告以答复之前应先声明者,就比较而论,德国从前所得尚无铁路上军警等权,然即使日本仅仅继承德国权利,则危险实以难名。吾为此言,慎勿误以中国尚有同情于德国是幸。法总理称:此层决无可虑。顾使续称:中国多数人民以为应与欧美、日本共相提携,但未尝无一部意见,以为亚洲问题当由亚洲自理,应单独与日提携。若此次在会未见有公道之主张,实为失望。美总统称:欧美并非不欲主持公道,无如为先时种种条件所束缚,现幸国际联盟会成立,该会宗旨专为维持各国独立及领土完全,中国已为会员之一,将来如再有以强力欺凌中国者,在会各国自有援助之义务。顾使又称:与其医治于发病之后,何如防范于未病之先。英总理又称:顷吾属询两层办法,比较之中孰为有利,原非数分钟内可以骤决,吾当再与专家接洽。美总统亦称:当再令专家研究。遂散。查英总理所拟两法,于我均为失望,美总统一方面似颇表示踌躇,苦无善法周旋。现拟一方面竭力再与英、美、法各专家接洽,一方面再竭力托美坚持。必不得已,则以全力设法使草约内不至将胶州问题专列一条,而仍浑含于德国在本境以外所有一切权利应交由五国公同暂管之一条,全部惟均苦毫无把握,合先密达,乞训示。祥。二十二日。

附录:某要人欧洲来电

　　交还青岛,中、日对德同此要求,而孰为主体,实目下竞争要点。据美东方局长云:二十一条及各密约,背威氏十四条宗旨,中国坚持,可操胜算。英东方局长密商,则谓:日本爱体面,为中国计,与其争直接归还之名,何如争山东实利。似劝我让步。法总理则云:惜前内阁曾与日有约,然我愿力所能,以助中国。法政务局长晤谈,极表同情,要点则谓:中国宜择定最后让步之点而坚持之。综观大势,英、法极愿相助,而苦于夙与日本有成约。必须鼓英、法热情,方能有济。又,高徐、顺济路约发表以来,外人哗然,以为中国政府自愿对于二十一条加以保证,授日本以极好口实。美外部兰辛谓:中国弱点惟在此。查自日本占据胶济铁路数年以来,中国纯取抗议方针,以不承认日本承继德国权利为根本。去年九月德军垂败,政府究何用意,乃于此时结此约以自缚!为今计,惟有使订约之人担负,庶可挽回,展开新局。不然千载一时良会,不宜为一、二人毁坏,实为愧惜。某漫游之身,除襄助鼓吹外,于和会实际进行未尝过问,唯既有所闻,不敢不告,以备当局参考云。

《秘笈录存》,第131—133页

陆徵祥致外交部

巴黎,1919 年 4 月 23 日

二十二日电计达。顾使即晚晤美外部,告以英总理所提两层办法,均于中国极为失望。力托其转请威总统毅力坚持。美外部亦以我国看法为是。今日往访美、英、法所指研究该问题之各专员,详与接洽,除法专员以未知法总理所欲研究之宗旨究竟何属,正在请示,尚未发表意见外,美、英两专员均各有融和之意见。顾使乘机复再剀切详陈该问题结果后种种影响之所及,彼尚谓然。现在各方所得消息:英国方面欲顾日本体面并其与日所订协件义务之意较多,故于日本间接交还一层,不无维护。但照今日该英专员所谈之意,较之英总理所提两层略有变通。现英、美、法三专员得其领袖之令,正在交换意见。特先密达。祥。二十三日。

《秘笈录存》,第 133—134 页

陆徵祥来电

巴黎,1919 年 4 月 24 日

本日提出说帖,分送美总统、英总理及法总理。大致告以前日英总理所提两层办法,业经详加研究,实于中国均有危险,即于各国亦有影响;并将一九一八年九月所订之约再稍解释。其英日、法日等所订协件与现时会中一切情形,亦有不同之点,为之斟酌讽示,同时提出办法四条:(一)胶州由德国交还中国起见,先交五国暂收。(二)日本承认于对德和约签字日起,一年以内,实行上条之交还。(三)中国重视日本因胶州军事所有费用等,愿以款项若干作为报酬,其额由四国公决。(四)胶州湾全部开作商埠,如有必需之处,亦可划一区域作为专区,任订约国人民居住、通商。并探悉英、法、美各专员交换意见之结果,业已预备报告。大致谓:按照英总理两层办法,详细比较,以允许日本继承德国一切权利,为于中国亏损尚少。美专员欲于报告之外,同时说明各专员之意见。法专员以为轶出范围之外,未允赞同。美专员乃保留其个人单独向美总统陈述意见之地步。英国方面,施使面晤英专员,将说帖面交,请其转呈英总理,并问其对于所拟四条办法意见如何。渠称:此尚合理。施使又称:第一、第二两法,因英国屡言欲顾日本面子,故完全徇英国之意。我国在会诸同事中,对于如此让步,不少反对之人,不过为顾念英国及他国周旋为难情形,故又为此万分之让步。并请其于在彼之外,稍加一节略,说明对于中国说帖办法之意见,实为公道等语。该专员亦允之。义国方面,亦将说帖备函分送,合先密闻。再,自义总理宣告离巴之说发表以来,和会前途非常复杂,于我所提问题亦甚有影响,至为焦虑。报界传载有日本亦拟于最后之时,趋步义总理之办法等情。并闻。祥。二十四日。

《秘笈录存》,第134—135页

施肇基来电
1919年4月26日到

北京公府吴秘书长鉴:巴密。十六日、十七日电计达。山东问题连日向各方面疏通,兹我已就英美迭次劝告调和大致情形,拟具解决办法四条,今日午后分送四国领袖。译文如下:一、德国对于五协商国及协助国让弃其在山东之所有及利权与利益,以归还中国;二、此项所有及利权与利益现既在日本掌握,俟各国签认和约后一年内,日本应使其得实行此项之归还中国;三、中国于日本攻取青岛军费愿备款相偿,至其数目由四国会议决定;四、中国愿开胶奥全部为一通商口岸,并允遇有请求得予供备一特定区段为在约国人民之居留云云。除各国对我情形另电外,谨闻。基。二十四日。

中国第二历史档案馆藏总统府军事处档案

陆徵祥来电
巴黎,1919年4月28日到

三十一号下。吾为此言,慎勿误以中国尚有同情于德国是幸。法总理称,此层图谋可虑。顾使续称,中国多数人民以为应与欧美、日本共相提携,但未尝无一部意见以为可采,问题当由亚洲自理,应单独与日本提携,若此次在会未见有公道之主张,实为失望。美总统称,欧美并非不欲主持公道,无如为先时种种条件所束缚,现幸国际联盟会成立,该会宗旨专为维持各国独立及领土完全,中国已为会员之一,将来如再有以强力欺凌中国者,在会各国自有援助之义务。顾使又称,与其医治于发病之后,何如防范于未病之先。英总理又称,顷吾属询两层办法,比较之中,孰为有利,原非数分钟内可以决,吾当再与专家接洽。美总统亦称,当再令专家研究。英总理并称,今日吾可明告中国,世界各国多于中国较有感情,现为条件所拘束,殊无可如何,但使日本对于中国所求有逾于德国所得权利以外者,英国即无维持日本之义务,以后日本如再有欺侮中国之举,英必愿为中国助力。法总理称,英总理所言亦即完全为我之意云云,遂散。英总理所拟两法,于我均为失望,美总统一方面似表示踌躇,苦无善法周旋。现拟一方面竭力再与英、美、法各专家接洽,一方面再竭力托美坚持,必不得已,则以全力设法使草约内不至将胶州问题专列一条,而仍浑含于德国在本境以外,所有一切权利应交由五国公同暂管之一条全部,惟均苦毫无把握,合先密达,乞训示。祥。二十三日。

《中日关系史料——巴黎和会与山东问题》,第116—117页

陆徵祥来电
巴黎,1919年4月29日

今日午前三领袖会议胶州问题。日本全权被邀到会,未经决定。午后,日本全权又曾赴会,仍未解决。闻英总理于直接、间接关系之有无出入,及英、美、法、日密商之应否拘束,尚有踌躇之点。因再分函三领袖,为之重言剖析。并闻美专员亦特函美总统,称此次胶州问题结果若何,于美国在华之威信关系至钜,务当注意等情。查今日本全权两次到会,而问题仍未解决,足见日本争持之坚,三领袖亦尚难遽徇其意。

大约明日仍当续议。先闻。祥。二十九日。

《秘笈录存》，第 135 页

施肇基来电

1919 年 5 月 1 日到

北京公府吴秘书长鉴：巴密。顷电计达。查各国先后对我情形，法以在华利益甚巨，故亦无甚主张，而后以英美趋向为从违；美在会内颇主公道，对于中义问题均极坚持；英国方面迭向疏通，始则以密约关系，继称日已在彼，惟可限制，仅许继承德国利益，经向辩论，谓德固险，而日尤险，如果如此令日接办，则此后害不可言。故彼有月初电内所云赞助美国上年所提议之数，另组新银团办法，以期迫令日本亦将铁路等权利交出公同办理之意。近见美国坚持态度，非仅属于办事人一部分，而美总统亦复如是，且英日虽有盟约密约牵制，而其视□□与美，究以美为重，事到吃紧，亦不能不渐次就美。复经我屡向英美两方极力详说利害，英始与美渐有调和转还之意。我因就其大致拟为四条，查四条之外，英人尚有工程师，我允英人日本已在山东开采煤铁矿权三处，惟闻该矿经日开验，苗并不旺，故日亦不注重。而英人复劝我，谓令日将山东路权退出，仅将胶澳归于日本，吾中国已得便宜不少。当经多方开导，并向比喻谓以胶澳为门，路权为室，若日人据关不让，不特与房主不便，而来客出于无可如何，亦恐为其监视，是路权虽经退出，而该路出海之口岸仍在日人掌握，独令日人商务得畅所欲为，其将他国货物出入难免不受其限制。东三省前车，众所共喻。彼遂为动容。再此次四国会议时，义因其本国问题发生未到，故仅三国，日本要求于和约内将青岛由德直接交与日本一层载明，而三国于听日本之说明后决定此层不重议，约内已列大纲，应毋庸单独明提青岛。并令专门员详核，究令中国准日继承德人与承认中日一千九百十五及十八年各约两层孰轻孰重。据各专门意见，自以前为轻，而我于分递四款办法节略内已声明此两层与我为害并重，不能择从一面，并分向各专门员立请其核复各领袖时，并另具节略附明,谓两层中国均极反对,至所拟四条尚属公允,应准即使根据予以格外等语,已承照允。基。二十四日第二电。

中国第二历史档案馆藏总统府军事处档案

3. 和会对山东问题的处置与中国代表的抗争

陆徵祥来电

巴黎,1919 年 4 月 30 日

胶州问题业经本日三国会议决定,顷电计达。现山东决定之办法如下:德国前在胶州及山东省所有各项权利,一概放弃,交于日本。日本自愿担任将山东半岛连同完全主权,交还中国。仅将前允德国之经济特权暨在青岛设立特别居留地权,保存之。各铁路业主专为保护营业安宁起见,可用特别警队,以华人充之;各路所选日本教练人员,由中国政府委派;日本军队应于最早期间撤退。如此,日本所得权利,系处承受经济特权者之地位,不过与其他一二大国所得者相同。国际联盟会,对于领土完全及政治独立已设保障。此后中日两国之关系,即全归此项保障范围之内等情。现正式文件尚未宣布,惟大致情形似即如此。特先密闻。祥。三十日。

《秘笈录存》,第 135—136 页

陆徵祥来电

巴黎,1919 年 5 月 1 日

昨得胶州问题议决消息,即函请将议决情形通知中国。今晨,英外部电话邀请中国全权前往,施、顾两使往见。英外部称:三领袖已接到来函,特嘱与贵国全权接洽。山东问题议决之大致办法,政治权交还中国,经济权给与日本,谅中国必可满意。施使云:现时议决详情尚未知悉,若照所闻情形实为失望。究竟详情如何? 彼称:山东半岛,日本向三国会议切实声明交还中国,并担保不侵损开放门户主义,不过日本得设居留地。施使询:该居留地是专为一国之人,抑各国人民均可前往?彼称:以我所知,似乎各国人民均可前往,与中国他处之居留地相同。施使又询:交还一层及军队撤退有无期限? 彼称:期限似乎未定,但日本之声明极为切实。顾使询:所谓经济权之范围如何? 彼称:所有中国前曾允让于德国各权利,如已成之一路及其附属之矿,又未成而中国与彼新订之两路,并在青岛设一居留地。施使又称:中国于欧战发生后,英、日有对德要求青岛之举,即预备军队拟与英日协攻,英政府却之,嗣又有机会拟欲协助,朱使曾为致电伦敦外部,可见中国未尝不欲出力。嗣施使请将三国会议之纪录及和约草案所拟关于本问题之条文通知,俾得研究斟酌答复。彼称:此为会内所纪之件,未审能否通知。施使称:如不通知,则日本所有声明各节,中国均不完全接洽。即使中国能表同意,将来是否实行并其实行之是否完全,亦无从参证。彼称:是言诚然。并谓:吾侪凡有可以协助中国者,罔不尽力,望贵国可同意等情。现拟再行去函,先索会议纪录,然后将不能满意情形斟酌声明。统乞钧鉴电示。祥。一日。

《秘笈录存》,第 136 页

陆徵祥来电

巴黎,1919 年 5 月 2 日

我国对德宣战,原冀列席和会。乃此次和会办法,迥与历次公会不同,各国列席全权先即大分差等,我国仅得其二,抗议虚掷东流。此祥之无状者一。到会列席,原为提议商酌,冀有公道之主张,稍减利权之损失。所有希望各案,尤以胶州为先,迭次陈述理由,各国多表同意,内有政府之决心,外有国民之后盾,乃力争数月之结果,终违当日之初衷。此祥之无状者二。国际联盟会,为本会历史最有光荣,于和局前途至关重要。乃立法部,我国员额虽得三人,行政部临时委员竟无一席。屡建分洲之言,兼示国人之数,徒得同情,终无实益。此祥之无状者三。现德国全权业经到法,定约在即,讨论将终,我国于对德各项,如领事裁判权之撤销、津汉各租界之收回、关税之自由、赔款之废止、债务之没收、损失之赔偿、天文仪器之索还等类,大致均已商允各国列入草约。对德既定,将来对奥和约,自可照办。而所希望于协约各国之各问题,殆非国际联盟会开幕后不遑讨论。各国要人大都于签字后即先离会。祥深愧无状,务祈准先开去全权及委员长重任。至草约如应签字,亦乞另派全权,无任屏营待命之至,统候回京详报,乞鉴准电示。又,草约尚未签字,德国全权前日到法,何日将约文交出亦尚未确定,大约即在数日之内,其签字之期亦在本月中旬。祥。二日。

《秘笈录存》,第 145 页

陆徵祥等来电

巴黎,1919 年 5 月 3 日

胶州问题,三国调停决定情形及我国在会前后坚持一切情形,迭经陆续陈报在案。现除向会抗议并坚请其将会议纪录通知,同时再设法向各方接洽,于无可婉商之中仍为万一之进行外,查征祥猥以轻材,谬膺重任,预会数月,徒费唇舌之劳,建议各端,鲜获桑榆之效。□□□□□□□□□□□□□□□□□□。总之,和会仍凭战力,公理莫敌强权。祥等力竭智穷,负国辱命,谨合呈大总统,请即开去全权,并付惩戒,以重责任,惶悚待命。徵祥、正廷、维钧、肇基、宸组同叩。三日。

《秘笈录存》,第 145—146 页

陆徵祥来电

巴黎,1919 年 5 月 3 日

顷密探得和约草案所拟关于山东问题条款:第一条,凡德国所与中国订立一八九八年三月六日条约暨此外关于山东省之一切文件,其尤著者,如胶州土地之权利、名义或特权以及铁路、矿产、海底电缆,皆由德国让与日本。关于胶济铁路及其支线暨一切种种附属物品以及车站、工厂不动物、行动物、矿产、建筑与开矿所需之物料,凡德人所有权利暨连属之一切权利、特权现为日本所得者,继续为日本所有。德国国家所有之青岛至上海及青岛至烟台海底电缆暨连属之一切权利、特权现亦为日本所得者,继续为日本所有,一切负担概行蠲免。第二条,德国国家在胶州土地内所有之动产及不动产之权利以及一切关于该地之权利,因德国直接或间接出资举办工程或发展之故而有价值,现为日本所得者,并继续为日本所有,一切负担概行蠲免等因。以上各情,比连日所闻情形,更为偏苛。对于中国方面,除英外部面告大致外,屡索会议记录,迄未交到。据闻草案内何以于交还中国一层不提只字。因日本以信用问题全力争持,一若三国必欲加入此层,即对于日本为无信用,此层于国际关系自更重大,因竟令照日本之愿。此次和会专制办法,实为历史所罕见。现除再尽力设法外,详加讨论,当然不能签字,乞钧裁。祥。三日。

《秘笈录存》,第 146—147 页

陆徵祥来电

巴黎,1919 年 5 月 5 日

日内,三国会议关于比国问题。比国舆论又极愤慨。顷忽传比国全权又拟全体离会返国。急往探访,据称愤慨属实,至离会等情,万无此事,徒为一般不负责任者之主张,不但于事无益,且三领袖受各方攻击,亦正愤懑于怀。苟我举止言论再有不慎,徒自取辱。义国情势不同,现尚进退维谷,况弱小如比,不胜希嘘。嗣晤法外交总长,历告中国到会以来种种失望,似尚不如终始中立,不入战团,不与和会。来会全权与夫政府当轴,对于国民实难剖白,况法总理屡有愿为尽力之言各等语。彼答:克总理连日早晚均有会议,以致未遑接见。总理确有愿为中国助力之意,无如最后之时终为协约所束缚。祥又语以我侪所尤不能解者,三国会议决定之办法,虽曾由英外部正式口头通知,然迄无文据,并我国迭次坚索之会议记录亦未抄示,究竟何故。彼答:三国会议无甚记录。祥又将英外部所告施、顾两使各节举以质询。并称既无文据,凭

何保障。我国于英外部口头通知后，即日将问答各节备一记录，附函请其作答，亦未得复。彼答：英外部所告情形，比我所知尚属较详，我仅知三国会议于山东问题业已决定，究竟内容亦尚未知，顷仅由和约起草会中得有草案条文概略。并称：日本既在三国会议声明，将来三国政府自可保障。祥询所谓保障者是否监视执行之意。彼答：虽非监视之意，然于其执行与否，自必注意。祥称：无论如何，亦须使中国稍有文据，否则英外部虽有是言，凭何质证。彼答：英外部既有是言，日本焉能不认？英外部之言论极有力量。祥请其将条文内至少须加交还中国一层。彼答：此层势难办到。该条文虽为草案，然业经三国会议决定之件，如欲添加，势须重经三国会议讨论，必办不到。祥称：我于此层决不能不坚持，务请设法。彼答：此次会事实属万分困难，意外事变非常之多，复杂情形尤难言喻。三领袖亦焦头烂额，委曲难宣。祥称：此次山东问题结果如此，我实不能不为抗议。同时即将抗议书抄稿交彼一分。祥并称：此次我国提案，尚有其他希望各条件，亦均经提送在案。彼答：贵国希望各案中，有数问题法国政府可表同意。临别时，祥又将草案条文内□应加交还中国一层切实声明。彼答：事虽万难办到，但我必转达克总理，并请英外部将一日与中国全权面谈后中国致彼之函，从速答复等语。特达备鉴。祥。五日。

《秘笈录存》，第148—149页

陆徵祥来电

巴黎，1919年5月6日

今日下午开协约大会，通知对德和约草案。明日赴崴沙依，将和约条文交于德国全权。交约之时，列席者为美国、英国及其属国、法、义、日本、比利时、巴西、希腊、塞尔维亚、葡萄牙、波兰、罗马尼亚、赤哈等国。自前日得此消息，祥即晤法外交总长，询以闻列席交约又遗中国，确否？彼以参战实力为词。祥称：中国曾亦派兵西比利亚方面。彼答词支吾。旋遣员与和会总秘书长都大使接洽。昨晨往晤，探询条约草案,主要即与详谈列席交约一事。彼亦持战事出力之说。嗣以各国争者颇多,因而尚未决定。讵今晨闻所争各国,均仍无效。美国代表团亦已全体函请美总统再为中国周旋,能否有效,仍无把握。种种情形,深为愤慨。合达。祥。六日。

《秘笈录存》,第151—152页

施肇基来电

1919 年 5 月 7 日到

北京公府吴秘书长鉴:巴密。顷由美政府得来消息,山东事三国会议今午已决,系定青岛由日交还,嗣后中国在彼有完全权,所在山东青岛驻扎日军全数撤退,惟日再不得继承德人原来权利。至四年七年中日各约似无甚更动云。再在英国和议委员中,所探情形亦与上同。又闻美总统解说其旨之故,系恐日人实行其离法之恫吓巴黎和会、破坏联合会成立云。基。三十日第二电。

中国第二历史档案馆藏总统府军事处档案

陆徵祥致外交部

1919 年 5 月 7 日到

山东问题,顷据密报,今于三国会议业已决定调停办法,租借地准由德国于草约内声明,让于日本交还中国,惟日本交还中国,须声明限于十二个月内实行。至其他权利,分政治、经济两项,属于政治性质者交还中国,属于经济性质者允与日本云云。惟正式消息及详情尚未得到,容续电。祥。三十日。四十五号。

《中日关系史料——巴黎和会与山东问题》,第128页

陆徵祥来电

巴黎,1919 年 5 月 8 日

对德和约草案内关于中国者,译述如下:(第一百二十条)德国将

所有因一九〇一年九月七日在北京划押之专约及属于该约之一切附件、照会、文牍而发生之利益特权，概行让予中国。又，自一九一七年三月十四以后，所有德国依据该约应得之赔款，亦由德国让予中国。（第一百二十九条）自本约实行时起，缔约各国在彼此有关系之范围内，适用下列各则：（一）一九〇二年八月二十九日所订关于中国新税则之协议。（二）一九〇五年九月二十七日所订关于黄浦之协议及一九一二年四月四日续订之临时协议，但中国不须再以此项协议中所许之利益、特权给予德国。（第一百三十条）凡德国在天津通商各口岸、德国租界或中国境内他处之一切房屋、码头、浮桥、营房、垒堑、军械、军火、各种船只、无线电之建设以及他种公产，概由德国让予中国，但声明外交官及领事官居住或办公所用房屋不在割让之列。其德国公私财产坐落在所谓北京使馆界内者，中国政府非得一九〇一年九月七日专约内之各国外交代表同意，不能有所处置。上指各国外交代表，系本约实行时仍未脱离该专约关系之国。（第一百三十一条）德国政府于本约实行后十二个月内，将一九〇〇至一九〇一年间携去之天文仪器概行归还中国，并支付归还时一切费用，如拆卸、函装、运送、保险及在北京建设之费用均在内。（第一百三十二条）德国愿废止现租汉口、天津德国租界之租约，中国政府宣言愿于收回各该地面完全主权之后，开放该地，任国际公共居住经商。中国并宣言，凡联盟国及共事国之人民在各该租界内执有财产者，不因现租各该租界之租约废止，而改变其产业权。（第一百三十三条）德国对于中国政府及联盟共事各国政府，放弃一切因德国人民在中国拘禁及遣送回国而发生之要求。又，一九一七年八月十四日以后，因在中国之德国船只经捕获收没或因在中国之德国财产权利、利益经变卖押收或管理而发生之一切要求，亦均由德国放弃。但有关系各方面对于变卖所得款项之权利，业由本约第十章经济条款规定，不因本款而有变更。（第一百三十四条）德国将其在广州沙面英国租界内之国有财产，让与英国政府。又，德国将其在上海法国租界内德国学堂之财产，让与中、法两国政府公同承受。（第一百五十六及第一百五十七条）即山东条件。（第一百五十八条）德国须于本约实行后三个月内，将所有胶州境内无论民事、军事、财政、司法抑为他项行政之档案、册籍、图样、地契以及各项文件，概交日本，同时须将上两条所列权利、产业权、特权之一切条约、协议或合同，详细通知日本等因。余续达。祥。八日。

《秘笈录存》，第 200—202 页

陆徵祥来电

巴黎，1919 年 5 月 8 日

国务院五日电悉，谨即照办。六日，祥于大会先经声明保留，即为不签字之地步。查此次和会办法种种情形，实堪愤懑。现条约全文正在审查，山东条款专列一条，置于德国境外各处属地之末。且对于敌国尚有十五天限期准其质疑问难，而对于五国外之各国，定稿以前秘不肯以示人，定稿后，并无时期可以讨论。其对我情形，实为可慨。即如交约列席，先竟屏弃，嗣经力争，始与暹罗及南美洲诸国一并加入。此等态度，是何待遇？故以不签字稍稍表示，极佩苓荛。惟所谓不签字者，是否全约不签，抑仅不签胶州问题一条？此次和约国际联盟会一事，于我前途不无关系，倘胶州条文外，不妨似以就近另派人员专任签字全权。统乞钧裁，并盼于十八日前电示，至祷。再，各全权应否即时离会，并请训示。祥。八日。

《秘笈录存》，第 204—205 页

陆徵祥来电

巴黎，1919 年 5 月 9 日

八日电计达。对德和约草案与中国有关系者续陈如下：（第八十一、八十七条）承认赤哈及波兰为完全独立国。（第二百十七条）俘虏回国费，归德担任。（第八章第一附件）损失赔偿原则：（一）平民身体或生命因战事行为受有损害；（二）占领地方平民因敌人举动受有损

害;(四)俘虏虐待;(五)国家恤养及救济残疾等费;(六)政府所给被俘军人之赡家费;(八)强迫工作之赔补;(九)财产因敌人举动或战事行为受损;(十)平民迫于强力所有供给之罚金。(第八章第二附件)以美、英、法、义、日本、比、塞七国委员组成一赔偿损失会。前四国委员常川列席,有议决权,惟议及海上捕获及二百六十款内所指各节时,日本委员亦有此权。(第二百六十条)于本约实行一年内,赔偿损失会得使德将其人民在中国、俄国、奥、匈、布、土六国内所得公益营业及国家特许营业上之权利、利益全行收买,倘本会请求时,六个月内尽数交出。(第二百六十四条)关于征税及进口品,联盟及共同作战国,得与其他各国受同等待遇。(第二百六十七条)各国享最惠国之待遇。(第二百七十九条)各国得于德国各埠派遣领事。(第二百八十九条)除于本约实行六个月内,各国得向德国通告某项条约继续实行外,其余条约均作废。(第二百九十五条)海牙禁烟公约尚未签押或批准之各国,均议定将该约实行。(第十章第四段附件第十款)在本约实行六个月内,德国应将关于各国境内德人产业权利、利益、一切文凭、字据、证据在德人手中者,收交各该国。(第四百三十八条)德国传教会社或个人之产业,由产业所在之政府交与管理会管理之。该会会员应为基督教,由政府选派或核准,惟产业仅可为传教之用等语。余再查明续达。查此次和约草案于我国提案不尽授意……毫不与我接洽,现拟备函再伸抗议。他国情形亦多相类。比国于南斐洲某地占据三年,至今为比兵戍守,而此次和约草案发表,已将……比极不平,亦当抗议。本会情形大都类此。并闻。祥。九日。

《秘笈录存》,第 202—203 页

陆徵祥来电

巴黎,1919 年 5 月 10 日

五月一日施、顾两使见英外交总长后,即将晤谈时问答记录函送该总长,并请其抄示三国会议录稿底在案。昨接复函,未得要领。十三日

祥偕施使往晤该总长，语以胶州问题自经三国会议决定办法后，全国舆情非常愤激，政府实万分困难。前贵总长屡有对于中国极愿帮忙之言，我国甚为看重，现拟请贵总长答复前函，俟复到后，拟在国内宣布，俾国人稍知内容。该总长答称：来函情形我曾阅过，但如欲宣布，则应将来函先再核阅。同时即将某专员召来。施使称：我正携有函稿，立即递交。彼取阅一过，先称大致均无不合。再阅一过，乃称其中某句不甚了了。施使为之述明缘由，旋又阅一过，又称大致确系如此。但照所记录之口气，似三国会议即向日本施行一切，殊于日本面子不宜。施使又将日本所允交还青岛及早撤兵及不侵犯开放门户主义等情，为该总长一日所面告，而昨日送来之日本代表宣布文稿中未有叙及者，重向询问是否属实。彼称：此诚确实。祥等乃请将彼所谓不甚了了之句删去，而将其他各节宣布。彼仍称：容与某专员接洽再复。祥乘机将我国所提希望各案面赠一册，并请其务必竭力协助。彼称：该项提案与战事无涉。祥称：虽似无涉，然间接亦多相涉，此为中国所切望于各友帮者。彼称：恐本会断无时会可以议及。祥称：即使本会无暇议及，亦请决定将各该案交于国际联合会规定。彼称：联合会之细则尚未规定，何能骤交？祥称：不妨言明，俟联合会细则规定以后即先讨论。彼仍称：未便预言。并以英在本会情形与他国相同，盍先与他国接洽等词，隐隐推却。施使于临行时仍语某专员，国人关于胶州问题□□□□毫无责任等情。合先密达，请转呈。祥。十日。

《秘笈录存》，第 207—208 页

陆徵祥致外交部
1919 年 5 月 11 日到

外交部顾：胶州问题议决后，连日筹议及接洽情形，迭电计达。现在会中迄未将会议纪录及和约草案条文通知，此间于今晚先将失望情形向报界发表，并拟分向会长及美总统处请交阅条文，告以不能承认。政府对于此事应否于决定办法之前，酌邀两院诸公详密接洽，谅邀注及。祥拟俟大会宣布和约草案时，先行正式抗议，预留日后签字或不签字之余地，当否，乞训示。祥。二日。请速代呈。五十一号。

《中日关系史料——巴黎和会与山东问题》，第133页

陆徵祥致外交部
1919年5月12日到

　　顾次长亲译转呈。昨得胶州问题议决消息，即函请将议决情形通知中国。今晨英外部电话邀请中国全权前往，施、顾两使住见，美外部称，三领袖已接到来函，转嘱与贵国全权接洽山东问题议决之大致办法，政治权交还中国，经济权给与日本，中国必可满意。施使云，现时议决详情尚未知悉，若照所关情形，实为失望，究竟详情如何。彼称，山东半岛日本向三国会议切实声明交还中国，应担保不侵损开放门户主义，不过日本得设居留地。施使询该居留地是专为一国之人，抑各国人民均可前往。彼称，以我所知，似乎各国人民均可前往，与中国他处之居留地相同。施使又说，交还一层及军队撤退有无期限。彼称，期限似乎未定，但日本之声明应为切实。顾使询，所谓经济权之范围如何。彼称，所有中国前曾允让于德国各权利如已成立，路及其附属之矿又未成，而中国与彼新订立之两路并在青岛设一居留地。施使称，路权一归日本，将来日本势必节节蔓延。彼称，此层全在中国当局。现闻中国正与日本接洽一切，将来条件如何，全在自行商订。以我所见，中国当可满意。日本于青岛以武力得之，兹允交还中国，何以尚不满意。施使称，照现时议决办法，是日本于一九一五年以哀的美敦书逼迫而得之条件，各国竟承认有效。且青岛交于日本，则日本态度不免任意解释此举，以图促进其在远东之国际问题。彼称，此层何至有如此误会。至两自主国已订之条约，自不便干预。施使又称，中国于欧战后，美日有对德要求青岛之举，即预备军队拟与美日协攻，美政府却之。嗣又有机会，拟欲协助朱使，曾为致电伦敦外部，可见中国未尝不欲出力。嗣施使请将三国会议之记录及和约草案所拟关于本问题之条文通知，俾得

研究斟酌答覆。彼称,此为会内所纪之件,未审能否通知。施使称,如不通知,则日本所有声明各节,中国均不完全接洽。即使中国能表同意,将来是否实行,并其实行之是否完全,亦无从参证。彼称,是言诚然。望贵国可同意,凡有可以协助中国,美洲确应通知等情。现拟再行去函,先索会议记录,然后将不能满意情形斟酌声明,统乞钧鉴电示。祥。一日。第四十九号。

《中日关系史料——巴黎和会与山东问题》,第 135—136 页

陆徵祥致外交部
1919 年 5 月 13 日到

中国代表向三国会议抗议情形大概如下:一九一九年五月一日,英外部斐福尔君代表三国会议,以议决山东问题办法面告中国代表,中国代表(籍)〔藉〕悉此项列入和约之条款极为宽泛。德国昔时有之政治上权利归还中国,而以经济上权利给予日本,即青岛设立租界及合办以来之胶济铁路,暨相连之矿产与拟筑造之其他铁路两道。又悉日本已向三国会议明确自保,于行使此项界予权利时,必恪守开放门户主义,并向三国痛陈利害,其政策系将山东半岛连同完全主权归还中国,且不在青岛港口施行经济上垄断之作用,亦不在铁路施行歧视他国之章程运价。又声言愿尽事理所能,从速将所有政治上权利交还中国,并通知军队退出山东。中国代表闻英外部所述解决之办法,即表示失望之意,并据英外部转请三国会议从速抄示所拟列入和约之条款,与讨论胶州山东问题之记录。旋以事机迫切,仍宜俟接到记录全文,再行表示意见。细思英外部所言之大要,果如以上所述,则中国代表与全国人民不能不表示深切失望之意,亦不能不持公理之名义,正式抗议。查中国于一九一七年八月十四日,对德、奥两国声明,将中国与德、奥间所有一切条约、协议、协约悉行废止,此事业经正式通知联盟与共事诸国,并经各部鉴悉。经此布告后,凡德国昔时在山东所享权利特权皆已撤销,而中国既为该省主权所属,自然全行收回。究竟依据何项理由,可将此项权

利给予日本,殊难索解。日本之要求似根据于一九一五年之条约暨一九一八年之换文,然一九一五年之条约,日本以哀的美敦书迫胁而成,致有一九一八年之换文,前因日本军队逗留于山东腹地,复擅设民政署,以致人民愤激,将有意外,中国政府舍此无法抗争。至此次前拟解决办法,既云将山东半岛连同完全主权归还中国,则归还之事何不一气呵成,而必分为两步,又何必先移交日本,而俟其自愿担任归还,此中情形实不明了。中国之未列席和会,所倚仗者为威大总统一九一九年一月八日宣示国会之十四条原则,及嗣后历次宣示之各原则。此等原则固尝为共同敦德之各国所正式承认者,中国亦倚仗各国,以彼此顾全荣誉之精神,辟世界之新时代,而创设万国和会。而中国尤所倚仗者,则以所争之事无不平允公道,今结果如此,实为痛切失望。中国代表职务所在,对于胶州山东问题解决办法,不得不向三国会议正式抗议云云。祥。六日。五十九号。

《中日关系史料——巴黎和会与山东问题》,第146—147页

陆徵祥致外交部

1919 年 5 月 16 日到

本日下午三时,为通知对德和约草案,召集协约各国大会,祥偕王全权列席。会长先称,今日有惩戒战争罪魁案提议,可惜秘书厅未及将该案办法先行通知各全权,但议事日程业经载列,随即提议,大致拟组织特别法庭审判德前皇,并要求荷兰交出等情,各国均不置词,会长遂称通过。旋提对德和约草案,共分十五章,关于中国山东问题条文,即如三日电达原文,竟无增损,祥因宣言如下:中国代表团对于三国会议,所拟关于胶州及山东问题之办法,不得不表示其深切之失望之情。此次所定对德和约草案,关于德人在山东省权利之条款,如奉代表团顷所闻者,似专以上拟之办法为根据。本代表团深信中国全国人民必为同一之失望,所拟规定似未顾及法律公道及中国之安宁,为中国代表团在五国及三国会议时所坚持不已者。现中国代表团业已向三国会议提有

正式之抗议,反对其所拟之办法,深望得以修正,倘竟不能如愿,则自今以往,本代表团对于上述条款,实有不能不保留之义务各节,并请将声明列入记录等情,会长允为照列。在祥发言之前,葡萄牙全权先有宣言,大致以会中对于葡萄牙情形偏苛太甚,表示不满。法元帅福禧以会中所定关于军务问题,诸多疏忽,恐有窒碍难行,亦有宣言请各领袖注意等情,遂散会。祥于散会时,遇希腊外部,彼颇以中国此举为适当,合达。再明日威沙依交约,中国亦已可以列席,并闻,乞代呈。祥。六日晚。第六十四号。

《中日关系史料——巴黎和会与山东问题》,第154页

陆徵祥来电

巴黎,1919年5月17日

对德和约草案内,与中国一律相关条款,续陈如下:(约首末节)自本约实行日起,正式交际即行恢复。(第七十九条)德国不得派陆、海、空委员,并不任该项委员或其籍民驻在他国或协助他国陆、海、空之教育。协约共事各国亦不得任用德人充陆、海、空教练人员。(第一百十八条)于本约所定德国在欧界线外,德国对于本国或其同盟者土地上所存在或有关系之一切权利、名分或特权放弃之。德国对于协约或共事各国,无论以何种名义所获一切权利、名分或特权,亦概行放弃。协约及共事各国因实行上列规定之结果,已经或将来决定之办法,除有必需时仍得第三国同意外,德国此时即作为承认并同意。(第二百十四条)所有俘虏,自本约实行,即应从速遣送回国。(第二百十五条)遣送俘虏办法,协约共事各国及德国设一委员会外,所有各关系国并应各设一委员分会,由该国及德政府派员商定实行详细办法。(第二百二十四条)各国本境内供给俘虏用费,彼此不偿还。(第八章第七附件)德国将亚伯岛至上海之海线,让与协商共事主要各国。(第二百五十八条)德国放弃所得财政或经济上国际监督之参与权。(第二百八十条)德国政府如有自营国际商务,亦不能享国家特别优待之权。(第十章

经济条款第三段）各缔约国设立检查局,以检查战前或因战暂止所欠敌人或为敌所欠之债务,以相抵偿。各国国家对于本国人债务,除战前破产者外,负有代偿责任,并得将本国内敌人私产售卖,以偿敌债。其个人间之私相接洽,应行禁止。惟协商共事中各国如不采用此法,得于六个月前通知德国。(第四百三十九条)德国承认所有协商共事各国捕获审检所决定案件,均属有效。除将和约全文于本月十六日邮寄外,特再摘要先达。祥。十七日。

《秘笈录存》,第203—204页

陆徵祥致外交部
1919年5月19日到

外交部:筹。次长亲译。五月一日,施、顾两使见英外交总长后,即将晤谈时问答纪录函送,该总长并请其抄示三国会议录稿底在案。昨接复函,未得要领。十三日,祥偕施使往晤该总长,语以胶州问题自经三国会议决定办法后,全国舆情非常愤激,政府实万分困难。前贵总长屡有对于中国极愿帮忙之言,我国甚为看重,现拟请贵总长答覆前函,俟复到后,拟在国内宣布,俾国人稍知内容。该总长答称,来函情形我曾阅过,但如欲宣布,则应将来函先再核阅,同时即将某专员召来。施使称,我正携有函稿,立即递交彼取阅一遍,先称大致均无不合,再阅一遍,乃称其中某句不甚了了,施使为之述明缘由,彼稍支吾。旋又阅一遍,又称大致确系如此,但照所纪录之口气,似三国会议即向日本施行一切,殊于日本面子不宜。施使又将日本所允交还青岛,及早撤兵,及不侵犯开放门户主义等情,为该总长一日所面告,而昨日送来之日本代表宣布文稿中未有叙及者,重覆询问是否属实。彼称此诚确实,祥等乃请将彼所谓不甚了了之句删去,而将其他各节宣布,彼仍称,容与某专员接洽。再祥乘机将我国所提希望各案面赠一册,并请其务必竭力协助。彼称,该项提案与战争无涉。祥称虽似无涉,然间接亦多相涉,此为祥所切望于各友邦者。彼称,恐本会断无机会可以议及。祥称,即使本会无暇议及,亦请决定将各该案交于国际联合会规定。彼称,联合会之细则尚未规定,何能骤交。祥称,不妨言明,俟联合会细则规定以后,即先讨论。彼仍称,未便预言,并以英在本会情形与他国相同,盍先与他国接洽等词,隐隐推却。施使于临行时,仍语某专员,国人关于胶州问题,莫如将三国会议录抄示一份,则英外交总长毫无责任等情。合先密达转呈。祥。十日。六十六号。

《中日关系史料——巴黎和会与山东问题》,第 161—162 页

陆徵祥来电

巴黎,1919 年 5 月 20 日

　　院部十五日电悉。英、美、法三国意见:法外交总长毕勋以保留一层亦万难办到。美外交总长兰辛则以理可保留,否则不签和约亦属咎不在我。现惟英国一方当再迅与接洽。万一英之意见亦不以保留为然,究应如何决定,乞再裁示,盼速复。祥。二十日。

《秘笈录存》,第 212 页

陆徵祥来电

巴黎,1919 年 5 月 22 日

　　二十日电计达。英国一方,顷由王、施两使往晤英专员,告以山东问题如此决定,全国愤激情形不可罄述,政府困难万状,迄与本代表团文电讨论,竟无办法,兹特来商尊处有无妙策可以兼顾。彼称:此事关系极大,和约为协商及共事各国对于敌国之约,不但无不签字之理,抑亦无保留办法。施使称:保留办法,国民尚不以为然,故愿意就商尊见有无别法较保留更进一层,方为妥当。彼称:就私人看法,贵国只可提出意见并须预为布置,若于签字之日临时协议,议会不允,势成骑虎,万万不妥。或者先将关于山东条款不能承认,中国将来仍有向国际联合会提议之权利,函致会长声明,以免误会。其如何声明,此事关系甚大,文字尚须经公法家格外斟酌。此特个人之见,是否能行,原不敢必。施

使称:我国对于德国交出一层,原不反对,惟交于日本,实不能不反对,该项办法原失公允。彼又稍稍辩解而散。祥。二十二日。

《秘笈录存》,第212页

陆徵祥来电

巴黎,1919年5月26日

　　顷晤法外交总长毕勋,告以接奉政府训令,关于和约所载山东条件,非保留不能签字,并告以拟即另函会长。彼称:各国如何办法本可自由,请将译稿交我,即当照转各国全权接洽,但中国如开保留之例,义国于飞乌满问题亦欲保留。此外,各国不满意者甚多,倘使纷纷援例办理,岂非和约将不完全乎? 祥称:中国政府及代表团于协约对敌之联合,非常注意,极力设法周旋,无如山东问题之办法太使国民失望,民气所趋,万不能不兼顾。彼称:此层我亦知之。旋询:传闻四国会议有决定承认俄国高尔絜政府之说,确否? 彼称:尚未承认。祥询:各国对于高氏个人之意见如何? 彼称:大约高氏组织政府必顾国民一方,不至再有恢复帝国之事。祥询:条件如何? 可否得知其详? 彼称:所谓条件者,如债务之清偿、宪法之制定等等。祥询:有无关涉蒙古等事? 彼称:决不谈到。祥称:中国与俄接壤,关系綦密,将来关于所议俄国问题,极应随时闻知。彼称:是亦诚然,可与总秘书长东大使接洽。祥又询:《时报》载有法外部消息,外间所传法、英、日关于中国势力范围商订秘约之说,系属不确等情。深盼各政府以后决不再有此等举措。彼称:报纸任意登载无据之新闻,中国与法国相同云云。祥又(题)〔提〕及庚子赔款问题。彼称:我于此节颇表同情,贵总长可请胡使与政务司长提议,我亦当告知该司长,令其接洽等语。查本日与该总长谈判情形,关于签字保留一层,彼之词气不复如前日之坚决,现已备就公函正式致英、美、法三国,将非保留不能签字情形显明表示,以观其后。总之,无论如何,对于保留一层,必再竭力办理,至最后之时而止。赔款问题,拟即面请胡使继续提议修改,法国略有端绪,再与他国接洽。祥。

二十六日。

陆徵祥来电

巴黎,1919 年 5 月 27 日

顷偕顾使晋谒美总统。总统先称:久欲请来略谈衷曲。此次山东问题所以致此结果之最重原因,实为英日、日法之密约。我竭尽智虑,以图解除此密约之束缚,终未如愿。因思不如设法使日本在三国会议中将其志愿声明,俾日后略有保障。日本遂有取得经济权及租界外将政治权完全归还中国之宣言。该项办法,深知中国不能满意。但我以为日本有此声明,以后即可由国际联合会保障履行。根本问题在日本此次可要求者,他国亦均先有。故我以为将来联合会中协助中国之计,应先将各国对于中国所有不平等之权利,如领事裁判及势力范围等设法取销。我并可为诸公告者,此次各国对于中国实有同情,即英、法两国对于山东问题议决之办法,虽不能不如此,而于将来联合会中颇有愿为协助之意。即日本牧野亦有关于领事裁判权等办法愿与他国一致之言。顾使称:此次山东问题解决之法固形失望,然总统之苦心孤诣,中国实所共知。陆总长亦深感谢。美总统称:感谢一层,我实不当。当时我之主张与今日所有结果相差太远。顾使称:现在中国人民,无论在国内或在国外,全体主张不签和约。政府顾念民情一致之主张,又不愿破坏协约各国对敌之联合,万不得已因定签字而保留之计。美总统称:不但对敌联合之关系,抑亦中国安危之关系。所谓保留者,是否即不承认约款之意,则是中国将不复为本约完全团体之一,联合会将不能过问,而日本在三国会议声明之言,亦可借词不再负履行之责。顾使称:所欲保留者,不过保留德国交与日本一层,因条约上仅载德国将所有权利交与日本,而与中国方面一字不(题)〔提〕,即日本在三国会议中声明情形,亦均未提只字,故保留之后,日本在三国会议声明之言,似不至因此牵动。且现拟保留之法,并非于五月六日陆总长在会宣言外,再有所宣

示,不过将业经保留一层再在约中声叙,美总统〔云〕再有所宣示万万
不妥。究竟保留之后,于日本声明之言是否能无牵动,此于法律问题有
关,我不敢骤答,务请与著名公法家慎加考量。余容续陈。祥。二十
七日。

《秘笈录存》,第 213—214 页

陆徵祥致外交部

1919 年 5 月 28 日到

次长亲译,歌电计达。日、法协商事,传闻以云南、广西为条件,嗣
并闻英日亦有密商为西藏、四川之条件,日本则蒙古、直隶、山东等等,
美报亦登载其事,迭经多方探听。据闻日、法近有接洽之事,为印度、安
南关税问题,英、日亦有接洽,亦为印度关税。昨日法时报声明,法外部
于美报所传英、法、日本有商订密约,关于在华势力范围之举。查各国
密约,现为国际联合会办法所不容,该报所载毫无根据,自可无庸置办
等情。该报又载,美报所登法外部对于中国代表团声明中国应签字和
约,不能有所保留之说,亦并声明不确。除再与法外交总长接洽外,先
应电达。祥。二十二日。八十九号。又电,顷顾使往商美国霍全权,告
以国内种种不平,坚请不可签字,政府于协约各国共同对敌之联合,决
不愿为破坏,惟民情亦不可不顾,因拟签字,而保留山东条款,想威总统
对此办法亦必相谅。霍称,当无意见。顾使又询霍全权个人意见,以为
何如。霍称同意,并就述最著之公法家路德看法,大约保留一层,亦无
不合等情。合达。祥。二十二日。八十九号。

《中日关系史料——巴黎和会与山东问题》,第 190—191 页

陆徵祥来电

巴黎,1919 年 5 月 28 日

和约内关于山东之条款有三,其原文如下:(第一百五十六款)德
国允将西历一千八百九十八年三月六日(清光绪二十四年二月二十四

日)中、德条约所规定胶澳租界暨铁路、矿山及水底电线等项,与其他中、德迭次所订关于山东之各案先后所规定德国享受之种种权利及所有权或特权,完全让与日本,尤以一八九八年中、德胶澳条约所规定者为最要。至德国对于胶济铁路及其支路所有一切权利,连同附属各该路之种种财产,如车站、机厂、工场及车辆并矿山、矿场与兴办各矿之一切材料及附属于各该项财产之权利及特权,现已为日本所取得者,仍归日本继续享有。至德国之国有胶沪、胶烟等水底电线及所有附属于各该电线之权利及特权暨财产,亦一律归日本所得,无庸付费,并无附带条件。(第一百五十七款)所有胶澳租界内德国之国有动产暨不动产以及关于该租界德国或因自行兴办各业与因直接或间接曾支出经费所应得之权利,现已为日本取得者,仍归日本继续享有,无庸付费亦并无附带条件。(第一百五十八款)自本约将来施行之日起,限三个月期内,德国须将关于胶澳之民事、军事、财政、司法及其他行政之档案、簿册、契据暨各种详图及公文,均移交日本。至上开之一切文件,无论现存何处,务须如期交出。至关于以上两款所开德国之权利及所有权或特权之各条约或合同及所订各办法,所有其中要点,德亦须于该期限内详细通告日本。祥。五月二十八日。

《秘笈录存》,第 204 页

陆徵祥来电

巴黎,1919 年 5 月 31 日

院部感电悉。内田外交总长宣言,当然可以宣布。查五月六日《巴黎时报》亦经载有牧野宣言保全山东半岛及完全主权交还中国之说。该宣言并经英外交总长裴尔福君五月十三日来函认为确与四国会议所视为应行公布者相符在案。特复。祥。三十一日。

附录:日本牧野代表在巴黎之声明

1919 年 5 月 4 日

A. 日本完全将山东半岛主权付还中国。

B. 图中、日两国之利益增进,诚实遵行缔结一切协定。

C. 日本协助中国停止拳匪赔款及关税改正并一切有利事项。

附录:Zürich 载德日密约

德日密约全文九条:(一)缔约两国担任扶助俄国平静内乱,维持大国地位。(二)日本应协助德、俄于中央及波斯方面得有自然通路,其细则将来两方面另定条约规定。(三)缔约两国确定彼此势力范围,防制英、美之侵入。(四)将来议和时,日本当间接援助德、俄。(五)缔约国之一与第三国缔结关于车臣汗政治、财政之密约时,他一国应协助其成立。(六)德、日另订关于陆、海军事密约,以防制英、美之攻击为目的。其细则俟议和后,由两国全权另定。(七)本约系规定德、俄、日三国对外政策大纲,其细则俟俄国再建后另定。(八)本约有效期间,从俄国再建之日起算,以五年为限。但第四条自本约批准之日起为有效,两国各得于期满前六个月声明同意再行续订。初次本约务须迅速批准,在瑞典京城交换,用德法两文为之。该约系去年七月间在瑞典京城开议,十月二日在海牙签字。

《秘笈录存》,第 211 页

陆徵祥来电
巴黎,1919 年 6 月 6 日

保留一层,现仍竭力坚持。英专员所拟声明关于山东条款,中国将来有向国际联合会提议之权一层,再四斟酌,万难预向无论何国声明,转被他方面得先布置。现遍探各方意见,我国所可声明者,只能根据五月六日在会之抗议。该抗议之措词,当时亦遍向各方接洽后万分斟酌,而现在无论何国看法,即美国赞成我之意见者,亦认为决不能再有过分之言语,致引起意外之反动。至设法于文书上令由日本表示定期归还一层,祥等自四月三十日得悉收回半岛不能直接交还后,即将此层办法与英、美、法各方切商,请查五月一日、四日、十九日、二十日各电,即可略知底蕴。亚洲通信社所传消息不确。再,保留一层,美国其他全权固

有尚无不可之看法,美总统迄未明示可否。至法外部态度尤为不易捉摸。日前致会长函,至今未据答复。义国方面,经王劼使接洽后,据义外部意见,赞助四国会议中提议及此,义国可在赞成之列。余续陈。祥。六日。

《秘笈录存》,第 215—216 页

陆徵祥来电

巴黎,1919 年 6 月 7 日

兹密探得三国会议录,节要摘陈如下:日本政府系将山东半岛完全主权归还中国,仅留业经给与德国所有经济权利暨按照通常情形在青岛设立租界之权。其现有之铁路,如胶济及其枝线,应为中、日合办事业。铁路业主得专为运输上设置特别警察,该警察不得移作别用,并须以中国人充之。所需日本警察教练官,由中国政府派充。日本所拟归还者,所有山东半岛军事上之管理暨周围胶澳准驻德兵,即百里环界之地之军事管理以及所有该地方行政管理上之一切设施。总之,日本之意,系将租借地之中国自主权完全归还。日本又担保济南置戍一节,完全为权宜之计。该戍兵仅于和议告成后过渡时代中存留。凡所谓过渡时代,彼以为能缩短者,务必缩短之。据其解释谓:前将沿路之兵集于青岛与济南,即为日后完全撤兵之初步。该项业经日人担保,苟能从早,必从早撤兵。又谓德国建筑之炮垒不在青岛埠,将来给予;日本之居留地范围之内,其日本拟留之。德人权利属于经济性质者如左:一、在青岛要求居留地之权,但并不排斥他国公共租借之权。二、业经造成各路之德人所有权利暨与铁路相关各矿之德人所有权利。至于铁路所在之地,系完全为中国主权所在,并为中国法律管辖。三、给予德人建筑其他两路之让与权,即高徐、济顺须用日本资金,现日本正与中国磋商供给需用款项之条件。中国政府对于该两路之地位,与其他各路之用外资建造者同。又,日本代表为特别担保如左:甲、不得因中国向日本人在青岛之一切让与而排除他国人在该埠经营之事业。乙、日本人因现有铁路占多数股份,故获有经济上管理,然无论如何,不得因行使此项管理,遂使各国商务利益有所歧视。惟日本代表声明,倘日后中国对于此项办法或有不遵,例如警队之组织不允协办或不允雇用日本教练官,则日本有保留援用一九一五及一九一八年中日条约之权云云。美总统亦声明,倘中国有不遵以上办法之事,希望日本向国际联合会行政部请求调停,以代援用前项条约之举。日本代表称:中国如履行一切义务,自不发生保留援用之事,更有他日即使提付国际联合会时,日本绝难以前项各条约为依据,故此权日本必须保留。威总统坚称:彼之谈论不合解释为彼于中、日互换文件有所承认,因该□对此要求曾为切实抗议者也等情。统乞密裁。祥。七日。

《秘笈录存》,第208—209页

陆徵祥来电

巴黎,1919年6月13日

昨顾使与某员晤谈,有足补三国会议录节要所未载者,合电如下:

(一)顾使询会议录节要内关于德人前得之山东一切优先权等,此次日本在三国会议中并未声明,谅即不在继承约文之内。某称:此层当时曾向英外相裴尔福君言及,并向日本说及德人于该权利向来亦未实行,则日本当然不复继承。忆此为日本代表所承认。(二)顾使询胶济铁路何如。某称:此层当时曾询日本,胶济铁路是否为中国政府之路,其运价是否由中国政府规定。日本代表答称:胶济铁路系中、日合办。某询:然则一切权利,如铁路公司内之董事等是否中、日各半。日代表答称:应照股本成数办理。某向顾使言:照此情形,中国股本甚少,当然相形见绌。大约日本尚须偿还德人资本,因该路虽有彼此监督,然究为私产,中国似应于日本出资向德购买时设法资助,以期均平。(三)顾使询烟潍铁路会议录内未经载及,想亦不复在日本继承之列。某称:此层当时却未想到,大约日本亦不愿筑造此路,因该路造成后于烟台有益。顾使又询:凡三国会议所送节要内未经载明者,是否可认为均不在日本继承之列。某称：此层看法大致无误。按照个人看法，日本所欲者，不过在三国会议中业经声明各节，如胶济铁路及两矿，并高徐、济顺两线以及铁路、警察、租界等。某又称：租界一层，当时曾劝日本不必坚求专有租界，青岛地段不大，设一公共租界已足。日本人民当然比他国人多，则租界管理权当然仍在日人掌管。日代表坚称：此层为中、日成约，万不能不坚持。顾使询：按照日代表所请保留一层，足证中、日成约并未合请三国会议承认。某称：此为美总统之看法。美国向来如是，两国成约，究竟他国不便有所主张等语。查某氏亦会议时列席之人，与顾使所称各节均堪注意，请一并查察。祥。十三日。

《秘笈录存》，第 209—210 页

施肇基来电

1919 年 6 月 20 日到

北京公府吴秘书长鉴：巴密。十日电计达。昨日来法，保留一层自向三国去函之后，现尚无表示反对复文，四大国似可望不至再生异议。再五日尊电内，美总统与兴老顾使谈话所述，日本在三国会议中声明及对敌联合之关系中国安危之关系各节一层，与基所闻于顾使者略有参差，现将尊电转示顾使。据称，见美总统时，系告以中国对于签字极形困难，既不能不虑及各国对敌联合之关系，亦不能置中国民意于不顾。美总统答称：中国签字问题不仅在于对敌联合之关系，即中国前途安危有关系云云。并无日本在三国会议中声明字样。至于当日电稿如何措词，实未见及等语。至此间会所，总长已定解散□□，故由英调用人员业查照办法饬备护照返英，并闻。基。十五日。

中国第二历史档案馆藏总统府军事处档案

陆徵祥致外交部

1919 年 7 月 4 日到

筹。德约签字在即，近一星期间国内来电数十处，对于签字保留一致呼吁,异常愤激,祥卧病在床,至为焦急。二十四日午刻,顾使往见外部和会秘书长吕达斯达,即云:中国对于山东问题曾于五月六日在大会提出正式抗议,五月二十六日具函通知会长,兹遵政府训令,愿于德约签字时,将关于山东条款声明保留。吕云:保留条件恐不能行,照订约通例,似惟签字或不签字两件办法。顾使云:签字保留不无成约,一八一五年维也纳瑞典全权于约文内签字,即声明对于某某条约有保留字样。吕云:果尔,则应从早来函接洽,藉免临时困难,盖此事非和会秘书处所能擅决。顾使云:中国委员团曾于五月二十六日函达会长,贵秘书处五月二十八日复信,曾称已为转达联合国高等会议。吕云:诚然。他国亦有保留签字之请,惟高等会议于此问题究如何决定,当即代询会长再答。下午六时半,顾使又晤吕秘书长。吕云:贵国所愿将山东条件保留一层,已达会长,据云势不能行,只有签字或不签字之办法。顾使云:中国全国人民对于此项条件一致极力反对,本代表因思对敌,不得不表示一致,是以委曲筹商,作此保留签字不得已之办法。吕云:约中不满意之处,必有数国一手承受有益之条款,一手将不满意者声明保留,似亦势所难行。即以罗马尼亚而言,约中条款于彼国边境土地几得加倍,但彼因宗教种族少数问题之保护一层,即生反对,屡多抗议。顾使云:罗于土地既得有加倍之大,尚因不满意之款而生抗议,中国于此次欧会中所得何在。吕云:中国所得较诸他国确未为多,但保留一层既如贵使云,曾于五月六日在大会抗议保留,五月二十六日函达会长声明,似无庸另加手续。顾使云:五月二十六日之函不过通告会长拟定,欲在约中注明保留字样,现贵秘书长所称会长之意如是,未知是否经联合国会议决定。吕云:此系大概原则之办法。顾使云:譬如不得约内注明而另筹一种正式之手续,于开会数分钟前备函通告会长声明保留,一面即分函各国,谅贵见亦以为然。吕云:此层似贵代表团欲于签字时,在全案上实行一番不满意之表示,自不如先将各函送会,当代为分送,并云条约签字即敌人亦有抗议及保留之意,彼迫于众议,已允完全签字。顾使云:此系对待敌人之办法。吕云:此不过论其事,顷所谈各节当为报告会长。本日午后六钟,吕秘书长又招顾使往晤。吕云:我素与中国抱关爱之怀,惟今日有不得已之事,会长嘱告贵使保留一层实不能行,无论何国均无此举,此项约内只有签字与否两层办法。顾使云:会长之言是否专指译文在约中保留者而言。吕云:系指各种保留,现将接见南洲某国各代表,亦即以此言同样声明,并谓迫于事实,致贵使之所请未能给完备之答覆,殊为抱歉。顾使云:可否请将仍照贵秘书长所告之辞备函通知。吕云:当即代恳函达。以上情形各使闻之均极失望。即晚八钟余,顾使又面谒美总统,略陈政府苦衷,并告以国内人民对于山东问题主张绝对不能签字,异常愤激。本使等因与协约国对敌一致之关系,所以退而作签字保留之请,并请日间见和会秘书长所谈略述一遍。美总统云:此事中国人民不能满意,予所深悉,至于约上保留办法,予亦不主张,然于必不得已之中,似可另筹一转圜之法,中国可备一正式通告或宣言,即声明中国在和会约中关系山东问题,将来于相当之时间适宜之机会,有请求继续讨论之权,但予非公法家,究系手续如何,请贵使于明晨晤兰辛外部一商。且本日高等会议时,予亦曾以山东问题中国不满意一层当众说明,并嘱法外部与贵使接洽,另筹一办法协议,瞬息间法外部即可电招贵使。又云:予曾向兰外部将三国会议中,日人所承允之言备一节略,请日本代表签字证明,惟此事兰外部现在办到如何地步,尚未来复。顾使称谢而散,余续电。祥。二十五日晚。四十二号。

《中日关系史料——巴黎和会与山东问题》,第 233—234 页

陆徵祥致外交部

1919 年 7 月 6 日到

今晨十一钟半,顾使往晤法外部毕勋。毕云:高等会议关于中国保留问题,嘱本外部特与贵使接洽。五月二十六日代表团之来函,彼等均已阅悉。中国所谓保留者系何解说,其效若何,此问题四国会议认为非常重要,所以特与贵使详细磋商。顾使云:此次和会解决山东问题,我侪认为不公道,国内一致反对,异常激烈,此种情形谅贵外部所深知。

中国委员并非不愿签字,惟对于山东条款必须保留。倘不保留而签字,本使可预料国内人民必起而反对政府,暴动横生,可以立见,是使中国大使立陷于扰乱之地位,且如果有此种事项发生,中国政府与委员团之责任非常重大。毕云:中国舆论反对亦所深知。贵使所云山东问题解决之不公道亦可如此说,惟约内保留一层殊多未便。顾使云:中国对于全约,除此山东问题之三款外,均可承认。毕外部即将约款翻阅,顾使即为解释,谓此三款直接有关系者为中、日、德,而于中国为尤切,中国之欲保留,并非反对德国交出山东权利,不过反对日本之收受。毕云:权利虽由日本收受,但既为条约之一部,所有在会各国均有担保执行之义务,且约内保留并无先例。顾使即举一八一五年维也纳公约先例以答,并谓先例一层似无困难。毕云:执事为驻美公使,美总统向不承认维也纳条约为先例,谅亦深知。顾使云:如果山东问题不能保留,欲中国全权签字一层十分为难。毕云:签字与协约国关系极大,贵使如愿在约外有所声明,并无不可。顾使云:现在中国要求保留,不过数字,仅为声明保留而已。毕云:如在约内注明,断乎不可,且此项保留如何用意。顾使云:我侪用意,无非欲将来有权可以再向各国政府要求复议。毕云:复议一层是否指签约之后而定。顾使云:现在时间甚促,事实上当在签约之后。至如保留字样实不能于约文内声明,则附约后亦可勉允。毕云:附于约后仍为条约之一部份,亦万难办到,本外部愿闻中国代表究竟是否签字。顾使云:鉴于民意,不能不设法保留,只期此意达到,使不至对敌国体呈有破坏之现象,如果约内保留万做不到,则约外保留非做不可。毕云:然则中国委员团之意,全约则签字,惟于签字之前以正式公文通知会长,谓中国全权之签字仍以五月六日之保留为有效,并谓此项保留之用意,即欲使中国于签约之后,有权重将山东问题要求各国政府复议。顾使云:大意如此,惟措词未能以此为定,并谓此意想贵外部亦无所反对。毕云:容将上项谈话笔记报告四国会员后,再行奉闻。祥。二十六日。四十三号。

《中日关系史料——巴黎和会与山东问题》,第238—239页

陆徵祥来电

巴黎,1919 年 6 月 27 日

　　本日下午五钟半,顾使往晤法外部。毕勋云:昨嘱转达备函交会一层,兹会长嘱告中国,当在签约后酌备一函交会。顾使云:此项签后保留有无效力?毕云:我看有同一效力。顾使云:既同,则和会何不于签字前接受我函。毕云:会长言未签以前,不能允许有提出保留之事。顾使云:中国为顾重和会全局,已一再让步至于极点,会中尚不能承认,深为可惜。准此情形,恐中国委员团未能签约。我全国舆论之不平,谅贵总长亦有所闻。毕云:劝中国以签约为然。顾使起云:若不能保留而签字,我全国民心必益愤激。万一中国委员不签约,中国政府不能负责,其责任当在和会。遂辞归。祥。二十七夜。

《秘笈录存》,第 222—223 页

4. 关于签约的讨论与拒签德约

陆徵祥来电

巴黎,1919 年 4 月 18 日

　　据大会函准审查全权文凭专股称:中国全权于和会各约签字,应有两人,未知谁属,请迅即开示名单等情。现在对德和议草约签字在即,请电示训令,并望愈速愈妙。祥。十八日。

　　按:签字全权经国务会议决定,派陆徵祥、王正廷二人。

《秘笈录存》,第 138 页

陆徵祥来电

1919 年 4 月 21 日

　　北京公府吴秘书长亲译,振密。呈大总统、总理钧鉴:对德和议草约签字在即,查签字全权关系尤重,应如何慎加遴选,谅在鉴中,特请注意。祥。洽。

中国第二历史档案馆藏总统府军事处档案

山东外交商榷会致外交部

1919 年 5 月 4 日

大总统、国务院、外交部鉴：青岛问题有失败消息，鲁省人民怃愤异常。事关中国存亡，兼系鲁民生死，无论如何，万难承认。望即电议和专使，坚持到底，拒绝署名。鲁民三千万誓愿为政府后盾。山东外交商榷会张介礼、王朝俊、张肇铨叩。支。

《中日关系史料——巴黎和会与山东问题》，第 126 页

国务院致各省督军等电

1919 年 5 月 10 日

胶澳问题为此次和议我国最重大之件，迭经专使在会陈述理由，主张由德国直接交还，日使坚持异议，迄无解决办法。现接陆专使来电，以此项问题经英、法、美三国会议决定调停办法如下：德国前在胶州及山东省所有各项权利一概放弃，交于日本，日本自愿担任将山东半岛连同完全主权交还中国，仅将前允德国之经济特权，暨在青岛设立特别居留地权保存之。各铁路专为保护营业安宁起见，可用特别警队，以华人充之，各路所选日本教练人员，由中国政府委派日本军队，应于所定期间撤退等语。查各国议决办法，与我国最初主张相去悬殊，我国若不允认，惟有不签字草约之一法，但政府详加考量，不签字草约实有数害：（一）胶澳现在日人掌握，将来更无收回希望。（二）关于胶澳，中日已有协定条件，若非各国调停，必致日人单独处置。（三）以后日人如有轶出范围举动，各国恐难仗义执言。（四）接专使电告对德各项，如领事裁判权之撤销、津汉各租界之收回、关税之自由、赔款之废止、债务之没收、损失之赔偿均已列入草约，将来对奥和约自可照办云云。若不签字草约，上述各节悉归无效，将来仍须由中德自行办理，果否能得上项

结果,殊难逆料。(五)不签字草约,恐难加入国际联盟,转致他项问题均受影响。既有以上数害,是以对德和议草约,似宜从权签字。执事对于此事有何意见,统希迅速电复。院。

《中日关系史料——巴黎和会与山东问题》,第 132—133 页

奉天省议会等致外交部
1919 年 5 月 10 日

此次巴黎会议,日本恃强蔑理,要求将青岛由德交彼处理,此耗传来,举国骇惶。比闻院电专使坚不承认,如果无可挽回,即拒绝签字,以为最后之抵制,主张极是。惟查日本蓄意吞并,为时已久,设非政府及全国人民具有决心,一致抵御,莫克促其反省。现在各省民气极为激昂,足为政府后盾,应请政府俯察舆情,再行电令专使坚持到底,勿稍馁却,以保领土而维主权,是所至盼。奉天省议会叩。蒸。

《中日关系史料——巴黎和会与山东问题》,第 131 页

陆徵祥致外交部
1919 年 5 月 12 日到

连日迭向各方接洽,直接间接设法,务请将条文内添加交还中国一层,仍难如愿。并探闻日本于三国会议,迭次坚持之后,竟向英、法两总理致一最后通牒,其措词之严重,至有英法应遵守一九一七年密约,维持关于山东各项条款,即使因此与美总统决裂,亦所应为等语。现和约草案提交德人以前,协商各国有须先自签字之说,倘竟确实,为期更迫,各方意见不签字或签字,而提出条款声明不认等法,均属难行,实为焦灼。请将对于签字与否如何决定情形,迅速电示。祥。四日。五十四号。

《中日关系史料——巴黎和会与山东问题》,第 137 页

国务院、外交部致陆徵祥

1919 年 5 月 12 日

胶州问题迭电均悉。条文虽未准尊处详电,而七日伦敦路透电大致业已披露,本日全体阁员与两院开谈话会讨论,佥以为双方不能添加交还中国一层,不能签字。盖国会深虑民国四年中日条约所订交还条件,按照国际惯例,势必为新约所取消,但日本系征求意见,并非正式议决。除俟尊处旧条约关于中国全文迅速电部,再行由院正式送交两院公决外,特电接洽。院、外。又近日京沪水陆电线有阻,尊处来电请暂发沪电局转。

《中日关系史料——巴黎和会与山东问题》,第 143 页

浙江省议会电

1919 年 5 月 13 日

北京。大总统钧鉴:青岛交涉失败,舆论激愤,佥谓章宗祥、曹汝霖、陆宗舆等共同祸国,罪无可逭,应请罢斥查办,以谢国民。浙江省议会印。元。印。

中国第二历史档案馆藏北洋政府国务院档案

江西省议会电

1919 年 5 月 13 日

二份。北京。大总统、国务院钧鉴:文日,本省全体学生组织游行警告团,以青岛山东问题关系中国存亡,京师学生情愤填胸,质问曹、章,致被捕拘,痛何如之。现闻山东草约业经欧洲和会签字,是亡国之祸迫于眉睫,请电中央据理力争,还我山河,释我学生,并通电南北,速息内争,一致对外。学生出于爱国热忱,本会有代表民意之责,理合转陈,伏乞鉴纳,以保国土而顺舆情。赣议会叩。元。印。

中国第二历史档案馆藏北洋政府国务院档案

山东省议会等电

1919 年 5 月 14 日

二份。北京。大总统、国务院钧鉴:顷闻青岛问题巴黎和会有允日本继承德国在山东经济权消息,借口去岁曾与日本订立高徐顺经济草合同,已明认日本在山东有经济权云云。恶耗惊传,人心惶骇,迭经各界会议拚死力争。若挽救方法,必须从偿款废约着手,鲁人请愿毁家破产,担任筹还,务悉竭力主持,用救危亡。临电哀鸣,无任迫切待命之至。山东省议会、商会、农会、教育会同叩。寒。印。

中国第二历史档案馆藏北洋政府国务院档案

陆徵祥来电

巴黎,1919 年 5 月 14 日

签字事,一日、二日、三日、四日、六日及八日电计达。会中处置亦知不平,因而我不签字可表同情,即他亦必有人声应,所恐列强执政之心理,未必与舆论相同。强权自有主张,舆论究无责任。设中国单独不签和约,难免不有破坏对德联合之嫌,因有隐忍签字而将山东条款保留,并签字全权于赴会全权外,另派人员之计。惟保留一层,现虽声明在案,而签约时能否办到,遍探各处意见,均尚未敢断言,此层实费踌躇。究竟应否签约,倘签约时保留一层亦难如愿,则是否决计不签? 时期日迫,关系至巨,闻见所及,合再沥陈,万祈迅即裁定,立速电示,俾有遵循,无任迫切。再,奥约草案亦将就绪,奥国全权今日到法,并闻。祥。十四日。

附录:条议三件

胶州问题议决事,迭电计达。我国对于议决情形,声明不能满意之外,应否另有表示,不能不为熟审。查表示之法不外三端:一、照义国办法,全体离会回国。二、不签字。三、签字而将该条款声明不能承认。第一法,我国情势与义种种不同,自难仿办。第二法,胶州事虽不满意,然尚有对德他项关系,如撤废领事裁判权、取消辛丑赔款、保留关税自

由及赔偿损失等类。且和约一日不签字，则对敌永立于战争地位，日后中、德两国直接订约，是否较有把握，殊属疑问。第三法，签字而声明该条款不能承认。查本和约多为对德问题，若列强恐中国声明办法为敌国所利用，不能照允，亦为意中之事。且三国决议办法中，如交还山东半岛句上声明连同完全主权；又，日本军队撤退及一再声明日本所得权利专为德人前得之经济权利，足见其政治权利一方业已当然不能再有侵犯，较之一九一五及一九一八年中、日各约文条款，究竟稍有修正加以限制。倘我于和约中声明不认，则我国两次与彼所签之约是否可以认为作废？否则舍彼留此，孰为有利？且三领袖居中周旋，商（確）〔榷〕数日，究亦不无善意，我仍不认，于国际感情能否无碍，似均不可不加审慎。管见所及，合先缕陈，仰备裁酌。

自胶州问题未达直接交还之旨，群情汹汹，全权引咎，旁观责难，足见人心未死，国事可为，悲愤之余，私衷稍慰。为表示不平之计，当然不能签字，惟权衡利害之重轻，似尚有讨论之余地。查国际缔约不签字或签字而将某条款声明保留，原为销极之作用，借免履行之义务。今胶州于事实上早为日兵占据，而此次和约条文内之当事者为日、德两国，若因地主之中国不肯签字，而使日、德之间可以发生障碍，则不签字之作用斯有关系。所恐我不签字，于日、德间应之之效力毫不变更，而中、日之间，则两国转虑不能单独取缔，是徒保持日人于条约所得之权利仍可继续完全享受。于承认交还之间，转可借词别为计划，即其对于三国会议所允相让等事，均可因此变计。日后我虽欲向三国责言，彼亦振振有词，不负担保之责。故不但对德问题有国际联合会之关系，是否可不签字，即与议条款是否利于保留，事关大局，不敢不贡其愚诚。全权诸公，目前情势为个人计，自以不签字为宜，若顾国家，岂宜冒昧从事？况签字之后，尚须国会通过，政府批准。倘日后详察情形实有不宜之处，则国会仍有从容操纵之余地，手续似较相宜，倘邀垂察，毋任感幸。和会议决胶州问题，我国群情愤激，佥主拒绝签字。此事关系太巨，其中利害轻重,窃尝平心静思,此次在大会中,□有意外之失败。况主权完全归还中国一层,既由三国与日议决,即可借商实行交还办法,于我不为无利。约文虽未明载,然三国会议言犹在耳,且有英外部复函可据,日本决难食言。即使有所托词,延不履行,三国似究不能坐视。若不签字,则我国将在联合会之外,势更孤立,而日本以我既未承认,则原议自可取销,转有借口;三国憾我不受调停,亦将袖手漠视,均在意中。远东情势,终须借列强以相牵制,未便有伤感情。且中日成约,并不能因此次不签字而可作无效,是实际上于前途毫无希冀,而先使目前对德所获利益悬而无著,似不可负一时之气,而忽久远之图。即保留一层,无论大会未必许我,纵许我保留,亦徒畀日人以悔翻之余地,我仍无收回之能力,其害与不签字无异。至或虑因签字而扰及国内安宁,则胶澳一日在日人之手,民愤一日不平,签与不签二者与安宁之关系一也。但于对外一面,始终表示失望,签字非所得已;而对内一面,晓以胶澳归还有日,主权未尝有伤,熟察全局大势,我人但当退而自省,民情或亦可平。管见所及,冒昧电陈。

《秘笈录存》,第205—207页

国务院致各省省长

1919年5月15日

　　江西、浙江、福建、湖北、河南、江苏、山东、湖南、吉林各省长鉴:据南昌、杭州、福州、武昌、开封省议会,南昌、九江教育会等,南昌、上海、烟台、常德、哈尔滨总商会,上海学生联合会先后电称,青岛问题,国权所系,乞电专使据理力争,万勿签字,并请释放被捕学生各等情。青岛问题已迭电陆使设法力争,被捕学生均经保释,听候法庭办理,希即分别转知,静候解决,勿滋疑虑。院。删。印。

中国第二历史档案馆藏北洋政府国务院档案

刁作谦往晤芮恩施问答

1919 年 5 月 16 日

巴黎和会与山东问题

作谦云:贵公使谅已见到对德和约之全文,贵公使亦知此项约文,是否为已交德国代表之最后草案乎,本部自五月四日以来未曾接到电报,未得和约已交德人之消息。

芮使云:本公使未悉电报之不通,范围既广,日期又久,本公使等疑为有意延搁,贵政府应加以查问,本馆除路透电报而外,亦未接到消息。

作谦云:路透电报系五月七日伦敦发来,所以约文或已早几日拍致。此间关于山东之条款,与本参事因读陆总长来电所卜之想像相去过远,故本参事不能决定,路透社所宣布之草案,定非五月一日以前拍来。此间之第一次最早草案,据路透社云,五月七日之伦敦来京,系送出宣布之约文草案,故约之正文似在该日以前必已拍来。中国究在几日以前,系一极关重要之点,陆总长迄五月四日尚未接到约文之通告也。贵公使能否打电话致路透社,问该社何时接到约文。

芮使云:路透社谓,约文何时到中国,该社不得而知,系上海路透社接到五月七日伦敦电报,宣布约文草案,此草案或系最后草案。(当晚作谦过路透社,人据言该社接到约文,系由上海来函,未知上海该社何时自欧洲接到。所载条款似系最后条款,否则宣布约文之电报,当加入修正设有修正者)。

作谦云:据最近陆总长来电,似甚沮丧,殊可证实中国要求之失败,与草案之最后决定。山东条款系英国首相之提议,其第二办法系以□条件允许日本,继德国之后,是中国以正义与法律为依据之要求完全失败。中国人民只可视此为列国之破坏国际公法,与不肯以正义待遇中国,中国政府似已决定训令代表不签字,又觉得此约而设签字者,中国人民将有政府所不能驾驭之骚动,本参事本晨特来拜访,叩问贵使意见,而后可俾本部部长以最后之印象。

芮使云:协约国决定此项条款,谅必受有情势极强之压迫,我等亦只能希望在此项条款之外，英、法、美与日本两方之间，有一日本以主权完全之胶州归还中国之妥定。

作谦云：陆总长来电中未曾提及此点。陆总长五月初二日电中所举政治权利与经济权利之区分，或系贵使所论及之妥定，我等并希望其诚然，第观陆总长后来电报，则似未尽然。本参事所惧者，设中国不签字，和约不免发生许多纠葛，本参事统观一切消息，似政府已决定不签字，如英文北京日报所举，附有保留权之签字者，贵使以为何如。

芮使云：本公使以为此系最佳解决之法，中国不必说否认，此项条款只言在中国之意见，德国由条约得自中国人之权利，按照国际公法，两国有战争状态后，应归取消。和约中之条款，使已取消之权利归于复活，中国以为与法律及正义不合，所以中国保留此问题，以俟国际联盟之仲裁。

作谦云：设协约国而不肯承认此项保留权者，则何如。

芮使云：本公使看不出协约国如何能拒绝此项附有保留权之签字，此事已有前例，若中国而声明保留此问题，俟诸国际联盟之解决，大可加强中国之地位。

作谦云：是当可加强中国之地位，第日本可找出别种理由，坚要协约国不承认附有保留权之签字，恐协约国将拜倒于处卓越地位之日本之前，未必主张无武力为后盾之正义与法律也。

芮使云：本公使不以为协约国将不承认中国如本公使所说附有保留权之签字。

作谦云：此办法自系解决困难之一法，据本参事意见，不知对德和约中何以能有安排，协约国自己云，条款由德国让弃，其山东权利归于参战之中国，此正当办法也。即以尚有其他职等所目为在正理上不能存在与日本对抗之协定，亦只能在对德和约条款中，由德国让弃权利，交与协约国及其联合国，随后再做处置，如关于德国殖民地条款之例，方为正当。日本及澳洲均要求太平洋中德领岛屿，和约中则令德国让弃各岛交与协约国。此项岛屿系隶属德国主权之下，尚系交与协约国全体,故中国更有理由可以请求将德国在山东之权利让弃与协约国全体。

芮使云:此说甚是。第本公使以为贵国代表当已有此种提议,而为日本竭力反对。

作谦云:本参事以为此办法较之可以影响对德和约之完全之保留权,似更合理而适机。

芮使云:二项办法之中,或此或彼,不妨电贵国代表继续力争。本公使之意见,协约国不能拒绝中国附有保留权之签字。至由德国让弃交与协约国之条件,本公使以为协约国业经拒绝也。

作谦云:承贵公使讨论多时,耗费光阴,甚为感激。

芮使云:本公使常愿如今日之非正式状态接待阁下,此种无所隐蔽之讨论,双方均受益也。

《中日关系史料——巴黎和会与山东问题》,第152—154页

王广圻致外交部

巴黎,1919 年 5 月 17 日

外交部:筹速呈大总统、总理钧鉴:自胶州问题未达直接交还之旨,群情汹汹,全权引咎,旁观责难,足见人心未死,国事可为,悲愤之余,私衷稍慰。为表示不平之计,当然不能签字,惟权衡利害之重轻,似尚有讨论之余地。查国际缔约不签字或签字,而将某条款声明保留,原为消极之作用,藉免履行之义务。今胶州于事实上早为日兵占据,而此次和约条文内之当事者为日、德两国,若因地主之中国不肯签字,而使日、德之间可以发生障碍,则不签字之作用斯有关系。所恐我不签字,于日、德间应有之效力毫不变更,而中、日之间则两国转虑不能单独取缔,是徒保持日人于条约所得之权利,仍可继续完全享受,于承认交还之间,转可藉词别为计划,即其对于三国会议所允相让等事,均可因此变计。日后我虽欲向三国责言,彼亦振振有辞,不负担保之责。故不但对德问题有国际联合会之关系,是否可不签字,即与议条款是否利于保留,事

关大局,不敢不贡其愚诚。全权诸君目前情势,为个人计,自以不签字为宜,若顾国家,岂宜出此。况签字之后,尚须国会通过,政府批准。倘日后详察情形,实有不宜之处,则国会仍有从容操纵之余地,手续似较相宜。倘邀垂察,毋任感幸。广圻。齐。

《中日关系史料——巴黎和会与山东问题》,第 159 页

湖南省议会等电

1919 年 5 月 18 日

　　二份。北京。大总统、国务院钧鉴:吾国为协约国之一,青岛当然由德直接交还,乃日本违反和平旨趋,狡词强夺,凡我国民,莫不发指。恳电陆、王、顾专使坚持不签字,曹、章、陆等甘心卖国,请速罢斥,以谢国人,并望督促南北和议即日解决,一致对外。湘省议会、教育会、农商会同叩。印。

中国第二历史档案馆藏北洋政府国务院档案

国务院、外交部致陆徵祥

1919 年 5 月 20 日

　　巴黎中华使馆转陆总长鉴:甲密。八日电悉。前电关于和约大体签字,惟胶州问题应特别声明保留,计已达览,希即照此办理。至胶州条文外,签字办法仍应照前次院电,由贵总长暨王全权专任,俟签字后,各全权自可离会。公与顾使如能回国一行,俾国人知此中经过详情,藉祛误会,尤盼。院、外交部。号。印。

《中日关系史料——巴黎和会与山东问题》,第 164 页

南京总商会代电

1919 年 5 月 21 日

　　北京大总统、国务院、外交部、参众两院钧鉴:此次巴黎和会,我国对日外交完全失败,凡属国民,莫不愤恨。顷阅报载,政府有比较利害

忍辱签字之意思,表示在政府虑外交之孤立,别具苦心,而要知已不自竞求保障于不公平之约,宁能有效。遇虎于途,哀而死,毋宁拒而死。务请训令专使坚持到底,万勿签字。一面速息内争,善用民气,培养国力,为异日桑榆之计,人心不死,国终可为。大错已成,万勿再铸,临电哀鸣,伏乞矜鉴。全国商会联合会江苏省事务所南京总商会全体同人叩。效印。

《中日关系史料——巴黎和会与山东问题》,第 164 页

陆徵祥致外交部
1919 年 5 月 25 日到

　　密呈十四日电计达。顷在国际法联合会晤法外交总长毕勋,重将国内及国外华侨对于山东处置办法,各界愤激,主张不签和约,与之叙述,彼称不妥。嗣将签字而保留山东条款一层,婉词探询,据彼意见,万办不到。现国内情形如此,而国际情形又如彼,万一不签和约,而将对德所获其他各款为会中公共收管。在我此时视之,诚如各界所谓庚子赔款等等,均属细端,倘此细端而重覆发生枝节,或且开各国公共处置中国权利利益之端,两害相衡,孰为轻重,关系至钜,是否可以无虑。大约签字日期六月一日以前势赶不及,应请查照十四日电,并法外交总长意见,详慎采择,裁定电示。再王正廷意见,大概保留一层不能办到,则无论如何,彼决不签字,祥亦当然不能独任其责,合并附达,统祈代呈。祥。十九日。七十八号。

《中日关系史料——巴黎和会与山东问题》,第 185 页

陆徵祥来电
巴黎,1919 年 5 月 28 日

　　二十一日院部电悉。保留一层苟能办到,自必竭力。惟保留手续亦殊不一。最上之法,则于约内注明,现时力争向各方接洽疏通,正即为此。惟所据各方表示之意见,迄无把握。今日为最后之讨论,大致主

张不保留而不签字者,谓德国虽不□亦不能再为我患。英、美、法等既不足恃,更未必因我不签字而加危害。日本谋华政策虽签字而亦不稍减。至于夙怨未消,则不签字后可以一致对日,而将来山东问题仍可向联合会陈诉。且各国于此和约不满意者甚多,恐未必日久而无更变。此其大概也。其主张虽不保留亦不如签字为愈者,则谓德、奥方面多少收回若干,若德约不签,是否他国仍请我签奥约,尚为疑问。他时欲入联合会恐将更费手续。日本则成约俱在,不能认为无效。英、美、法等舆论虽不一致,而当轴要人难免不以破坏对敌联合为嫌,日本更可乘机利用,而我则国内毫无实力,国外更失同情。至于签字以后,日本侵略主义虽不因此更改,然我究可认定经济、政治界限,随时防止。不得已时,亦可向联合会陈诉。若〔因〕民情愤激,于政府及全权难免不因签字而立〔受〕攻击,惟〔衡〕利害之轻重缓急,似应考量。况签字之后,将来批准与否,仍可由国会操纵。此又一说也。以上两端,互有利害。究竟孰为较善,乞参照迭次电文,再加详审裁定,立速电示。祥。二十八日。

《秘笈录存》,第214—215页

国务院转交外交部唐继尧来电

1919 年 5 月 31 日

照录云南唐继尧个电

广东军政府各总裁、各部长、参众两院、北京徐菊人先生、上海唐总代表、各省督军、省长、各镇守使、各省议会、各报馆钧鉴:顷据电传,欧洲会议议决将青岛交付日本,由日本自愿担任将青岛主权交还中国,但得保留前许德国之经济特权,并于青岛设居留地,铁道得设特别警队,华人充之,教习日本人由中国政府委任,日本军队于最短期内腾出山东等语。查我国自对德宣战,凡属敌人租借之地方,以及一切债权物权,当然由中国直接收回。我国代表在欧洲和会要求退还青岛,实为正当不易之举。如谓胶州之役日本以兵力驱逐德人,即应继承德人一部分之权利,则美国军队于法之亚尔萨斯、罗伦两省,英国军队于比之法兰特尔斯地方均协助驱逐德人,其牺牲尤为重大,未闻藉口有一二权利之要求。兹乃以青岛交付日本,未能直接退还,而日本复保留种种特权,是无异以敌易暴,既背吾国人民之公意,亦失协约国际之平衡,此不独山东问题,实国家存亡之关键。现唐总代表已径电巴黎陆专使等,请其力争,勿予签字,尤冀我国上下一致坚持,为议和专使之后盾,并电请协约各国主张公理,维我主权,不胜迫望之至。唐继尧叩。个印。

《中日关系史料——巴黎和会与山东问题》,第 198 页

陆徵祥来电

巴黎,1919 年 6 月 17 日

九日电悉。祥旧病骤发,异常困惫,不得已,十四日赴山克鲁医院治病。据医生云:背后筋络酸痛,系是伏寒。惟肾部虚弱已极,考查溺质含有积滞,现在不能用心,须将公事一切放下,容著意调治,以观后效等语。祥自觉起坐均形困顿,只有在院养息。惟德人签约或者即在目前。我国对于山东问题与各方面所商保留办法,似已有把握。届时祥如果不能行动,拟即派顾使在会签约。对德和约签字后,专使团即可解散。将来奥约签字时,可就近即派施植使与胡馨使签约,无须令各员在此守候,似于经费上稍可节省。查会务关系重要,亟须有人回国报告。祥目前病状,势非调治数月,难期收效。拟请魏注使、王劼使回国一行,详陈种切。外交总长一席,务请速简替人,以重职守。希速呈。祥。十七日。

《秘笈录存》,第 219 页

上海和平联合会来电

1919 年 6 月 20 日

报载政府近电欧使,决主签字德约。查该约有日本继承德人在山东权利之关系,我一签字,实已承认日本在中国特殊之权,即为中日各

秘密加以保障,遑问交还,遑问废约。且英、美、法首赞成我国直接收回原意,免远东战祸。若日本继承胶澳权利,即破坏从前之均势,难保列强将来无重要交涉之发生。政府电意不签字失各国之助援,证之陆、王、顾专使函电,以奥约完全签字,即不失国际联盟之地位,适成反例,政府何以决主签字,必为自缚之计。总之,不保留而签字,是甘心断送,国民为生死存亡而力争之,非与政府有意为难,一误再误,激成意外变动。为此恳请政府速收主张签字之电令,并电阻主张签字之各使,无为陆、王、顾专使掣肘,以期一致竭力救亡,国民誓为后盾,一发千钧,鹄俟覆命。全国和平联合会叩。效。

《中日关系史料——巴黎和会与山东问题》,第 222 页

孙中山、岑春煊等致徐世昌

1919 年 6 月 20 日

北京徐菊人先生鉴:密报载尊处于十二日致电巴黎和会专使,令其签字和约,并闻胡惟德报告亦有签字主张,所闻非虚,将于外交史上铸一大错,务恳顾念民意,维护主权,勿令巴黎专使以无条件签字,即使有窒碍情形,只能让步到保留山东三款而止,存亡所判,乞即表示决心。岑春煊、伍廷芳、陆荣廷、唐继尧、孙文、唐绍仪、林葆怿。筱。印。

中国第二历史档案馆藏总统府军事处档案

福嘉森致外交部

华盛顿,1919 年 6 月 24 日

北京外交部转呈徐大总统钧鉴:据美国人之感想,以威总统对于山东问题让步于日本,以期日本加入国际联盟,实属铸成大错。现在群情忿慨,甚为反对,欲图补救,惟有中国绝端拒绝签字之一法而已。若拒绝签字,则较诸保留为尤善,且有助于中国之国际地位甚大也。福嘉森叩。

《中日关系史料——巴黎和会与山东问题》,第 224 页

长安律师公会来电

1919 年 6 月 25 日

北京大总统、国务院、外交部钧鉴：日本对于青岛及山东铁道问题，闻有强制我国承认一九一五年强迫签订之协约，并承认一九一八年为驻日公使私擅交换未经国会通过与政府批准之密约之说，果有此事，亟应力争。此种条约，国命所关，一经承认，无异亡国，朝鲜前车即我殷鉴。妨害国家领土与主权之条约，吾民绝对否认。除电我国赴欧专使极力抗争外，特恳迅电陆、顾、王各代表严词拒绝，毋得签字，致取覆亡，时机迫切，冒昧电陈。陕西长安律师公会叩。

《中日关系史料——巴黎和会与山东问题》，第 225 页

中国代表团内对保留签字的意见与讨论

代表团未能全体参加关于最后表态的讨论。施肇基博士已返伦敦，颜惠庆博士和其他当顾问的公使也都各返其欧洲任所，只有那些剩下未走的人参加了讨论。陆总长当时正在圣·克卢德医院住院，也未能参加讨论。代表团的成员大都未改初衷。在讨论是否应先提出保留再签字，以及如保留遭拒是否拒签等问题之后，大家一致同意对山东问题应坚持保留。有些人对于“十人会”和最高会议的决定虽然不满，但对于拒签的后果表示了担忧。然而，无人赞成无保留签字。施肇基博士、王正廷博士和我三人态度都很鲜明：赞成拒签。在讨论中，我详细论述了“十人会”的决定是如何令人失望而又不公平，我的结论是：应力争保留。

要使条约多少能有利于中国，争得保留是绝对必要的。但是，在和会当时的形势下，力争保留已益趋困难。和会当时正在致力于结束工作，并再次召唤德国人来凡尔赛签约；威尔逊总统正在准备离开巴黎返美；劳合·乔治首相已经返回伦敦；尽管如此，中国代表团仍旧继续向各主要代表团陈述意见。

6 月 28 日，在凡尔赛会议即将召开最后会议对和约签字之前不

久,由于陆总长不在,与法、美代表团打交道的任务便落到我的身上,与英国代表团打交道的则是施肇基博士。我们所作的一切都是为了争取使他们支持中国的保留态度。

法国反对保留意见,而且态度最为强硬。陆总长患病前曾与法国外长毕勋先生谈过,中国想对和约提出保留。这位法国外长对陆说,此事绝无可能。理由是,如果接受了一个保留,其它国家可能也要提出它们的保留,在协约国及参战国中,许多国家都对有关自身的解决方案不完全满意。法国人通过中国驻巴黎公使胡惟德先生和驻巴黎公使馆参赞、代表团秘书长岳昭燏先生明确表示,法国肯定将拒绝支持中国代表团对山东条款所提出的任何保留。英国代表团也认为任何保留都行不通,他们和法国一样,反对保留的立场坚定不移。施肇基博士与英国代表团的接触大多通过英国代表团顾问,前英国驻北京公使麻克类爵士。我和麻克类爵士也曾交谈过。他本人是同情中国的,也答应尽力劝说其上司,但同时他也明确指出,保留一事关系重大,他认为无甚希望。

与此相反,美国代表团的成员则支持中国保留,而且包括蓝辛国务卿在内的几位成员还和我讨论了保留的条件。但是,蓝辛向我表明,无论条件如何措辞,只要威尔逊总统不同意,美国代表团便不能支持。此外,还有豪斯上校,他对我表示过,这种保留极难获准,因为这会为其它代表团也提出保留开路。豪斯的态度与其它美国代表团成员不同,但是他的说法看来反映了威尔逊的意见,因为不久之后,美国代表团发现,威尔逊未对支持中国的保留采取任何行动。他所作出的最后决定使得他自己的代表团和中国代表团同样深感失望。

威尔逊总统拒绝支持保留,理由可能有以下几点:第一,中国代表团的任何保留都将开辟先例,而那些对于和会有关决定不满的代表团就会起而效法;第二,总统考虑最多的是国联盟约问题,该盟约在某些方面已为美国参议院所反对,而且,其它国家的代表团可能也会对盟约提出保留,特别是日本,它坚持要在盟约中体现种族平等原则;第三,正如他对我所讲过的,他认为即使不允保留,中国也不应拒绝签字,因为拒签将使中国被摒于国联之外。但是,事实却是,在不允保留之后,中国唯一对策就是拒签。因此,美国代表团看到保留行不通时,对这第三点理由产生了忧虑。甚至豪斯上校也认为在山东问题上的这一情况对中国关系极大,因此,中国代表团是应当予以充分考虑的。豪斯上校还向我指出,中国成为国联成员之后,在对外关系中以前受到的不平等待遇是可以改变的,这种看法也反映了威尔逊总统的思想。而拒绝签字,中国就无法成为国联成员了,也将因此而失去作为成员国所能获受的利益。美国代表团其他成员虽然也承认中国成为国联成员事关重要,但和中国代表团一样,对于山东问题解决方案深感失望。我将这些情况向陆总长作了报告。陆深知中国获得国联成员国资格关系重大。我对陆说,让我来研究一下这个问题吧! 看看能否找到解决办法。

美国代表团曾经向我保证过,对保留问题,他们也要认真考虑。几天之后,我和蓝辛、威廉士、豪斯上校以及上校的助手贝克一道商议此事。当时,对中国来说,巴黎的形势笼罩着一片黑暗。但是,无独有偶,我和美国人在讨论中都从那一片黑暗中觅得了一线光明。美国人说,他们发现,通过对奥和约的签字,中国也可以成为国联成员国,因为对奥和约的第一部分就是国联盟约。于是,我更加坚信,不允保留,自当断然拒签。但是,我们并未放弃争取保留的努力。实际上,这种努力一直持续到凡尔赛签约那天早晨。威尔逊总统当时已经返回华盛顿,我们未能征得他的同意,也未能征得英国的同意。英国外长贝尔福也认为保留难以实现。在美、英拒绝支持保留之后,想要再获取法国的同意,根本毫无可能,——法国害怕同意一个保留将会引起许多其它保留——然而,中国代表团依旧全力以赴,在法国代表身上下功夫。陆总长卧病期间,由我肩负此任,锲而不舍。

和约签字前一天,即 6 月 27 日的下午,我会见了毕勋先生。关于中国的最后三种选择,我对毕勋至少已谈过两种了。第一种选择是,将保留附于和约之内;第二种选择是将保留附于和约之后;第三种选择是由中国在预备会上作一声明,大意是中国虽然签字,但不接受山东条款,同时将此声明记录在案。然而,这次谈话仅五分钟就戛然中止,因为毕勋强硬表示,任何声明,即使只是在会上宣读并不附于约后,也难以获准,这是由于这样作势必引起轰动。和会的最后会议纯系签字仪式,中国如作此类声明,将与惯例相悖并在协约国内制造不和。法国如此断然拒绝,使力争保留毫无希望,剩下的事只是决定签字与否了。

看来,中国政府当时已经下定决心要签字。如有可能,则附以保留。陆总长对此似亦无异议,他忧惧拒签的后果而倾向于签字。6月末,国内舆论坚决支持无保留即拒签。我们虽然将争取保留的进展情况全部报告了北京,但是北京抱着成功的希望,或多或少地对国内隐瞒了情况,所以,国内的人们显然并未考虑到保留的问题。6月24日以后,北京外交部接连电告代表团:国内局势紧张,人民要求拒签,政府压力极大,签字一事请陆总长自行决定。这自然把中国代团团长置于极为严峻的困境。陆总长当时已经在圣・克卢德医院住院多日了。

就在此时,我们收到和会秘书长的来函,要求中国代表团——和要求其它代表团一样——将出席6月28日签字的两名中国全权代表的印章送交和会。按照惯例,一般是在签字之后盖章的,但是由于这次会议规模之大,人们发现应缩简仪式。当岳先生在代表团会议上向我报告此事时,我表示了我的担心。我说,最好还是等到6月28日之前的最后一刻再来决定是否送交印章,提前送交有可能严重危及我们力争保留的尝试。再者,我们迄今未获任何成功,不可因过早送交印章而给人一种印象,认为中国并非十分认真争取保留。注意到这一点是绝对必要的。但是,岳秘书长解释道,和会秘书长迪塔斯塔先生明确告诉他,要求送交印章纯属缩短仪式程序问题,没有任何承担义务或妥协让步之意。

但是,我的忧虑最后却被证明是正确的。据可靠消息,某些代表团,特别是法国政府人士方面,普遍产生一种印象:即北京政府已经训令签字,只不过某些中国代表依然在坚持要使中国在和会上得到更好的待遇而已。

《顾维钧回忆录》第 1 分册,第 202—206 页

巴尔福①致寇松②

巴黎,1919 年 6 月 30 日

　　昨天全部全权代表在凡尔赛开会时,克里孟梭收到中国代表宣布将不签署和约的信。和约前言未作改动,但是和约末尾签名者中间留出了本应中国代表签字盖章的空白。

　　事实上仍希望中国方面改变他们的想法,看来最好的做法是发行即刻在伦敦印刷而不印出和约末尾任何签名的文本。

　　我希望明天每一个签名的确切情况,以及(1)附加议定书(2)波兰条约(3)莱因兰协定。

DBFP, First Series, Vol. 6, pp. 592–593

陆徵祥致外交部

1919 年 7 月 2 日到

　　万急。转呈大总统、总理钧鉴:和约签字,我国对于山东问题,自五月二十六日正式通知大会,依据五月六日祥在会中所宣言维持保留去后,迭向各方竭力进行,迭经电呈在案。此事我国节节退让,最初主张注入约内,不允,改附约后,又不允,改在约外,又不允,改为仅用声明不用保留字样,又不允,不得已改为临时分函,声明不能因签字而有妨将来之提请重议云云。直至今午时完全被拒,此事于我国领土完全及前途安固关系至钜,祥等所以始终不敢放松者,固欲使此问题留一线生

---

　　①　Balfour, Arthur James,巴尔福,曾任英国首相,时为外务大臣,巴黎和会英国方面代表。

　　②　Curzon, George Nathanie,寇松,英国政治家,1899—1905 年任印度总督。1919—1924 年任英国外交大臣。1911 年受封为伯爵。

机,亦免使所提他项希望条件生不祥影响。不料大会专横至此,竟不稍顾我国家纤微体面,曷胜愤慨。弱国交涉,始争终让,几成惯例。此次若再隐忍签字,我国前途将更无外交之可言。内省既觉不安,即征诸外人论调,亦群谓中国决无可以轻于签字之理。详审商榷,不得已当时不往签字,当即备函通知会长,声明保存我政府对于德约最后决定之权等语,姑留余地。窃维祥等猥以菲材,谬膺重任,来欧半载,事与愿违,内疚神明,外惭清议,自此以往,利害得失,尚难逆睹,要皆由祥等之奉职无状,致贻我政府主座及全国之忧,乞即明令开去祥外交总长委员长及廷、钧、组等差缺,一并交付惩戒,并一面迅即另简大员筹办,对于德奥和约补救事宜,不胜待罪之至。祥、廷、钧、组。二十八日。四十六号。

《中日关系史料——巴黎和会与山东问题》,第 229 页

顾维钧关于中国拒签和约的回忆

6 月 27 日晚,凡尔赛和约签字前夕,我去圣·克卢德医院,在陆总长卧室内向陆报告全部情况。那时,和会对中国问题的不利决定已经引起人们的极大不满,而且,对于五四运动的爆发,它即使不是唯一的原因,也是一个主要原因。在巴黎的中国政治领袖们、中国学生各组织、还有华侨代表,他们全都每日必往中国代表团总部,不断要求代表团明确保证,不允保留即予拒签。他们还威胁道,如果代表团签字,他们将不择手段,加以制止。他们急欲获知代表团的立场。为了应付他们,我亟待陆总长决策。当时国内公众团体以及某些省份的督军省长们甚为焦急,纷纷致电代表团,坚请拒签。他们称,北京政府已愿意签字,因此,巴黎代表团应采取明确的爱国立场,拒绝签字,以符民意。

晚饭之后,我去看陆总长,发现岳也在。我们一道交谈了几个小时。岳先生后来起身向外交总长告辞,要返回巴黎。这时,发生了一件有趣的,在当时看来非常可怕的事情。岳先生在走后二、三分钟又匆匆地折了回来。他脸色苍白,对外交总长说,他在医院花园里受到了袭击。据他讲,花园里聚集着数百名中国男女,很多人是学生,也有一些

华侨商人。他们拦住了他,诘问他为何赞成签约。甚至在他保证说,他不过是代表团秘书长,对签字与否并无发言权之后,人们还是围住不放,并扬言要将他痛打一顿。他们把他看作是陆总长的心腹,并认为陆不顾代表团其他人的劝阻,已经决定签字。据岳先生讲,人们威胁说要杀死他,人群中有一女学生甚至当真在她大衣口袋内用手枪对准了他。于是他跑了回来。他说,他还是在医院里过夜为宜。我尽力使其平静,同时说道,人们恐吓他是可能的,但还不至于真的想杀死他,两点钟左右,我告辞出来,偕岳同行。我对岳讲我将负责他的安全。我们下楼之后,人们又将他围住。但是,当人们看见我以后,局势似乎便不再那么紧张了。显然他们了解我是主张拒签的。我告诉他们,不允保留,中国当然不会签字,而由于未得到任何支持,保留看来已无可能,因此,签字一事便亦不复存在,诸位可不必为此担忧。

人们听了这番话之后便散开了,我们也得以走出医院。几年之后,我在纽约常常见到魏道明夫妇。魏夫人名叫郑毓秀,西名苏梅,她曾参与过 1919 年 6 月 27 日圣·克卢德的那次聚众之事。距今四年前的一天,她缅怀往事,对周围的宾客们大谈我在危机之中是何等勇敢。我答称,对那次事件我了如指掌,我当时断定她那假冒手枪之物不过是藏于口袋之中的一段树枝而已。她笑道:"你猜得很对,可是岳先生当时真吓坏了。我那时站在一旁暗自好笑呢。"她又说,她认为我很勇敢。我说:"我知道你并无手枪呀!"虽然爱国学生与华侨在那次事件中是认真的,但这一事件还是一出喜剧。

我去见陆先生的主要目的是向这位外交总长和代表团团长报告,尽管我曾向和会主动提出,保留意见不载于条约正文之内,而仅附于我们的签名之后,但仍未获准。此外,中国预备在会上作一声明的建议也被毕勋先生拒绝。我知道,北京政府和陆总长,还有我们之中的某些人如颜惠庆博士,有这样一种意见:把中国摒于和会这一庞大组织之外是极为严重的事情。我也有此同感。然而另一方面,我坚信如果中国在力争保留完全失败之后拒绝签字,将会得到国内外舆论的支持。怀着这一想法,我建议另作尝试——设法在和会上发表一口头声明。我把经过修改的口头声明稿交陆总长过目。陆和往常一样,毫不迟疑地签署了这一声明。我建议,为了不在和会上引起轰动,我们应该通知法国。于是,我便往见和会秘书长。

我好不容易才和迪塔斯塔秘书长约定好于 6 月 28 日晨会晤。但是,迪塔斯塔在会晤中声称,发表声明,无法接受。我又生气又沮丧,愤慨这一拒绝使得寻求妥协的种种方法均告失败。我已清楚,中国无路可走,只有断然拒签。

我于是去圣・克卢德向陆总长汇报,那是大清晨。彼时情景我记忆犹新。我白己驱车驶离医院。那真可谓一次旅行——在清晨五、六点钟时分,从圣・克卢德到巴黎,竟用了十五甚或二十分钟。汽车缓缓行驶在黎明的晨曦中,我觉得一切都是那样黯淡——那天色、那树影、那沉寂的街道。我想,这一天必将被视为一个悲惨的日子,留存于中国历史上。同时,我暗自想象着和会闭幕典礼的盛况,想象着当出席和会的代表们看到为中国全权代表留着的两把座椅上一直空荡无人时,将会怎样地惊异、激动。这对我、对代表团全体、对中国都是一个难忘的日子。中国的缺席必将使和会,使法国外交界、甚至使整个世界为之愕然,即便不是为之震动的话。

对巴黎中国代表团来说,直到 6 月 28 日前夕,北京政府一直在扮演什么角色是耐人寻味的。实际上,直到 6 月 28 日下午,中国代表已经拒绝出席和会全体会议之时,代表团从未收到北京关于拒签的任何指示。就任新内阁外交总长的陆徵祥觉得如此重大事件不应由他个人决策,请总统和总理就签字一事给予明确训令。但北京政府却电谕陆总长自行决定。6 月 26 日或是 27 日,陆总长再次电请北京给予特别训令。由于代表团所接训令一直为"签字",所以陆为加强自身地位计,呈请北京务必作出拒签决策。到 27 日下午,事情已经一清二楚,甚至"将保留附于约后"也已注定无望。经将有关情况再次电呈北京,说明此种情势之下只有拒签为宜,望政府重新指示。发出此电之后,我们接到北京复电称,北京早些时候曾有电谕,而奇怪的是巴黎何故不曾收到。这一电报实际上是指令代表拒绝签字。电报于 6 月 28 日下午到达,我想是三点钟左右,那已在和会最后会议结束之后了。到那时候还来了电报,实可惊异。

一方面,喜欢寻根究底的人们在头脑中有这样一种猜测:最后的拒签令是否果真早已发出而在途中延误了呢?各国都不愿中国拒签。法国肯定是不愿意的,因为此事颇为严重。中国此举使协约国内部产生裂痕。它不仅是一起国际性事件,而且成为一个极为引人注目的先例。我们知道,法国一直在对北京施加压力。法国政府令其驻北京公使劝说中国政府电饬代表团签字。关于此事,我们是知道的,虽然并未从我们的两名外国顾问处看到任何文字性根据。这两名顾问,一名是公使、全权代表,宝道先生;另一名是比利时人,和法国人关系密切的德科德特先生。德科德特先生原在比利时外交部工作,现在是陆总长的外交部法律顾问。

另一方面,我们代表团内的某些人也在揣测,或许北京政府并不想由自己来决定。北京很可能是在得知最后会议已经召开之后才发出电谕的。在某种程度上说,临时政府的踌躇是可以理解的。因为随着代表团保留意见所得支持的变化,巴黎的形势每小时都可能改变,中国政府离和会现场万里之遥,难以决策。换言之,尽管国内舆论明确无疑,使人确信中国理应拒签,但北京政府和巴黎的陆总长依然感到采取这一步骤责任实在重大,后果难以逆料。陆总长本人起初赞同签约,甚至即使不允保留,可能也会赞同签字,但由于中国国内以及巴黎形势的发展,在国内舆论强大压力下,他最后也同意我的意见,反对签字了。我至今难以推断,如果北京最后的训令是签字,他是否会俯首遵命。

最后决定并未经全体代表和顾问们充分商议。实际上,在和代表团正式或非正式接触的人们中,许多人,即使仍在巴黎的人,已经不再活跃了。最后,他们都打算和巴黎的悲剧局面一刀两断了。当初,中国获胜希望很大,政界要人及名流纷至沓来。但是,"十人会"的决定以及威尔逊总统、劳合·乔治和克里孟梭对代表团的通知令人大失所望，这就使得那些人一个个溜之大吉，哪里还顾得上首尾一致、善始善终呢！甚至在代表团内部也是如此。代表团已经分崩离析、各自为政，人员也已不多。陆总长当时住在圣·克卢德，我和他倒是经常碰面。剩下的只有我自己和一名秘书长。驻巴黎公使胡惟德甚至都不常见到。6 月 28 日那天早晨，我没有见到王正廷博士，不知他在何处，或许他是去看陆总长了。我那时奔走于巴黎和圣·克卢德之间，无暇去吕特蒂总部，也无意于弄清王的去向。但是，如果需要去人到和会签字的话，那是应该由他和外交总长这前两名全权代表去的，他们的印章已经送交和会了。

不允保留就不签字，无疑是代表团一致的意见。例如，施肇基博士，尽管他起初态度犹豫不定，但在赴伦敦之前，也表示了这一看法。我知道，他和我一样，对毕勋的强硬态度感到不满与愤慨。如我已经谈到过的，代表团最后的一致意见和决定是自己作出的，并非北京训令的结果。

回顾中国在凡尔赛和会上的立场和前此的发展过程，无论从国内还是国际观点来看，它都是中国历史上的一个转折点。中国出席和会导致必须披露中日密约，特别是那些于 1918 年战争结束前夕签订的密约。这些密约，政府对日本负有保密义务，未曾透露过。现在披露出来，便引起巨大的公愤。总的说来，中国公众认为这些密约完全有损于中国利益。南方军政府则认为，北京政府是为在财政及其它方面取得日本的支持，以便使用武力镇压国内反对党，而蓄意采取这种与日签约的政策的。这种看法，似乎形成于安福系控制北京，握有北方政权，执行与日勾结，迁就日本愿望的政策那一时期。

和会对国内政治情势影响至巨。和会期间双方停止了公开的战争。然而不久，便爆发了第一次直奉之战。人们可能很难推测，如果中国在巴黎解决山东问题上获得令人满意的成功，或者，如果中国不要求保留意见就在和约上签字，那形势又将如何？现在恐怕无法得到圆满的答复。

　　虽然,中国的坚定立场在国内外获得良好印象,但是,在主要协约国及参战国的首都,它也引出了问题。在北京,美、英、法的公使请求中国政府采取措施,改变这一窘境——所谓窘境,是从他们的观点来说。中国的答复是,请这些国家与日本交涉,说服日本确定归还德国租借地的确切期限。日本政府对于中国最后拒签,亦感意外。中国此举使日本处于微妙境地,没有中国的签字同意,它在对德和约中获享的权利就不能合法继承,虽事实上日本由于它对德武装干涉,已经通过军事占领行使了它在山东的特权。日本当然急于在巴黎得到各国对其特权的承认,但不仅如此,它还亟盼中国接受和约,以便取得中国对其享有的特权的同意。

　　在华盛顿,情形更为严重。甚至在对德和约签字之前,美国参议院就已经对国联盟约的许多方面表示了反对,而在威尔逊总统第二次从巴黎返美后,这种反对情绪又有所增长。那时已经不仅限于以参议员洛奇和波拉为首的一批人,而且还有许多其他参议员为了形形色色的理由,对盟约也表示反对。中国的抗议和拒签则在舆论界和参、众两院议员中间得到普遍支持。换言之,美国人民对国联盟约的愤懑原已郁积心头,而和会未能对中国山东问题公平处理一事,无异于对此火上浇油。

　　美国政府方面显然在竭力劝说参议院批准和约,然而,虽说威尔逊总统在解释国联盟约为何要有那些条款上并无困难,但要使美国参议院和舆论界信服他在同意山东问题方案时的想法却非易事。

　　在7月10日凡尔赛和约提交美国参议院之前,北京和日本都在作外交上的努力。日本看来急于要与英、美商得一种能得到中国同意的方案,并以此挽回面子。毫无疑问,在中国拒签之后,日本肯定会归还原德国租借地,但是,如何就此事和中国谈判,以及从中国方面索求什么条件,尚未完全确定,至少从中国的观点来看,形势是这样的。起初,日本对于华盛顿为最终归还时限所作的建议,并未准备接受,但是据美

国在北京以及在巴黎对中国代表团所透露的消息来看,对于明确承诺
归还期限一事,日本也未公然反对。就中国而言,这一问题的重心已从
巴黎移至北京。中国政府并非不愿考虑归还期限问题,而且美国和英
国公使也已建议以一年为期限,但是,中国政府已充分认识到,这一问
题已在全国激起普遍注意,以及当时出现的南北方之间的政治局面。
不摸清民意,北京政府是不可能立即接受一个限期的。而且,北京还坚
持要有一个由日本明确表态的书面承诺。而这,日本已经明白表示不
愿给予,它甚至不愿对美英作出任何保证。日本不作承诺,导致这一问
题出现僵局。美国舆论界对威尔逊总统的批评更激起中国国内对和会
的抗议,也使得北京对于接受日本与美、英之间所商定的任何方案都更
为犹豫不决,这些方案不过仅仅包含日本起初表示过的口头承诺。在
美国参议院内发起反对运动期间——山东条款和国联盟约一样,在参
院内遭致多数反对——北京政府变得更为游移不决,同时舆论也更强
烈地反对与日本就此问题进行进一步的谈判。巴黎中国代表团曾对北
京清楚地表明了观点,我曾使陆总长相信,虽然拒签之后,中国在国际
间将暂处困境,但是美国国内对和约的反对已经产生了一种新的形势,
这种形势的发展,必然在山东问题上对中国的奋斗目标有利。

　　美国国内的斗争愈演愈烈,参议院内反对派增多。这表明,如果参
议院最终通过和约,倒是出人意料的了。参议院最后以压倒多数拒绝
通过和约,这不仅会使威尔逊总统本人大为沮丧,而且会造成共和党能
够加以利用的局面。看来,凡尔赛条约必将成为翌年总统竞选的政治
争端,因为在美国国内,不仅共和党参、众议员们,而且人民也普遍反对
山东条款。我深信,美国,特别如果共和党在 1920 年的选举中获胜的
话,不管对国联盟约如何,必将寻求某种有利于中国的办法来修改山东
条款。

　　后来事态发展,美国参议院最后拒绝考虑和批准凡尔赛和约,这一
决定造成了国际紧张局势,对美国自身,对法、英、日更是如此,对于其
它国家就更不待说了。美国一直被视为国联这一解决国际争端和问题

的世界组织的积极成员和主要支持者。人们认识到,美国不参加国联势必削弱这个组织的力量,也势必减少其维持世界和平的可能性。换言之,中国拒签对德和约很快在国际上产生了深远的影响。美国退出国联,给它自身和其它列强都带来了问题。国际联盟于 1920 年 12 月举行成立仪式。中国被选入国联行政院,我被任命为中国代表。我清楚地了解,行政院对这些问题起码极感失望,甚或是窘迫难堪的。每当行政院考虑一项重大问题时,这个新的世界机构的代表们就要把注意力转向华盛顿,观望美国对这一具体问题的兴趣和态度。人们都知道必须和美国及其在日内瓦的观察员保持密切联系。这方面的情况,我将在后面叙及中国在国联的作用和国联其它方面问题时谈到。

人们认为,1920 年的美国总统选举不仅对于美国自身,而且对于外部世界也极为重要。和会未能解决全部政治问题,这就使大部分未了问题拖到将来由国联予以考虑,而美国不是国联成员,所以,美国总统选举的结果更加重要了。1920 年 11 月,共和党获胜。无疑,新政府将把着手处理山东问题并制订一项明确的有关政策作为它的首要任务之一。

《顾维钧回忆录》第 1 分册,第 206—215 页

国务院致外交部

1919 年 7 月 4 日

径启者:奉大总统发下众议院咨送杜惟俭等提出请政府训令巴黎议和专使,如山东问题不能另行保留时,全约切勿签字建议案一件,相应抄录原文原件送请贵部查核办理可也。此致外交部。

附件一

众议院,为咨行事:本月二十五日常会议员王讷临时动议,变更议事日程,讨论议员杜惟俭等提出请政府训令巴黎议和专使,如山东问题不能另行保留时,全约切勿签字建议案,经众可决,并将原案多数通过。相应抄录原案咨请大总统查照。此咨。

附件二：议员杜惟俭等提议案

为提议事：本院前准大总统咨称，为巴黎会议各问题，政府决定此项草约大体应行签字，惟山东问题声明另行保留请求同意等因，曾经本院于五月二十六日开会一致同意在案。近来各界人民为外交部失败，誓死抗争，士罢学，商罢市，工罢业，群情激昂，全国一致，所争者吾国原有之利权，所冀者政府对外之决心，简言之，即国民不签字之主张也。倘政府不顾舆论，冒然签字，势必惹动全国反抗，以对外之心里转而对内，不独山东问题永无补救，即内国秩序亦难维持，更遑论夫南北统一耶。应请政府即日训令巴黎议和专使，如山东问题不能另行保留，全约切勿签字，以示决心而顺舆情。外交纵一时不利，或不无徐图挽救机会，是否有当，谨依法提议，敬候公决。提出者：杜惟俭、沙明达、郭光烈、劳庆䜣、王讷、曲卓新、谢鸿焘、艾庆镛、王广瀚、王广瑞、周祖澜、王之篆、周福岐、夏继泉、李庆璋、韩纯一、邵晋蕃、吕庆圻、王之凤、张栋铭、王宗元、安鹏东。连署者：林卓、王思澍、叶云表、崔云松、张濂、鲍宗汉、杜持、刘树棠、陈为铫、韩梯云、王双岐、周棠。

《中日关系史料——巴黎和会与山东问题》，第 231—232 页

外交部致驻外各使领

1919 年 7 月 4 日

准陆专使电，和约签字时，大会对于山东问题不允保留，只得拒绝签字，已备函通知会长，声明保存我政府对于德约最后决定之权等语。特电接洽，各处对于此次和议告成，如有祝庆等会，毋庸往贺。外。

《中日关系史料——巴黎和会与山东问题》，第 235 页

外交部致陆徵祥并转各使

1919 年 7 月 11 日

本日大总统令：巴黎会议对德和约关系至钜，迭经电饬各全权委员审慎从事。顷据全权委员陆徵祥等六月二十八日电称，我国对于山东

问题云云,保存我政府对于德约最后决定之权等语,披览之余,良深慨惋。此次胶澳问题,以我国与日、德间三国之关系提出和会,数月以来,乃以种种关系不克达我最初希望,旷览友邦之大势,反省我国之内情,语之痛心,至为危惧。推究此项问题之由来,诚非一朝一夕之故,亦非今日决定签字与不签字即可作为终结。现在对德和约既未签字,而和会折冲,势不能遽然中止,此后对外问题益增繁重,尤不能不重视协约各友邦之善意。国家利害所在,如何而谋挽济,国际地位所系,如何而策安全,亟待熟思审处,妥筹解决。凡我国人须知寰海大同,国交至重,不能遗世而独立。要在因时以制宜,各当秉爱国之诚,率循正轨,持以镇静,勿事嚣张,俾政府与各全权委员等得以悉心筹画,竭力进行,庶几上下一德,共济艰危,我国家前途无穷之望实系于此,用告有众,咸使周知。此令。

《中日关系史料——巴黎和会与山东问题》,第246页

(三)签定奥约与中德协约的签署

　　说明:中国拒签德约后,为确保中国作为国际联盟发起会员的资格,对于奥约的签字尤为注意。奥国以德族奥国系新成立国,与其他新国处于相等地位,不肯分担奥匈帝国的义务,对奥约内中国一章提出修正案。经中国代表的努力,五国会议决定维持原案,拒绝奥国所提出的修改。1919年9月10日,陆徵祥与王正廷前往签字。9月15日,中国政府又发表"大总统布告",宣布结束对德战事状态。为恢复中德邦交,外交部派参事王景岐等与德国代表卜尔熙等进行非正式的谈判,拟定德国声明文件稿暨中德协商草案各一件。1921年5月20日,两国全权代表在北京签订《中德协约》,恢复友好及通商关系。

1. 中国对德、奥的赔偿要求与条件

颜惠庆①致外交部

1918 年 12 月 13 日到

兹拟中德奥匈媾和预约草稿十四条密电执事，以备采择。其文曰：

中华民国大总统及德、奥、匈国因愿使其本国与其人民享一公允经久和局之幸福，及为免除各项堪以□兵生事之原因起见，特各予以全权大员准签订媾和预约。中华民国大总统特任某某为全权大员，德国奥匈国特任某某为全权大员，各全权大员会集巴黎，互示其任命状，承认为适当。特将协议决定订条分列于左：

第一条：自本媾和预约批准书交换之日起，中德奥匈国间即重臻升平，续敦友好。

第二条：凡在中国之战俘或他项德人之军事计画，或为公共秩序而被幽禁逮捕扣留，或处于中国政府官吏监督之下者，中国即行遣放释禁或免除特别之监督。德国奥匈国政府对于中国所有供给德国战俘及私囚之费用，除扣去由德政府为同一性质所担负之直接费用外，应即交还中国政府。

第三条：凡属普通国家赔款，中德奥匈彼此均不要求，惟因德破坏山东中立，及为中国宣战总因之无限制潜艇作战计画而中国人民所受生命财产之损失，请愿赔偿，德国奥匈政府允为照付。此项请愿之款，其总数难以预定，惟彼此约定，不得超过华币若干兆元。

第四条：所有移借家产业经官收管而尚未由捕获裁判所判决者，应发送合法之业主。

第五条：所有中德奥匈间之条约合同，因交战地位已归无效，其一千九百零一年一月九日北京所立之公约，其中关于中德奥匈邦交之各

---

① 中国驻丹麦公使。

款亦均归无效。

第六条:德国承认一千九百十五年三月二十五日日本国防□所称,日政府决意将胶洲湾租借地归还中国之宣言为切当公允,并完全承认列强所宣示之民族主义,因此德国于本约参酌,对于中国特确切声明,已准备将该租借地任令日本自由处置,俾日本得照上载之宣言而践其将该地交还中国之信约。

第七条:关于山东省铁路及矿产所让与德国之特权,无非为胶州湾租约之附件。胶州湾租约既经作废,则该项附件当然销灭,德国允中国政府秉公估值备价,将该项铁路收回,改为中国国家铁路,该项矿产改归中国政府开采。

第八条:德国奥匈国欲对于中国表示其友好之意旨,及承认中国司法改良之确有进步,允与中国订各项类似德土上年所订之条约,其最要者为领事法权及交犯居留等项。

第九条:按照本约第七、八条所列举之条约订立后,德人奥匈人在华之地位已另行规定,则天津及汉口德国奥匈租界已无存在之理由,应改为中国市区,而该市区议会中,该国国民得照华人一律有被选举之权,新市区对于往日租界之债务及资产,一律负责任。

第十条:中国允一俟本预约批准,即与德国根据欧洲之内法及租界之原则,订立一商务条约。在该项条约未经订立以前,中国对于奥匈货物继续施行其在战时所用之税则,按照列强间所立之成例,德国奥匈国对于以最惠国相待一节,彼此废止。

第十一条:德国奥匈国允将一千九百十二年一月二十三日海牙签字之万国禁烟公约,立即批准。

第十二条:中德奥匈允根据中美及中和所已订之仲裁条约,早日订一仲裁之约。

第十三条:中德奥匈剀切声明,其日后彼此相待,应照完全平等自由之意旨,并应遵守欧洲国际法之规定及惯例。

第十四条:本媾和预约应加批准,其批准书限于十五日内或以前交

换本约,由两国全权大员彼此签字盖印,以昭信守。本约订于巴黎西
历 年 月 日,即中华民国 年 月 日。惠。十一日。

《中日关系史料——巴黎和会与山东问题》,第6—8页

颜惠庆致外交部

1918 年 12 月 20 日到

十一日电计达。该约稿曾将摘要电部,近接复电,大意谓中国恢复
德奥国交颁给专使训条,开有三项:一、旧约一律撤废,二、损失补偿当
与各国一律办理,三、此后订约立于平等地位。尊电第六、七两条与政
府宗旨稍有出入,盖我国此次加入和议,对于远东问题当以免去一二国
独断为第一要义,如指明由德国承认日政府宣言为正当,适足□各国责
言,而启日本国独断之地。山东路矿现由日本人占据,若不将主权确
定,即当筹款收回,仍不能打消日本人势力,亦须研究。又第四条应视
各国倾向,第九条津汉码头,载于旧约,旧约废当然无效,其余各条自应
酌量提出等语。昨复部如下:十三日专使训条简□无遗,曷胜钦佩,惟
训条与约稿性质稍有不同,前电过简,不可达意。查第二、九两条,其文
曰德国承认一千九百十五年五月二十五日中日互相照会,日本公使决
意将胶州湾地归还中国之好意,此案切当公允,并完全承认列强所宣布
之民族主义,因此德国于本约成例,中国特确切声明已准备将租界地任
令日本国自由处置,俾日本国得照上载之宣言,而践其将该地交还中国
之信约。按照本约第七、八条所列举之条约订立后,德人奥匈人在华之
地位已另行规定,则天津及汉口德国奥国匈租界已无存在之理由,应改
为中国市区。而该市区议会中,该国国民得照华人一律有被选举之权,
新市区对于往日租界之债务及资产一律□□。第六条第二理由,根据
各国宣言,与政府宗旨似尚符合,完全由日德自行独断,仅盼各国执□,
中国不闻不问,似较妥慎。第七条根据第六条,可暂缓提议,惟该路矿
开办有年,与纸上空言者不同,待时他项蝥辖集款收回,似不至十分为
难。第八条表面似属可删,其实含有善后性质,且为暗定,将收回租界,

普通办法固有用意在也。特电达。再第六条稍有修改，请注意。惠。
十九日。

《中日关系史料——巴黎和会与山东问题》，第8—9页

陆徵祥等来电

巴黎，1919年3月7日

　　赔偿事，迭电悉。现与损失赔偿股接洽，据称，所报数目均须确实，
否则恐难通过。来电所开数目至二百二十兆有余，想系将损失赔偿与
战败赔偿混为一谈。误会提出，则外人必笑我战时出力甚少，战后索款
甚多，于他项土地主权之要求，反生不良影响。现在时期促迫，不能将
此项提议再行展缓。兹将最要之件先行提出，其余各项均俟详细证据
到后斟酌补报。本日向和会正式提出向德要求：（一）华工生命每名恤
金一千元，计一百九十六万余元。（二）陇海损失七千四百零四万佛
郎。（三）在外华人华厂损失二百六十九万余元，三百二十五万余佛
郎，三千一百余磅，七百二十一万□二百五十五万余马克。（四）购械
未交，追还原补入□款十一万三千余两，三十三万九千余元，一万五千
余磅，一千四百七十八万七千余马克。（五）俘虏收容费二百〇六万余
元。（六）山东损失未列数，俟全案到后择其□确数。向奥要求：
（一）购船未交，追还原款一百九十八万余磅。（二）在奥华人损失八十
六万马克。军事费用，另款声明。如各国索取时，中国当然同等要求。
利息一项，亦另行声明采用此次普通原则等语。此间除陇海证据已在
比京搜罗及海军部赍递鱼雷案全卷业已带来外，仅有数目而无证据。
德、奥船项下，请将陆海军部所订洋文合同及其他案卷一并抄寄。洋文
原件及洋文领款收据及函件，尤望注意。俘虏收容费应分德、奥两籍，
并寄会计册据。以上希摘要代呈为盼。祥等。七日。

《秘笈录存》，第108—109页

陆徵祥来电

巴黎,1919年3月11日

向德奥要求条件,业于三月八日提出。分三大纲:(甲)说帖。声明中国政府意愿在收回因胁迫而损失之领土与权利产业,并除去政治、经济上自由发展之限制。又,万国禁烟公约,德、奥均应批准。(乙)与德国议和草约中应列入之条件,计分九款。其要旨:(一)废止战前各约章,收回胶澳租借地及山东路矿权,并声明为推行工商业机会均等主义,拟将青岛及鲁省他处开放;(二)缔结平等商约,绝除最惠国条款;(三)脱离辛丑条约;(四)在中国境内之官产,无条件让渡;(五)赔偿中国政府与人民之损失;(六)中国政府保留权利,得照大会将来议决办法提出赔偿战费之要求;(七)偿还收养俘虏费;(八)归还辛丑掠去之中国钦天监仪器及他项美术品;(九)批准禁烟公约。(丙)与奥国议和草约中应列入之条件,计分八款。除青岛及钦天监仪器问题外,其余与向德要求同。全文邮寄。祥等。十一日。

附录:中国提出德奥和约中应列条件说帖

一、说帖。

二、与德国初步和约中应列入之条件。

三、与奥国初步和约中应列入之条件。

一、说帖

此次胪举与德、奥初步和约中应列入之各条件,中国政府之意愿,大要在使从前用威吓手段或用实在武力,而向中国获得之领土与权利产业,仍归还中国,并除去其政治、经济、自由发展之各种限制。一九一二年一月二十二日,海牙所订万国禁烟公约,应要求德国担任批准,并要求奥国画押批准。犹忆此约施行之稽迟,多由于该两国不肯画押批准之故。该两国履行此项义务,即此项重要国际文件之良美宗旨,得免一种不能圆成之阻碍。此宗旨者,不特符合于中国最上之利益,抑亦便于世界之公共福利者也。中国政府期望此次初步平和会议中共事诸国之代表,于附列各条件,必能赞同而扶持之,务使德、奥两国完全承认。

二、与德国初步和约中应列入之各条件

条款纲要：一、中、德两国间之条约，因战事而废止。开放青岛，准外人贸易居住。二、以后通商修好新条约，应以中德平等交换之原则为根据。德国应舍弃最惠国之待遇。三、德国脱离一九〇一年九月七日之专约。四、德国割让其在中国境内之公产。五、赔偿中国人民之损失。六、保留要索战事赔款之权利。七、缴还战俘之收容及养赡费用。八、归还天文仪器及他项美术物品。九、担任批准一九一二年一月二十三日之万国禁烟公约。

第一款

中、德两国间所有条约、专约、协议、合同以及他种规约，既因两国间之战争地位而废止，则凡一切权利、特权、让与以及优免优容，或为此项约章所畀予，或以此项约章为根据，或由此项约章而发生者，概已复归中国，不复存在。其中以胶澳租借权利暨关于山东省之路矿权之让与，以及他项权利优先权为尤著。中国政府愿助长国际贸易，并推行各国在山东及中国他处工商业机会均等之原则，立意于收回胶州租借地之后，立即开放青岛及山东省内他处合宜地方，俾外人贸易居住。

第二款

德国担任，以后与中国订立通商修好条约，采用平等交换之原则为根据；并在该约内，德国方面放弃所谓最惠待遇之原则。此项条约订定之后，即为两国间将来一切交际之指导。自初步和约画押时起，至此项条约缔结施行时止，凡现在或嗣后适用于无约国船只货物之税则、征捐以及章程，亦适用于德国所产或所制之船只货物。但彼此言明，在上列时期之内，中国仍可依据共事诸国之公共政策，而禁阻或限制中、德两国间通商关系之重开。

第三款

德国自认，于一九一四年八月十四日，已经脱离一九〇一年九月七日之专约，以及该约所附带之附件、照会文件。凡该专约所发生或因该〔约〕而获得之一切权利、特权名义，概行让还中国，并不复向中国要索

一九一四年三月十四日起至同年八月十四日之时期内,按照该专约该国所应分得之赔款。

第四款

凡在天津、汉口德国租界及中国他处并胶州境内,从前德国租借地之一切德国政府所有房屋、码头、营房、垒堑、军火、各种船只、海底电缆、无线电设备以及他项官产,均由德国割让于中国。但言明,外交官及领事馆署住宅所用之房屋,不在此项割让之列。除仍按照本款下条所列办法外,中国政府允将宣战时或宣战后所收管或拘留之德国人民私产,概行归还。但有中国政府所认为无从归还或归还之举与中国公众利益不能相容者,中国政府均得施行其自由处分之权利,而赔偿其合法之业主。中国政府仍保留权利,得依据共事诸国之公共政策,而收回此项断决。但德国仍允中国将此项私产或变卖所得价款全行扣留,以俟下列第五款所指中国人民对于德国各项要求之清结。此项要求清结之后,仍代共战诸国保管,以备抵付各该国或其人民所提出对于德国之要求。

第五款

德国允赔偿所有中国人民因战事而受之损失。

第六款

中国政府保留权利,得依据初步平和会议之裁决,而向德国提出赔偿战费之要求。

第七款

所有中国政府收容及养赡战事俘虏与平民俘虏所支出之费用,除抵消德国政府所支出同类之费用外,德国均允偿还。

第八款

德国担任,于初步和约画押日起十二个月之内,将一九〇〇年及一九〇一年德国军队未经中国政府许可而从中国移去之天文仪器及他项美术物品,归还中国,并认付归还此项物品时所需之费用,连拆卸、包裹、运送、保险及在北京安设之费用,一律在内。

第九款

德国担任于初步和约画押日起六个月之内,将一九一二年一月二十三日海牙所订万国禁烟公约,批准实行。

三、与奥国初步和约中应列入之条件

条款纲要:一、中、奥两国间之条约,因战事而废止。二、以后新订通商修好条约,应以中、奥平等交换之原则为根据。奥国舍弃最惠国之待遇。三、奥国脱离一九〇一年九月七日之专约。四、奥国割让其在中国境内之官产。五、赔偿中国人民之损失。六、保留要索战事赔款之权利。七、缴还战俘收容及养赡之费用。八、担任将一九一二年一月二十三日海牙所订万国禁烟公约,画押批准。

第一款

中、奥两国间所有条约、协约、专约、协议、合同以及他种规约,既因两国间之战争地位而废止,则凡一切权利、特权、让与、优先、优容为此项约章所畀予,或以此项约章为根据,或由此项约章而发生者,概已复归中国,不复存在。

第二款

奥国担任,以后与中国订立通商修好新条约,采用平等交换之原则为根据,并在该约内,奥国方面舍弃所谓最惠国待遇之原则。此项条约订立之后,即为两国间将来一切交际之指导。自初步和约画押起,至此项条约缔结实行时止,凡现在或嗣后适用于无约国船只、货物之税则、征捐以及章程,亦适用于奥国所产或所制之船只、货物。但彼此言明,在上列时期之内,中国仍可依据共事诸国之公共政策,而禁阻或限制中、奥两国间通商关系之重开。

第三款

奥国自认,于一九一四年八月十四日,已经脱离一九〇一年九月七日之专约,以及该约所附带之附件、照会文件。凡该专约所发生或因该专约而获得之一切权利、特权名义,概行让还中国,并不复向中国索取一九一四年三月十四日起至同年八月十四日止之时期内,按照该专约

该国所应分得之赔款。

第四款

凡在天津奥国租界及中国他处之一切奥国政府所有之房屋、码头、营房、垒堑、军械、军火、各种船只、海底电缆、无线电设备以及他项官产，均由奥国割让于中国。但言明，外交领事馆署、住宅所用之房屋，不在此项割让之列。除仍照本款下条所列办法外，中国政府允将宣战时或宣战后所收管或拘留之奥国人民私产，概行发还。但有中国所认为无从归还或归还之举与中国公众利益不能相容者，中国政府得施行其自由处分之权利，而赔偿合法之业主。中国政府仍保留权利，得依据共事诸国之公共政策，而收回此项断决。但奥国仍允中国将此项私产或变卖所得价款，全行扣留，以俟下列第五款所指中国人民对于奥国各项要求之清结。此项要求清结之后，仍代共战诸国保管，以备抵付各该国或其人民所提出对于奥国之要求。

第五款

奥国允赔偿所有中国人民因战事而受之损失。

第六款

中国政府保留权利，得依据初步平和会议之裁决，而向奥国提出赔偿战费之要求。

第七款

所有中国政府收容及养赡战事俘虏及平民俘虏所支出之费用，除抵消奥国政府所支出之同类费用外，奥国均允偿还。

第八款

奥国担任，于初步和约画押日起六个月之内，将一九一二年一月二十三日海牙所订万国禁烟公约，画押批准实行。

《秘笈录存》，第 109—114 页

关于中国对德条件的报告

我国此次参与和会所有应行要求各项条件，全权等到欧之后恪遵大总统训条,搜集各方面意见并参考各友邦情形,详慎商定于三月间陆续提交大会,所有对德要求条件,大要计分九款:(一)废止战前各约章,收回胶澳租借地及山东路矿权,并声明为推行工商业机会均等主义拟将青岛及鲁省他处开放;(二)缔结平等商约,绝除最惠国条款;(三)脱离辛丑条约;(四)在中国境内之官产无条件让渡;(五)赔偿中国与人民之损失;(六)中国政府保留权利,得照大会将来议决办法提出赔偿战费之要求;(七)偿还收养俘虏费;(八)归还辛丑年掠去之中国钦天监仪器及他项美术物品;(九)批准禁烟公约。四月二十八日,大会为中国列入对德和约案条款事来邀中国全权一人前往接洽,由王、施两全权往晤。据英专员出示所拟条文草稿,关于天津汉口租界问题内添加数则,如该界收回后中国允开公共租界及将来处置办法等等。施全权询以添加之故,英专员谓此系朱使报告中国政府许可之件。施使称此为中国与协约国间之问题,无加入对德和约之必要,且此次各股中议及协约国自相关系之事,均以对敌无关一概取消,故请其不必添加。英专员允之,惟以声明开为公共租界一层,美专员以为添加在内亦无妨碍,英专员亦遂坚持。施使因请将租界字样删弃,美专员赞成,英亦照允。其他各项亦略为文字上之修正,于次日将正草稿由施全权前往面交,并与英员又稍接洽。第四款公产项内北京使馆界营房一层,彼坚持为使馆附属品,将来德使馆地界如有变更之处须得外交团同意,施使商将同意一层改为接洽。又同款内无线电一层,美国坚请删去,因亦照删,私产办法改为按照经济股议决办法办理,可以充公。第七款内加入遣送费一层,惟该专员曾声明此次邀请中国全权并非请来讨论,不过于意见上或有可以交换之处可以报告时附陈三领袖备采云云。此外关于赔偿战费一款,因美国始终维持其不要求之主张,故商定我国与美表示一致,不复提及。又关于山东问题一款,已归另案报告,所有列入对德和约内专关中国各条如下:

　　第一百二十八条　德国将所有因一九零一年九月七日在北京画押之专约及属于该约之一切附件、照会、文牍而发生之利益、特权概行让与中国,又自一九一七年三月十四日以后所有德国依据该约应得之赔款亦由德国让予中国。

第一百二十九条 自本约实行时起缔约各国在彼有关系之范围内适用下列各则:(一)一九零二年八月二十九日所订关于中国新税则之协议;(二)一九零五年九月二十七日所订关于黄浦之协议及一九一二年四月四日续订之临时协议,但中国不须再以此项协议中所许之利益、特权给予德国。

第一百三十条 凡德国政府在天津、汉口德国租界或中国境内他处之一切房屋、码头、浮桥、营房垒堑、军械军火、各种船只、无线电之建设以及各种公产,概由德国让与中国,但声明外交官及领事官居住或办公所用房屋不在割让之列,其德国公私财产坐落在所谓北京使馆界内者,中国政府非得一九零一年九月七日专约内之各国外交代表同意不能有所处置,上指各国外交代表系本约实行时仍未脱离该专约关系之国。

第一百三十一条 德国政府于本约实行后十二个月内将一千九百年至一九零一年间携去之天文仪器概行归还中国,并支付归还时一切费用,如拆卸、函装、运送、保险及在北京建设之费用均在内。

第一百三十二条 德国愿废止现租汉口、天津德国租界之租约,中国政府宣言愿于收回各该地面完全主权之后开放该地,任国际公共居住、经商,中国并宣言凡联盟国及共事国之人民在各该租界内执有地产者,不因现租各该租界之租约废止而改变其产业权。

第一百三十三条 德国对于中国政府及联盟共事各国政府放弃一切因德国人民在中国拘禁及遣送回国而发生之要求,又一九一七年八月十四日以后因在中国之德国船只经捕获没收或因中立国之德国财产、权利、利益经变卖押收或管理而发生之一切要求,亦均由德国放弃,但有关系各方面对于变卖所得款项之权利,业由本约第十章经济条款规定,不因本约而有变更。

第一百三十四条 德国将其在广州沙面英国租界内之国有财产让

与英国政府，又德国将其在上海法国租界内德国学堂之财产让与中法两国政府公同承受，此外与中国一律相关各条文如下：

约首、末节自本约实行日起正式交际即行恢复。

第七十九条　德国不得派陆海空委员，并不任该项委员或其籍民驻在他国或协助他国陆海空之教育，协约共事各国亦不得任用德人充陆海空教练人员。

第八十一一八十七条　承认赤哈及波兰为完全独立国。

第一百十八条　于本约所定德国在欧界线外，德国对于本国或其同盟者土地上所存在或有关系之一切权利、名分或特权放弃之，德国对于协约或共事各国无论以何种名义所获一切权利、名分或特权亦概行放弃，协约及共事各国因实行上列规定之结果，已经或将来决定之办法除有必需时仍须得第三国同意外，德国此时即作为承认并同意。

第二百十四条　所有俘虏自本约实行即应从速遣送回国。

第二百十五条　遣送俘虏办法，协约共事各国及德国设一委员会外，所有各关系国并应各设一委员分会，由该国及德国政府派员商定实行详细办法。

第二百十七条　俘虏回国费归德国担任。

第二百二十四条　各国本境内供给俘虏费用彼此不偿还。

第八章第一附件　损失赔偿原则：(一)平民身体或生命因战事行为受有损害；(二)占领地方平民因敌人举动受有损害；(四)俘虏虐待；(五)国家恤养及救济残疾等费；(六)政府所给被俘军人之赡家费；(八)强迫工作之赔补；(九)财产因敌人举动或战事行为受损；(十)平民迫于强力所有供给之罚金。

第八章第二附件　以美、英、法、日、比、塞七国委员组织一赔偿损失会，前四国委员常川列席，有议决权，惟议及海上捕获及二百六十款内所指各节时，日本委员亦有此权。

第八章第七附件　德国将亚泊 YOP 岛至上海之海线让与协商共事主要各国。

第二百五十八条　德国放弃所得财政或经济上国际监督之参与权。

第二百六十条　于本约实行一年内赔偿损失会得使德国将其人民在中国、俄国、奥匈、布、土六国内所得公益营业及国家特许营业上之权利、利益全行收买，俟本会请求时六个月内尽数交出。

第二百六十四条　关于征税及进口品联盟国及共同作战国得与其他各国同等待遇。

第二百六十七条　各国享最惠国之待遇。

第二百七十九条　各国得于德国各埠派遣领事。

第二百八十条　德国政府如有自营国际商务，亦不能享国家特别优待之权，第十章经济条款第三段各缔约国设立检查局以检查战前或因战暂止所欠敌人或为敌所欠之债务，以相抵偿，各国国家对于本国人债务除战前破产者外负有代偿责任，并得将本国内敌人私产售卖以偿敌债，其个人间之私相接洽应行禁止，惟协商共事中各国如不采用此法，得于六个月前通知德国。

第二百八十九条　除于本约实行六个月内各国得向德国通告某项条约继续实行外，其余条约均作废。

第二百九十五条　海牙禁烟公约尚未签押或批准之各国均议定将该约实行。

第十章第四段第十附件　在本约实行六个月内，德国应将关于各国境内德人产业、权利、利益一切合同文凭、字据、证据在德人手中者收交各该国。

第四百三十八条　德国传教会社或个人之产业所在之政府交与管理会管理之，该会会员应为基督教，由政府选派或核准，惟产业仅可为传教之用。

第四百三十九条　德国承认所有协商共事各国捕获审检所决定案件均属有效。

《参与欧洲和平大会分类报告》（七）

关于中国对奥条件的报告

我国提出大会对奥要求条件,大要计分八款,除青岛及钦天监仪器问题外,其余均与向德要求者相同,德约未签之后对于奥约签字关系愈重,更应步步注意。初闻忌我者有藉词拒我单签奥约之意,幸归无形打消,此外所经有形之波折特缕述如下:

七月十二日,探闻义国全权备函大会,请以天津奥国租界交由义国接租,以义人在津甚众为词,当即分向各国接洽,设法阻止。十五日晨,由五国专门委员会议讨论,义陈要求理由大致三端:(一)天津租界义为最小,不敷居住,奥界毗连义界,有桥直达华界,义得之可兴商务;(二)奥界多水坑,不料理,碍卫生,义得之可整顿;(三)义不欲强据奥界,愿请五国公平估价,由奥约赔义款项下扣除。美、法、日委员甚为反对,美为最,英态度似亦直我曲义,但其第二理由可动人听。义委员见情形不佳,于散会后复往见各国委员,大致谓义非坚索奥界全部,如能将一小部划归义国,亦可满意,并云奥约内中国一章内,奥界全部交还中国云云,毋庸修改,以示尊重中国主权之意,仅于赔偿一章内,增加中国允将奥界一部分划归义租界等语。十六日,五国专门委员续议,义委员以会中多数反对随将奥界全部之请求正式声明撤回,但有三事须请中国注意:一、奥、义交界处,东面一段义国前年曾向中国政府有重勘界线之请,此事仍当商办;二、奥界注意卫生;三、奥界沿河一带,筑坝防水患。惟各国于二、三两层以奥界前此本不由中国管辖,对我尚无责,言此次只可请中国留意而已。至第一层,四国委员允向中国政府表示意愿,望我允将该问题重加考量,但不能作为请求云云。经各专门委员议决后,于十七日送交五国会议通过。二十六日,顾使晤法外部东方股长,彼谓此次义国要求奥界问题,义委员初甚坚持,其对于请贵国政府自行整顿一说,颇多质难,后经各国委员解释表示信任之意,彼始允撤回,故深望贵国能及早将奥界内一切应办事务积极进行,俾可早著成绩,此不但可征实各委员之信任,且可使各国对于中国所提希望条件之态度得一良好影响云云。是日,接准和会会长函开高等会议预备奥约时于研究应以天津前奥匈租界完全归还中国条款之际,义大利全权因请在该租界周围内必须从速施行各种公益之工程,将近于义租界之卑湿地从事汲干或填塞,及将海河左方坡岸设法改良,俾临河区域不致遭受水灾,义全权并称战事以前奥匈政府曾担任施行此项工程,惟为战事所迟误,致该处情形愈坏,兹高等会议天津中外人民公共利益起见,似须申请中国政府对此情形优加注意,并请在条约签字后一年内将前项工程由专设机关如海河水利局着手办理,以上所述意愿拟请转达中国政府,至为感幸,中国行政机关于担任公共之事素为注意,拟请将自愿办理此项有关公益工程完善之意由贵总长赐予确信,不胜祷幸等语。当即复以来函所称各节,准即转达政府,惟中国政府于整顿奥界内卫生、河工等事务早已有所筹划,拟俟奥约签定,奥租界完全归还中国后即行举办,故贵会长之意愿本总长可信中国政府必乐予以完美之考量等语。以上为奥约中关于天津租界之波折情形,现在收回该租界后如何管理,当为各国所注意,如办理得法,非但可免义人藉口,且于我将来交涉收回租界问题亦可稍树地步,似不可不迅速筹划,积极进行也。

对奥和约草案关于中国各款,大致与德约相同,只有取消赔款日期,原与德约一律定为三月十四日起者,改为八月十四日。嗣经奥全权提出答辩书,于全约十四章除第一章外均有修改,对于吾国五款变更亦多,除一百十三款修改尚少外,其余四款殆有推翻根本之意,其文如左:

第一百十款　德族奥国关于己国方面并为中国利益起见承认,凡前奥匈帝国所有因一九○一年九月七日北京画押之和约中一切规定及属于该约之一切附件、照会、文牍而发生之特权及利益自一九一七年八月十四日起作为确定无效,其一九○一年九月七日和约所定赔款,应否按照德族奥国于重行分配前奥匈帝国所有财产收入总数时应得成数将该赔款一部份分与德族奥国,此问题留归中国政府与德族奥国政府将来协商决定。

第一百十一款　自本约实行时起,订约各国各自适用:(甲)一九○二年八月二十九日关于中国新税则之协议;(乙)一九○五年九月二十七日濬浦章程及一九一二年四月四日续订之暂行章程,此项协议暨章程所与前奥匈帝国之利益或特权,中国虽不须以之给与德族奥国,而将来对于德族奥国人民之待遇不逊于国际联合会各国人民普通享有之待遇。

第一百十二款　凡属于前奥匈帝国而在天津奥租界内或中国境内他处之一切房屋、码头、浮桥、营房垒堑、军械军火、各种船只、无线电之建设以及其他各种公产,德族奥国将其所有权利让与中国,惟须得公平之赔偿,并须按照德族奥国于重行分配前奥匈帝国所有财产收入总数时应得成数将该赔款一部份分与德族奥国,但声明外交领事官居住或办公所用房屋暨前奥匈海军军队所驻营房以及该房屋内封存之杂物、家具,自不在前项让与之列,其奥匈帝国之公私财产坐落在所谓北京使馆界内者,非经此约实行后仍为一九○一年九月七日和约内订各国外交代表之允许及德族奥国之预先通知者,中国政府不能有所处置。

第一百十三款　德族奥国关于己国方面,允许废止中国政府所给天津奥租界之一切租约,中国政府宣言愿于收回该地面完全主权之后开放该地,任各国居住、经商,中国并宣言凡联盟及共事国民族之人民暨德族奥国人民在该租界执有地产者,不因该租界之租约废止而改变其产业权。

第一百十四款　德族奥国人民在中国所有动产不动产,均应保全,如已变卖,应以公平赔款给与业主,其德族奥国人民在华之被拘禁及遣送以及奥船在华之被没收,中国应否给与赔款,又倘应给与时,其程度若何,此等问题留归中国政府与德族奥国政府将来直接协商决定。

以上奥全权所提修改条款,以视原文出入颇钜,当即分向英、法、美、日各专门委员接洽,告以修正案一百十款拟将庚子赔款一部份分归德族奥国,如和会允之,则其他承受奥匈帝国领土如义、罗、赤、波等国势必援例要求,一律分给敌国,犹允共事国,更难谢绝,是取消赔款一层,将徒为虚名,无裨中国;其第一百十一款中国待遇德族奥国人民不逊于待遇联合会中各国人民云云,即是对奥恢复最惠国办法,与中国要求取消中奥条约之用意全然相反;一百十二款让与中国之公产要求赔偿,与全约原则不符,至要求保存之营垒,原系中国之地,曾为使馆卫队驻所,现卫队既已取消,营地当然由地主收回再处置,奥匈使领馆谓须得德族奥国之预先通知,此层亦无必要;第一百十三款德族奥国人民之地产一律不得变更云云,亦难承认,奥租界地为奥民所有者居多,倘允此修正,则奥租界内之地实际上将仍为奥人所操纵;第一百十四款要求各项赔偿,全属新增,并非修正,尤难同意。查原案各款大纲与德约相同,经五国同意在前,并非苛待奥国,故望一律主张,否认修正,坚持原案云云。并缮具说帖,函送和会会长及三国委员团,将奥提修正案内关于我国各款逐条答辩,请其提出高等会议,照原约拒绝修正。迨八月十九日五国会议,关于奥约内中国一章决定维持原案,拒绝奥国所提出之修改,惟各款中凡关系奥国放弃权各节,均加"奥国关于己国方面"等字样以昭一律,与原文意义尚无出入,例中第一百十款奥国承认辛丑和约无效,则云关于己国方面承认无效,是此奥约中关于修正条文之波折情形也。

九月二日协商国对于奥国提出最后答复,限五日内承受签字。嗣经奥全权请展长四十八小时,遂于九月十日在圣日曼宫行正式签字礼,徵祥及王全权正廷前往列席焉。

《参与欧洲和平大会分类报告》(八)

2. 签定奥约

陆徵祥来电

巴黎,1919 年 5 月 29 日

今日开会宣布对奥和约草案,祥偕全权列席。会长宣称:对奥和约,今日所有已定稿者,为政治一部,其他疆域、赔偿等,尚待续定。该草案原定明日提交奥国全权,惟罗马尼亚、希腊、塞尔维亚、波兰、赤哈五国声请将草案应先交彼研究,遂改拟三十一日再开大会。通告六月

二日交出。祥。二十九日。

陆徵祥来电

巴黎, 1919 年 6 月 7 日

对奥和约草案关于中国各款, 大致与德约相同。上月二十日电计达。现据和会送到正式交奥约本, 与前次所拟草案自较文字上稍有修改, 惟均无甚关系。祥。七日。

陆徵祥来电

1919 年 7 月 7 日到

密呈大总统、总理钧鉴: 未签德约情形, 业于二十八日电呈在案。兹与各全权等商善后办法二端: 一、奥约须往签字, 则中国仍在协约国团体之内, 且仍可为国际联合会发起会员之一, 虽此间东邻委员团微闻有藉词拒我单签奥约之意。惟近日会中各股开会, 照常邀我列席, 且前尚无为难情形发生, 此后自当步步注意, 以达往签目的。二、对于德约运动调停, 顷美外部密告顾使称, 渠已将所拟声明书底条件于二十八晨面交牧野, 与商一次, 牧野以彼国舆论为辞, 不甚赞成, 然亦并未坚拒, 现仍进行, 或可邀同英、法一致与商云云。此层能否做到, 目前固无把握, 但为我之计, 应先望他国能为调停, 较诸我即径与日商, 稍合步骤, 此间调停如能商妥, 拟即补签德约。以上祥等愚见所及, 请于另派大员时注意采择。再巴黎报界议论, 对我此举多表同情, 并无讥刺。日前美某全权接见访员, 曾向声言将国家情势稍变, 中国仍可补签。又中国于奥约签字之后, 仍为国际联合会会员云云, 并闻。祥等。三日。五十三号。

国务院致陆徵祥

1919 年 7 月 7 日

巴黎陆总长鉴：甲密。三日电计达。德约未经签字，此后因应益艰，前电询善后办法，迄未得复，事关国家利害，务望切筹详示。奥约签字事，并希注意，勿误为要。院。七日。

《中日关系史料——巴黎和会与山东问题》，第 241 页

陆徵祥来电

巴黎，1919 年 7 月 9 日

对土耳其和约事，经济分股开会五次，本日经济委员会开全会一次，均由严参事出席。土耳其原有土地拟分三部：自主者为一部；名义仍属土国，而实受他国监督者为一部；名义属他国监督，而实类自主者，又为一部。关系经济一方面，范围虽小，大旨与德、奥之约相同。禁烟公约亦在其内。土耳其境内，在战前欧美列强享有司法、商务特权。此项特权，除关税拟予更改外，决议恢复。并决定，此项特权，协商国及协助国之此次与土签约者得一体享受。美日与土未尝宣战，原拟不参与和约，现闻已改变初旨，拟亦签字。我国与土非但未尝宣战，且又未曾订约。会外有人询严参事意见，答以我国是否与土签约，政府未有明示。然以私意度之，以我协商、协助团体一致起见，政府主张签字，必居多数云云。查土耳其约与禁烟公约以及司法、商务特权均有关系，我国似应签字。届时应派何人往签，容再请示。祥。九日。

《秘笈录存》，第 231 页

陆徵祥来电

巴黎，1919 年 7 月 9 日

祥自山克鲁医院医治后，匝月未见起色。名为领袖，徒然偃卧呻吟，于事毫无裨益。抚衷自问，负疚滋深。本拟请假数月，按照医方随起□蒙陶尔地方饮水，为彻底医治之计。现闻主座、揆席均极悬盼□□

厥职,亦何敢以一人微躯之关系,置宵旰忧勤于不顾。目下假定回国,程期拟俟德约挽救稍有眉目或在奥约签字以后。惟据医生切嘱,回国后仍不能见客,不能操劳。一切在此医院治□法,均须照常,冀可维持现状,免有意外。届时祥仍拟偕魏使同行,俾可代为报告。知念先闻。祥。九日。

《秘笈录存》,第231—232页

陆徵祥来电

巴黎,1919年7月12日

探闻义国全权于今日备函托会,请以天津奥国租界交由义国接租,以义人在津甚众为词。法国方面对此请求闻有活动之意。现已由顾使切函美全权,如有此说,务请设法打消。再,在津义侨究有若干人,请查明速复。祥。十二日。

《秘笈录存》,第232页

国务院致陆徵祥

1919年7月13日

巴黎陆总长鉴:甲密。迭电尚未得复,至念。德约既未签字,此时善后挽救办法亟宜注重。奥约签字,以加入国际联合会为目的,希于签订奥约一节务期办到,并就加入联盟之各种方法与英、法、美方面详细研究,预为布置。至此次拒签德约,实因山东问题前电所述美国及英法方面均有调停之议,现在调停办法进行程度如何,最好调停能有效果,否则惟有以适当办法在国际联合提案,此时时机渐迫,诸待筹备,不容刻缓。除关系山东问题各正式文件前经提出欧会外,所有重要案卷及各国要人之演说宣言有关此项问题者,均应设法搜集,以为提案资料,希即查照筹办。此外,如何设法,尊处当已密筹,统希电示。院。十三日印。

《中日关系史料——巴黎和会与山东问题》,第247—248页

陆徵祥来电

巴黎,1919年7月15日

　　昨日刘参事见伊集院,询以义国向大会请求奥国租界事。据伊云:星期六五国会议,义全权曾求此事,各全权未加讨论。义请付委员会,各国并准之。各国所以未加讨论者,似系不赞成义之主张。余料虽付委员会,不至有不利于中国者。刘参事询以义之理由安在,是否义因他种问题不能贯彻,以致发生此项请求。伊云:此亦不能成为交换问题。余忆两年前义曾向北京政府要求奥界,贵国拒绝之理由极为充足。此次各国委员想必赞成贵国主张,日本亦当为贵国尽力。刘参事答以我国全权深信,贵国全权对此问题必以中国主张为然,尚望格外注意等语。特闻。祥。十五日。

《秘笈录存》,第232页

陆徵祥来电

巴黎,1919年7月15日

　　奥界事探悉。今晨由五国专门委员会议讨论。义陈要求理由大致三端:(一)津租界义最小,不敷居住。奥界毗连义界,有桥直达华界,义得之,可兴商务。(二)奥界多水坑,不料理碍卫生,义得之,可整顿。(三)义不欲强据奥界,愿请五国公平估价,由奥约赔义款项下扣除。美、法、日委员甚为反对,美为最。英态度似亦直我曲义。但义第二理由,闻颇动听。义之要求即将全部打消,各国于租界内居民卫生,恐难缄默。奥界现既由我管理,似当及早设法注意此事,以杜口实。再,义委员以今晨会议情形不佳,午后复往见各国委员,大致谓义非坚要奥界全部,如能将一小部分划归义国,亦可满意。并云:奥约内中国一章内,奥界全部交还中国云云,毋庸修改,以示尊重中国主权之意。仅于赔偿一章内,增加中国允将奥界一部分划归义租界等语。现闻各委员定明晨继续会议。特闻。祥。十五日。

《秘笈录存》,第232—233页

陆徵祥来电

巴黎,1919 年 7 月 16 日

奥界事,顷探悉,五国专门委员今晨续议。义委员以会中多数反对,随将奥界全部之请求正式声明撤回。但有三事,须请中国注意:(一)奥、义交界处东面一段,义国前年曾向中国政府有重勘界线之请,此事仍当商办。(二)奥界注意卫生。(三)奥界沿河一带,筑坝防水患。各国于二、三两层,以奥界前此本不由中国管辖,对我尚无责言,此次只可请中国设法留意而已。至第一层,四国委员允向中国政府表示意愿,望我允将该问题重加考量,但不能作为请求云云。经各专门委员议决后,定今日下午报告五国会议,计明后日可决定。祥。十六日。

《秘笈录存》,第 233 页

陆徵祥来电

巴黎,1919 年 7 月 18 日

奥界事,昨晚探悉,专门委员会取销义国要求之报告昨日送交五国会改,旋于下午通过。现奥约内关于天津奥界约文,均仍旧,不加修改。但卫生、河工、勘界三项,闻拟由五国会议将面达中国委员处。特闻。祥。十八日。

《秘笈录存》,第 233 页

陆徵祥来电

巴黎,1919 年 7 月 21 日

六月二日提交对奥和约中留待续定条款,已于今日由和会秘书长送交奥全权。计分疆域、军务、赔偿、经济、债务五端,并限期十日答复。祥。二十一日。

《秘笈录存》,第 235 页

陆徵祥来电

巴黎,1919 年 7 月 26 日

接奉和会会长函开:高等会议预备奥约时,于研究应以天津前奥匈租界完全归还中国条款之际,义大利全权固请在该租界周围内必须从速施行各种公益之工程,将近于义租界之卑湿地从事汲干或填之,及将海河左方坡岸设法改良,俾临河区域不致遭受水灾。义全权并称:战事以前,奥匈政府曾担任施行此项工程,惟为战事所迟误,致该处情形愈坏。兹高等会议为综核中外人民公共利益起见,公同申请中国政府对此情形优加注意,并请在条约签字后一年内,将前项工程由专设机关,如海河水利局,着手办理。以上所述意愿,拟请转达中国政府,至为感幸。中国行政机关于担任公共之事素为注意,拟请将自愿办理此项有关公益工程完善之意,由贵总长赐予确信,不胜祷幸等语。现拟复以:来函所称各节即转达政府,惟中国政府仍照前函整顿奥界内卫生、河工等事务早已有所筹划,何时奥约签定,奥租界完全归还中国后,即行举办。故贵会长之意愿,本总长可信中国政府必予以完美之考量等语。此后奥租界管理情形,当为各国所注意。如办理得法,非但可免义人之借口,且于我将来交涉收回租界问题,亦可稍树地步。务希迅速筹划,积极进行。盼复。祥。二十六日。

《秘笈录存》,第 233—234 页

陆徵祥来电

巴黎,1919 年 7 月 26 日

本日午后,顾使晤法外部东方股长。彼云:此次义国要求奥界问题,义委员初甚坚持,其对于请贵国政府自行整顿一说颇多为难,后经各国委员解释,表示信任之意,彼始允撤回。故深望贵国能及早将奥租界内一切应办事务积极进行,俾可早著成效。此不但可征实各委员之信任,且可使各国对于中国所提希望条件之态度得一良好之凭据。祥。二十六日。

《秘笈录存》,第 234 页

陆徵祥来电

巴黎,1919 年 7 月 30 日

二十一日电计达。奥全权又请延长一星期。已由协约国允准。祥。三十日。

《秘笈录存》,第 235 页

顾维钧来电

巴黎,1919 年 8 月 12 日

和会提交奥之和约草案,其中关于我国五条,六月七日业经撮要电达。日前奥全权提出答辩书,经向会中觅得印本,审慎研究。查答辩书于全约十四章,除第一章外,均有修改。对于我国五款,变更亦多。除一百十三款修改尚少外,其余四款,殆有推翻根本之意。以视原文,出入颇巨。兹将奥全权所提修正条款,译请察核如下:(第一百十款)德族奥国关于己国方面,并为中国利益起见,承认凡前奥匈帝国所有因一九○一年九月七日北京画押之和约中一切规定,及属于该约之一切附件、照会、文牍而发生之特权及利益,自一九一七年八月十四日起,作为确定无效。其一九○一年九月七日和约所定赔款,应否按照德族奥国于重行分配前奥匈帝国所有财产收入总数时应得成数,将该赔款一部分分与德族奥国,此项问题留归中国政府与德族奥国政府将来直接协商决定。(第一百十一款)自本会实行时起,订约各国,各自适用:(甲)一九○二年八月二十九日关于中国新税则之协议;(乙)一九○五年九月二十七日滻浦章程及一九一二年四月四日续订之暂行章程。此项协议暨章程暨前奥匈帝国之利益或特权,中国虽不须以之给与德族奥国,而将来对于德族奥国人民之待遇,不逊于国际联合会各国人民普通享有之待遇。(第一百十二款)凡属于前奥匈帝国而在天津奥租界内或中国境内他处之一切房屋、码头、浮桥、营房、垒堑、军械、军火、各种船只、无线电之建设以及其他各种公产,德族奥国将其所有权利让与中国。惟须得公平之赔款,并须按照德族奥国于重行分配前奥匈帝国所有财产收入总数时应得成数，将该赔款一部份分与德族奥国。但声明外交官、领事官居住或办公所用房屋暨前奥匈海军军队所驻营房以及该房屋内封存之杂物家具，自不在前项让与之列。其奥匈帝国之公私财产坐落在所谓北京使馆界内者，非经此约实行后，仍为一九〇一年九月七日和约内订约各国外交代表之允许及德族奥国之预先通知者，中国政府不能有所处置。（第一百十三款）德族奥国关于己国方面允许废止中国政府所给天津奥租界之一切租约，中国政府宣言愿于收回该地面完全主权之后，开放该地，任各国居住经商。中国并宣言，凡联盟及共事国民族之人民暨德族奥国人民在该地租界执有地产者，不因该租界之租约废止而改变其产业权。（第一百十四款）德族奥国人民在中国所有动产、不动产，均应保全。如已变卖，应将赔款给与业主。其德族奥国人民在华之被拘禁及遣送以及奥船在华之被收没，中国因此应否给与赔款。又，倘应给与时，其程度若何。此等问题留归中国政府与德族奥国政府将来再协商决定。钧。十二日。

《秘笈录存》，第 246—247 页

顾维钧来电

巴黎，1919 年 8 月 13 日

奥约修正问题，昨电计邀察核。顷钧往晤英国专门委员，与彼接洽，并告以修正案一百十款，拟将庚子赔款一部份分归德族奥国，如和会允之，则其他承受奥匈帝国领土，如义、罗、赤、波等国，势必援例要求一律分给。敌国犹允，共事国更难谢绝，是取消赔款一层将徒为虚名，无裨中国。其一百十一款，中国待遇德族奥国人民不逊于待遇联盟会中各国人民云云，即是对大中华民国恢复最惠国办法，与中国要求取消中奥条约之用意全然相反。一百十二款，让与中国之公产，要求赔偿，与全约原则不符。至要求保存之营垒，原系中国之地，曾为使馆卫队驻所，现卫队既已取消，营地当然由地主收回再处置。奥匈使、领馆，谓须得德族奥国之预先通知，此层亦无必要。一百十三款，德族奥国人民之

地产,一律不得变更云云,亦难承认。奥租界地为奥民所有者居多,倘允此修正,则奥租界内之地,实际上将仍为奥人所操纵。一百十四款,要求各项赔偿,全属新增,并非修正,尤难同意。查原案各款大纲与德约相同,经五国同意在前,并非苛待奥国,故望一律主张否认,仍坚持原案。英专员答,奥代表谓德族共和奥国系新立之国,非前奥匈帝国脱胎,故提出修正案,大有自处相等地位之意。但此项解释,非和会所能承认。今对于中国各款,改头换面,与原案用意全然不同,无怪贵公使不能承认。本员意见相同。容报告勃尔福外相,请其注意,并竭力协助贵国之主张。如欲修改,鄙意当邀贵国代表陈述意见云云。钧。十三日。

《秘笈录存》,第 248 页

顾维钧来电

巴黎,1919 年 8 月 15 日

本日函送和会会长说帖一件,将奥提修正案关于我国各款逐条答辩,请其提出高等会议,照原约拒绝修正。此项说帖,并经抄送三国委员团接洽。谨闻。钧。十五日。

《秘笈录存》,第 248 页

陆徵祥来电

巴黎,1919 年 8 月 18 日

今晨顾使往晤法外部东方股长,谓奥对奥约内中国一章所提修正案,与原文意义全然不同。中国委员团社业经开送说帖,申说反对理由,仍望维持原约。彼谓:修正案变更原文太多。□□五国专门委员定明日会议此事,以便决定答复奥国办法,届时或拟请中国委员团派员到会。顾使谓:深愿派员到会。彼谓:但说帖所述理由,已颇明晰中肯,请派员一层,或无必要。奥国见解,以为德族奥国系新成立国,与其他新国处于相等地位,故对于奥匈帝国之担负,无分任之责。但此项理想,非和会所能承认。且奥在中国利益颇少，其最重要者为天津租界，而修正案乃未提及。所索各种赔款，与草约原则不符。且德约亦有同样条款，德已签约，并无要求赔偿之修正。奥、德同为敌国，未便分歧待遇。但此系法国意见，他国态度如何，尚未接洽。最后答复奥国办法，须明日共同议决云。至日本方面，已由刘参事切托增田。彼谓：奥案除二、三件外，似均决定驳斥。至关于中国各条，贵国委员所提意见书，余虽尚未读，明早会议时，余拟赞成贵国委员意见。旋刘参事又晤其秘书吉田。据云：各委员对于中国各条，毫无听从奥案之意云。祥。十八日。

《秘笈录存》，第 248—249 页

陆徵祥来电

巴黎，1919 年 8 月 19 日

今晨五国会议，关于奥约内中国一章，决定维持原案，拒绝奥国所提出之修改。惟各款中，凡关系奥国放弃权各节，均加"奥国关于己国方面"等字样，以昭一律，与原文意义尚无出入。例如第一百十款，奥国承认辛丑和约无效，则云奥国关于己国方面承认无效。是特闻。祥。十九日。

《秘笈录存》，第 249 页

陆徵祥来电

巴黎，1919 年 9 月 3 日

协商国对于奥国驳斥书之最后答复，已于昨日午后五时由和会秘书长提出，限五日内承认签字。特闻。祥。三日。

《秘笈录存》，第 249 页

陆徵祥来电

巴黎，1919 年 9 月 5 日

三日电计达。奥全权对于协商所限日期，请展长四十八钟。祥。

五日。

《秘笈录存》,第 249—250 页

陆徵祥来电

巴黎,1919 年 9 月 8 日

奥国国会九十七票主张签字,已通过。奥全权九日可抵法。正式签字礼节定于十日举行。特闻。祥。八日。

《秘笈录存》,第 250 页

陆徵祥来电

巴黎,1919 年 9 月 9 日

昨晚十钟接大会送到奥约中附约一件,即关于检查贩运枪械及军用品问题。其原文为二十六条,共分五类。其方法分陆上检查与海面检查。其用意谓保障世界平和起见,凡缔约各国枪械及军用品之进出口岸,须有政府发给之凭照,并随时须受政府之检查。此约以七年为期。缔约国政府每年各须报告国际联合会一次。对于海面检查所定特别区域,如非洲海滨、红海及波斯海面等处。今晨祥与各专使暨军事团唐中将在礼、梁少将上栋、唐少将宝潮互相讨论,金谓此约于中国不无益处。(一)此约宗旨系保障世界和平,与中国所抱宗旨相符。(一)有此检查,当可减少私运之弊。(一)加入此约,与协商国共处同一态度。明晨十钟奥约实行签字。祥以时间太促,请示训条万赶不及,拟照专使团及军事团公共意见,对于附约亦拟邀同专使签字。谨闻。原文即译寄。祥。九日。

《秘笈录存》,第 250 页

陆徵祥来电

巴黎,1919 年 9 月 10 日

奥约于今晨十钟在圣日曼宫行正式签字礼。祥偕王专使前往签字。罗马尼亚及塞尔维亚全权未到。谨先电陈。祥。十日。

《秘笈录存》,第250页

陆徵祥来电

巴黎,1919年9月11日

圣日曼宫奥约签字。除正约外,计附件十三。中国所与各国公同已签者:(一)和约。(二)葳事文据。(三)签约文据以三日为限。(四)关于和约之声明文件。(五)协件。(六)关于义大利损害赔偿之财政协件。(七)决算奥匈之财政协件。(八)检查贩运军火公约并文据一件。其余各附件,查美、英、法、义、日、奥六国签一特别声明文件。又,五强与赤哈签一赤哈条约。五强又签一塞尔维亚条约,惟此约塞国尚未签字。五强与比、葡签一关于亚非利加贩卖酒精公约与附件。并由各该国另签一约,以代一八八五年柏林及一八九〇年比京之公约。再,查贩运军火公约,希腊尚未签字。据会长宣言,依据葳事文据,所有此次各约及各附件,可于九月十三日午刻以前补行签字。祥。十一日。

《秘笈录存》,第250—251页

3. 中德协约的签署

陆徵祥来电

巴黎,1919年6月28日

德约我国既未签字,中德战事状态,法律上可认为继续有效。拟请迅咨国会,建议宣告中德战事状态告终。通过后,即用大总统明令发表,愈速愈妙。祥。二十八日。

《秘笈录存》,第224—225页

陆徵祥等来电

巴黎,1919 年 7 月 9 日

前请国会建议,宣告中德战事状态告终一节,此类事实,历史上具有先例。且此次德国签约,系对于联盟国及□□事国,其效力并非单指一国。德人于全约既已签字,凡系在团体中之各国所与德国战事状态,当然连带告终。惟我既未签约,则在我方面似于法律上手续尚有欠缺。祥曾于二十八日电请在案,仍请查照迅咨国会,候通过后即以明令发表。至德约如何补救情形,已详于三日八日部电中,现正在设法进行。容续电。祥等。九日。

《秘笈录存》,第 225 页

陆徵祥来电

巴黎,1919 年 7 月 18 日

对德宣告战事终了一节,已于九日电详复在案。战事状态和好日期,以六月二十八日为始,仍请迅咨国会速办为盼。至建议书要旨略拟如下:此次对德和约,业经协约各国于六月二十八日在佛沙依宫签字。我国以约内关于山东三款未能赞同,故未签字。其余各款,中国与协约各国始终一致承认。现在协约各国对德战事状态既已告终,中国为协约国之一,对德所处地位当然相同。兹特宣告自六月二十八日起,中德战事状态终止云云。至处置敌侨、敌产各项问题,即可照战事状态告终后之通常办法办理。特复。祥。十八日。

附录:大总统布告

1919 年 9 月 15 日

我中华民国于六年八月十四日,宣告对德国立于战争地位。主旨在乎拥护公法,维持人道,阻遏战祸,促进和平。自加入战团以来,一切均与协约各国取同一之态度。现在欧战告终,对德和约业经协约各国全权委员于本年六月二十八日在巴黎签字。各国对德战事状态,即于是日告终。我国因约内关于山东三款未能赞同,故拒绝签字。但其余各款,我国固与协约国始终一致承认。协约各国对德战事状态既已终了,我国为协约国之一,对德地位当然相同。兹经提交国会议决,应即宣告我中华民国对于德国战事状态,一律终止。凡我有众,咸使闻知。特此布告。

《秘笈录存》,第225—226页

财政部、农商部、交通部、法制局关于
中德协约案之签注及外交部之说明
1919年

中德协约案

财政部签注:

查中国各处所收容者,并不止德国军人,尚有德侨在内,拟于军人字下加"及德侨"三字,以免遗漏。

外交部说明:

我国提出草案,原系偿还收容德国军民之费一语,嗣因德代表以收容侨民乃国际法之例外,不能承认,他国此次和议并连收容俘虏之费而放弃之,至于收容侨民由德国出资,则尤无是议。本部委员遂允更改,而约定用一笔整款交与政府,故此项收容,无论其为德兵或德侨,事实上毫无差别,一笔整款利便之处甚多,其最要者为我国收容所帐目乃德奥混合计□,如此办法此后可免奥俘不宜德偿之反对矣。

财政部签注:

查"并不反对"之一语,充其量仅有默认之意,实与明白承认者有间,拟改为"均承认之"四字,以期确定。

外交部说明:

德国既声明不能复笼统承认威塞条约,自不必复用"承认"字样,譬如,甲国向乙国宣言云:贵国有要求某事,我不反对云云,已与明白承认者,法律上同一效力,似难谓之默认。

财政部签注:

在国定税率普通施行以前，"普通"二字拟删去。

（理由）：查我国公布之国定关税，目下本系对于无约国货起见，如索取产地证明书一层，能望办到，则无约国货物入口自可按国定税率，切实推行。至有约各国，将来改订商约，在我亦希望次第更正，似不必注明"普通施行"字样。

拟添入华货中，如丝、茶、皮毛及丝织品、毛织品等类，运入德国时，德政府应允予特别减轻课税。

（理由）：我国通用税率较各国关税为轻，德货来华，得按通用税率完纳轻税，而华货在德须照德国税率完纳重税，实际上仍不平等，故拟提出出口丝茶等项，要求德政府减轻税率，以为交换条件而资补救。

外交部说明：

我国在德进口货物已有两层保护，一为最惠国条款（威塞条约二百六十四条），一为与本国人民同等待遇（本协约第四条），为相互原则起见，拟许以国定税率，未普通施行以前，暂用通用税率，因事实上未有普通税率时，若用特别办法，则德货悉易他国名号输入中国，我以何为〔本〕国商民谋利益。

丝茶、皮毛各品输入德国，要求特别待遇，诚以为利益华商之事，第此事须慎重订出方法，否则，他国对德将引最惠国条款，而意丝、印茶又与我国同类商业在德争竞矣，且本协约乃临时性质，仅列大纲，此事在商约范围之内，可留为日后磋商。

财政部签注：

惟北京及汉口德华未经清理之银行房舍，得照上一节办法归还原主等语，拟删去。其理由如下：

一、北京及汉口之德行房舍，业经作价，由财政部收置，其所得之款，亦由财政部保管，是由清理处方面言之，与各埠之德行房产同在已经清理之列，一切收付报告，具已列清，不能作为未经清理看待。此其理由一。

二、从前所以急于清理者，因为完结清理之手续起见，亦因经济政策上有划除德国在远东经济势力之必要,何理也,而其时以价格问题无从出售,故由政府收买在前,又拟发还于后,是前后之政策矛盾,恐协约国亦有烦言。此其理由二。

三、以事实言之,政府所收买之京汉德行房屋,现已抵押于中法及明华银行,借有巨款(共肆拾万元),如拟发还,非先筹有的款,还清旧欠,不能追回此项抵押品。此其理由三。

四、将来政府如以外交政策之关系,必须将京汉德行房屋交与德国,亦只能将政府已买之房舍,转售于德国,不得谓为未经清理,将原物归还原主,究之将来如何趋势,实已包括在"另商办法"四字以内,似不必提出明白规定,致生枝节。此其理由四。

以上各节伏乞察核。

外交部说明:

查对德华者,乃中国政府系何种机关经理者,对外无关系也,令德华京汉房舍以清理处售于财政部,德人谓之以右手交左手而已,殊不能不谓为遥在本国名下。

抵押之款,已为四十万元,则该行价值必超过此数,假定估价为六十万元,德人以半数取赎,则在所亏者,不过十万元,若为八十万,则已可相抵,故先筹的款事,似毋庸虑及。

中德协约案

农商部签注:

中德协约内关于山东问题,有德国无交还之能力一语,似有趋向直接交涉之意,恐于顾公使方面生发困难,而舆论或亦多攻击,可否将约文中无交还之能力一节,意义酌量修改,或删除。至原"抛弃之"三字,可否增改为"对于中国抛弃之",此事关系至巨,似宜再请主管部酌加考虑。

外交部说明:

此条仅声明德国无能力将青岛及附带权利归还中国,并无趋向直接交涉之意,顾公使曾受电询意见,表示极端满意。

"抛弃之"三字,如加"对于中国"四字,与事实不符,且不知具何意义,试取全文比较读之,更觉明了。本部主管此事,再四考虑,以为原文无应增减或修改之处。

原文

述及德国因战事局势,以及威塞之条约,势不得已而将其凡因与中国订立一千八百九十八年三月六日之条约及其他一切关于山东省之文件,而获得之一切权利产业权特权抛弃之,以此之故,德国失去将以上各种权利产业权特权归还中国之能力。

农商部修改之文

述及德国因战事局势,以及威塞之条约,势不得已而将其凡因与中国订立一千八百九十八年三月六日之条约及其他一切关于山东省之文件,而获得之一切权利,对于中国抛弃之,以此之故,德国失去将以上各种权利产业权特权归还中国之能力。

农商部签注:

中德协约内所称两缔约国于关税上一切事务,由各本国内部法令订定等语,仍系仅指关税上之事务而言,并未提明关税之税率,恐不过如海关征收章程之类,于国定税率实际似无甚大关系,可否于条文中确切订明,或增入税率字样,以免日后之争执及损害。□一条后关节所称,中德进出口税不得过于本国人民所纳之税率等语,恐亦有宜斟酌删改之处,盖关税既可国定,应有对于华洋货税伸缩轻重之权,即谓彼此交换同等,而实际华货往德者少,德货来华者多,且若华人货税本轻,在值百抽五以下,而德货须与一律不得稍逾,是可转轻于欧美、日本各国货税矣。

外交总长函内有在国定税率未普通施行之前,德货入口仍暂照通用税率完纳关税云云。

所称普通施行,是否对于通商各国一律施行?所称通用税率,是否对通商各国所用值百抽五之税率?果尔,则中德协约第四条所定两缔约国关税上一切事件,全由各该国内部法令规定等语,全成具文,而德国仍将与欧美、日本国适用同一之税率,是抛弃国定税率之利益甚巨,可否酌量加以修改或删除,以免将来关税上重大之损失。

外交部说明:

查此案经总理批交财政部审核。财政部业经签注交下本部意见,以为此次订约,仅具恢复平和之大纲,至于商务详细条远规,应在商约范围之内,如协约草案第五条所指者,经余详对财政部说明内。

农商部签注:

外交总长复函内载德政府赔偿之一笔整款,除现金四百万元外,得以津浦、湖广铁路债票抵交一节,该两路德国债款早因宣战取消,应在没收之列,不能转以此等债票抵作应赔之现金,即属于德国人民所有者,亦似应另以半数之现金取赎,始可给还有效,况照已交之庚子对德赔款,亦全无损害确证,而悉以现金,似宜援照办理,否则,亦宜以别种确有价值之财产或证券抵换。

外交部说明:

两路债票,法理上曾否没收,及事实上能否没收,各当局此时均已明了。本部以为,此时藉能收回一部份,于我当有利益,所以前与财政总长接洽,亦承认为可用。

农商部签注:

外交总长复函末节内,有海华银行及井陉矿务当由中国主管机关与之另商办法云云。虽在中政府总显较普通办法为优,惟条文现未确切订明,非但必多争执,且恐另商之结果或□转较普通办法为逊,且此系与赔款有关之一种,财产处分不能由主管官厅与其个人平行对待,得双方之同意,似宜将与之另商改为另定办法,或改为以较普通办法更有利于中政府之条件,与之另商。

外交部说明:

井陉矿务,本系中海合办性质,与纯粹海产者不同,故于法律上必须另具办法方妥,惟产系私人所有,既未能没收,又未受清理,与原主接洽,势所不免,官厅与个人或公司平行商议之成例,近代尚多,似并无碍税制。以上各节详细情由，业于本月十四日由外交部委员面向农商部高次长陈述矣。

农商部签注：

再中海协约第五条，内开本日所提声明文件及本协约各条，作为商议正约之根据等语，是日后当有议和之正约及其未经正式批准之草约，而此项协约不过为议和之预约，究竟其性质效力若何，兹将本部意见逐条签注，拟请由主管部复核，再交外交委员会审议，以昭慎重，再行提出公决。

外交部说明：

此次协约仅具通好大纲，为后日定一平等相互各大原则之基础，故条文从简，将来关于通商各种规则，似或有订立之必要，惟其原则仍应本核协约内所载者，方可再协约，由双方批准性质效力，与其他国际条约相等。

中德协约案

交通部签注：

两路债券，外交部拟按市价折收，本部深表同意，惟外交部拟再将此项债券按市折价交付德国，作为归还清理后所得各款之用，本部碍难同意。因此项债券应交还本部，作为赔偿本部损失之一部份，即由本部将债券注销，以轻债务。至于应交德国之款，应由政府另发一种债券，按票面额交付德国。

外交部说明：

两路债券改由我国收回，为战事赔偿之一部分，此乃草案内中国对德认可之办法。至债券收回，或应销毁，或应留作他用，乃我国内部问题，于德国无涉。故取赎后，已清理之财产如何还债，在于各部互相接洽，而不在本部对德讨论办法范围之内。

交通部签注：

本节明定将被扣留各产业归还原主云云，本部尚有疑义。查德人轮舶、趸栈、码头各产业，本部前拟设法保留，不予发还，当经函请外交部核复,嗣准复称,惟有作为应包括于德约第一百三十三条所称所有权一语之内以处置之等语,若照本节所定办法,是此项轮舶、趸栈、码头亦在归还原主之列,实与保留之主旨相左,且本节之下,又明言,对于第一百三十三条作为一种结束,更无引用该条以处置此项产业之余地,本部碍难同意,拟评请于本节(中德条约批准后)之下加入(除轮舶、趸栈、码头让与中国外)一语,以免发生问题。

外交部说明:

德人轮舶、趸栈、码头各产业性质各不相同,轮舶一项,应分两种,航海之船受捕获审判归我者,德人绝对不能发生异议,沿海及内河之轮舶,本部看法亦自包括在和约一百三十三条之中,惟趸栈、码头,原则上似可受清理,而不能没收。九年十一月六日,本部致交通部之公函,即系此意。兹本部又本交通部之主张,以特别关系为理由,与之严重交涉,德人亦颇就范,惟栈房一项,彼方执之甚坚,云系陆地私产,得仍用普通财产之原则。

中德协约案

法制局签注:

查协约草案暨声明文件所定各节大致均采相互主义,以视中国向来与外国所定条约较为利益,惟声明文件内司法保障一项,允许德籍律师及翻译得为辅助云云。是否准其为原被告之辅助人?抑准其执行律师及翻译事务?殊费解释,德代表原文究竟若何?虽未及观,而据外交部复函之词意推之,似许德人在我国法庭执行律师及翻译事务。查现制律师系以本国人为限,关于外国人诉讼法厅均置有翻译人员,从未有外国人得为律师或翻译者,今若特许德人充当律师翻译,不惟为向无领事裁判权之外国于将来缔结条约时,开一先例,且恐于他日收回法权之际,滋生障碍。又德人诉讼案件,全由新设之法庭以新法律审理等语,所谓新法庭,是否包含已成立之法院而言,抑专指签约后组织之法庭?所谓新法律是否包含现行之法律而言,抑专指签约后公布之法律?界说亦未十分明确,均于将来履行时易生疑义,可否密交司法部暨法权讨论会详加研究,俾臻周妥之处,伏候钧裁。

王来谨签

外交部说明

中德协约案,文件中司法保障一项,于讼案期间德籍律师及翻译,经法庭正式认可者,得用为辅助之办法,本月十四日国务会议时节,司法部业已表示赞同,与司法现制毫无差异,无领事裁判权国律师出庭,本为九年十二月二十八日公布章程所许翻译随同传话,亦系法院普通办法所许,审问外人时,事实上不得免者。至所谓由新设法庭以新法律审理一节,管辖方面即系本八年五月二十三日所公布之审理无约国人民民刑事诉讼章程及八年十月三日大总统关于德奥人民诉讼之命令,本意适用;法律方面乃指民国法律而言,不论现行及续颁者。此条精神不过指不得复用旧式非法非刑之待遇而已。德文来函,两方议稿时,原由汉文译成,无出入之处。

中国第二历史档案馆藏总统府军事处档案

颜惠庆致吴笈孙①

19　年10月1日

世绌仁兄先生大鉴:恢复中德邦交事,前奉主座面谕与德代表先行接洽,遵即派本部参事王景岐等与德国代表卜尔熙等为非正式之谈判,已拟定德国声明文件稿暨中德协商草案各一件,现由该代表等电请本国政府训令,俟得有答复,如与拟定各件大致无甚出入时,拟即作为定稿自行提出国务会议。兹将此二件并拟就提出国务会议说帖稿暨关税说明书会议录节要等件一并抄录附上,祈先代呈主座披览,明日国务会议后晋府报告时当再面陈也。再山东问题意见书一件已收到,谢谢。此请勋安

弟颜惠庆顿首　十月一日

---

① 　总统府秘书长。

说　帖

我国对德重联邦交谊,订中德协商一案,由本部部员与德国非正式代表赓续讨论,我以未签德约,故提议由德先行向我正式声明,履行和约中第一百二十八条至一百三十四条之义务,并承认我国有权享用该约□□条款所发生之权利,同时并将我国当时在巴黎提出之款未载于和约者附载于内,其最惠国条款,德国将来永不提及一层,则当赅括在协商之中。至山东问题,亦由德国表示不得已不能还与中国之苦衷,以为将来交涉之助。惟德代表以为中国目前既未将对敌通商条例即时取消,德人在华财产亦不能即时停止清理,归还原主。又如废止领事裁判权之后,须有司法上之保证等等,声言该项声明书之交出,可与中德协商之订结同时举行,业经双方交换意见,拟有声明文件及协商草案各一件,除声明文件之内容已如上述外,计中德协商所载者凡六条,第一第二两条规复使领关系,第三条为游历通商纳捐等之规定,第四条为关税问题,第五第六两条则为条约内应有之普通形式,金系根据主权之尊重与夫平等及相应之原则。查该两项文件似于我国利益尚称妥协,获和约中之权利而不受其约束,一也,实行废止德国领事裁判权,二也,完复关税主权,三也,山东问题我国将来更持之有据,四也,收回德国在京之操场,五也,德国偿我收容俘虏费,六也,此次协商,可为异日修订他国条约之模型,七也,德国地盛民勤,科学发达,我于此时与彼稍事联络,于我将来国际间之地位,未始无益,八也。综观以上各节,似与德国此举与我尚属有利无弊。除司法上之保证问题,处置德人财产详细办法,应会同所管机关速行办理外,项应先将德国声明文件草案,中德协商草案各一件,附以两方迭次会议摘要一件,提出阁议,一俟决定,再与德代表妥议进行。是否有当,伏候公决。

计开:(一)德国声明文件一件(二)中德协商草案一件,迭次会议摘要一件。

声明文件译稿

德意志共和国代表卜为照会事。本代表奉有正式委任以本国政府名义向贵□声明如左：

德意志民国政府深愿恢复中德两国之友谊及通商关系。因此项关系，应基于完全平等及真切相互之主义，合于普通国际法之条规者。因一九一九年九月十五日，中华民国大总统颁布对德恢复平和之命令。特向中国申认一九一九年六月二十八日繁尔撒衣和约第一百二十八条至第一百三十四条所载之义务，并承认中国对于德国有权要求由该和约内其他条款所发生之权利及利益。该约系一九二〇年一月十日发生效力者。

述及德国因战事局势以及繁尔撒衣之条约，势不得已，而将其因与中国订立一八九八年三月六日之条约及其他一切关于山东省之文件而获得之一切权利产业特权抛弃之。以此之故，德国失去将以上各种权利产业权特权归还中国之能力。

又正式声明如左：

允认取消在华之领事裁判权。抛弃德政府在德国驻京使署对面之空地上之全部权利于中国，认明和约一百三十条第一段中所载之"公产"事样，系赅括该地而言，并准备将中国各处收容所收容德国军民之费偿还中国政府。

以上声明相应照请贵查照。须至照会者。

中德协商草案

大中华民国大总统，大德意志共和国大总统，意愿以本日大德意志共和国声明文件为根据，两国订立协商，恢复友好及商务关系，并觉悟领土主权之尊重与夫平等相互各种原则之实行为唯一维持各民族间睦谊之方法，为此各派全权委员如左：

大中华民国大总统特派

大德意志共和国大总统特派　各委员将所奉全权文凭互相校阅，俱属妥协，议定各款如后：

第一款　两缔约国有互相派遣外交代表之权，此项代表应享受国际公法所承认之一切权利。

第二款　在两缔约国境内驻有他国领事馆或副领事馆之处,彼此均有任命领事副领事或代理领事之权,此项官员应享受职务上应有之待遇。

第三款　此国人民在彼国境内可遵照所在地法律章程之规定,有游历及经营商务或工业之权利,惟以第三国人民所能游历及经营商务或工业之处为限。

两国人民于声明以及财产方面均在所在地法庭管辖之下。

两国人民一概遵守所在国之法律,其应纳之捐税租赋,不得超过所在国本国人民所纳之税数。

第四款　两缔约国约明关税上一切事件,完全由各该国之内部法令规定,惟两国间所产未制或已制之货物,所应缴纳进口或出口或通过之税,不得超过所在国本国人民所纳之税率。

第五款　本协约用汉德法三文合缮,解释不同时以法文为准。

第六款　本协约以签字日发生效力。

大中华民国九年　月　日即西历一千九百廿年　月　日订于北京,约文共缮两份。

会议录摘要

○月○日,外交部委员参事王景岐参事上行走王曾思张煜全会同德国代表卜尔熙师谋万革禄,校阅德国声明文件及中德协商草案华德法文字无讹后,公议将选次会议言词摘要笔录存记如左:

(一)华税在德之关税。中国委员称协商第四款所指两国进出口及通过之税,不超过本国人民所纳之税率一语,是否将无妨碍中国引用繁尔撒依条约之二百六十四条所予利益之权。德国代表答,自无妨碍。

(二)在德之华产。中国委员称在德之华人动产或不动产,于本协商签字后是否完全归还。德国代表云,如有此项财产,自系如此办理。

(三)在华之德产。德国代表询德侨财产,将来中国如何办理,中国委员称闻该管机关拟有办法,已清理之产业一万元以下所得价值全还原主,一万元以上先划交一万元,其余以百分之五十还给原主。德国代表询于本协商签字日未受清理之财产能否暂行停止出租或出卖,候至前项办法实行时再行办理。中国委员许可。

(四)中国对敌通商条例。中国委员称此项条例在协商签字日起,当然失其效力。

(五)司法保障。德国代表问中德人民互控案件是否全由新设之法庭以新法律审理,有上诉之权,并于讼案期间,德籍律师及翻译经法庭正式认可者,得用为辅助。中国委员许可。

(六)中德在会审公堂之案件。德代表请求中国将来寻一解决方法,使两国人民讼案能得其平。中国委员许可。

(七)在德之中国学生。德国代表声明中国留德学生,德国政府极愿竭力帮助,使其得进学堂,或得有实地联系。

(八)中德债务之清理。德国代表询中国政府是否愿入繁尔撒依二百九十六条所设公共清理处。中国委员答称闻中国政府无意加入此种清理处。

本会议录用汉文缮成两份,由中国委员同德国代表签字为凭。

说明书

中德协商草案第四条规定出入口货物,各由国定关税条例定纳海关税课,此为一大原则,将来税则如何修订,如何更改,德国政府人民均无可置议。

惟事实上即使国定税则已行颁布,对于德国商货能否一律按章征收,尚属疑问,所以本年二月二十四日总税司曾有通令第三〇〇七号,遵照税务处财政部会商之结果,于国定税则未经公布以前,除表列廿三种货物值百抽十或抽二十外,其余货物仍按新税则征收,无约国亦适用之。

盖此事焦点自出产地证书,现在此项证书迄无定议,在我政府之主张,则按照货物之出产地收税,不问贩货人之国籍。有约各国之意,则贩货人之国籍亦为货物之国籍,比如英人所贩德货,仍按英货纳税,故此事未解决以前,德国货物虽有特定税则,仍可托人纳税,国定税则未有实效。

以故中德两国缔约之后,则按一九一九年新税则征税,于海关收入似无大损,至按特表上廿三种德货特别税率,亦当因种种关系关税上恐无增进。

此次对德重在订定关税完全自由之原则,至该原则既订之后,事实上即遇有困难,在我可以随时变通办理,以求税政之利益,彼国无能干涉。惟一时似尚须由我自由对德完全施用八年八月之新税则或其类似之章程。

中国第二历史档案馆藏总统府军事处档案

中德协约

1921 年 5 月 20 日

大中华民国政府、大德意志共和国政府意愿以本日大德意志共和国声明文件为根据,两国订立协约,恢复友好及商务关系,并觉悟领土主权之尊重与夫平等相互各种原则之实行为维持各民族间睦谊之唯一方法,为此各派全权委员如左:

大中华民国政府特派外交总长颜惠庆

大德意志共和国政府特派总领事卜尔熙

各委员将所奉全权文凭互相校阅,俱属妥协,议定各款如左:

第一条　两缔约国有互相派遣正式外交代表之权,此项代表在所驻国应互相享受国际公法所承认之一切权利及豁免权。

第二条　在两缔约国境内驻有他国领事馆或副领事馆之处,彼此均有任命领事、副领事或代理领事之权,此项官员应享受他国同等官员之优礼待遇。

第三条　此国人民在彼国境内得遵照所在地法律章程之规定,有游历、居留及经营商务或工业之权利,惟以第三国人民所能游历、居留及经营商务或工业之处为限。两国人民于生命以及财产方面均在所在地法庭管辖之下,两国人民应遵守所在国之法律,其应纳之税捐、租赋不得超过所在国本国人民所纳之数。

第四条　两缔约国约明关税税则等事件完全由各该国之内部法令规定,惟两国间或他国所产未制或已制之货物所应缴纳进口、出口或通过之税不得超过所在国本国人民所纳之税率。

第五条　本日大德意志共和国声明文件及本协约各条件当用为商议正约之根据。

第六条　本协约用汉、德、法三文合缮,遇有解释不同时以法文为准。

第七条　本协约应于极早期间批准,于两国政府彼此互相知照,业经批准之日起即行发生效力。

大中华民国十年五月二十日

西历一千九百二十一年五月二十日

订于北京,约文共缮两份。

《外交文牍——中德协约及附件》

卜尔熙①致颜惠庆②照会
1921 年 5 月 20 日

为照会事,本代表奉有正式委任,以本国政府名义向贵总长声明如左:

大德意志共和国政府意愿恢复中德之友谊及通商关系,因此项关系应基于完全平等及真切相互之主义合于普通国际法之条规者;因一千九百十九年九月十五日大中华民国大总统颁布对德恢复平和之命令;因德国担任对于中国应尽一千九百十九年六月二十八日威塞条约于一千九百二十年一月十日开始实行者第一百二十八条至一百三十四条所发生之义务,述及德国因战事局势以及威塞之条约势不得已而将

---

① 德意志共和国政府驻华总领事。
② 时任外交总长。

其凡因与中国订立一千八百九十八年三月六日之条约及其他一切关于山东省之文件而获得之一切权利产业权特权抛弃之，以此之故德国失去将以上各种权利产业权特权归还中国之能力。

又正式声明如左：

允认取消在华之领事裁判权，抛弃德国政府对于德国驻京使署所属操场上之全部权利，于中国认明威塞条约一百三十条第一项中所载之（公产）字样系赅括该地而言，并准备将中国各处收容德国军人之费偿还中国政府。

以上声明相应照请贵总长查照，须至照会者。

《外交文牍——中德协约及附件》

颜惠庆复卜尔熙照会
1921年5月20日

为照复事，兹准贵代表本日照开本代表奉有正式委任以本国政府名义向贵总长声明如左：

大德意志共和国政府意愿恢复中德之友谊及通商关系，因此项关系应基于完全平等及真切相互之主义，合于普通国际法之条规者；因一千九百十九年九月十五日中华民国大总统颁布对德恢复平和之命令；因德国担任对于中国应尽一千九百十九年六月二十八日威塞条约于一千九百二十年一月十日开始实行者第一百二十八条至一百三十四条所发生之义务，述及德国因战事局势以及威塞之条约势不得已而将其凡因与中国订立一千八百九十八年三月六日之条约及其他一切关于山东省之文件而获得之一切权利产业权特权抛弃之，以此之故德国失去将以上各种权利产业权特权归还中国之能力。

又正式声明如左：

允认取消在华之领事裁判权，抛弃德国政府对于德国驻京使署所属操场上之全部权利，于中国认明威塞条约一百三十条第一段中所载之（公产）字样系赅括该地而言，并准备将中国各处收容德国军人之费偿还中国政府。

以上声明相应照请贵总长查照等语,业经阅悉,特此奉复,须至照会者。

《外交文牍——中德协约及附件》

卜尔熙致颜惠庆公函
1921 年 5 月 20 日

敬启者,本代表为解释德国声明文件及德中协约之字句起见奉有德国政府训令,应向贵总长声明如左:

(一)华货在德之关税　协约第四款所指两国进出口及通过之税不超过本国人民所纳之税率一语,并无妨碍中国引用威塞条约之二百六十四条所予之利益。

(二)赔偿损失　德国声明文件内所称准备偿还中国各处收容之费一节,其意当谓德国于按照威塞条约中原则赔偿中国损失外,德国仍愿偿还中国各处收容之费。

德国政府担任照已受清理之在华德侨财产所得各款之半及未受清理各产业价值总数之半,随后协定一笔整款,以现款四百万元及津浦湖广铁路债券交与中国政府,作为战事赔偿之一部分。

(三)在德之华产　在德之华人动产及不动产于本协约批准后完全归还。

(四)在德之中国学生　中国留德学生德国政府极愿竭力帮助,使其得进学堂或得有实地练习。

再有欲向贵总长询问下列各端,应请答复为荷。

(一)德侨财产将来之保证　中国政府对于在中国德人和平营业,能否允许给与以完全保护?并除按照普通承认之国际法原则或中国法律所规定外不再查封其财产?

(二)司法保障　在中国德人诉讼案件是否全由新设之法庭以新法律审理,有上诉之权,并用正式之诉讼手续办理,于讼案期间,德籍律师及翻译经法庭正式认可者得用为辅助？

（三）会审公堂之案件　德侨在会审公堂原被告案件，中国将来如何办理？

（四）中国对敌通商条例　此项各种条例是否在协约批准日起失其效力？

（五）中德债务之清理　中国政府是否有意加入威塞条约二百九十六条所设公共清理处？

特此奉达。

《外交文牍——中德协约及附件》

颜惠庆复卜尔熙公函

1921年5月20日

敬复者，顷接贵代表来函，内开为解释德国声明文件及德中协约之字句起见声明各端如左：

（一）华货在德之关税　协约第四款所指两国进出口及通过之税不超过本国人民所纳之税率一语，并无妨碍中国引用威塞条约之二百六十四条所予之利益。

（二）赔偿损失　德国声明文件内所称准备偿还中国各处收容之费一节，其意当谓德国于按照威塞条约中原则赔偿中国损失外德国仍愿偿还中国各处收容之费。

德国政府担任照已受清理之在华德侨财产所得各款之半及未受清理各产业价值总数之半，随后协定一笔整款，以现款四百万元及津浦湖广铁路债券交与中国政府，作为战事赔偿之一部份。

（三）在德之华产　在德之华人动产及不动产于本协约批准后完全归还。

（四）在德之中国学生　中国留德学生，德国政府极愿竭力帮助，使其得进学堂或得有实地练习。

至于贵代表询问各节，特行答复如左：

（一）中德侨民财产将来之保证　　中国政府对于在中国德人和平营业，允许给予以完全保护，并除按照普通承认国际法原则或中国法律所规定外不再查封其财产，惟德国政府对于在德华侨应同样办理。

（二）司法保障　　在中国德人诉讼案件当全由新设之法庭以新法律审理，有上诉之权，并用正式之诉讼手续办理，于讼案期间德籍律师及翻译经法庭正式认可者得用为辅助。

（三）会审公堂之案件　　德侨在会审公堂原被告案件，中国将来当寻一解决方法，使各方面均得其平。

（四）中国对敌通商条例　　此项各种条例在协约批准日起当然失其效力，前在海关挂号之德国商标自本协约批准后由原主在海关重行挂号者应恢复其效力。在国定税率未普通施行之前，德货入口得暂照通用税率完纳关税。

（五）中德债务之清理　　中国政府无意加入威塞条约二百九十六条所设公共清理处。再者，因为德国政府照以上所述担任将战事赔偿之一部份交与中国政府，中国政府担承自签约之日切实停止一切德人财产之清理，并于收到上项偿款之时及中德协约批准后将以前清理后所得各款及被扣留各产业归还原主。

上列办法对于威塞条约第一百三十三条第二句所载清理扣留及管理德人财产各事务作为一种结束，德华银行及井陉矿务当由中国主管机关与之另商办法，惟北京及汉口德华未经清理之银行、房舍，得照上一节办法归还原主。

特此奉复。

《外交文牍——中德协约及附件》

大总统命令
1921 年 6 月 28 日

本大总统前特派全权代表与德意志共和国全权代表在北京议订中德协约，业经两全权代表于民国十年五月二十日彼此签字盖印，本大总统亲加核阅,特予批准,并署名用玺,以昭信守。此令。

《外交文牍——中德协约及附件》

（四）会后山东问题的讨论与调停

说明:巴黎和会没有将德国在山东的权益直接归还中国而是交给日本,中国代表团以拒签对德和约表示中国人民的不满与抗议。这在国际社会赢得广泛的同情。在中国国内,对于山东问题的关注并没有因为巴黎和会的结束而停止。参与和会的中国代表团继续与有关大国代表接洽,争取他们的支持和调停。中国政府在愤慨之余也积极商讨应对策略,以保存中国在山东问题上的最后决定权。中国民间则纷纷致电政府,献计献策。所有这些努力为不久后华盛顿会议的召开和山东问题的解决创造了有利的条件。

1. 国际社会对于中国拒签条约的反应

容揆[①]来电

华盛顿,1919 年 7 月 7 日

美国舆论与我国颇表同情。如前美外部东方股长卫廉言:中国之不签字,深堪赞美。缘不保留而签字,将使山东全入日本经济范围。又,美上议院议员波拉言:中国加入欧战,系因美国劝告,并允在和平大会维持中国权利。今以山东畀日,无异卖友。故宜将德约内关系山东一款删除。又,美京《晨报》言:和会以山东与日,系欲使日本加入国际公会,而不□有碍联盟。日本况在会言归还山东,但措词漫浑,设使竟不归还,恐该公会亦难为力。缘山东问题之解决,已载入和约之内。又

---

① 中国驻美使馆代办。

言:山东问题,终将有时重提,设使外交无效,势将继以武力。和会目下欲保护世界和平,须以爱罗两省还法。乃视攘夺中国国土无关世界和平,殊属奇异。中国之不签字,诚保全体面等语。谨复。容揆。七日。

《秘笈录存》,第226—227页

施肇基致外交部

伦敦,1919年7月9日

《泰晤士报》本日登载关于中国及和约之论文一篇,其中措词,对于中国方面比诸向时较为和平。该报并登载某领袖之言论,谓中国之拒绝签署,殊非因实际上有甚难堪之处,而实因预防将来之缪辕起见也。中国对于此次和约,其不满意之处,系谓关于中国各条文字句太泛茫无规定,恐有伸缩之虞。将来日本倘恃其较强之武力,任意解释条文,足以制中国之死命。盖此种事端,中国已有经验,故列强对于中国此次不签字之举,虽信其出于误会,然亦大可原谅。该领袖又言:日本老成练达者之对华政策如属真诚意侠,正可乘此绝好机会以表示于世界也。按该领袖自言曰:查中、日两国间之密约,在巴黎之中国各专使以为有权在和会宣布,亦已提议宣布。而日本方面则谓始终应守秘密。故此次和会结果,乃令华人焦虑万分。今者日本倘以己意将各该密约中双方争持之焦点及蒙混之条文完全宣布,并以亲善精神将各该条文之本意明白解释,则可立释华人之焦虑矣。但当时中国政府所持之态度甚坚,遂使日本更难转圜而照此办理。盖日本在远东之地位如此之强,彼为体面起见,自无声明之必要。但查日本所恃之理由,不过谓对于中国以外之列强,不得不谋自卫之计。然国际联合之目的,系为消除国际上之猜嫌疑忌起见,故日本在世界之地位,更因国际联合愈为巩固。但为求全责备起见,有必须注意者。按国际联合之主要目的,如有因解释条约而起国际争论情事,必须提出国际联合会议讨论解决。故此中日间之各条约,亦必以公允之精神,以图解决方可也云云。基。七月九日。

《秘笈录存》,第227页

唐在复①致外交部
1919 年 7 月 11 日到

　　法京议和事。和人评论,谓中国不签字,在事实上虽不能大有改变,但此反响之来,足宣示国民反抗山东问题之烈。中国亦知与日本直接磋商,不能有如何结果,故不愿就。窃谓远东非若欧洲之已疲于战事,或将因此争执,而酿成又一战局云,特闻。复。一日。

《中日关系史料——巴黎和会与山东问题》,第 245 页

福开森②来电
华盛顿,1919 年 7 月　　日

　　美国舆论及参议院对于巴黎中国代表团拒绝签署和约一事,深表赞同,情意恳(至)〔挚〕。美参议院对于和约内关于山东之各条款或不予批准也。特电奉闻。福开森。

《秘笈录存》,第 226 页

塔夫顿③与霍恩贝克④会谈纪录
巴黎,1919 年 7 月 18 日

　　霍恩贝克上尉,美国代表团远东事务顾问,昨天和我谈起关于山东问题。美国人对中国局势表示担忧,但认为形势可以得到解决,只要促使日本公开向和会声明,他们准备多大程度上向中国移交山东的主权,以及完全向所有国家开放在那一地区开办工厂的权利。美国人担心日本仅仅愿意向大国作空洞的保证,这些保证会因为此后偶发事件而被轻易推翻的,并且认为,让日本确信在此事件上和中国一道公正和公平

---

① 　中国驻荷兰公使。
② 　北京政府顾问。
③ 　Tufton,塔夫顿,英国和会代表团经济组成员,外交部代表。
④ 　Hornbeck,霍恩贝克,美国和会代表团远东事务顾问。

的行事是其利益之所在正是大国的责任。西园寺公望侯爵是克里孟梭多年的密友,但他完全没有就和约的远东部分与法国外交部长咨询。这使侯爵在和约的第 156、7、8 条款中赢到真正的外交胜利。霍恩贝克上尉有理由相信,日本起草这些条款,并且没有向和约起草委员会提交,而原封不动插入和约。

山东问题在美国参议院反对和约生效运动中起到重要作用。

兰辛先生在他离开前已与巴尔福先生谈过此话题,并作了备忘录,同时与克里孟梭先生有过同样的谈话并作备忘录。霍恩贝克上尉希望英国和法国政府尽力劝说日方对和会而不是在五巨头秘密会议上,公开声明日本准备在多大程度上向中国移交在山东的权利。

DBFP, First Series, Vol. 6, pp. 612-613

艾斯顿①致寇松

东京,1919 年 7 月 18 日

外务省副大臣今天通知我,吉泽先生已被派往青岛以研究拟议中的日本定居点的位置,以及目前分散于山东铁路沿线的数千日本人住所。

在答复我关于定居点是否专为日本人所设的质询中,外务省副大臣回复说,是这样的,但是如果其他国家参加进来,这将可能是国际化的。

我主张,此刻是构划我们想法,并就此主题在北京与日本官员磋商的良机。

对我何时开始着手归还山东的会谈的质询,外务省副大臣说,和约通知前不可能进行会谈,而且至少在允许检查和约最终文本的两个月

----

①　Alston, Sir Beilby Francis,艾斯顿爵士,英国外交官,1911—1912 年任驻华公使馆参赞,后为使馆参议,曾数度代理馆务。后任英国驻日大使,1920 年继朱尔典爵士为驻华公使。1922 年辞职离华。

内也不可能举行。尽管中国现时处于异常的地位,但日本不想拘于形式,而是准备讨论这一事件。

DBFP, First Series, Vol. 6, p. 618

中国驻美使馆致外交部

华盛顿,1919 年 7 月　　日

　　美国参议院之民主党各议员,对于威总统之教令甚为赞美。而共和党各议员,则多加抨击。其中如意连诺省之上议员马哥墨克氏谓,威总统对于山东事件,故意不提。美梳利省之上议员斯宾塞尔氏谓,威总统之教令,对于和约内之山东条文绝不加以解释,实为缺憾。坎萨司省之上议员卡帕尔氏谓,威总统此次教令之文章饶有趣味,但对于山东事件,其当时如何讨论及将来如何办理各层,竟付缺如。波尔拉氏则谓,据报载本国各专使如兰辛、伯李司及活德三君,对于山东决案,当时已拟定抗议书。本员提议,要求威总统将该抗议书提出各等语。现据美国报载,将来国际联合会开会时,应将关于山东之各条文提出修改或完全删去。各报又称,威总统曾云:此次和会解决山东之办法,殊不满意云,但威总统又曾宣言:在和会中业已有非正式之声明,日本将来仍须与中国商定妥适之协定,为中国所甘受者也云云。驻美使馆。

《秘笈录存》,第 229—230 页

中国驻美使馆致外交部

华盛顿,1919 年 7 月　　日

　　美参议院七月十五日将德约内之山东各条款加以辩论。参议员那利司氏谓,日本曾以秘密运动得英、法、义、俄四国之保证,允于战后和会将德人在山东所享之一切利益转移于日本。此种事实确有文书为证。日本此种预备媾和之举动,行同贿赂,实属不顾名誉。参议员波拉氏谓,对于中国领土问题,只可作两面观。其一方面,则听令友邦领土沦于瓜分;他一方面,则协助中国领土之保全。如此必至受某强国之挑战。本员于此,则宁受挑战而不辞。参议员罗治氏谓,威总统只因希图日本加入国际联合,乃不惜牺牲中国所应收还之山东,以让步于日本,遂至如此决议。此层即拥护威总统之人,亦几公认不讳云。当时国民党各参议员,有为威总统辩护者,而以威廉司及黑治咳二氏为最。威廉氏谓,此次和会所议各事件,威总统当不能尽如其愿。因美国未加入战团以前,日本与各协商国所订之一切协定,威总统均不能不认为有效黑治咳氏谓,中国因和会解决山东之办法所失种种权利,未尝无补救之处。如和约内某条款之规定,则该省之领土主权,嗣后当无再受侵犯之虞矣云云。驻美使馆。

《秘笈录存》,第230页

陆徵祥致外交部
1919年7月21日

近日美国上议院关于山东问题争辩甚力,前日开会,某议员至谓与日本宣战亦所不惜,断不能因日本以不入国际联合会一再要挟,遂将中国数万万之友邦人民让于日本,义声激昂,深堪钦佩。可否由我国议院及山东省议会或各种社会团体出名电致美议院,表示感谢主持公道之意,但政府机关须持冷静态度,免致发生误会。如以为然,即请秘密布置,径速通知各处进行。如何,候复。祥。十八日。七十五号。

《中日关系史料——巴黎和会与山东问题》,第265页

庄璟珂[①]致外交部
东京,1919年8月3日

二日日本外交调查会议决山东还附问题后,内田外部公式声明如下,略谓:五月五日日本全权委员在巴黎所公表之声明,余亦于五月十七日于新闻记者之会谈为相符之确认。不意世人对于日本之山东政策

---

① 中国驻日使馆代办。

尚未十分了解，殊出意外。要之，帝国政府于一九一四年八月十六日对德之最后通牒中，言明胶州湾租借地应于九月十六日之前，以全部还附中国之目的，无赔偿、无条件交付日本官宪云云，当为世人所记忆。此等要求条项，当时中国及其他同盟联合各国，并无何等抗议。今日日本根据该方针，认为媾和紧要之一条件，要求将该租借地无赔偿、无条件引渡之于日本，同时信守一九一五年与中国所结之誓约，宜将该租借地全部还附中国，俟议和条约批准之处，即当从速实行。凡关实行该誓约之必要协定，应由中国政府开议。连日商议与否，日本政府实未曾稍有踌躇。盖日本对于山东，凡有影响中国之领土主权与等等权利，既无保有之心，更无要求之意。牧野男爵声明书中，有谓日本政策愿将山东半岛完全主权完全归还中国。而日本所欲保持者，不外中国已许德国经济上之特权而已。此项作抵，何人当能明了，今再详言之。即中、日两国商议胶州湾还附之协定成立之后，所有现在该租借地及胶济铁路日本之守备军队，当即全部撤去。又，该铁路应作为中日协同之事权，欧洲各国施其经营，无论对何国国民，均欲为同一之待遇。且日本政府根据前之中日协定，当然可以主张在青岛设置日本专管居留地。而兹则拟改设各国共同居留地，目下正在商议之中各等语。查内田此次声明，与前电之半公式谈话及出渊代使昨在美国所声明者，均较为详尽，其中亦含有让步之意。埴原局长说明，该声明谓胶济铁路为同等待遇一语，乃指货物运费，不若南满之中、日货物特为歧视。至改设共同居留地之内容，当仿如上海云云。璟珂。三日。

《秘笈录存》，第 240—241 页

朱尔典致寇松

北京，1919 年 8 月 4 日

　　我完全同意这封电报所表达的观点，确信根据阁下提议方针的协议可能使中国和外国的舆论均感满意，不期望将中国从协约国中疏离出来并把其推向德国怀抱的日本将获得自身的最大利益。

日本希望在山东保留的权利和特权是它在吞并朝鲜和满洲中有效运用的那种经济帝国主义。通过巴黎和会，日本让我们相信管理一条一个中国重要港口和最重要省份之一首府间的二百四十五英里的铁路线，即由日本政府拥有、提供资金、治安和控制，仅仅是不涉及妨碍中国主权或损害"门户开放"原则或平等对待的经济权利。过去二十年整个朝鲜和满洲的历史证明恰恰相反，最终显示处于同样条件下的铁路被日本用来确保其当下的优先权和最终的领土要求的工具。善意终究不能完全阻止日本利用这类彻头彻尾的铁路租界。由于两国人民生活水平的接近，大批的日本人不可避免的涌向这些地区，并作为超领土主权的共同体定居下来，形成名副其实的国中之国。这一结果在南满铁路沿线几乎每周都会发生的严重冲突中可以看到。

不幸的是，正是由于日本的反对，我们不得不来处理这一事件。此间政府就其构成和支持者来说本质上是军队的，并且极大的依赖于日本军阀的支持以维系其存在。仅仅因为担心民众的反对，迄今为止阻止签署和约，但有迹象显示他们的态度似乎在软化。前几天内山东省的省长和一些其他的高级官员由这儿的亲日派系安福俱乐部的人选替代了，英国政府驻济南领事在 7 月 29 日的情势评论中作出如下判断：

"我想紧急指出的是，如果日本现在通过山东问题协议成功去推进到青岛，那么中国唯一的现代化港口和大部中国的贸易口岸将永远对英国的贸易和企业关闭。最近几天的事件使得这一切有极大的可能，这样的协议将迅速通过，而英国和其他国家将面对无可改变的既成事实。"

给东京回复。

庄璟珂致外交部

东京，1919 年 8 月 5 日

内田声明，晚电计达。该声明中有拟将专管居留地，现正商议一切。嗣经查探，该议实已经外交调查会通知确定。内田未即明言者，恐受舆论以弃权为攻击。我国已未接到该确定之通知,乞示。再,该声明发表后,宪政会固大肆攻击,而陆军方面则表赞成,谓日本既无野心,此时正当借此消弭中、日恶感云云。盖我国素以日本武人富有野心,兹渠等特为此主张,无非表明心迹。特闻备考。璟珂。五日。

《秘笈录存》,第 241 页

容揆来电
1919 年 8 月 7 日

日本使馆宣布日外部宣言,其要点为日本确守一九一五年条约,愿将胶州归还中国,一俟德约经日本批准,愿与中国政府磋商归还办法。同时威总统亦有宣言,要旨为在和会议决山东问题时,日本代表曾声明以山东半岛完全主权交还中国,在日本方面仅保留经济权与开辟租界权。此外,并提合办胶济铁路与该路设警办法。并未提及交还之举须视中国是否实行一九一五年之中日条约。兹特声明,凡本总统所同意者,不能谓系承认一九一五及一九一八年之中日换文等语。再,美上议院议员如波勒与纳立史等,对于日外部宣言亦不满意。关心华事之美人并言,中、日如进行,不宜密开谈判。容揆。七日。

《秘笈录存》,第 242—243 页

陆徵祥、顾维钧来电
巴黎,1919 年 8 月 7 日

本月二日日本内田外相对于山东问题之宣言,及威总统在美京所发表之寄到答书,关系颇巨,用特译电察核。日外相之宣言曰:本政府五月五日巴黎日本全权代表宣布正式宣言。该宣言于五月十七,本外相与报界代表之谈话,经本外相完全承认。虽经如是,而日本对于山东问题之政策,在外似少明晓称许者。查一九一四年八月十五日日本政府送交德国政府之最后通牒,日本政府要求德国于一九一四年九月十五日以前,将胶澳租借地全部无条件并无赔偿送交帝国官吏,其目的系

欲使该租借地全部终归中国。当时中国或其他联盟国或联合国对此项要求之内容，未尝为何种抗议。今日本依守此同一政策，认为媾和要件之一，而要求胶澳租借地应无条件、无赔偿让与日本。同时恪遵一九一五年日本给予中国之声明，颇愿将该租借地全部归还中国，并颇愿与北京政府开始谈判，订必要之办法。俾佛赛依条约经日本批准后，将此项声明从早实行。至对于山东省，日本于有碍中国领土主权之权利，并无扣留或要求。应将五月五日牧野男爵之宣言，谓日本之政策系将山东半岛完全主权归还中国，仅留给予德国之经济上特权。此语之重要，当为人人所共知。其日本军队现时驻守胶澳暨胶济铁路者，于归还胶澳办法经中、日两国商定时，完全撤退。至胶济铁路拟作为中、日合资营业办法，该路于无论何国人民，不能稍有歧视。又，青岛设立公共租界，以易按照一九一五年中国条约日本有权要求设立之专有租界。此种提议，日本政府亦正在考量云。美总统之答书曰：关于日本在山东将来之政策，日外相内田子爵所为之明白宣言，美国政府阅之深为注重。缘此项问题所积种种误会，得此宣言，当可多所消弭。但该宣言援引一九一五年中、日两国所订条约，现在倘不按照当日巴黎讨论条约中山东各款时经过情形将所援引加以解释，恐将因此援引而生误解。本总统因将内田子爵之宣言解释如下：本年四月三十日会议时，联盟国联合国诸领袖将此仲裁案办法一条列邦承认。其时日本全权牧野男爵、珍田子爵答本总统之问称：本国之政策系欲将山东半岛完全主权归还中国，仅留给予德国之经济上特权暨依照普通办法于青岛设立居留地之权。又，铁路业主只为担保运输上之（完）〔安〕全雇用特别警队。该警队不作别用，而以中国人组织之。其铁路经理人所选之日本教练官，由中政府派充之云云。当时所定政策并未提及以一九一五年条约之履行为断，而内田子爵云云似系指此。因此本总统应声明，当时本总统承允山东问题之解决，不得作为美国政府对于一九一五年暨一九一八年中、日两国互换文件所定政策有所默认。当会议时，仅谓中国于牧野、珍田所述政策，将来若难克完全协助俾得实行，则该两年所订条约，始得于彼时施行云云。本总统深信内田子爵于巴黎会议详情完全知悉，今此宣言并非对于彼之宣言有意更正。但以现在情形，凡有不明了之点或可以致疑惧之处，皆当除去。本总统不过欲益加剖白云。祥、钧。七日。

《秘笈录存》，第 241—242 页

顾维钧来电

巴黎，1919 年 8 月 8 日

内田外相及美总统之宣言，昨经电陈计达。顷往晤美白全权，询以美政府对于日外相之宣言，是否认为已如所望，抑尚有□。白答：该宣言谅可为国际间之空气解释疑窦□之先，是否即可签约？钧答：政府对此态度，尚未来电。惟以本使看法，该宣言视日代表对三国会议之声明，似有减而无增。如路警之限制办法，内田只字未提。中国所希望者，乃明晰之保证。仅此宣言，似难认为补签之理由。白言：所谓取消日本专有租界一节，系新增之保证。钧答：此节措词空泛，日本究愿实行与否，并未有保证之声明。白谓：日本既云已在考量，当能实行。并询钧，内田所云交还胶澳一节，日本愿按一九一五年之声明，即与中国订定实行交还办法云云，中国如何看法？钧答：日本似欲以承认二十一款之条约为交换条件。果尔，中国更难与议。白谓：威总统之宣言已声明，美未承认此项条约。钧问：美总统之声明是否经日本同意？白谓：如日本不否认，当可视为已默认，虽然于日本确无束缚之效力。钧询：美政府对于兰辛外部所提八款，仍拟继续进行否？白答：巴黎方面自牧野离法后，并无进行。美政府意旨如何，来电未详云。谨闻。钧。八日。

《秘笈录存》，第 243 页

顾维钧来电

巴黎，1919 年 8 月 8 日

五日下午，法国议员、前总理、现条约审查股股长路易巴图君，在下议院宣读总报告。关于山东问题，谓条约中不将用强权及诈术所夺中国山东地方归还中国，岂非于国界原则相矛盾？此种与公道及法权相冲突之条款，吾侪愿意并盼望日本自行立即抛弃，勿在条约中贻有污点等语。钧。八日。

《秘笈录存》，第 265 页

顾维钧来电

巴黎，1919 年 8 月 13 日

昨晚美专员由英回法，当即往晤，询以对于内田宣言之意见。彼谓：美政府对于该宣言是否认为日、美交涉山东问题之结束，去电问之，尚未得复。惟本员看法，威总统之答复，即不满意于该宣言之证据。于此并可见彼所希望于日本者，不仅内田宣言所云。今日复往询英专员意见，并询英政府已得内田宣言正式通告否。彼谓：此次日本宣言，出自英、美之要求。本国方面曾由英代理外相在英京语日使，劝日政府出切实宣言，俾释群疑。但仅如内田所云，恐贵国人民尚难满意。钧谓：此次日本宣言，实为日本为国际间空气之良好机会。乃内田之宣言，仍未将交还期限与改设公共租界等各节切实声明，殊属可惜。英专员谓：设此次宣言，能如英代理外相所提议，明定交还期限，则各国关系此事者，均可差为满意。就目前情形，度贵国尚不能补签德约。钧称：诺。英专员谓：内田宣言，仅系对报界之宣言，但若视为解决山东问题之第一步，裨益亦正不少。鄙意将来当另有较正式之声明书，或交与和会，或交与中国云云。钧。十三日。

《秘笈录存》，第 243—244 页

岳昭燏[①]来电

巴黎,1919 年 8 月 14 日

　　内田外相宣言,巴黎各报均登载。同时并载美总统答复。其中有前次牧野在和会声明,并未提及日本国对于山东政策须以履行一九一五年中、日订约为标准。故当时表示解决此问题之同意,并不能作为美政府默认一九一五及一九一八年中、日两国所订换文等语。又载美外部在议院审查会声明,前美、日所订开放中国门户主义之协约,亦不得谓美国赞成日本国前向中国所要求之二十一条等语。此间舆论,以日外相此次宣言于还胶澳未提期限,撤去军队及拟改为公共居留地等要点少确切之保障,尚疑其仍意在廷宕时日,并有谓其对华政策或尚应有明白表示方针云。又,此间议院中已有人传述,归还期限大致在日本国批准和约后两年之内。昭燏。十四日。

《秘笈录存》,第 245 页

顾维钧来电

巴黎,1919 年 8 月 14 日

　　此次日内田外相关于山东问题之宣言,事虽出于美总统暨各国有权者之请求,然宣言之际,似未先得各国之谅解。现各国要人对此宣言,据钧所知,似均不满意。美总统之答复暨英、法专员与钧谈话要旨,业于本月七日、十三日先后电陈,计邀察核。顷据容代办电称:美上议院议员波勒与纳立史,对于日外部宣言亦不满意等语。此间在野要人之评论,谓内田宣言不无裨益,可惜未能详切声明,以释群疑。驻法美报各访员皆谓:此次宣言并无新保障,竟有改设公共租界一层,亦无保证价值。英、法各报访员评论较少,惟大致相同。巴黎某大报访员至谓:内田宣言意在对付目前美上议院排日风潮,并非出自至诚,故措词

异常含混云云。窃谓内田此次宣言,迄未解决之。五月二日牧野在巴黎之宣言固见较详,但以视日代表对三国会议之声明,除对于改设公共租界一层似有隐示退让之意,其余各节转欠切实明了。现闻美上议院反对山东问题仍甚急。而法下议院报告,对于德约内山东各款亦有不满意之表示,现定于本月二十六日开始讨论和约批准问题。上院定于下月四日开议。美、法议院虽未必能通过修正之建议,然于彼未批准德约以前,就目下情形,在我似仍以暂不补签为宜。除俟陆总长回巴黎后再商承酌定电请察核外,先将管见所及奉复。钧。十四日。

《秘笈录存》,第244—245页

顾维钧来电

巴黎,1919年8月14日

报载,八月十一日,美外交兰辛在上议院外交审查股谈及一九一七年兰辛石井换文,谓当议订该约时,石井于英、日胶州秘约一层,秘而不宣。上议院因山东问题颇致疑于日本之外交手段,今兰辛云云,益增其疑。兰辛又言:日本与联盟国所订秘密条约,彼于未抵巴黎以前未尝闻知。并谓:当英外相俾尔福暨法代总理费□□专使美国时,彼等亦未与道及。当时与日议订换文,因欲解释日本疑窦,故由美国先提。但日本在华特殊利益之固执,不得视为承认日本有优越利益云。彼又谓:一九一七年九月六日据石井告知,谓石井已向英外相葛雷侯爵声明,日本愿还胶州,仅留据德国在太平洋群岛。〔若〕不留据,恐日本内阁将无以自立耳。兰辛并谓:日、美换文,对于美国不能完全束缚。此与第一次一九○八年之日、美换文及其他协约相同云。谨闻。钧。十四日。

《秘笈录存》,第245页

陆徵祥来电

巴黎,1919年8月17日

山东问题看法,已备详于顾使十四日电中,祥所持意见完全相同。

目前美国上议院反对仍力。法议院虽情形不同,然路易巴图君总报告时,亦曾认为污点,措辞极为痛切。至英国方面,祥在伦敦与外部晤谈时,玩彼国防关系一语,意味深长。此间顾使晤英专员,该专员亦云:此次日本宣言,能如英代理外相所提议者,明定交还期限,则各关心此事者,亦可差强满意。彼并谓:照鄙意,日本将来当另有较正式之声明书或交与和会或中国等语。请查祥十一日伦敦电与顾使十三日电,自可洞悉情形。现在按照事实与国际间对我良好之空气,我国补签问题尚未达相当之时机,似应坚持静候。一面仍与各方密切进行。至会议录有效与否,此间并未发生问题。中日换文之关系,仅有美总统始终否认,当时英、法并未有所表示。祥。十七日。

《秘笈录存》,第 246 页

施肇基来电

伦敦,1919 年 8 月 17 日

八月十五日英国《孟才士打卡丁报》之社论,篇幅甚长,其题目为《中国与日本》。其文云:内田子爵明告日人曰:"此次欧战,日本加入战团之作用,殊非为民主主义起见也。"内田此说诚然。盖民主主义在日本视为危险思潮,故禁人鼓吹此种主义。查日本人中一部分之有势力者,素鼓吹亲德政策。至其政府加入战团之政策,系由两种主要势力团结而成,始终贯彻。其一为蚕食中国疆土,力求日本领土之拓张。其二则为强逼政府力趁机会,要胁协约各国扶助日本在华之野心。此种政策之结果,遂有英日、法日密约之发生。日本已声明将来必将山东归还中国一层,诚有其事。但所谓归还者,尚有附带最要之条件:其一,日本之意旨,须将青岛之商务区域完全交与日本;其二,山东各铁路仍归日本管辖也。查中国之各海港能容纳新式大船者,南只有香港,北只有胶湾而已。现在日本固已晓晓声辩,谓非欲将胶澳据为己有,异日必将该处开放,以为世界之商场。但对于远东稍有经验之外国人,皆不之信。因在中国内各铁路所关非轻,凡路线所经之区域,其中一切商业上之利益,均为该路囊括,且又有政治上之作用。例如俄、日两国在满洲曾利用铁路以排挤中国主权,而代以俄、日之统治权,可为明证。现在日本管辖山东铁路,无人与之竞争。故无论彼之应允为何,即蜜语甜言,均不足靠。将来利用山东铁路当与在满洲同一方法耳。日本在欧战期内已在山东设立民政署,视该省俨同战胜所得之领土。不宁惟是,日本又逼胁中国授以种种利权。例如将山东铁路延长,连接京汉铁路;又将南满铁路延长;复与中国订立关于蒙古之协定,内容暧昧。此种计划倘见诸施行,则日本即为山东、蒙古等处之主人翁。因彼已占据北方之主要港口,复有山东、满洲之各铁路,是则北京三面均被包围矣。查中国人之对于山东,即如犹太人之对于犹太教主也。此种譬喻即可令我辈英人明晰华人对于日本图谋山东之种种活动,所生恶感如是其深者,殊非无因。协约各国擅将华人所景仰之山东让与外强管辖,视与非洲西部之洼地无异。此种让步办法,在多数华人以为中国之独立资格从此丧失,而在居留中国之欧美商人,则以为中国之商场为日本割据大半矣。但所损于中国暨协约各国者,亦未必有益于日本也。日本之对华政策若以公平大度为主旨,则其在华所处之地位必易得华洋人士道德上之扶助善意。此种善意不独于日本经济上有大利益,即于政治上亦殊有价值。惟日本之军阀派时以强权从事耳。现在华人对于日本之感情甚恶,若各处抵制日货风潮,不过全体恶感之见端耳。窃以为和会擅将中国利益让与他人,将来报复恐不能幸免。盖强国与弱国交涉,每置公道于脑后,吾欧实为厉阶云云。基。十七日。

《秘笈录存》,第 227—229 页

容揆来电

华盛顿,1919 年 8 月 20 日

美总统于上议院加认德约仅赞成酌加解释,而该院之共和党员对于山东等款,或主再订修正,或主保留,尚未解决。威总统昨与该院外交股全体股员会谈后,共和党股员仍不满意。再,该股业召密议及福开森前往公询山东问题。此外,并召卫廉及亨贝克,惟公询日期尚未定。容揆。二十日。

《秘笈录存》,第 267 页

某外交要人关于日美间应付山东问题之意见

1919 年 8 月 21 日

山东问题,既有美全权八款调停,复有英外部提出办法,风云转折,已成国际重大问题。况美议院主张公道,激烈异常,迄今尚未松劲。法议院情形稍异,然审查股长报告亦认为污点。在我似宜坚持态度,以俟美、法两院讨论之结果。日本方面意在打消美议院之反对,使对于山东各款不保留而批准,俾山东问题不至成为美、日问题。如中、日在美议院反对激烈之时,直接开议,既可乘此离间中、美感情,复可借以表示山东问题原为中、日关系,无庸第三国之越俎代庖,以遂其釜底抽薪之计。照目前情形,如果即行开议,恐美、英两政府之感情与美、英、法三国之公论,势将幻成泡影。此后中、日商量如无效果,何处更求维持公道,仗义执言之人。内田最近宣言倘非鉴于美议院之愤激与美、英两外部之调和,恐即此改专有租界为公共租界一端,断难轻易言之。查牧野、内田两次宣言,无非根据二十一条为词,意在要挟中国承认一九一五年、一九一八年之中日各项条约与换文为有效。美全权之八款与威总统之宣言,无非否认该项条款与换文之束缚。在我既以二十一款之条款与换文为出于侵迫,业经提出大会,要求废止或修改。和会虽未讨论,然已由会长复函,谓该项问题关系重要,应俟联合会行政部成立时及早提出讨论云云。此时似不宜遽与日本开议,致有追认该项条款与换文之嫌疑,以自束缚。通盘筹算,除与各方密切进行以期迅速解决外,约有办法三端:(一)照美议员现在即能批准约文,其势必有保留之款。我俟其有所保留,然后援例要求保留补签德约。如批准时,山东三款亦在保留之列,则美政府不得不将山东问题重与各国磋商修改办法,届时或可得较优结局。(一)如果美议院到最后时间,仍复完全批准,届时如政府决意与日直接磋商，在我仍可根据日本两次宣言以及三国会议录进行，彼亦无从否认。且如果有所支吾，则各国对我之感情未涣，在我不无回旋之余地。（一）如认直接磋商为不利或磋商后无效，则仍可遵照七月十三日院电办法，备集重申案卷向国际联合会提案。默窥现时国际情形，似乎日本威严举动一时有所难行。至于德约一层，德既经签约，除山东问题为我否认外，德人均已承认。将来如中德直接订约，据颜使来电看法，或尚可得较优之条件。我国应享德约中之利益，目前似可不必引领企虑。管见所及，合陈备鉴。

《秘笈录存》，第268—269页

陆徵祥来电

巴黎，1919年8月24日

祥参观战事蹂躏区域，今晨返巴黎，于十一钟往晤前总理、下议院议员、和约审查长费雅宜。彼谓：此次美总统受议院种种诘责以及困难情形，其实无非以贵国山东数款为至要问题，现闻美议院讨论此事，尚须延长两个月。我法国方面拟于二十六日正式提交议院，约九月十号以前当可告竣。关于山东事或有重要之讨论等语。祥。二十四日。

《秘笈录存》，第265页

陆徵祥来电

巴黎，1919年8月27日

顷悉，星期一威总统与上议院政府党领袖某，密请该院外交审查股，对于山东三款之修正案如由上院通过，其影响所及，必致推翻全约，而组国际联盟会以保世界和平一层，亦将绝望。并谓：日本对于山东之政策，不久将另有较详晰之宣言，届时尚可打消上院一大部分之反对云云。再，《巴黎时报》评论，谓密勒氏向美国上议院建议，要求于美法、英法协约增加一款。大致谓：中国领土之完全及门户开放主义如被侵犯，则缔约国担任彼此协助，一致设法维持。法为表示一致之意，并为促进美议院对于德约之讨论,再〔此〕对美表示始终亲善起见,方合于此次建设表示同意云云。祥。二十七日。

岳昭燏致外交部

巴黎,1919 年 8 月 30 日

法下议院二十六日开始讨论德约。急进左党议员马盖尼演说,谓斯约于中国条件亦铸大错。中国方协力以防日本之窥伺,约文仍以山东畀日,致全中国人民愤激。美院已反对。法不应偏英,宜步美后尘云。特闻。昭燏。三十日。

施肇基来电

伦敦,1919 年 8 月 30 日

八月二十二日,天津英国商会电致英外部。大意如下:本商会全体议决,谓中国现在政治及经济上之情势,系由和会支配德国在山东所享之权利之决案所制造而成。此种情势,对于英、美商务之利益极为危险。查中国在和会所应争之权利,当然希望英、美两国为其声援。乃我国竟不能予以得力之协助,殊堪痛恨。此事倘无挽救之术,则于我国声誉大有损伤。盖华人对此之感想,必谓英、美实无力助我,今而图自救之策,惟有与日本联结通力合作之一法而已。此种思潮若果实现,势必听令日本将其现在据有德国前此在华所享政治及经济上种种权利,如船澳及铁路等项之管理权,始终保持,又许其建筑济顺、高徐等路,复议许其包筑洛潼铁路,且延长路线经过西安以达兰州。如此,则华北之各深水港及多数铁路,日本可取得其完全管理权。而此等海港之利便于商务,胜于津浦、沪宁等路多多矣。现在日本关于开放门户一层,固迭有宣言,然无论其宣言维何,将来对于日本商务上之运输必予以特别优异之价格。如是,则中国内地之商务为青岛所吸收者甚巨,势必使津、

沪之英、美商务大为减色矣。现在欲阻止中、日间此种之联络,以图补救,其惟一方法,惟有将山东完全主权交还中国,随将势力范围打破,即将华北之铁路、船澳等等共同管理。凡借外债亦须由各国均沾,并将青岛仿照上海租界办法开为公共租界云云。闻伦敦商会对于此事,现正与英外部接洽。其余如利物浦(Liverpool)、喀拉士高(Glasgow)、孟才士德(Manchester)等处商会,均一致行动。特闻。基。八月三十日。

《秘笈录存》,第 266 页

陆徵祥来电

巴黎,1919 年 9 月 4 日

昨日法议院讨论和约,议员葡依雄演说。其关于山东问题者,谓日本谬点众所共知。当时要求山东四十兆之人民交于日本,在会中曾以中止商议及退出和会为恐吓。本员可信,此种政策实足以引起世界极危险之冲突等语。合院鼓掌。特闻。祥。四日。

《秘笈录存》,第 265—266 页

容揆致外交部

华盛顿,1919 年 10 月 17 日

关于德约内山东各款之修正案,本日经美上议院投票否决。计赞成者三十五票,反对者五十五票。其不通过原因,在于多数议员主张改用保留,以免迁延和局。谨闻。揆。十七日。

《秘笈录存》,第 270 页

顾维钧来电

巴黎,1919 年 10 月 24 日

闻美上议院外交审查股对于德约业已通过保留声明案。依据第六款,关于山东问题,谓美国对于和约一百五十六、一百五十七、一百五十八各款,拒绝同意。将来中华民国、日本帝国间倘因各该款之规定而起

争执时,美国对于此项争执,保留自由之权云云。据美国共和党议员称,现在新提之保留,除该党将来一致赞成外,并可得民主党议员一部分之同意,或有通过希望。特闻。钧。二十四日。

《秘笈录存》,第 270 页

顾维钧来电

巴黎,1919 年 11 月 18 日

顷因报载美总统已将德约向上议院撤回,特往晤美全权某首领。彼称:所载确否,尚未得电报告。惟美上议员对于德约通过各项保留案,须得三大国之承诺,然后批准案方能有效,而保留案中有碍难商得各该国同意者,故美总统势必将全约撤回,另待良好时机,再行提交上议院。旋及山东问题,据称:珍田曾云日本将与中国直接商议。因问已否开议。钧答:尚无正式提议。彼谓:当二十一条发生之条约换文,美政府迭向中国声明不能承认。将来中、日商议山东问题,宜以和会解决办法为起点加以磋磨,再求进步,方为上策。钧答:二十一条案,前经提出和会,要求取销或修改,中国政府并无变更政策意思云。谨闻。钧。十八日。

《秘笈录存》,第 270—271 页

施肇基致外交部

伦敦,1920 年 1 月 30 日

二十一日电悉。伦敦报载,日外部对山东事宣言及所给驻京日使训条,嘱按照下列情形知照中国政府。其一段与部意同。惟二段则称:沿山东铁路所驻日军,日政府久拟及早撤退,现日政府准备实行,不仅限待交还胶州及其他问题约成之后,倘华警可即组成完备能使接收该路保安之责,即提前亦可。倘在组织未成以前,日军一经立时撤退,而使该路及其经营守护无人,不惟与日本有损,与中国亦然。盖该路两国公办,利害同关也,故日政府自觉有将日军留防之必要。以上情形,务

祈中国政府详加注意,极力赶早筹组完备警制等语。上述可提前云云,与部电确有参差;除英文另电外,请查核。并恳电示小幡原文。基。三十日。

《秘笈录存》,第 275—276 页

容揆致外交部

华盛顿,1920 年 3 月 4 日

昨日,美上议院将山东保留一条重新讨论,并由共和党议员首领请将原文内"中日两国间"五字删除,余均照旧。本日投票结果,照所请通过。计赞成者四十八票,反对者二十一票。至删除该五字原因,据该首领声明,系民主党之意,但绝未变更原文意义云。谨闻。容揆。四日。

《秘笈录存》,第 272 页

庄璟珂致外交部

东京,1920 年 5 月 25 日

电悉。山东〔问题〕回答,日本朝野所议不一,有认为交涉延期致请求者,有认为绝对拒绝者。至此后处分归过政府,部内闻有二说:(甲)委任三国斡旋说。其理由谓长此纷纷,非两国利,不如确定主要条件,提示英、法、义三国,得其谅解后,即由三国转使中国追签平和条件,则中国可说山东还附,非还自日本,乃还自三国,体面较好,民论亦即缓和,而补签和约及山东问题,即可同时解决。(乙)形势观望说。谓依赖三国斡旋,与帝国威信既多损失,且留将来对支外交之恶例,不如观望时机,仍为直接交涉云云。两说均有势力,但甲说则重在速结,闻日内即开外交调查会议决。再,守备队撤退,闻可如议。又,外间传将再发第三次之催促通牒,未知确否。特闻。璟珂。二十五日。

《秘笈录存》,第 280—281 页

2. 中国代表团的因应

施肇基来电

伦敦,1919 年 7 月 4 日

遣送水手事发生,适当德约签字之际,侨心惶惑,不能不留伦交涉,期速解决。而保留一层,在伦至三十日阅报,方知四国临时变更,致我不能照签。当于一日赶回巴黎,面谒总长,参商善后挽回办法。现复于四日折回英馆。窃以庸愚如基,忝与会务,经营半载,收效毫无。既累主座知人之明,重负国民信托之意。焦思忧虑,莫名惶悚,亟应恳请主座将基一并罢免,同交惩戒。不胜待命之至。基。四日。

《秘笈录存》,第 224 页

施肇基来电

1919 年 7 月 7 日到

北京公府吴秘书长鉴:巴密。三十日电计达。见英外部允将遣送事暂搁。基即束装赶一日来法,先与各使接洽,遂偕见兴老。基主张者目前不能以不签字卸去个人责任,即可逍遥事外,岂所以仰答主座倚重之意,而实深负委任,务须速筹。目前善后挽回办法,基提议:一、我现在对于联邦态度仍应照常,和会事件亦仍应照常参与;二、对待德约问题,维时即有忧患,与德直接者,基则以仍请当日劝我加入战团之美国出场调停七条效果,再议与德或与日直接交涉。兴老与各使均以为然。闻签约前二三日,日本曾向四国谓中政府已两次电中国全权终为签字,可勿顾虑等语。现事如此,四国颇有以日之消息为不可信之意。日本一方面亦有人来见王专使,试探口气后,藤外相昨亦到法,闻拟访兴老,似乎深望我追签。查我所不满意者仅山东三款,但可设法总以不与德直接,以免撇去联邦之嫌为是。除签约□前情形另电外,特闻。基初三日。

中国第二历史档案馆藏总统府军事处档案

施肇基来电

1919 年 7 月 11 日

北京公府吴秘书长鉴:巴密。东电悉。是日电计达。基本日返伦,请美出场一层,业经顾使向美专员提商,允向牧野设法使其对美切实表示将青岛定日交还,作为转圜地步。此事美人嘱格外秘密,因能否达到目的,毫无把握,现兰辛定十二日即返美,遗差由副外部代理,特闻。基。四日。

中国第二历史档案馆藏总统府军事处档案

陆徵祥致外交部

1919 年 7 月 12 日到

顾次长亲译。本日午后顾使晤美外部,询以调停山东问题近日进行之情形如何。彼谓曾将条件于上月二十八日开交日本全权,惟尚未答覆。英外部已见过,并曾交阅条件,当时英外部未置可否,今日见法总理,亦将条件交阅,请其共同调停。彼谓日本应有仲裁证据交与中国等语。现美外部将于十二日赴美,以后调停办法,彼已面告美国全权接洽进行。日本代表团近亦时有人来,亦非正式之接洽。祥等主张于英、法此举,仍请其继续调停,于日本代表团之来人接洽,亦不有所歧视,余续详。祥。八日。五十五号。

《中日关系史料——巴黎和会与山东问题》,第 246 页

陆徵祥来电

巴黎,1919 年 7 月 12 日

昨晚美外部离法,顾使往送,法总理亦在旁。正周旋间,即由美外部复以山东问题向彼密托,并云:顾使在此,可与接洽。法总理复与握手,即云:所提之事,贵使定知何所指,我愿极力帮忙等语。再,近来日本代表团方面,时有以私人资格前来详谈,微露此项问题冀两国代表团径商解决之意。倘彼出于诚意,则在欧互商,自属较有余地,亦稍易就

范。倘彼在北京方面亦有来相接洽情事,务请迅先密示。祥。十二日。

陆徵祥来电

巴黎,1919年7月17日

今晨十钟半,顾使往晤法总理。顾使称:山东问题,日前于车站承面允帮忙,至感。今日陆总长原拟躬自来见,因病不克如愿。中国对于山东问题之解决,其不能满意之处甚多。特最要者,系有碍中国将来之安全,故碍难勉强承允。固知贵国愿助中国,只以为日法成约所束,不便援手。但今和约既定,德人权利让与日本,就学理而言,法已对日践约。似贵总理于山东善后办法,现有援助中国之自由。法总理点首,谓今愿助中国,但以我未签德约为可惜。顾使答称:中国未签德约,原出于不得已。中国对于德约,除关系山东问题一条外,完全表示同意。中国素与协约诸邦敦辑睦谊,于贵国以各种关系所盼尤切。目前虽未签约,然于协约团体并无脱离之意。近悉美外部对于山东问题所向日本提出之办法,业已由彼与贵总理接洽。法总理云:确有其事。余已将宣言底稿转交毕外长,嘱其往见日本代表。见后情形当再通知贵使。顾使即询以美外部所提办法,是否可言?贵总理业已同意?彼称:已阅过,可赞成。顾使云:现正拟往谒英外相,如贵总理于便中晤见时,亦请转与接洽,一致赞助。并云:中国所以愿请英法援助者,一因山东问题既关远东和平,即与世界和平亦有关系,各国自必关怀。二因该问题本由各国解决,现仍由各国设法转圜更佳。顾使又盛称法总理和会功绩。末言中国抱憾之处,仅此山东问题。法既为东道主,必望各国离会之时,欣然无间。中国于此不欲向隅,且中国所愿望者,乃仅此纤微之公道而已。法总理屡屡点首,并谓:此事容再竭力设法等语。祥。十七日。

陆徵祥来电

巴黎,1919 年 7 月 19 日

探悉美外部所拟调停办法计八款:(一)山东省内日本无主权。(二)日本归还胶澳租权,并除铁路外,凡租借地内日本获得之权利、物权及特权,均向中国放弃之。似须中国于所放弃之产业,须向日本给价。又,中国须允以青岛城为公共租地,并以青岛城为通商埠。(三)日本设法于和约签字两年内,归还之事办竣。(四)在山东省给予德国优越地位之各项中德条约、合同,其中各条款可以沾惠之处,日本均放弃之。(五)让与日本之已成铁路,日本于管理施行时,对于中国或他国商务,概不歧视。(六)对于新路,日本已获管理权者,应由日本为中国政府建筑之。(七)日本拟仅于沿铁路设置特别警队,且并拟仅用以保护运输之管辖,该警队应以中国人组织之。凡铁路公司选定之日本教练官,并须由中国政府加委。(八)日本倘能从早将其驻扎山东之军队撤去,即从早撤去。其意系欲使撤去军队之事,按照情形于不逾两年之限期内办竣。特密闻。祥。十九日。

《秘笈录存》,第 237 页

施肇基来电

1919 年 7 月 21 日

北京公府吴秘书长鉴:巴密。签约事与英所提情形,顷准兴老复函谓:美外部向日本全权提出三条,一、将在三国会议声明各端,请日重行申叙签字,但青岛仅设公共租界;二、交还与撤兵,均限德约签字后两年内办竣;三、中德条约所载各项优先权,由日本正式声明抛弃。现日本尚未答复,至英法两处,美亦已接洽等语。当即往英外部,请将前以就我范围所提者取消,一心恳其对于美提三条格外赞助协提。据称,西园寺明日来部,当察酌情形向提,惟此三条正大臣在法尚未见知照到部云。基后日再赴部试探情形,十八日赴法,三五日即回英。谨闻。基。十五日。

中国第二历史档案馆藏总统府军事处档案

陆徵祥来电

1919 年 7 月 24 日到

　　密呈大总统、总理钧鉴：今晨十一钟顾使往晤英外相，顾使先略叙我国不签字理由，旋称：今昔情形不同，贵国于山东问题，现在谅可自由援助中国。彼谓：据本总长所得消息，知贵国政府曾训令中国委员签约，乃竟未签，究因何故。顾使答以：贵外部所云，确有未尽然者，政府曾令委员保留签字，委员以欲办保留，举国一致，既办不到，自难签约，政府与委员所见若合符契。彼谓：约文外复有日本向三国会议所为之保证声明，贵国政府与委员早已了然，此项声明与约文原为一事，本总长以为此项解决有利贵国，恐非贵国单独力所能办到者。顾使云：国民于和会之解决均认为有欠公允，愤激异常，至有羞辱暴击政府大员之举，政府鉴此情形，自难勉强允从。彼谓：贵国政府未曾于签约前，先将接到三国会议节要事布告，以慰民情，亦为可异。顾使云：中国政府所以未布告者，无非为尊重该会迭嘱严守秘密之意，然该节要无论当时宣布与否，论其体裁与内容，亦难认为满意。彼谓：日本对于三国会议之声明甚为切实，虽未径向中国出具其效，殆与成约无异，并询贵使所谓保障不足者系何所指。顾使谓：有数端，例如交还期限未经订定是也。彼谓：年月日固未言明，但日本既允交还，必能践约，若贵国以区区日期未定之故，遂不签至重要之国际公约，本总长颇难了解。顾使称：又例如许日本设专有租界，似不如仅设公共租界之举为妥。英相谓：区区数百亩居留地，似于中国并无大碍，矧业与日本约定以此项权利画还贵国耶。顾使答：仅此租界固无大碍，然若就日本在东亚大势而言，事恐有未尽然者。盖日本业已北据满洲，占有两炮台，而北海铁路之半亦归所有，实以占据政治中心点，倘再许其设租界，于青岛铁路又归管理，则其山东所占势力，加以满洲所据地位，恐于中国前途将生危险。彼谓：外国政治势力之发生，于中国原因至为复杂，然英国与世界各国既以保全中国之独立与主权为良策，终当保全之。至若以青岛设立日租界，谓有碍中国独立，则恐未必。顾使谓：本使私见以为公共租界尤为有用，日本暨其他各国与日本专有租界正同。日本密迩中国，日人之来青岛者，其数既多于他国，则公共租界所占之地，自随人数俱增，且仅设公共租界，华人所怀疑惧亦可稍减。彼谓：山东既有协约各国共同维持开放门户主义，虽有日租界，亦不能为中国人民患。又谓：期限与租界二节虽经贵使明白解释，然贵国政府不签约理由终始不甚充足。今且置签约一节不问，而查日本对于三国所为之声告，旋读日本以最短时期内撤兵一节，谓即使明定日期似亦无甚关系，及读设立租界一节，谓此并非妨碍公共租界之设立。顾使谓：期限、租界二节于日本虽若无足重轻，于中国所关甚钜。顾使又提及美外部之提议，询美外部已与贵外部道及否。彼谓：似与外部之提议，除列举节要所称日本对三国所具之声明外，更明定交还期限，取消日本专有租界。询英外部对此提交表同意否。彼谓：恐日本不愿更具声明，不由日本暨三国会议所为者，本总长私见以为可以要旨宣布，宣布后当可慰中国人心，贵国政府且可同时声明满意。并言：不先宣布，其咎不在贵国，至他国对于公布一层意见将如何，则未可知。顾使谓：山东问题倘秉公处理，必能解决中国所望，不奢日本一方面，总期尽力设法，贵国与日本同盟至好，相善有年，倘得贵国为我一言，日本自当视如九鼎。彼谓：敝国固为日本之旧同盟，然亦贵国之友邦，本总长知贵国政府与委员所居地位困难，亦愿设法有慰贵国人心，但本总长再不为何种之许诺云云。祥。十九日。七十九号。

《中日关系史料——巴黎和会与山东问题》，第271—272页

巴尔福致寇松

巴黎，1919年7月24日

勋爵阁下：

　　随信附上我与中国巴黎和会代表顾维钧就对德和约中关于山东问题条款所作的会谈纪录。会议谈纪录的副本已送给目前在巴黎的美国高级代表亨利·怀特。

附件:巴尔福和顾维钧会谈纪录

1919 年 7 月 19 日

顾维钧先生简要的介绍了中国代表拒绝签署对德和约的背景。他说,原因不在于他们反对其他 440 条款,完全因为他们反对有关山东的三条款。中国政府指示他们在这一点上保留权利,但四巨头会议不允许这样。根据政府的指示,代表团于 6 月 28 日提出,如果发布一个签署和约并不能看作禁止以后重新讨论此问题的声明,他们可以签署和约。然而,让他们感到极大遗憾的是,四巨头会议仍不允许。在回答巴尔福先生的询问中,顾先生说,代表团并没有越过他们自己政府的指示,但是中国政府完全坚持把作出保留意见作为签字的条件。顾先生补充说,中国国内舆论高涨,以致中国要无保留的签署和约几无可能。

巴尔福先生说,他完全理解中国国内舆论在这一问题的高涨情绪,但是根据他的情报,这应归咎于中国政府自身,由于他们根本没有告知中国国内舆论,他们准备同意签署的已公开的和约关于山东问题的条款是不完整的,因为协约国、同盟国和日本之间有一个可以调整这种状况的附加协议。事实上,中国政府允许国内舆论对一个不正确说明事实的声明群情激昂,尽管自 6 月 6 日起中国政府已得知日本对四巨头会议所作的保证。对这一点,顾先生仅仅答复说,中国政府本身受制保守秘密的义务,故没有公布这些事实。

然后巴尔福先生问顾先生,换言之,即使当日本对附加的和约条款作出保证,中国政府也反对整个协议。顾先生回答说,中国政府反对协议,在形式上是因为没有承认中国在协议中的主体地位,在实质上是因为日本的保证远不足以保护中国的权利。然后他特别举了二个事例。首先,日本的保证没有给出日本军队撤离的明确时间界限。其次,在协议之下日本被授予在胶州的独占权,而不是国际租界的一部分。

在答复这一点时,巴尔福先生说,中国政府和中国代表有理由不签署和约,但是他认为这些理由是不充分的。然后他宣读了日本所作出保证的声明,这一声明清楚地说明日本仅仅在过渡时期维持驻军,而且驻军将尽快撤回。巴尔福先生认为,鉴于日本是向所有强国作出保证的,因此毫无疑问日本会在较早的时间内从山东撤军。巴尔福先生进一步说,他不仅不完全了解一个国际租界和许多国家的租界之间有什么确切的不同,而且他也不能想象这两者之者的不同大到足以让中国人团结起来反对一个大的国际性协议。

对于这一点,顾先生回答说,中国的反对仅仅限于上述两点。他们担心日本建立起其在中国的统治地位。日本占领了旅顺港和大连港及其以北的一半铁路,目前他们在满洲处于这样的一个优势地位,以致于引起中国对未来的极大担忧。现在山东协议又给了日本在整个山东的同样的地位。这使得中国的独立受到极为严重的威胁。巴尔福先生说,英国的政策目标是维持中国的独立。他认为,如果日本的影响如顾先生所感到的那么大,那么影响不仅仅来自于铁路行政当局,或者相对于国际租界而在一个国家的港口拥有属地,而是基于深层的原因,顾先生所提及的令人不快的山东协议不可能以某种方式影响这一原因。巴尔福先生接着指出,实际上中国从协议中获益甚多,它恢复了整个省的全部主权,这比她的盟国所能同意的要多得多,因此他必须说中国政府和代表所提出促使他们拒绝与其他大国一起签署和约的理由,在他看来是不充分的。

最后,顾先生问巴尔福先生是否已看到兰辛先生的建议,要求日本发表声明,实行他们向四巨头会议作出过的保证以及对此保证特别的,尤其是已提到的两点补充。巴尔福先生回答说,他已和兰辛先生就这一问题已经作过数次会谈,他个人是非常希望日本尽快作出可能正确解释日本关于山东问题所作的保证的完整声明,并认为这一声明基本上可以安抚中国、美国和欧洲的公众舆论。因此,他将支持任何促使早日公布保证的行动,公布保证是协议的一个重要部分,而迄今却不为公众所知。他说,这只是代表他个人的意见。然而他指出,他认为考虑到日本国内舆论的分歧,日本政府不可能作出进一步公布协议的声明。在他看来,考虑到日本向大国作出保证这一事实,如何公布保证并不是什么重要的事。他补充说,他很愿意尽其所能帮助处于困境中的中国政府,对中国人民追求进步和独立的愿意深表同情。

DBFP, First Series, Vol. 6, pp. 641–643

陆徵祥来电

巴黎,1919 年 7 月 26 日

本日顾使往晤美白全权接洽山东问题。白全权谓:昨日见牧野男爵,告以美上议院反对德约内山东条款,甚为激烈。如日本不允照兰辛外部所提八款重具宣言,恐全约将为美议院拒不批准。牧野谓,此事已成国际上极重大问题,须由日政府裁夺,非日委员所敢擅允签字。现日本对于交还胶澳一层,已有宣言在前,如各国认为不足,可由彼另为宣言。至所拟两年内交还一节,日本原拟及早交还,未必须二年之久,故此项规定,似无必要。现闻兰辛外部与美京日使亦已开谈判云。旋各允将所谈情形电达政府。白全权又谓:所拟办法,法颇赞成。英之态度,以为如日本不允,即由各国自行宣言。惟宣言内容,似指三国会议节要所载各节而言。顾使谓:山东问题关系太巨,如无确实保证,实难签约。谨先密闻。祥。二十六日。

《秘笈录存》,第 239 页

陆徵祥致外交部

1919 年 7 月 27 日到

外交部密呈大总统、总理:日前顾使往晤美东方股长康君,询以调停山东问题八款内第三款中国应给偿云云,词似含混,想系仅指私产及官有营业如电灯厂、宰猪公所等,他如行政署所当不在给价之列。康云:业均应给价,如码头等亦在其列。顾使云:果尔,则数必甚钜。康言:德人权利既由和约让归日人,自难令其勉强放弃,况胶澳原约仅有德国还地中国偿费之规定,鄙意正恐日本不愿为此,或彼欲某种产业留为己有,且闻中国原欲出资购回青岛。顾使言:和会未解决以前,中国

拟偿还日本攻青岛军费,其数须由列强估定,军费有限,款必不钜。康言:协约国间讨论偿军费似不妥,不如产业给偿为愈。顾言:须将应给价之产业先为估价。康言:德国在青岛所费,现在调查,当以估定之实价或其代价为标准。顾言:代价不适用即用实价办法,他各炮台等不在所云日租界范围内者,亦当减除。康言:应减去。又询以第五款让与日本之已成铁路云云,此当不指铁路而指德人对于该路所有之权利,盖该路华人亦有权利,即在德人手时亦为中德合资营业,此款谅当如此解释。康言:此层可酌改。顾又言:两条新路云云,和约所谓让与日本者,系为投资权而非建筑权,第六款日本为中国建筑之一言,恐生误解。康言:投资建筑该两路之权,似中国业已让诸日本,今日本所得即前准德人权利。顾答:三国会议节要仅言用日本资本,不言何国建筑,今恐日本藉口列强已认彼为建筑该路之国。康言:贵使反对之处,现已研究可将由日本三字删去。旋言:提议原稿已送日、英、法三国,修改颇多。顾言:今次既为贵国提议,自可言明,将来尚须征求敝国同意,届时敝国可请修改。又鄙意此次提议当为补充而非废去三国节要者有数端,节要较更详明,其节要所列之日本保证声明当仍有效,他日更为宣言,乃就节要而申明之,亦知解释则中国权利更加保障。康言:应包括节要所列各端,一问题之解决办法散在三、四起中,自不如归入一起为益,鄙意最好先请日本承允提议草案大纲,再组织三国委员会商订正稿。顾使言:届时似应邀请中国参列。康言:甚善,当为设法,但恐日本不欲,不如先由列强与彼接洽,经中日两国承认提议案大纲后,再中日自商详细办法,似较实在云云。祥。二十三日。八十四号。

《中日关系史料——巴黎和会与山东问题》,第 276—277 页

陆徵祥致外交部

1919 年 8 月 6 日到

外交部顾次长亲译。密呈大总统、总理钧鉴:昨日祥偕顾使往晤美国亲派和会全权委员长博尔氏,先询以山东问题日美磋商近情。彼答:

前在美京曾与石井大使接洽，大致谓此事关系日美邦交，无论若何困难，日本应出具保证之声明，以释中美人民之疑窦。石井答话之语气，似表赞同，旋陈报威总统后，复与芳泽代办接洽条约换文。在山东给予日本权利固多，但美未承认，现且为巴黎和约所废弃，故日本现有权利仅限于巴黎和会所允许者云。芳泽闻之，殊为诧异，但自美政府观之，该会所允许日本者已觉太多。顾使问：所指保证声明一层，是否即兰辛外部所提八款。博称：当时未见全文，故未指明。现兰辛外部回美，正与芳泽接洽，顾使问接洽详情。博称：已电询，尚未得覆，容再电催。顾使谓：如贵委员长能同时在巴黎向英、法接洽，收效或可更速。博氏甚以为然，并云英、法对于此事尚表同情，如日本坚不允，再具声明或须约英、法一致进行云云。再今晨报载七月三十日东京电，山东问题日内将由中日两政府开议，日本为敦进日美邦交起见，对华拟持和衷让步之态度云云。确否，请电复。祥。三日。

《中日关系史料——巴黎和会与山东问题》，第 307 页

格雷厄姆[1]和陆徵祥的会谈纪录
1919 年 8 月

今天中午中国外交总长随同中国驻英公使一起拜访了我。他对不能见到您表示了极大的遗憾，并希望在他星期日离开前有见到您的机会。我没有给他太多的希望。

中国外交总长提出中国对日本极端不满以及中国代表不能签署和约的问题。我没有鼓励他就此问题继续谈下去，而是就中国对它的盟国没有足够的信任以签署和约表示了遗憾，把他的注意力引导至今天早上《泰晤士报》所公布的日本的政策声明，并且告诉他，英国政府，特别是您，正在尽力形成促成使一个各方均感满意的中日间的协议。

我发现，十七年前还是中国驻俄公使时，我就认识了中国外交总

---

① Graham, R., 格雷厄姆，身份未详。

长。整个会议的气氛是热情友好的。

施肇基来电

1919 年 8 月 22 日

北京外交部转吴秘书长鉴:巴密。二日、十日电悉。十日电筹虑精微,毋任钦佩。此时我处地位,诚如尊电对日对美须双方顾到,则事实感情两不损碍,惟管见展期一层,以为兴老不久回国,对日不妨表示一切,详情须俟总长回国之后逐一详陈细核审夺,方可着手作悬宕而不与拒绝之意,以示联洽也。但顾使驻美已久,熟悉情形,能饬从早返美,与各界加意联络,表示我仍仗美协助,并藉以窥察美人力量态度究竟若何,使我从美从日孰重,得有十分把握,□可专重一方,切实进行。尊意何如,□□报昨日主笔评中日情形,已洋文另电部矣。再二日电授意美与我开谈判一层,是否含有强迫意味。查此次美六月二十五日应先与顾使接洽,弟恐人疑与我联一气,故美对外不得不表示系单独要求,作为掩饰,并无强我之意。特闻。基。十六日。

施肇基来电

1919 年 8 月 31 日

北京公府吴秘书长鉴:巴密。十日电计达。十五日、十六日两电悉。十八日往法,魏使返比,晤兴老、王、顾两使,讨论良久,议定以事经美外部出场,美议院复质问甚紧,我此时似当镇定,静观结局,倘两无希望,而最后目的总以能得日本允我交还准期为止。至美提议我对外仍若未知,并表示美所提者远不如我之所希望,盖此次外间对美颇以其提出过于繁重,经美表示彼所提者系彼之要求,先未商我,俟日本签认后与我开谈判云云。基已返伦,并闻。基。二十三日。

顾维钧来电

巴黎,1920 年 2 月 10 日

顷日本委员团秘书官吉田茂来见,谈及山东问题,询我政府已否允议,并详查中国舆论主张提交联盟会处理,反对日本直接交还,此种主张,实难了解。山东现为日本军队所占,议会焉能代为处理。答以国内民情激烈,政府不能不审慎考量,从长计议。舆论并非反对交还,仅虑贵国方面所请开议之事,徒求名义上之交代而已。凡关世界和平问题,联盟会均有权处理。山东问题之究须交该会处理与否,当视日本之交还办法能否使中国满意。彼谓此次不议,则日本军队即不能撤退。答以近接友人来函,谓鲁民深怨日本军队未撤。现欧战既终,协约国之军队除和约规定之区域外,均已退出敌国,况中、日同是协约国,鲁省日本军队更无久留之理。彼谓一俟山东问题议妥,即将军队撤回。又谓伊集院全权为原敬首相之至友,日本委员团内山东问题由彼主持,已于上月二日起程回国,日内可抵东京,谅政府仍将该问题交伊氏办理。贵公使有何意见,深愿代为电达。告以盛意深感,惟该问题现由政府在北京办理,开议与否,尚未接电。个人意见,请勿注意可也。钧。十日。

附录:政府对于答复日使通牒之研究

关于山东问题,本月十九日日本小幡公使面交节略,提出二项:(一)要求开始派员商议交还胶澳办法,并解决关于山东之善后问题。(二)撤退山东铁道沿线之日本军队,但中国须从速组织巡警队,以负警备之责任。

此举在日本为和约实施后必然之步骤,而在中国正当德约拒绝签字之后,所处地位实属至为困难。如与日本直接交涉,既与当初拒签德约之宗旨矛盾;倘置之不理,则日本曾有阁议,中国不肯直接交涉,其责不在日本。处兹应拒两难之地位,而勉求解决之方,自惟有承受拒绝或提出国际联盟与延宕数着。兹分别论之:

如承受日本请求,而与开始商议交还胶澳办法及解决山东善后问题,则日本在胶澳权利,早经民国四年五月二十五日关于山东省之条约

明白规定,并用换文声明胶澳租借地交还中国须附带下列条件:

一、以胶州湾全部开放为商港;

二、在日本国政府指定之地区,设置日本专管租界;

三、如列国希望共同租界,可另行设置;

四、此外关于德国之营造物及财产之处分并其他之条件手续等,于实行交还之先,日本政府与中国政府应行协定。

中国国民因认定此项条件为不公平,且于国家前途有莫大危险,以故中国专使有在和会提出辩论并拒绝签字之举。此时若与日本开始商议,则无论如何仍不能脱离前项条件之束缚。观于上年六月二十五日小幡公使与龚前总理之谈话,谓日本政府对于山东问题,凡从前所定条约、合同以外之权利,决不分外要求,而已经取得之权利,亦未敢擅行放弃,足见日本并无因中国之希望而变更或缩小其要求之范围之意。一经容纳该使请求而与开始商议,则有以下危险各端,不能不加以注意:

一、国际信用之丧失　对于山东问题,经中国代表在和会竭力坚持,甚至以拒绝签字为最后办法,足见中国政府对此极为注重。乃此时忽又听从日本提议,与之直接交涉,而其结果仍不出日本主张范围,则当时又何必有此一番争议。此等消息一经传布,各国鲜有不骇为创闻,具征中国政府于对外方针毫无把握,国际信用,益形失堕,将来对外发言,更难有效。

二、西南之违言　此次巴黎和会,有王专使正廷列席,并随同画押,隐然有对外问题南北公同参与并担负责任之意义。用意所在,自可想见。此次日本忽有直接交涉之提议,倘不与西南接洽,径行承认,不惟与前项趣旨相反,抑恐惹起西南反对,借口政府违背民意,擅与日本交涉,丧失国权,致于国内统一进行发生窒碍。

三、国民之反对　胶澳问题,国民方面最为注意,近日国内发生种种风潮,胥以胶澳问题为之起点。倘与日本直接交涉,而其结果仍不能满足国民希望,恐外交尚未结束,而国内方面已发生重大事变。政府于此,尤不能不加以慎重。

承受日本提案，既有上述种种困难之点，兹更就第二办法加以研究。我国对于日本要求，固不妨明示拒绝，以示中国政府始终不变拒签德约之宗旨。然拒绝之后，是否即可长此置之不理，此中不无疑问。盖就青岛一隅而论，事实上现为日本占领，即令交还，亦不过徒有虚名，中国主权仍不能完全恢复。是交还与否，在日本并无出入。置之不理，自不至发生问题，惟就山东全省观察，此次德约既经规定德国愿将一八九八年三月六日中德条约所得各种权利最著者，如在胶州之特权，其他如铁路、矿产、水底电线以及关于山东之他项协约让与日本等语。是日本声明继承德国权利既有根据，则将来在山东地方处处均可借口条约，与我发生轇轕。纵使拒绝交涉，仍不能杜日本侵略之渐。届时应作何补救？况自近日中国排货风潮日益炽烈，日本政府及人民对我积愤颇深，倘更进一步竟指使人民或军队随时、随地借端与我冲突，有如此次福州案件之情形，因而提出严酷要求以为要挟之计者，在我又应如何防范？此皆不能不加以顾虑者也。

至于提出国际联盟办法，国内大多数意见颇表信仰。然关于近日日本报纸论调，对于中国拟将山东问题提出国际联盟之举，颇肆攻击。并谓：（一）国际联盟无受理青岛问题之权限；（二）国际联盟之议决事项非得日本委员之同意，不能成立等语。是日本方面对于中国此项之举动，已有抵制之准备。近日各顾问对于此节颇有建议，佥以根据条约第十二、十三等条，日本实有拒绝之权。倘根据第十五条，则日本方面认定此项问题并不到足使国交决裂之程度，仍不难设法运动董事会驳斥中国之提议。是以此举在中国方面，事前总须筹备妥善，方可提议。（参观宝道说帖）此节似不能不加以注意。

对于日本前项提议，承受、拒绝与提出国际联盟，既各有为难，势不得不出于延宕之一途。然此项问题，在日本既经提出解决之请求，恐亦不能久于延宕。兹经详加研究，提出国际联盟，实亦为延宕之一法。盖提出联盟之举，在我虽无一定把握，而提出联盟纵遭拒绝，其结果亦不过仍归中、日两国直接交涉。更进一层言之，即使联盟会裁决中国完全败诉,其结果亦不过贯澈日本之主张。此在国民方面,原有宁弃胶澳,不与日本直接交涉之声言,是无论如何,中国不能更有再为巨大之损失。在政府,既可免去目前交涉之困难,又可不至惹起国内反对。对于日本方面,仍可声明此举与两国交谊并无更变,此后遇有他项交涉,仍应照寻常轨道进行(参观德尼思说帖)。似不妨本此宗旨,答复日使。倘从邦交方面着想,不欲因此有伤中、日感情,亦不妨为有条件之答复,即抱定上年七月十日大总统命令宣布拒签德约之宗旨及各专使历次在和会之宣言,先用公文答复,总使日本了解民国四年中日条约所称中、德关于山东条约,业因此次战事废止。而德约关于山东三款,又因中国未经签约,不能发生效力。倘撇开以上二层,就事实上互商相当解决,中国政府未尝无受商之余地,否则难以照办。日本倘肯就我范围,则与我国向来宗旨不背。开始交涉,民间纵有反对,政府尚不难解释。倘彼拒绝,亦不妨径与搁置,或即就争执为词,要求提出国际联盟。惟此项公文如何措词,仍应从长斟酌,再行定稿。事关国际条约及领土主权,似应电达各专使征询意见,并通电各省征求同意,再行答复日使,以昭慎重。

附录:美顾问芮恩施之来电

1920 年 2 月 10 日

详查山东保留一款,美上议院对于德约将不予以同意。如该院不能通过该约,大概将提议组织新国际会议。美民以为山东事宜,中国政府现以完全不问为上策。在中国承诺德约以前,日本仅能要索,而不能谓在山东已得有何等权利。缘德在山东权利,至中国宣战时业经取消,所以德国无从将昔有之权利让给无论何人,除非中国自行承认,谓日本有此权利。则此事设使提交会议之国际法庭,其权利之应属中国,自无疑问。中国现如与日本开议,或即难免视为承认。其最妥办法,中国政府仅须言,曾常预备接聆日本政府之宣言,按照日本宣布政策,将所要索之从前德国权利归还中国,日本可随时以公道之行为博得中国及世界之赞同。夫所谓公道行为,固无庸磋商云云。再,以上所陈,系美国社会领袖之意见。并闻。芮恩施。十日。

附录：外交部答复日使通牒

1920 年 5 月 20 日

贵公使面交□上书所述贵国因条约实施之结果，拟为交还青岛及胶济沿线撤兵之准备各节，本国政府均已了解。无如中国对于胶澳问题在巴黎大会之主张未能贯彻，因之对德和约并未签字，自未便依据德约径与贵国开议。青岛问题，其胶澳沿线日本军队，贵国政府既愿撤退，本国政府自当与地方官筹商抽调他路警备队，以接替贵国军队，维持全路之安宁。此节与解决交还青岛问题，纯为两事，想贵国政府必不迟延其实行之期，致益滋本国人民及世界观听之误会。又，对德战争状态早经终止，所有日本在胶澳环界内外军事设施已无继续必要，贵国政府如将此项设施从事收束以为恢复和平之表示，本国政府自当训令地方官与贵国领事官等接洽办理云云。

《秘笈录存》，第 276—280 页

施肇基来电

伦敦，1920 年 7 月 15 日

议绅麦林氏在众议院质问云：（一）关于山东问题，日本一般有势力之舆论，颇有拟向国际联合会提出者，我政府对于所拟办法，应否妥为注意。（二）日本现驻山东之民政长官及军队，除胶州湾租界外，例如沿山东铁路一带地方，是否尚有广袤之地归其管辖。（三）关于山东问题，我政府曾准中国政府来文，有所提及否。（四）我政府既有见于远东问题之重要，是否拟令驻日本大使埃君，以山东境内欧战以前未经德国租借而现为日军占据之各地方，究以立即交还中国为有利，以此劝勉日本政府，将各该地方迅速交还云云。哈姆士倭德氏答曰，对于所问之第一节，政府并未知有此种提议。对于第二节，查青岛现驻日本民政长一员，沿胶济铁路一带地方及博山矿区，均驻有日军若干。对于第三节，查政府并未准中国来文。至于第四节，山东问题若能从速解决，于各方面均属有利,此固政府所深知,惟未能饬令埃使照此办理,以图达此目的耳云云。基。十五日。

施肇基来电

伦敦,1920年7月30日

议绅施爵尔氏在众议院质问云:(一)日本曾否表示除保留某某项利权外,愿将山东归还中国。(二)中国曾否表示,若将山东问题提出国际联合会裁判,无论如何判决均愿承诺。(三)倘中国果有此表示,则我英对于此事是否拟从中设法使此事易于实现。(四)关于满洲地方及该处各铁路,我英能否规劝日本,俾将其前此由中国之租借或让与所得之种种权利及利益归还中国。查一九一一年七月十三日之协约,近数年来似已废弛,究竟如何云云。哈姆士倭德氏答曰:所问之第一节,日本已有此种表示。至第二节,则政府尚未接有此项报告。既无此项报告,故第三节未成问题。若第四节,其所指者是何协约,鄙人尚未明了。惟所称之订约日期,系属英日联盟第三次续约之期。问者之意,倘系默指我英对于一九一一年七月以后所有日本在满洲方面取得种种之特许权利,现宜设法使其归还中国者,鄙人将应之曰:否云云。施氏又问曰:英日联盟如续订时,我政府对于保持中国门户开放主义及中国领土有由外军暂占之事实,能否兼筹并顾,使不相抵触。缘就军事现势而论,在中国境内,无论何外国,均不得予以优异之待遇也。哈氏答曰:续订英日联盟一节若果实现,届时必兼筹并顾,妥为考虑云云。基。七月三十日。

顾维钧来电

华盛顿,1920年10月16日

探询美政府对于山东问题态度一节,前曾与某股长以私人资格谈话,据云此事业与彼掌管远东大事之某要人讨论,均以为此时提出,虑有三不利:(一)美未入会,本国舆论又多反对,美政府地位困难,无从助华。(二)英、法、义各国乃助日获得山东权利之国。联合会与和会虽属二事,各国代表之态度不能完全脱离其政府在和会所行之政策。(三)山东问题,美在和会维持中国最力,各国殆视同美国问题。此次美上议院反对和议,亦以山东各款为最。而美为联合会之发起人,反未入会。各国见此种种,对于该问题或胸怀成见,不能秉公办理,不如缓提。当告以主张现在提出者,亦有理由三层:(一)英、法、义前均以战时所订不得已之密约,致不能主持公道。现为联络中国感情,以图扩充商务起见,或能秉公解决。(二)该国等以美国对此问题十分注意,颇为不平。现如稍事调护,亦即增近美民感情之良法,冀能使美加入。(三)各国舆论对该会尚未能一致赞成,其间反对者均以该会为大国所操纵,全以保守欧战胜利,不能恃以主张公道,保持和平。该会为祛除谬见,排解反对起见,或能格外考量。此非意存乐观,仅以此事非反复辩论,不能得其真相。彼谓第一、二两层,未必固然,第三层理由,颇为充足。于此可见,现在提出亦不无利益。钧。十六日。

《秘笈录存》,第282—283页

顾维钧来电

华盛顿,1920年10月16日

鲁案提出联合会一层,遵向美国公法专家密探意见。先询前顾问达尼司,该会能否以鲁案为非该会宪法上所指之争端,拒不受理。答称:如两造间之问题,一造认为争端,该会当不致否认拒理。但联合会宪法为德约之一部分,山东三款为该约之一节,提出鲁案,恐须修改德约,而宪法之基础因此将有摇动。此层在该会或将借口,以为拒理之理由。然尚易答辩,理由有三:(一)该会成立并非全恃德约,奥、匈、土、布各约首章,亦均列入该会宪法。(二)修改和约与牵动该会基础,乃属二事。中立国与和约无关,亦得加入。(三)联合会宗旨在主张公道，维持和平，其范围甚广。德约规定，比较上范围甚隘。该会恐未肯遽自菲薄，愿以德约为办事范围。嗣又探美外部某公法专家，据云：德约在日本与协约国间固属有效，顾中国未经签字，自可不为该约所拘束。即置此节不论，我以入会国之资格，原可以保护世界和平或核修不适时宜之国际条约为理由，向联合会提起专案，该会似难拒不受理云。至该会受理后结果，揣度所及，大致不出三途：（甲）由联合会通过议决案，请中、日两国开始交涉，希望为公平美满之解决。（乙）由该会组织委员团，先事调查研究。（丙）由该会径行判断，其中甲途成数最多，且于我尚有折冲余地。至于丙途，则恐未必利我。商诸上述专家，亦谓如是。钧。十六日。

《秘笈录存》，第 283—284 页

顾维钧来电

华盛顿，1920 年 10 月 18 日

美前外部某君，现在美京充当律师，顷与谈，提出山东问题一层。据言，联合会如不受理，不过有两种推托处：（一）日本兹经声明，愿与中国磋商，而中国拒不与议，或可认为山东问题尚未成为中、日两国争点。（二）联合会从和约发生，而山东问题业经和约规定，该会或言未便推翻和约，以致牵动该会根本。惟对于第一层可驳以事关世界和平，在该会受理范围之内。对于第二层可驳以中国未签德约，无论该约如何规定，不能束缚中国。是该会对于山东问题，似未便坚不受理，但此时提出，经受理以后，恐难得良好结果。缘欧洲各国现在于国际问题，仍各顾本国利益密相接洽。所以默察该会近情，在美国加入以前，仍以政治活动为主。即如最近之芬兰、瑞典国问题，业已交会公判，就事论事，芬兰理似较直，但观该会讨论此事，都从狭义，将来结果恐未免袒瑞。鄙意中国最好先将有意提出一层向会中声明，至实行提出，似宜在美国加入以后。盖既经声明，该会将来不能认为中国早已放弃提出之权，而不即行提出，可免无良好结果。美国共和党前争山东问题甚力，

现在该党选举希望颇佳,如果被选,将来必要求保留修改,加入该会,当可使稍脱政治活动。且该党向以和会之处理山东问题为不公道,是入会后必能竭力助华云云。当告以现如实行提出,似有一利,即美国舆论现攻该会颇烈,大概诋以无力主持公道,保守和平。而该会盼美加入甚切,或将山东问题格外维持公道,借以表白,而使将来美国新任大总统较易主张入会。设使我现提出,而该会决议后仍不公道,则美国舆论多一借口,恐非该会之利。彼言此层理由亦充足,惟欧洲各国对美态度近日究竟如何,尚须研究。复询以如果提出该会,是否请中日先行交涉,待无结果再行交会。彼沉思片刻言,结果势将如此。因值此国际时局纷纭,为该会设想,既难拒不受理,又未便径行担任判决,是欲推诿,惟此一途等语。谨密闻。钧。十八日。

《秘笈录存》,第284—285页

顾维钧来电

华盛顿,1920 年 10 月 18 日

顷有联合会秘书来自伦敦,特与晤谈。据个人意见,鲁案提出该会,当无困难,但须援引条文异常的当。前次波斯提案于行政院,驻使援引欠当,经该院一再驳回。故中国此次似当特加注意。鲁案按宪法第十五条,当先向行政院提案,如欲提出大会,应请该院移交。现该院于本月下旬开会比京后,拟俟第一次大会闭会再行召集,以免同时开会多所不便。故中国如欲在该会提案,似不如俟大会闭后,该院重集之时为妥。因提案必须将有关系文据备齐,胪列详情,从早提出,俾秘书长得分转各国,而各国得悉底蕴,易为确当之解决。即使此时尚及提出此次大会,该会为第一次性质,类乎成立大会,所注重者,在组织上居多。开会伊始,全球瞻仰,恐不愿以难题自困,致有失望。故中国如欲提案大会,当待至下届为宜。又云,此次大会,拟将行政院改组。今日之行政院,除四大国外,余系从次要国中指派。现拟改由次要各国分组四团,由各团公选。此后之行政院与现时仅为己国代表者,其地位之轻

重,自不相同云。谨闻。维钧。十八日。

《秘笈录存》,第 285 页

顾维钧来电

华盛顿,1920 年 10 月 20 日

山东问题,顷复密询本馆顾问、公法专家莫尔意见,据云,综核联合会约条文,该会势难拒不受理。且谓该会成绩未彰,受理后能否秉公判决,殊难逆料。又云,行政院内八国,均已批准德约,英、法、义三国复有前次密约关系。巴西虽隶南美洲,至难自由。比利时、希腊及西班牙等国,则系素倚协约,即使未签德约,恐于投票时亦均不能自由助华。至就大会论,除院内八国已如上所述外,其余各国虽未一律批准德约,惟多数因各种关系,亦不免依附英、法、义、日。现研究此案前后交涉历史,料日本方面必借口曾经一再请华开议,要求该会拒不受理,并将谓如须受理,仍劝告中国承受日本之提议,和衷磋商,圆满解决。此层中国于提案时,应特别注意云。谨密闻。钧。二十日。

《秘笈录存》,第 285—286 页

施肇基来电

伦敦,1920 年 10 月 20 日

前日晤东方股长,见询山东问题。国际会中国拟提补救事,山东一案是否拟提? 如何提法? 据何理由争辩? 经复以我国新任代表业已派定,基意对于山东究何看法? 渠称:该会似属法律性质,此次如提,应根据法律方面着手云云。此外,据伊谈及者,谓中国上年特因此不签德约,民气愤激又如此,现自应提出无疑。或谓我上年递有希望条件,和会请向联合会提议,现自当据此重提。彼亦谓各问题现又加添一年之预备,一切布置定必格外妥贴。或谓对德约我未签字,因而至今对德、对山东均停滞无办法,若一提出,至少得一出路,借此解决一切云云。基。二十日。

《秘笈录存》,第 286 页

顾维钧致外交部

华盛顿,1920 年 11 月 5 日

兹分探联合会内容及各国态度,均以为鲁案此时提出,在会各国均不能协助,恐难收效。核与上月迭次电陈各公法专家意见相符。美国共和党,攻击和会解决山东问题之办法甚力,现在该党选举得胜,据政界要人看法,不久美可入会,届时提出,乃免孤立无援。窃谓此事关系重大,总以能实行收回权利为主。现察国际气象,若即提出,判决不能直,我转无挽回之余地。而观国内情形,不提诚无以慰众望。事处两难,经一再筹商,似惟有采用上月十八日电内所举前外交当局某顾问之建议,先将我政府有意提出一层,向会中声明。如此办理,既可以表示我国并未放弃提出之权,亦可借免即时提出之不良结果。政府意见如何,盼速裁示。钧。五日。

《秘笈录存》,第 286 页

3. 中国政府与民间的态度

国务院致陆徵祥

1919 年 7 月 3 日

巴黎陆总长并各全权同鉴:甲密。二十八日各电均悉。前得来电,以为保留尚有把握,乃事势变迁,而声明而不能办到,国人失望,政府同深愤慨。德约既未签字,所谓保存我政府最后决定之权保存后,究应如何办理。此事于国家利害关系至为钜要,公等职责所在,不能不熟思审处,别求挽救之方,未便以引咎虚文,遽行卸责。至所拟咨由国会建议宣布中德战争状态告终,俟通过后明令发表一节,片面宣布究竟有无效力,抑或外交有此先例,所有对德种种关系,将来如何结束,统望详筹速复。再奥约必须签字,务希照办为要。奉谕特达。院。三日。

《中日关系史料——巴黎和会与山东问题》,第 231 页

吴佩孚通电

1919 年 7 月 13 日

百万急。(衔略)钧鉴:驻湘直军各将领于本月佳日呈上徐大总统一电,文曰:北京大总统钧鉴:治密。前奉晓江电谓:此次德约我国专条问题力持保留未能办到,当时未经签字,详情续布等语。师长等以词过简,尝于微日通电请布详情,迄未示下。兹接沪,汉函电悉,我国专使临时在欧会拒绝签字,甚有价值,仰见我大总统俯从民意,亦见我国外交尚有人也。然外交至此非可以拒绝签字了之,势如临崖之马,万不可轻策一鞭致贻后悔,大总统处此一发千钧之际,临大疑决大计,当机立断,不俟终日,勿为众议所惑,勿为威力所屈,保我主权,还我故土,天下后世咸被鸿庇。谨将管见所及一一陈之:一、请速电饬专使再接再厉,坚持到底,并汇集各种理由陈请列强为公道之主张,更联络美总统恳其为公道之援助,以期必达目的,万一和会不能解决,应留作悬案,俟乎国际联盟提起公诉,以待万国公决。一、请将拒绝签字情形宣布全国,以平民气,此后如再有勾串外人仍请签字割地者,以卖国论。一、请特任王专使正廷为国际联盟会委员,因其拒绝签字始终不挠,且中国条件多系陆长外交时经手,自箝其口,自掣其肘,总感不便,与其使陆为难,不若令王始终其事,收效较易。一、日人对华向用威吓手段,我政府应镇静以待,勿为所屈,西欧既开和平会,必不使德意志武力主义再见于东亚大陆,彼如果以兵要挟,则请列强监视划定战区,不妨以相当之兵力作最后之解决,吾国数百万军人、数百员将领,岂尽皆勇于私斗而怯于公敌,优于对内而绌于对外耶? 师长等上年以全胜之师,遽尔罢战主和、休养兵力者且双方士卒一闻对外,莫不同仇敌忾,跃跃欲试,谨励戎行,敬待后命,急难有用,敢效前驱。谨此胪叙禀陈,伏乞鉴纳为叩。师长吴佩孚,旅长王承斌、阎相文、萧耀南同叩。佳。等语。谨以奉闻,伫候明教。吴佩孚叩。元。印。

中国第二历史档案馆藏北洋政府督办参战事务处档案

上海山东协会致国务院

1919 年 7 月 19 日

大总统钧鉴:欧约拒签,应具决心明令,游疑不言办法,奸党邪说仍主补签,果隳其计,大乱立起。敢请明示决心及应付方针,杜绝蛊惑,解释疑虑,国家前途实利赖之。专此代电,敬请钧安。上海山东协会叩。元。

《中日关系史料——巴黎和会与山东问题》,第 259—260 页

郭则澐[①]来函

1919 年 7 月 24 日

任先尊兄左右:奉府交说帖一件,奉谕密交外部,兹饬抄一份送呈,祈密核为幸。专上,敬颂勋绥。

406—1 附件

一、青岛之价值。青岛较之天津、秦皇岛等处有入冬不冻之长,较之上海、广州湾等处,富独立不依之性,诚山东之门户,北方要港也。况胶济铁路既通,北可直捣京、津,南足控制宁、沪,将来顺济、高徐两路若成,中国东部产业之运命亦为青岛所制,日本得之,不啻宣告中国之死刑矣。青岛之价值虽若是重要,而欧美诸国知之者少,故我国和会专使虽唇焦舌敝,而听者藐藐,置若罔闻,西人有言曰:能自助者,人始助之。

二、秋山民政长之归国。秋山博士为日本国际法学家,素抱并吞青岛主义,我国既决定不签字后,彼遽于本月三日起程,归必为青岛问题,与彼政府磋商善后办法无疑。并得确实消息,秋山归国路经大连、满洲等处,已招胡匪多名,俟到青后,分派胶济沿线,使其乘机捣乱,是亦我国所宜预防者也。

三、日本交还青岛之预定条件:

---

① 国务院秘书长。

甲、日本专管租界问题。山东问题未经和会议决以前，日本政府拟由海泊河口经台东镇向南划一曲线为日本专管租界。及我国外交失败，彼政府得寸进尺，遂改由沧口经李村向南划一曲线为日本专管租界，现已强逼乡民卖附近地面，商会董事中亦有身受其害者。日本所预定之租界尽傍海岸，使彼如愿以偿，外国船舶固不待言，我国航权必受种种限制。至政治上、经济上不平等之待遇当更有不堪设想者也。我国若能收回青岛，自属上策，否则设定共同租界，将来或有利益均沾之希望。若允日本之要求，则青岛亡而山东寒矣。

乙、胶济铁路问题。胶济铁路我国纵不能将归自办，亦以共同管理为宜，若中日合办，我取其名，彼得其实，抑又奚益。

丙、海岸盐滩问题。日本政府现拟取得盐滩所有权，专管租界仅指沿岸地，而当然盐滩不在其内，故彼政府正在研究法理，借为将来口实。查齐鲁古称盐国，有岛适产地，苟如日本所拟，则人民受淡食之苦，政府无盐运之权，是亦希望政府预筹应付之法者也。

四、胶澳与青岛之区别。查胶澳指胶州湾内之海面，青岛指胶州沿岸之地皮，中德条约胶澳云者，欲浑其辞而扩张其势力也。窃恐日本将来仅言交还胶澳而欲除却青岛，因此仅为解释，以备查考。

按以上说帖，系就胶澳现时情形为实际上之研究，颇多足资采择之处。兹将本部意见所及，就原列各条逐一签注，以备商榷。

一、青岛之价值。此条详论青岛地势之险要暨在国防并商务上关系之重大，均属切中窾要。查胶澳问题我国正在竭力坚持，全国各界对此已成视线集中之点，所有青岛地方关系重要，已属尽人而知，自无须政府再为申告。至欧美各国最初对于此节颇多隔阂，如顾使在巴黎初次谒见美总统谈论胶澳问题，美总统即多不甚接洽之处。嗣经各使分向各方面痛陈利害，并迭次在会提出辩论，又备具说帖，分送各国全权，各国亦已了然于此项问题之关系重要，此次我国拒绝签字，欧美各国颇认我国之举动为正当，即其明证，此后自当从各方面继续广为宣布，以促交涉进步。

二、秋山民政长之归国。日本拟利用胡匪扰乱鲁省,各报均有登载,此事是否确实难断定,而证以民国五年日本勾结党人、土匪在山东扰乱之往事,是所传各节亦非全无影响,自应先事预防。至秋山回国与此事有无关系,似应电达奉告各省设法密为探查,以明真相而资准备。

三、日本交还青岛之预定条件。

(甲)日本专管租界问题。(乙)胶济铁路问题。(丙)海岸盐滩问题。近准专使密电,因我国拒绝签字之结果,美外部拟提出调停办法。其第二款有日本归还胶澳租借地权,并除铁路外,凡租借地内日本获得之权利均向中国放弃之等语,此项调停办法能否成为事实,尚难预计。倘能照此解决,则胶济铁路恐难达到完全收回之目的,至于专管租界暨海岸盐滩等,当不致发生问题。

四、胶澳与青岛之区别。查光绪二十四年中德胶澳租界条约第三款载明租界地段:一、胶澳之口北面所有连旱地之岛,其东北以一线自阴东北角起,至劳山湾为限。二、胶澳之口南面所有连旱地之岛,其西南以一线自难齐伯山岛西南偏南之湾西南首起,往笛罗山岛为限。三、齐伯山、阴岛两处。四、胶澳之内全海面至现在潮平之地。五、胶澳之前防护海面所用群岛,如笛罗山、炸连等屿。以上条款于租借地界址规定极为明白,民国四年中日条约关于胶澳换文,亦载明日本于战后终结后,胶州湾租借地全归日本自由处分之时,以某某条件将该地交还中国等语,足见胶澳租界系指胶州湾租借地全部而言,青岛一隅当然包括在内,将来提议交还手续,自不致发生问题。外交部注。

《中日关系史料——巴黎和会与山东问题》,第 269—271 页

浙江教育会等致国务院

1919 年 7 月 25 日

北京大总统、国务院钧鉴:对德问题现既拒绝签字,此后办法极关重要,敝会等公同研究,敬举端如下:(一)应请政府正式向外交团切实声明,此次拒绝签字专为和约中之山东条件,此外绝无意见。(二)对

德恢复和平,本无疑义,应请政府训令各专使勿自擅离和会,以便进行而免误会。(三)对奥土布和约应与各国一律签字,为加入国际联盟地步。(四)山东问题包含一切权利,非专为青岛一隅土地,应俟国际联盟成立,提请各国公平解决,勿遽与日本直接交涉。(五)中日军事协定应立即停止,二十一条密约既出强迫,并应取消。(六)高徐、济顺路约既未换正约,亟应废约收回。以上各条,本国民同具之心理,为对外一致之主张,尚祈政府坚持到底,不胜公感。再此后外交应取完全公开主义,以杜隔阂、擅专诸弊,一面并祈将国会和议从速进行,以厚国力而御外侮。临电迫切,无任盼祷。浙江省教育会、省农会、杭州总商会、杭县律师公会、中等以上学生联合会同叩。效。

《中日关系史料——巴黎和会与山东问题》,第 275 页

国务院、外交部致陆徵祥

1919 年 7 月 30 日

巴黎中国使馆转函陆总长鉴:甲密。十九、二十三各电均悉。调停办法各端尚有应商之处,如第二款青岛城作为商埠,自无问题,惟以该处为公共租界,于治理上诸多不便,拟将胶澳全行开放,一切仿照德人租占时办理,为推行全国之模范。又产业给价一节,前此并未言及,与前议偿还军费办法亦有不同,此项产业本有公私之别。若原属德政府公产一律估价,则为数必钜,恐事实上不易有成,适滋阻梗。此节仍请详慎考量,第五款既成,铁路当系指胶济而言,该路系中德合资,即云继续,亦应中日合办。原文让与日本字样词意含混,必须酌改,最好能公平估价,将日本所继承一部分之资本由我改作借款,陆续归还,即将该路改照借款各路办法办理。至济顺、高徐新路为国人集矢之的,及兹正约未定,如能设法筹备归还垫款,取消草约较为有益,此节须预留余地,免受他日束缚。即使未能办到,按照借款筑路办法,亦应如津浦、京奉,由我管理,所谓日本已获管理权者,殊与事实不合也。第八款撤兵一节,原文颇为活动,似亦应明定限期。以上各节,统希筹画进行。又青

岛船坞于建筑品中最关重要,亦最有价值,迭次来电均未提及,是否遗漏,抑即在第二款放弃权利之内,并望查核见复。院、外。三十日印。

《中日关系史料——巴黎和会与山东问题》,第 278 页

江苏省议会来电
1919 年 8 月 29 日

二份。北京。大总统、国务院钧鉴:山东问题,近闻有与日人直接交涉补行签字之说,群情惶骇,万恳政府坚持初志,留待国际联盟之解决。迫切陈词,伏希采纳。苏议会叩。印。

中国第二历史档案馆藏北洋政府国务院档案

二、华盛顿会议与中国

说明：1921年11月12日至1922年2月6日，美、英、日、法、意、中、荷、比、葡九国代表召开华盛顿会议。会议内容主要是限制军备和远东太平洋问题。会议下设两个委员会：美、英、日、法、意代表组成限制军备委员会，与会九国代表组成远东及太平洋委员会。中国问题成为华盛顿会议的一个主要议题。在华盛顿会议上中国代表团为收复被列强夺去的主权，实现国家独立和主权完整进行了不懈努力，先后提出了解决中国问题的十项原则、六项要求，强烈要求实现关税自主，取消治外法权，归还租借地，撤除在华外国邮局、无线电台、驻军等。会议根据对中国的一系列决议和条约，起草了关于中国问题的《九国公约》，2月6日正式签字生效。中国力求在华会解决的另一重要问题是山东问题，中国代表团在中国政府和人民的支持下为收复山东主权展开了艰苦的斗争。通过会外交涉，最后与日本代表在1922年2月4日签署了《中日解决山东悬案条约》。华盛顿会议是巴黎和会的继续和发展，根据帝国主义各国力量的新对比，确定了战后帝国主义在远东及太平洋地区的统治秩序，从而完成了战后帝国主义重新瓜分世界的所谓"凡尔赛——华盛顿体系"。

本章主要资料来源：

外交部编印：《外交文牍——华盛顿会议案》（上），1923年12月

外交部编印：《外交文牍——华盛顿会议案》（下），1923年12月

中国第二历史档案馆藏总统府军事处档案、北洋政府外交部档案

中国社会科学院近代史研究所《近代史资料》编辑室主编，天津市历史博物馆编辑：《秘笈录存》，中国社会科学出版社，1984年

台湾中研院近代史研究所编印：《中日关系史料——山东问题》，

1987 年。

（一）会议的发起与中国的对策

　　说明：华盛顿会议由英、美提议，美总统正式发起。英、日续盟问题为其导线，但主要目的在商量限制军备办法，讨论太平洋及远东问题。中国应美之召参预会议，深愿与各国平等参预，希望收回利权，消灭外患。1921 年 8 月 16 日，中国驻美公使施肇基照复美国外交部，中国政府接受美国总统的邀请，愿参加 1921 年 11 月 11 日华盛顿会议。中国政府组织规模庞大的代表团，任命施肇基、顾维钧、王宠惠、伍朝枢为全权代表，代表团人数多达 135 人，比出席巴黎和会的人数多好几倍，成员由全权代表、高等顾问、秘书长、帮办秘书长、顾问、咨议、专门委员、处长、帮办处长、秘书、随员、译员、书记组成。1921 年 10 月 31 日，外交部将中国的提案电告代表团，训令代表相机酌提。其中，主要提案六项：（一）英日续盟问题，应设法他国提出。（二）取消势力范围，否认特殊利益。（三）取消兰辛石井宣言及其他类似之条约、协定。（四）与会国共订公断条约。（五）关税自由及关税目前应商问题。（六）定期召集会议，讨论远东国际重要问题。次要提案六项：（一）胶澳善后问题。（二）二十一条问题。（三）修正不平等条约，使中国在国际间立于平等地位。（四）成约地位问题。（五）外侨纳税问题。（六）裁厘加税问题。在我国提案之中，最应注意者有四项：取消英日续盟、取消特殊地位、订立公断条约、关税自由。

1. 英美的提议与召集

顾维钧①来电

伦敦,1921 年 7 月 8 日

　　五日电计达。本日英议院中数议员为英日续盟问题,质问政府多端。首相答称,此事现正与中、美、日本磋商,所问各端,全恃该三国之答复若何,此时遽行发表意见,或致碍及磋商之成功,但信下星期一当能宣言云。是我国答复不宜太迟。如提案问题需时筹议,可先复以大端,同时声明详细情形稍缓再告。钧。八日。

《秘笈录存》,第 315 页

顾维钧来电

伦敦,1921 年 7 月 8 日

　　兹探悉日政府答复,昨日已由林权助转达英外相。大致于召集会议及我国平等加入两节,尚无反对。并悉此层当由英外相密告美大使。现闻美国政府答复,星期日可收到递交,俾英相可于星期一在议院宣布。钧意,我国于召集会议问题,原则上自当赞同;加入一层,可谓将来由美总统召集时,深愿与各国平等参预。如政府意旨为然,请迅赐电示,俾能赶于星期一上午复英外部。至提案问题,如不及议定,可暂缓告。钧。八日。

《秘笈录存》,第 315 页

顾维钧来电

伦敦,1921 年 7 月 9 日

　　太平洋会议之目的及范围,英国政府之看法,大概已详见五日长

---

①　时调任驻英公使。

电,计达。此项会议尚无正式名称,所用"太平洋"三字仅为谈判便利起见,其意义之广狭未定。至英、美、中、日各国外,尚有何国加入一层,前与英外相谈话,其语气似以英各自治属地及印度,当然在加入之列。惟昨以加入国数问题探询美大使,则谓此层不无困难,须由哈定总统从长考量,现以不提及为智。惟渠个人意,为便利会议进行起见,加入之国不宜太多。钧。九日。

《秘笈录存》,第315—316 页

顾维钧来电

伦敦,1921 年 7 月 9 日

英首相答复议员质问英日同盟事,昨电计达。英外部现向报界声明,大致谓,英未向美国有所提议,故从严格言,无所谓待美答复。美国前此久有召集一种会议之说,英亦曾表欢迎,惟究竟如何,全视美国政府是否正式出而提议云。又,英首相答词所言全恃中、美、日三国一语,现于议院公报内删除不登。盖英国政府意旨,于召集太平洋会议一层,对外不愿表示自居主动,以免或生疑忌。钧。九日。

《秘笈录存》,第316 页

顾维钧来电

伦敦,1921 年 7 月 11 日

今晨十一点半钟接英外部电话,催询我国政府答复甚急,似为下午首相宣言之用。当以日本已于七日答复,美大使亦于昨日将美政府答复转达,我尚未复,则首相于宣言中或须提及,既不雅听,又或生误会,谨遵照八日大部来电所云自当平等加入之旨,斟酌往复。大致谓政府赞成召集会议之说,将来由美召集时,自乐于加入各国平等列席。至提案问题,则谓政府尚在详细考量,容日后再告。并谓政府深感英国政府愿见中国一律参预此项会议之意。特闻。钧。十一日。

《秘笈录存》,第316 页

顾维钧来电
伦敦,1921 年 7 月 11 日

顷英首相在议院宣言,略谓,关于召集会议讨论太平洋及远东问题事,美国政府之意见昨晚收到,殊为圆满。中国政府亦答复赞成。日本政府尚未正式答复,但足信该项答复亦必一致赞成云。旋述帝国会议对于此事之意见,并称颂美总统邀召裁减军备会议之善举。首相宣告我国答复赞成时,各议员大声一致称颂。各访员亦视以为中国能与英、美一致之明证。首相宣言毕,某议员问将来会议时各国是否能以主权完全之国待遇中国,而不使彼为任何亚洲国横加干涉。首相答,中国是独立国,当然须以独立国待之。此次英国政府与中国代表接洽一切,均与待遇他国代表一律办理云。特先驰陈,余续电。钧。十一日。

《秘笈录存》,第 316—317 页

顾维钧来电
伦敦,1921 年 7 月 11 日

兹将英首相宣言详情译述如下。首相曰:太平洋与远东问题,先经帝国会议讨论,嗣由首相与中、美、日本代表接洽,转达各该国政府。美国政府答复甚为圆满。中国政府亦表赞同。日本尚未正式答复,惟可深信将与中、美一致赞成。帝国会议历次开会,首先讨论英对太平洋及远东政策之大纲,而于英日续盟、中国前途以及此二者与英、美邦交之关系,尤为注意。该会议之〔主〕要看法,厥有三端:一、英日同盟历二十年,不仅双方(护)〔获〕利,于远东和平亦有裨补。二、中国人口众多,前途无量,华人于英友谊素加重视,而英于华民亦愿相助,俾得增进福利。三、美民怀抱与英民最为相近,是与美协商通力合作,事出天性。帝国会议于此三层,曾经全体同意。所讨论者在于筹思一策,将此三者合而为一,庶几太平洋海军之费不致过巨,以贻后患,而远东之正当利益亦可随以发达。第欲为此,首须决定上年英、日两国会衔向国际联合会声明一层,是否即系通知废约之举。果已通知,则在该约期满以前,应即速筹临时办法,俾得从容讨论;若未通知,则现行盟约效力,当在通知后满一年为止。日本看法以为作废一层,既未明白正式通知在前,该约当然继续有效。惟在英国方面仍有疑问。复经谘询英国最高法院院长,而其所见与日本相同。现在业由英、日两国重新知照国际联合会,大致谓,英日盟约应查照该会约法修改,遇有与约法冲突之处,当以约法为准云云。并言英对远东及太平洋之政策,帝国会议以为世界和平惟美是赖,故首宜与美协力进行,惟同时亦愿与日维持亲密友谊,协力进行。而友谊之最大功效,即在调和亚洲最大两国势力与活动,借以维持远东和平。至中国方面,英愿开放门户,并使华人有种种和平进步发达之机会。此外,并愿保障太平洋之英国利益,免除海军竞争。凡此诸端,业由帝国会议议决,应由外相通知中、美、日本三国政府,以便交换意见,随后或可召集会议,正式讨论。而该外相亦已与中、美、日本驻英代表,分别接洽。美总统现已发起召集会议,商量限制军备办法,并先开一预备会议,与最有直接关系各国讨论太平洋及远东问题。美总统此举最合时宜,凡属英人,延颈企踵,乐观厥成云。钧。十一日。

《秘笈录存》,第 317—318 页

芮德克①致颜惠庆②

1921 年 7 月 12 日

敬启者:顷接美京国务卿关于召集缩减军备会议电一通,抄送尊览。请约明日阁下接见外交团时,再面谈此事。

附美国务卿许士致驻京美馆电(译文)一千九百二十一年七月十日。

北京。美使署鉴:请知会中国政府称,本政府近以询问英、法、义、日四国,是否赞成加入华盛顿将来之缩减军备会议,此举与太平洋及远

---

① 美国驻北京代办。
② 中国外交总长。

东种种问题关系甚巨,凡与有关系之国,如中国者均应在此会接续讨论以上问题之解决方法,务使远东所抱主义及政策晓然于众。请非正式探访中国政府,果否愿意加入此项之会议。

中国第二历史档案馆藏北洋政府外交部档案

颜惠庆会晤芮德克问答(节录)

1921 年 7 月 18 日

总长云:此次会议无论研究限制军备或决定太平洋问题,或系一会抑或二会,本国皆乐愿参与,请探知会议各种程序见示,俾本国知所预备。

芮代使云:余当电达政府。

中国第二历史档案馆藏北洋政府外交部档案

芮德克致颜惠庆

1921 年 8 月 5 日

径启者:前接美国国务卿关于美政府提倡缩减军备暨太平洋问题会议来电,经于一九二一年七月十二日专函呈阅矣。兹美大总统欲定十一月十一日为召集之期,已得英政府承诺。现命鄙人探询中政府对此意见如何,专此奉达。

《外交文牍——华盛顿会议案》(上)

颜惠庆致芮德克

1921 年 8 月 6 日

昨奉尊函承示美大总统欲定十一月十一日为召集缩减军备暨太平洋问题会议云云。鄙人兹欣告阁下,所拟会期据中政府观之甚为合宜,请将此意转达贵政府为荷。

《外交文牍——华盛顿会议案》(上)

芮德克致外交部

1921 年 8 月 13 日

为照会事：本代办遵奉本国国务卿训令，谨将下开本国大总统文告一件，转达贵国政府，本代办曷胜荣幸。

"本大总统前次提议军备限制问题应召集会议，且太平洋及远东诸问题应连带讨论一节，荷蒙热诚嘉纳，感慰良深。夫苟无期望和平之意愿，则世界之和平终不能得最后之保证，且苟非实行力祛误会之原因，共求原则及其施行之金同，以为此种意愿之表示，则节减军备之前途，亦无可厚望，彰然明矣。本政府诚愿因会议之便利藉交换意见，而今日重要不容疑问之太平洋及远东诸问题，或可得一解决。质言之，即关于今昔国际所关怀之事件，可得一足以增进民族间久远友谊之公共谅解也。至涉于太平洋及远东之讨论，本政府不欲设法界画其范围，第愿宁留作开会前交换意见之题目，仰仗友谊及能诚意体会祛除争端之重要，以为最后决议之遵循耳。本大总统爰依据前此之提议，并鉴于惠然嘉纳之表示，敬请大中华民国政府参列一九二一年十一月十一日华盛顿举行限制军备会议连带之太平洋及远东诸问题之讨论。"

本代办谨此再向贵总长表示最高之敬意。

《外交文牍——华盛顿会议案》（上）

施肇基致美国外交部

1921 年 8 月 16 日

准本月十三日贵国驻华代使来文，转达贵国大总统邀请中国政府参加一九二一年十一月十一日华盛顿会议之公文，业经阅悉。中国政府对于此项会议深表同意。盖自欧洲战役以后，世界心理，惟恐再有此类之事发生。而近日国际形势，骎骎趋重太平洋及远东一带。以中国土地之大、户口之繁，在地理上又居最重要之位置，则所谓太平洋及远东问题，自中国国民观之，直关系今日全世界人民同享康乐之福、永离金革之祸,则贵国大总统主张和平之华盛顿会议,必能多所供助。中国政府深愿与各国一律平等参预,共襄盛举。至于贵国大总统声明涉及太平洋及远东问题之讨论,不欲设法界划其范围,足征贵国政府开诚布公,毫无成见。中国政府亦深表赞同,并愿在会议中,根据来照中仰仗友谊及能以诚意体会祛除争端的重要之宗旨,以诚恳之精神及友爱态度,互相讨论,以副贵国大总统主张和平之诚意云云。

《秘笈录存》,第 330 页

外交部致芮德克

1921 年 8 月 17 日

径启者,准本月十三日贵代使来文,转达贵国大总统邀请中国政府参列一九二一年十一月十一日华盛顿会议之公文,业经阅悉。中国政府复文已于本月十六日电令驻华盛顿施公使译送贵国政府,兹将原文抄录一分,函送贵代使,即希查照为荷。此颂日祺。(附件略)

《外交文牍——华盛顿会议案》(上)

2. 中国的加入与代表团的派遣

顾维钧来电

伦敦,1921 年 7 月 16 日

发起太平洋会议一举,虽有英日续盟问题为其导线,惟主要目的在远东问题,而尤以我国为远东问题之中心点,是此项会议与我国前途关系较之巴黎和会尤属重要。现在某国方面以居被动,态度冷淡。即在某某两国,亦互怀妒意。将来会议结果如何,诚难逆料。第我于应提各案以及提出手续,自应及早详慎研究,妥密商定。六月三十日电请准备。旋奉复电,正在详细讨论,至深钦慰。窃思提案主旨,在求实际而不贪多,庶几其他到会各国不致以我国要求过多,或视为难于著手。万一会议无良好结果,亦无从归咎我国。兹就英、美朝野态度以及我国内

政情形,详加审量,以为我于提案问题可分甲、乙两部研究。(甲)为原则,约有四种:(一)要求各国担保尊重我国主权及领土完全,以杜外患;(二)要求废弃条约上各种不公平之束缚限制,俾得自由发展;(三)申明赞成各国在华工商业均等主义,并愿将此主义于中国全国一律遵守,不分区域;(四)宣告我国建设计划大纲,以慰各国期望。(乙)为具体问题,亦可分为数种:(一)商订实行担保尊重我国主权及领土完全办法。此层由我提出,自宜出诸审慎。惟英、美对此颇为注意,有如一八五六年巴黎会议英、法之对土,将来会议时,总应主张商订一种具文协定,不如由我提案,或可望以我国看法为协商主观。至应如何担保,征诸外交史册,办法甚多,总以不与国际联盟约法冲突,无碍体面而能得保障实效为主。(二)要求□解决山东问题及二十一条条约问题。(三)重提前在和会所提之希望条件七端,以达目的要求。废除势力范围、裁撤外国在华邮电机关、恢复关税自由及撤除外国驻华军警四端,似可相机坚持。惟辛丑和约所许京津等处驻兵,某国为防某国起见,一时恐难允撤,须斟酌应付。至收回领事裁判权与修改条约两问题,因情形复杂,在我须有切实保卫外人办法,方可提商。按照现在情势,大约至多只可要求各国赞同收回原则,一面设立专门委员会,与我从长商议分期收回办法。又,收回租借地一层,英、法方面虽不难望得赞同,惟既有开辟商埠及政治性质、铁路关系,恐遽难达到收回目的,如亦能商设委员会与我共同讨论,或足为日后实行收回之张本。又,要求退还赔款,专办教育一节,亦不妨酌量提出,虽各国财政奇窘,难望完全办到,如有变通办法,先退还一部分或商得展期,亦不无裨益。惟此项赔款,美已退还,如欲在会提议,手续上颇须斟酌。(四)国内建设办法,各友邦于我国之平定政局、巩固中央、裁减军队、发达民治以及裁厘惠商各项,均极注意。似应由政府妥订方针,筹定办法,在会宣布,俾知我于整饬国是,确有诚意,并已有切实办法。事关内政,本无对外宣告之必要,第我国政局与太平洋会议关系綦切,我如不提,彼必质问,或致代为建议。凡此诸端,为原则及具体问题之纲要,亟应通盘从长决议者。此外,如种族平等、亚波海线、修理无线电台、整理我国外债及我对四国银团政策等,恐均为他国将提之案,我国亦宜预先研究,决定方针。以上各节,政府计有茋筹,惟管见所及,未敢缄默,用贡刍荛,以资参考,统祈裁夺。钧。十六日。

《秘笈录存》,第 333—334 页

汪荣宝①来电

1921 年 7 月 20 日

十八日电悉。加入华盛顿会议,为抵制强邻、破除军阀最好机会。鄙意,第一,宜向会中声明,无论何国不得在中国有优越地位。四年中日议定各款,作为无效。恢复满洲铁路中立之议暨仿照瑞士、比利时旧例,将全国作为永久中立国,尤为稳固也。第二,宜就限制武备宗旨,自定全国兵额,提出公共组织清理军事会,雇用泰西军官帮同裁减。以上办到,并照组织会员。闻日本多方运动,似宜早向英、美接洽。法、意方面亦须注意。代表关系重要,十四日曾电大总统,请其自行赴会,以公为辅,即系此意,统乞钧裁。并请代呈。荣。二十日。

《秘笈录存》,第 335 页

顾维钧来电

伦敦,1921 年 7 月 21 日

大战告终,欧局粗定,世界视线,移集远东,于是有华盛顿会议之提议。我国见邀,平等参与国际公道,此为嚆矢。第所谓远东问题,其主要部分即指中国。我固强盛,问题何有,将来会议结果如何,大抵仍视我国情势为断。倘能善自为谋,早定国是,友谊对我,期望素殷,在我既不授人以可乘之隙,在彼自可予我以共进之机。领土主权,以次收复,讵曰无望。盖远东大局,有赖均势,我能自立,均势足恃。列强利益,得

---

① 中国驻瑞士公使。

所保障。我国有福,彼亦沾其利。否则,长此俶扰,贻人口实。友邦方面,爱莫能助。刀俎鱼肉,听客所为,言念及此,不寒而慄。我大总统、总理宵旰忧勤,中外共仰,际此疮痍未复,民治肇造,一蹴可几,无如外交风云,〔瞬〕息万变,非在我有急起直追之举,则时机有稍纵即逝之虞。此次会议关系我国前途,比诸巴黎和会尤形重要。千钧一发,正在此时,尚祈申儆国民,各本良心,共趋正轨,消阋墙之衅,捐鹬蚌之争,群策群力,一致对外,为国家挽权利,为外交树声援。一线生机,端在于此。钧外观大势,内审国情,心所谓危,不敢不告。临电惶悚,不知所云。维钧。二十一日。

《秘笈录存》,第 334—335 页

王继曾[①]来电
1921 年 7 月 21 日

十八日电悉。太平洋会议目的,虽免远东战争,而中国实为远东问题之枢纽,外人已有主张干涉之论调。会议结果,关系重大。筹备根本,端在内政。若仅就外交立论,则消弭战祸主旨,中国当然赞成。但应研究者:一、日美战争是否经此次会议即可消弭,殊难逆料。我国鉴于日俄、日德往事,似应□□□□表示预防波及。二、中日间因欧战发生之悬案,能否在会请列强调停解决,免酿危险。三、各国在华特殊地位、势力范围,有碍中国发展,并足引起纷争,似应提议撤销。四、租借地发生战事,前车可鉴,应否提议撤销或限制。以上各款,均系中国安危,并足牵动远东大局,谨就思虑所及,择要电陈,应否列为议案,请酌夺。继曾。二十一日。

《秘笈录存》,第 335—336 页

---

① 中国驻墨西哥公使。

胡惟德①来电

1921 年 7 月 22 日

十八日电悉。应行筹备事宜,容通筹详陈。据此间政界要人称,如会议前中国南北不能统一,恐会议中决定事项皆为无效,且恐列强出而干涉云。德。二十二日。

《秘笈录存》,第 336 页

王广圻②来电

1921 年 7 月 25 日

十八日电悉。太平洋会议,据和外部及外交团各方消息,和之加入,可成事实,然现尚未曾接到正式之邀请。其对于该会目〔的〕、政策,为和属东印度及耶普岛、无线电、改派问题。前为地理上之关系,后为事实上之关系。和之主张,该无线电原为和、德合办,第一不能置和兰于局外,第二尤须使其属地通信独立自由。将来和之出席代表,当为现任外交总长,否则,前外交总长即现驻英公使方旗威春间林为首选云云。查该会议关系中国前途綦重,鄙见以为最宜预备者,在将来会议时万一遇有不利于中国之问题,骤加诸我,应以何项态度及其方法转祸为福。故第一,宜商请提议之国,至少应将该会所有待议关系中国之问题,先行示我,并详知英、美、日等各国之意见;第二,宜将所得各该国之意见及我国看法,随时密电驻外所有各使,间接探询,其余并征局外国之议论;第三,派员宜慎选实心任事,确有国际智识,不欲徒逞空论并□□誉之人。至于出席代表,尤宜精选,自在鉴中。此就事论事,亦宜预定者也。惟对外应付,易否得宜,国内设施实为根本之根本。欲求极短时间遽求统一,自属空言,但国会虚悬,决非办法。鄙意无论如何,总宜迅筹召集,即使未能完备,而国际目光,究属胜于无会,此于代表将来

---

①　中国驻日公使。
②　中国驻荷兰公使。

在外出席,关系綦密,统祈裁察。圻。二十五日。

夏诒霆[①]来电
1921 年 7 月 25 日

十八日电悉。此次太平洋会议,我现在国际联合会,既代表亚洲占一地位,倘仅为自己立言,不从远东全体着想,将来在会发言,不特位居被动,事事转行失势,即我在此会对于亚东各国应尽之义务,自问亦多欠阙。霆意拟于本国各问题外,请与会各国允许远东属地自治,合力协助俄国统一。纵有一、二国一时不肯赞成,目前既可移易各国对我之观念,异日又可留一随时参与之余地。至自治一层,对于蒙藏诚有关涉,惟此项问题情形业已显著,与其经他国调停仍不能得完满结果,不若乘势商量由我自动与全局共同解决,犹不失为上国。承垂询,敢陈愚见,乞钧裁。霆。二十五日。

陈箓[②]来电
1921 年 7 月 25 日

十八日电悉。顷访法外部,探询太平洋会议问题。据称,该东方股尚未定有议事。□法政府亦未定何种意见。美国主张由与会之国自行提出问题。日本则主张加入限制,美国未允,惟言某一国提出问题,不愿与议者,可自行声明退出会议。是日、美意见尚在参差,法国只得暂守旁观态度等语。查英国近以爱尔兰及各属地问题,因之对于日、美两国不愿稍示偏袒。法国战后势颇孤立,加意联络美国,屡示端倪。而经济方面,则英、法两国咸注意美之举动。此次美国提议,英、法为势所

---

① 中国驻秘鲁公使。
② 中国驻法公使。

趋,勉强附和,非出本意。美既以和平提倡,我以和平应之,可谓针锋相对。则凡可以妨碍或破坏和平之问题,在我均应提出,要求合于公理之解决。如山东问题,应遵国民意见,无条件交还。满蒙问题,废弃各种密约,日本放弃侵略主义。西藏问题,保全中国主权,以不冲突印度之利益为条件。他如领事裁判、关税、海口、邮政、无线电等问题,其现状不合于二十世纪和平原则,能发生或酝酿国际利益之冲突者,均在可以提议之列。顷又闻日本加入条件,有以议事日程不得涉及山东及□□□□雅浦岛主权之说。果尔,则日本之用意自可想见,则此节将来之结果,又恐不免为国际联盟之变相,亦未可知。然我国总应先期筹备,以免临时仓猝操切。提出问题,最好先与美政府□同意。如日本不能就绪,我或仅提出保障和平原则,要求莅会各国赞同后,再分别繁难,提出细目,以备讨论。略陈管见,伏候采择。陈箓。二十五日。

《秘笈录存》,第 337—338 页

章祖申[①]来电

1921 年 7 月 29 日

太平洋会议,本以英日同盟对美关系而发生。□提倡此会最要宗旨,为预防太平洋势力之冲突。日政府复允预会,仅提减除军备,而请美国明定提议范围,已示不愿列强干预远东之事。欧洲各报载日本议论,如列强提议中国开放门户及在中国同等待遇,日本亦须要求美国及英属澳洲开放门户,准日人享同等待遇。是已不啻视中国为彼属地。将来会议倘有结果,诚中国福,否则,中国前途更形危险。近来英国态度颇倾向美国,如果英、美一致,日本或当改变方针。我国此时亟宜联络英、美,庶开会时可得赞助。闻英、法首相均拟赴会。我国外交当局如能赴会,列强自必重视。驻英顾使、驻美施使,倘预斯会,裨益必多。而于未开会前与英、美当局接洽一切,尤为要着。至应行提出问题,想

---

① 中国驻瑞典公使。

大部已在通盘筹画。青岛问题,不宜再失机会。又,外人投资兴办实业问题,欧美各国对于我国注重在工商业,如由我国自订一种保护法,使各国人民享同等待遇,即为除去列强势力范围之张本,似亦可筹备议案,相机提出。此会关系我国前途,较巴黎和会尤为重要,先事绸缪,庶免覆辙,愚昧之见,尚乞钧裁。申。二十九日。

《秘笈录存》,第 338 页

魏宸组来电

1921 年 8 月 2 日

外报盛传小幡日内来华,商议交还山东事。查日本近以全力运动山东问题,不使列在太平洋会议日程之内。如日本畏美助我,愿完全归还,我国正可乘机利用,似不必深闭固拒,避直接之名,以待未来不可必之解决。如不能如愿以偿,当时拒绝,再设法在华盛顿议席上提出,亦未为晚。此次太平洋会议,关系我国至为重大,所应预备者,山东问题以外,如在和会已经提出之希望各条件,亦自当注意,但有无效力,仍视内政如何,倘国内能设法统一,结果必大有可观。愚见以为应乘此时机,密电西南各首领,详述此会关系之大,令其从速服从中央,一致对外,稍有爱国心者必不漠视。是否有当,仍希核定。组。二日。

《秘笈录存》,第 338—339 页

刘崇杰[①]来电

东京,1921 年 8 月 10 日

远东问题,我国素居客位,此次大会宜使各国承认我为主体,无论何种协定,非经中国参加或自由承认,不能拘束中国。限制兵备与太平洋远东各问题,表里相关,我宜一并与议,为将来协定主体之一,此着于国际地位关系重大。至提出条件,山东问题自应坚持和会主张。所谓

---

① 中国驻西班牙公使。

势力范围,如租借土地、垄断路矿、顿兵设警以及领事裁判、关税等等,不仅侵权攘利,且遏我生机,扰乱和平,应择要端,酌量提出。各国果肯就范,开放门户,我所乐为。此次美为主动,自当以彼为衡,惟外交关系瞬息千变,近传耶岛问题,日已让步,不知有无交换条件。英国态度亦欠明了。我提案范围,似应先与英国切实接洽,对英外交并力进行,届时折冲方有成算。至赴会代表如何团结内外,如何联络并国际宣传、统一舆论各节,想政府早已筹及。近来美国方面盛倡共管中国物资之议,不知真相如何。总之,此时内情,非痛下工夫不足以杜人口而挽国权也。谨陈管见,伏乞亮察。杰。十日。

《秘笈录存》,第339页

魏宸组来电

1921年8月18日

此次太平洋会议,政治问题外,当以财政问题为最关紧要。吾国近年外债常不能如期归还,并将来如何归还办法亦无之。欧洲各国近日对于吾国财政信用颇为薄弱,兼以国内财政紊乱,亦未能整理,将来会议时,恐有干涉财政问题发生。连日欧报载,该会有讨论将中国作为一财政保护会之说,为美国与古巴之类,虽不能尽信,不可不预防。似应将外债情形、国内财政情形以及将来如何清理外债、如何整理国内财政之完全详细计划,早日办妥,并须多带财政实业专门家,以备临时应用。闻赴会日本有二百人之多。并闻会期或至二月之久。特闻。组。十八日。

《秘笈录存》,第339页

施肇基来电

华盛顿,1921年9月10日

太平洋会议议事日程分三大部:(一)中国。(二)西比利亚。(三)托治各岛。第一、第二两部分节相同,第三部无分节。分节内:

（甲）原则，（乙）原则之实行。又，乙节分六项，（一）领土完全；（二）行政权完全；（三）门户开放；（四）让与权专利及特别利益；（五）中国铁路，尤注重于中东铁路；（六）现在所负义务之情状。闻第六项目的，系欲将各种密约揭破。又，尚有第七一项，告者忘之，俟星期一再行探闻。原文全件将于今日下午通电美使。各大国同时接有限制军备之议事日程。基。十日。

《秘笈录存》，第 355 页

施肇基来电

华盛顿，1921 年 9 月 12 日

美国务部交来关于太平洋及远东问题会议之议事日程，试拟之提商，除下列各点，余与十日电陈相同。分节：甲、应适用之原则。乙、其适用。

乙节分七项：

一、二两项与前电同。

三、门户开放，如实业及商务机会之均等。

四、特别权利改为优先经济特权。

五、各铁路之发展，连同有关中东铁路之各计划在内。

六、优待之铁路运价。

七、与前电第六项同。

托治各岛无分项，但加入"如各问题未经先期解决"字样。美国务部致各美使训令，除上列大纲，续述如下：

现有成约，法律上之地位一项下，深期得有机会，以讨论及谅解各项未决问题之关于将来可发生权利要求之各种成约之性质及范围者。（……）基。十二日。

《秘笈录存》，第 355—356 页

舒尔曼①致外交部照会

1921 年 9 月 12 日

关于将至之华盛顿会议,曾由芮德克君于一九二一年八月十三日将美国大总统文启照送贵国政府在案。兹本国政府愿于讨论太平洋及远东问题会议之议事日程,作试拟之提商如左,相应照达贵总长,本公使与有荣焉。太平洋及远东诸问题。

一、有关中国之各问题

第一,应适用之各原则。

第二,其适用项目。

甲、领土上之完整

乙、行政上之完整

丙、门户开放商务及实业之机会均等

丁、让与权利专利经济上之优先特权

戊、各铁路之发展连同有关中东铁路之各计画在内

己、优待之铁路运价

庚、现有各种成约之法律上地位

二、西比利亚

分节相类

三、委任统治各岛(如各问题未经先期解决则列入)

各种成约之法律上地位一项下,深期得有机会以讨论各项未决问题之关于将来可发生权利要求之各种成议之性质及范围者,本公使谨将乘此机会,再向贵总长表示至崇之敬意。

中国第二历史档案馆藏北洋政府外交部档案

---

① 美国驻华公使。

驻外各公使来电

1921 年 9 月 13 日

大总统、国务总理钧鉴：各部总长，各院长、经略使、巡阅使、巡阅副使，各督军、省长、都统、将军、镇守使、总司令，各省议会，各报馆，各商会、农工学界各团体公鉴：华盛顿会议之主旨，固在于裁减军备。然军备随政策为转移，能否裁减，视列强对外政策有无冲突为断。太平洋问题，为列强争端所丛集。故其对外政策，率以远东为矢的，而中国实首当其冲。所谓太平洋问题，质言之点即中国问题。我国被邀与会，实一自新机遇。会期转瞬即届，而祖国政争有加无已，内讧如此，何以自解于外国？窃谓当此危急存亡之际，举国上下宜表示一种发愤悔祸之诚意。以现在用兵各省立即停战，一面商议统一治国方法，一致对外，以为后盾。庶几会议上尚有发言余地。否则长此纷扰，恐列强以世界和平为词，越俎代谋，国将不国。管见所及，不敢不言，合词电陈，惟希公鉴。陈箓、刘崇杰、王广圻、魏宸组、黄荣良、章祖申、唐在复、汪荣宝、顾维钧。元。

《秘笈录存》，第 340 页

王广圻来电

1921 年 9 月 14 日

太平洋会议日期渐近，我国一切自已筹备周密。鄙见提议问题宜扼要，不宜太多，尤宜切实，反复注重利害。将中国所受种种束缚之影响，间接仍及于国际，故各国欲谋其在华利益之安全，必须使中政府有行政自由之能力。若仅泛言公理，恐尚未必动听。圻于民国七年关于和会所陈刍议，请饬查参照。如能在会提议，要求将所有条约按照列强近日所谓公正和平之旨修改、另订,则领事裁判权、关税各问题更易迎刃而解,而对于在外侨民利益,亦当共筹并顾。当否? 乞鉴。圻。十四日。

《秘笈录存》,第 340 页

胡惟德来电

东京,1921 年 9 月 14 日

闻美国政府十二日通知日本,以军备限制、极东问题、太平洋问题、委任统治问题为华盛顿会议议题,并征求有关系国意见。又,本日《中央新闻》载十日华盛顿论说:山东铁道中日合办有无期限,其期限为若干年。合办有无条件,与机会均等有无影响,应明白解释云。德。十四日。

《秘笈录存》,第 356 页

施肇基来电

华盛顿,1921 年 9 月 19 日

据《联合报》称,中国代表团之组织,如连带南方代表,则美京自必容纳。又,广东政府未经美国承认,不能邀请到会。又,传闻颜总长已派充总代表,第此间以为此举不能拒绝南方加入代表,如北京政府允许,则可加入。

该报又称,美京接到报告云,广东政府声明,将来不受此次会议议决案之束缚,因此美京极望中国代表团代表愈众愈妙。

评论结束云,美政府深信不能与未得公认之粤政府直接交涉,如有趋向调和之计划,须由北京采行。

《纽约时报》称,美政府甚愿北京政府经各国承认为中国独一行政机关者,将来赴会代表团加入南方政府人员,俾此次会议得统一之中国列席,是所厚望。

该报又称,中国前在巴黎和会竟能一致对外,今于华盛顿之会,亦望如是进行。基。十九日。

施肇基来电

华盛顿,1921 年 9 月 19 日

今日面晤麦谋礼君(MacMurray),询问胡士君(Hughes)星期六在报界会议有无论及广东政府另派代表赴会事,据称:彼未列席,惟见胡君于接待报界之前,纽约华侨大举游街运动,以致报界有广东要求赴会之质问。胡君与伊磋商,决意不分提南北,只言美政府甚愿中国赴会之代表团能〔代〕表各界,对外一致云。又,胡君称:美国无劝告中国某党应与某党调停之必要。麦君称:此次报界会议,胡君宣言美国只承认北京政府耳。彼私告予云,美政府近接中国留美学生电报甚多,均要求允许广东另派代表。至于美议员,注意广东问题亦颇有人。又,粤省致报界电函甚多,不独报界,即普通社会亦极留心粤事。麦君继请国务(部)〔院〕承宣官来见,因彼曾预会议,证明所言属实。基。十九日。

施肇基①来电

华盛顿,1921 年 9 月 23 日

关于许士所拟之议事日程,兰辛以为"应适用之原则"一句,所指极泛,未审是否除国际公法及公理外,其他原则亦在适用之列。在彼之意,该议事日程未包含下开各项:(一)讨论办法,俾中国因条约或非因条约致受损害之政治独立得以恢复,并得有保证。例如条件,关于租地、日人充任顾问,在福建建筑坞港及干涉中国军需品及财政之二十一条件。(二)厘定中国主权,发展内外交通与运输之机关,如中东铁路、无线电站、电线、海线、客邮、烟潍铁路之管理诸大端。该日程列有一切

---

① 中国驻美使馆参事。

铁路之发展,但只就中东铁路立言耳。(三)中国为中立国,领土不受侵犯,如外人在中国租借地以外行动之纠正。(四)关于中国政治犯及叛党之收容问题。(五)订立国际公断条约及组织国际调查委会,协助处理纷争,或由本会议宣言组织,或因中国领土、司法及政治独立问题而组织之。兰辛以为上五项应由中国提议加入议事日程内。据彼评论,其大意谓该议事日程,对于正谊宗旨及太平洋问题甚少注意,可否准基照上开各项向许士接洽。肇基。二十三日。

《秘笈录存》,第356—357页

施肇基来电

华盛顿,1921年9月30日

美国国务卿许斯氏于昨日之节略中,提出增加试拟事程如下:关于委任统治诸岛及太平洋交通问题。肇基今日晤许斯氏,许云:前德国在太平洋之海电线,五大强并未安置妥贴,宜趁列强代表聚集华盛顿时,将此问题解决。其用浑括名词而不专提海电者,恐他国欲讨论无线电及他项问题也。至于各国派遣代表人数,驻美日本大使曾以三代表姓名通知许氏时云,或再添派。英国以美国派遣四人,声言多派,或五或六亦尚未定。许氏不能断言英国代表人数必过四人,亦不能言哈定总统有增加美国代表人数之意。彼意以为人数少则不至散漫,而事易举办。施肇基。

《秘笈录存》,第356页

施肇基来电

华盛顿,1921年10月1日

尊处三十日关于议事日程之来电,对于敝处二十三日电似有误会。兰辛并无意将其五项条陈全文加入为许斯国务卿所提议事日程之修正条件,彼意不过作为解释,以为许斯日程中对于各该条未能包含耳。兰辛亦知若照此式加入,恐致破坏我辈计划。彼极谓,如将许氏日程更改太多,恐难见纳,不如作少数之修改与增加,以留将来中国提出各项重要问题之地步。故兰辛主张勿改许氏日程,不过将关于中国部分略改如左:(一)应用之原则。(二)应用之方法。(甲)领土完整;(乙)政治及行政权之完整;(丙)门户开放,商工业机会平等;(丁)让与权利、优先权、特殊权等;(戊)交通运输问题,中东铁路在内;(己)税率商务上之歧视与限制;(庚)现在允许利权之地位与附件。(三)中立。(四)审查委员会。(五)外交上之政治犯收容。兰辛深信,上列事程可使中国欲提各事一一提出,而不必再特别声明。彼于解释上列事程时,曾谓:政治行政权完整一条,实较许氏原议为佳。因中国得讨论政治问题,如日本之要求福建海岸等,而可阻止日本将此等问题不加讨论之尝试。让与权利、优先权、特殊权所包,较许氏日程中"经济"一字为广。兰辛纲目包括垄断及允许与擅用之军警、行政等特权。交通运输,中东铁路在内一条,其广可包括铁路问题之各面及交通问题,如邮政及无线电等。税率等一条,可使关税自由、铁路价目及各项商务上问题提出讨论。中立及政治犯收容两纲目,系出鄙意。审查委员会一纲之加入,盖欲于违反大会议决案,或侵犯中国土地法权或政治上之独立时,可以申诉。此项委员会有调查刊布报告及贡献办法之权,其用意可作为阻止侵犯之根基。至于三十日来电所拟之事程,兰辛以为远东一纲太宽,其细纲恐亦少见采之机会,因太宽泛而不能在日程上融洽。彼又谓,彼所拟前项事程,实已大致包括尊电细纲:甲纲已包在审查委员会中;乙纲似已大致包在现在允许利权之地位与附件中;丙纲已包在税率等项中;丁纲实有大会采取决案之性质,而非讨论问题,互相尊重主权及土地行政已包含在政治上之完整及中立一纲;戊纲太宽泛,仅可视为大会之大意;己纲包括于行政完整一纲中。且如经坚持,或致有不得列强对于日程同意之困难。施肇基。十月一日。

《秘笈录存》,第357—358页

舒尔曼致外交部

1921 年 10 月 4 日

关于将来华盛顿会议之议事日程,本国政府试拟之提商已于一九二一年九月十二日本公使第六号照会照达在案。兹奉本国政府拟于上项提商在标题为委任统治各岛之第三项下添入太平洋之电信交通一节,相应照请贵总长注意。本公使谨将乘此机会再向贵总长表示至崇之敬意。

中国第二历史档案馆藏北洋政府外交部档案

顾维钧、王宠惠来电

伦敦,1921 年 10 月 6 日

修改议事日程事,三十日电悉,遵即详加研究。窃以为补列远东各国总议题一层,名实亦较相符。徒增加门类,节目繁赜,不知能邀他国同意否? 至所分六端,甲项解决国际纷争办法,我与英、法、日、意均系国际联合会会员,自有遵守盟约义务,而美对该会态度尚多歧视,径行提出,恐多窒碍。似宜改为随时召集会议,讨论远东国际重要问题,列为乙项。参与会议各国所订关于远东各项条约、协约,列为甲项。丙项可仅用"关税自由"等字样,列为中国问题类第四端,较适当。丁项可改列为乙项。戊项解除远东他国和平障碍,或有意义泛滥之嫌,如须列入,可改为丙项,并试举具体问题为宜。己项限制远东移民,由我提出,易滋英误会,不如俟日本提出时相机造成之为得。关于中国问题类中政治行政完全一节,"政治"两字可删。至关于西伯利亚问题类,该处既无代表参与会议,与我情形不同,自可用美国政府原拟节目。以上各端,除已电商施使,并请其径电大部,以资简捷。试拟修正日程用洋文另电达。谨复。钧、惠。六日。

《秘笈录存》,第 358—359 页

顾维钧、王宠惠来电

伦敦,1921 年 10 月 6 日

试拟修改议事日程,太平洋与远东问题第一部,普通远东之部:
(一)应适用之各原则。(二)其适用:(甲)与会所订关于远东之各项
条约及协定;(乙)与会国互相尊重主权领土之宣言;(丙)远东和平障
碍之解除;(丁)开定期会议讨论远东国际重要问题。第二部关于中国
之各问题:(一)应适用之各原则。(二)其适用:(甲)行政上之完整;
(乙)关税自由;(丙)门户开放,商务及实业之机会均等;(丁)让与权
专利及经济上之优先权;(戊)各铁路之发展及优待运价;(己)现有各
种成约之法律上地位。第三部西伯利亚题目,照美国政府原拟。第四
部委任统治各岛(如各问题未经解决,则列入)。顾、王。

《秘笈录存》,第 359 页

大总统令

1921 年 10 月 6 日

特委施肇基、顾维钧、王宠惠、伍朝枢充参与太平洋会议全权代表。
此令。

国务总理靳云鹏
外交总长颜惠庆

《外交文牍——华盛顿会议案》(上)

参与华盛顿会议中国代表团衔名录

1921 年

中华民国代表:驻美特命全权公使施肇基　驻英特命全权公使顾
维钧　前任司法总长大理院院长王宠惠　伍朝枢
高等顾问:前任外交总长梁如浩　前任财政总长周自齐
秘 书 长:驻古巴特命全权公使刁作谦
帮办秘书长:外交部参事曹云祥

顾　　　问：海军中将蔡廷幹　陆军中将黄郛　印铸局参事王家瑞
修订法律馆副总裁罗文幹　外交部顾问严鹤龄
咨　　　议：刘　彦　　王宠佑　　钟文耀　　徐东藩　　吴南如
　　　　　　王大桢　　温世珍　　杨天骥　　容　揆　　金邦正
　　　　　　唐恩良　　徐树人
专门委员：张煜全　　王鸿年　　王扬滨　　李景铭
　　　　　　贾士毅　　李钟岳　　李景曦　　郑天锡
　　　　　　邓萃英　　王治昌　　周　典　　颜德庆
　　　　　　章　祐　　吴昆吾　　蔡光勘　　屠慰曾
　　　　　　陈　銮
处　　　长：吴葆诚　　徐兆熊　　黄宗法
帮办处长：严恩櫄
秘　　　书：张福运　　章守默　　张祥麟　　赵　泉
　　　　　　陈道源　　曹霖生　　胡世泽　　黄宗麟
　　　　　　黄风华　　靳　志　　金问泗　　顾泰来
　　　　　　关　霁　　郭云观　　邝荣钟　　李广钊
　　　　　　劳维秀　　李天禄　　林葆恒　　刘锡昌
　　　　　　刘大钧　　路　浚　　沈宝善　　孙祖烈
　　　　　　徐　光　　宋锵鸣　　史译宣　　施赞元
　　　　　　施　赟　　唐庆眙　　朱文黻　　朱世全
　　　　　　刁敏谦　　唐康年　　唐悦良　　魏文彬
　　　　　　杨曾翱　　杨永清　　于德浚
随　　　员：陈廷甲　　张鑫海　　赵鸿业　　祁彦树
　　　　　　陈天骏　　裴汾龄　　朱祖铉　　谢宝添
　　　　　　徐　谟　　龚德柏　　李时嵩　　李　郁
　　　　　　刘明钊　　刘毓瑚　　楼光来　　陆懋德
　　　　　　陆　俊　　任起莘　　沈祖堃　　施肇夒
　　　　　　陶鼐文　　汪原懋　　韦荣熙　　吴斯美

何杰才　伍肇雄　伍善焜　叶大澄

颜吉生　尤文藻　俞俊杰　虞鲁伯

译　　员:周　济　高　英　李之毅　刘家瑜

沈觐鼎　刁庆祥

书　　记:朱钟奇　李曾廉　孟继贤　尚毓霖

于士元　朱荐青　樊绍英　韩文光

李宗藩　刘震东　王锡麒　刁作荣

中国第二历史档案馆藏北洋政府外交部档案

施肇基来电

华盛顿,1921 年 10 月 10 日

八日电悉。关于议事日程,兰辛、韦罗贝自基电部后,曾各向美外部私自接洽。其结果,韦拟容纳许斯议事日程,不予修改;兰则除为慎重计,于行政上完整之前,加入"政治上"之字,并将在特殊利益前之"经济"一字删去而外,亦拟允为容纳,并除去铁路优待运价题目,以弊不在运价而在分拨车辆等事之优待特殊利益,况且运价亦能包含于特殊利益之内。但兰又谓:此事向许士提出,只可作为议案,不必强其删去。现在三人全体意见在只要中立审查委员会、政治犯收容等问题,能包含于普通各原则提出耳。至九月三十日来电所开,远东普通之部及部内各题目,兰辛以为不宜坚持,缘远东各国中之见摈者,只高丽、暹罗两国。高丽既失其独立,而委任统治各岛已在太平洋问题之内。其意谓我一提议,恐招嫌疑,有碍进行,实际上无补于事。究竟应否容纳许士所拟全部议程,拟以兰辛现拟各节向许士提议,乞示。施。十月十日。

《秘笈录存》,第 359 页

施肇基来电

华盛顿,1921 年 10 月 15 日

兰辛致伍博士电云:据余所知,现时中国政府之计划,并无一件不可为凡爱国之中国国民所当扶持之事,我所深信。现已电请颜博士与足下直接接洽一切矣。基。十五日。

《秘笈录存》,第 362 页

施肇基来电

华盛顿,1921 年 10 月 17 日

马肃今日往访兰辛,并来晤基。基等告以听候许士邀请无望,为增进中国全国利益及广州利益计,有统一代表团之必要,并提醒马肃,谓各处舆情均赞成统一代表团云。顷电陈友仁如左:"马到访,基力劝以磋商统一代表团事之时机已至,不表示一致对肃外,则责任太重,不能漠视。马称若相当条件能磋商妥协,则肃不反对。"基。十七日。

施肇基来电

华盛顿,1921 年 10 月 20 日

关于议事日程事,本日询据许斯称,关于太平洋方面,似均可赞成。日本要求在会议期有自由提案权。许答以如提出可交议,惟须事前通知云。基。二十日。

《秘笈录存》,第 360 页

施肇基来电

华盛顿,1921 年 10 月 27 日

十月十九日电示之议事日程,许士谓,据其所见,似无理由将其议程修正;即苟有修正之处,亦须知照各国。伊以为部拟之修正案,实无益于事。以其一、原属文字上之修正。二、不过推广其议程,并无增加

任何问题故也。所谓文字上者,其意系部所提议者并无根本之修正,仅修改次序与字句而已。缘列举太平洋任何案件,在许士以为恐予他人减缩其他问题之机。又谓其议程内之"行政上"一字,含有广义,非仅以行政为限。并郑重声称,会议目的在欲收最良效果及解除争议,凡问题之有机会得以解决者,方望提出。至类如人种平等及移民等问题,则不赞成提议云。施肇基。二十七日。

《秘笈录存》,第 393 页

施肇基致外交部

华盛顿,1920 年 10 月 29 日

许斯(Hughes)电舒满(Schurman),非正式的表示其愿意欲总长来华盛顿。与致伦敦各电相同。基。二十九日。

《秘笈录存》,第 362—363 页

施肇基来电

华盛顿,1921 年 11 月 5 日

关于来电所开之议事日程,昨基会顾、王、梁、蔡、罗、刁各君,详加研究,议决由基往晤许士,经基今日照办。兹将会晤节要录左。基谓:北京欲将关税自由在会提议,未审能否在政治完整项下提出。许答:能。复询以英日同盟问题能否由成约项下提出。许称:凡启争议之任何问题,实不宜提议加入其议程之内。设使日、英以订立联盟乃其主权内之事为词,则恐发生困难局势矣。倘会议之发展使其适宜,则联盟问题自可提出。总言之,若涉及其他各国权利,则联盟问题亦可提议。许士转谈中东铁路,谓除中俄而外,其他各国利益所系,事关重要,须将问题讨论。并切实告基以此种讨论并无妨碍中国利益之意。对于已得权利,须要尊重,主要旨在保护该路,使其完善。美国政府与人民并非谋取该路任何部份云。基遂告许,谓议程似未规定笃实履行会议所订任何协定之办法,是以中国政府拟开定期会议。许士答以若各国商定

普通原则及其适用,则获益已属不鲜,足除误会而舒难局。至将来如何,吾人须静候观察会议进行云。询以日本对于议程有保留条件,若事前通告,便可有权在会提议任何问题。此项保留,均可适用于各国,未审确否?拟照此电达敝国政府。许称:的确。基谓:星期四日介绍代表团来见,并告以中国盼望与阁下协同动作,使会议得收伟效。基本此精神,用敢以个人名义,建议开会时不宜分别请莅军备会议之国与只请列席太平洋会议之国。缘被请参预军备会议之国间,有不讨论军备者。且鉴于巴黎会议普通利益与特别利益国之区别,曾减缩其功效。许称:此事尚未定议,自必留意。并请基重视其对于未邀请而自请加入会议之各国所述之语,许士不欲伤人之感情云。兹因时期逼近,而许士态度不愿更改议程,且迭向基表示意见,业经电陈在案。基等以为议事日程最好莫如就照美国政府所拟。此电稿文,已交顾、王核阅。基。五日。

《秘笈录存》,第393—394页

外交部致王宠惠

1921 年 12 月 8 日

美京王代表鉴:平密。六日电悉。华会重要,现正力策进行,所有议决各端,国内多数舆论一致翕洽,执事殚心匡画,群望式孚,际兹事机迫切,稍纵即逝,关系国家前途至巨,务望以国事为重,赓续擘理,力竟全功,万勿稍萌退志,致国内发生误会,实为至要。遵谕特达。院。八日。

中国第二历史档案馆藏总统府军事处档案

外交部致施肇基等

1921 年 12 月 8 日

美京施、顾、王代表鉴:平密。日来据王代表、周蔡顾问先后电辞,已分电切致慰勉。此时华会进行,事机至迫,国内少数分子乘机利用或发为不负责任之言论,或径电代表,致其责难。尊处应付之艰,具可想见。政府与诸君躬任国事,要惟以国家利害为前提,本良心之主张,求妥善之解决,秉持此情,艰瘁不渝,幸而获济,皆诸君子艰难擘画之功,即不幸而有挫折,政府职任所在,无论如何所当负其全责,决不使诸君独为其难,务望同心协力,积极进行,勿庸瞻顾,并希分别转致是要。院。八日。

中国第二历史档案馆藏总统府军事处档案

3. 中国的应付方针

顾维钧致外交部

伦敦,1921 年 10 月 17 日

钧昨晚返伦敦,十五日过巴黎,往见法某副外部。彼谓:法国参与华盛顿会议代表为法首相、前国务总理维维也尼、藩部总长及驻美法使,彼□□□秘书长。此次会议,法无直接关系,将不特别提案,故法首相与英属副外部拟于十一月二十三日即先返法。钧询以会议重要问题是否可于此数日内决定。彼答,裁减海陆军备以及开放门户等各原则,届时当可议定。并言,彼料美对会议用意在表示不干涉欧洲政治,增进美国国际名誉,参与世界问题,而以太平洋为中心点。凡此诸端,法均愿助美,俾达目的。法于会议既无直接问题,当可从中周旋。美提议事日程,已颇繁难,其他参与会议各国,不宜增加提案。钧告以中国赴会所望不奢,仅求对外可保安全,对内得自由发展。中、法利益既无冲突,两国友谊敦笃有加,望能在会予以援助。彼答,法使亦有希望中国美满之处,开会时当可彼此提携云云。除业与陈使接洽外,特密闻。钧。十七日。

《秘笈录存》,第365—366 页

顾维钧致外交部

伦敦,1921 年 10 月 17 日

钧在巴黎时访法某前外部,与谈华盛顿会议。彼意召集该会,为美国对内必须之举。裁减军备会议,中国虽未见邀列席,第能否弭兵,其关键仍在太平洋问题。中国态度关系颇重,赴会参与机遇亦佳,所惜国内政局现极纠纷,开会时似不宜操之过激,否则或致转生意外。发展经济及移殖〔过剩〕人口两层,日本在会当有提议,如何对付,亟应预筹。法国利益亦在保安现状,而周旋于日、美间,使不于此时发生冲突云。特密闻。钧。十七日。

《秘笈录存》,第 366 页

顾维钧致外交部

伦敦,1921 年 10 月 24 日

本日晤某大使,谈及山东问题。彼云:此案〔不〕宜在会解决,以免在会场辩驳,致伤感情。次谈雅岛问题。伊谓:美、日早经开议,虽尚未完全解决,但彼此已有谅解,可无庸在会场提案。次询以此次华盛顿会议有何难关。彼意,日本以人口繁多,要求承认在满蒙等处之特别地位一层,恐不能免,此件最难解决之问题。但日本是否人烟太密,势须开拓殖民地域,须先由日本详确证明,方能考量。钧谓:日本如于满蒙要求承认特别地位,中国代表定必坚拒。此次中国应美之召参预会议,原望收回权利,消灭外患,设或反欲中国失去权利,则必引起全国之反对,而滋种种误会,此必非美集会之初意。彼云:按彼所知,美国政府定无承认日本此项要求之意云云。特闻。钧。二十四日。

《秘笈录存》,第 366—367 页

顾维钧致外交部

伦敦,1921 年 10 月 24 日

新银团事,晤英某要人,谓:昔日各国对华自谋权利,竞争綦烈,且中国向用以甲制乙之政策,此于中国固蒙其害,国际平和亦大受影响。某有鉴于此,故于组织该团曾力加赞助。现在应本国际通力协作之旨,共图建设,望中国政府能体此意。顾使答以中国政府于该团尚未完全表示同意,系因原则上借款当然比较条件,择宽而订,且国内财政视组织银团近于包揽。至满蒙某某等路,经该团认为除外,尤违华民意愿。彼言:除外一层,为日本后加之交换条件,几经调停,始行就绪。中国铁路统一问题,谅必在华盛顿会议讨论,惟日在满洲利益,中国究不能完全不顾,近来生齿日繁,势须觅地移民,中弱日强,为中国计,似不如听其经营满洲而以不涉中国本部为限制。且满洲原非中国国土,与各省情形不同。钧答:就人满论,中国亦户口日增,近年自直、鲁移居满、蒙者,为数甚众,而日于台湾、朝鲜及库页岛等处,尚多未及经营之地;日本注意满洲,恐非为移民计,其宗旨实在操纵该处原料与商业市面,此干中国固有不利,其与各国商务亦有损碍;且满洲为历史上敌人入侵通道,屏藩稍弱,即危及中国本部,故万难放松。旋询以新银团及日本人满问题,是否将来在华盛顿会议讨论。彼答:此二问题势必议及。并言:兰辛石井换文所承认之日本特殊利益,诚恐日本亦将援引为其要求之理由。又言:此次中国代表团赴美,深望不以英、日为一团体,中、美为又一团体,致牵动会议之前途。钧答:中国向愿与英、美各友邦通〔力〕合作,适提一层,可请勿过虑云云。钧。二十四日。

《秘笈录存》,第 367 页

外交部致代表团

1921 年 10 月 27 日

外报载,美政府有将中东路提出太平洋会议归为中立之说,事关重大,奉总理函交交通部筹拟应付办法,撮要于下:(一)主权及合同之关系。中东路我有领土主权。根据一八九六年中政府与俄道胜银行原订合同及一九二〇年续合同,纯属商业性质,第三者无权干涉。近闻美有不认续合同之说,谓道胜无权缔结。不知原合同系中政府与道胜合订,续合同依据原合同而发生,当然有同等效力。双方同意,无需他人承认。(一)世界交通之关系。英、日、法、美视中东路为世界交通紧要之路,或以此为提案之理由,但世界交通应以出海为前提,中东路不能直接出海,所有环绕该路之乌苏里、后贝加尔、阿穆尔、南满各路,其势不能飞越。如注重世界交通,应先及于乌苏里等路,亦无将该路单独提出国际会议之必要。近又传闻美主共管,拟就技术部改组共同管理机关,以技术部总理行俄会办职权。日主投资,拟变更监管合同第四条,缩小技术部长权限。查监管会与技术部之设置,系为运输联军,本属临时性质,军队运竣,当然撤销。按一九一九年协约国宣言书第五款,监管会以外兵由西伯利亚撤退时为止。既经各国公认于前,自不能任何一国或数国变更于后。又,整理中东路经济,按照合同,中国自属应尽之义务,不劳越俎。此皆太平洋会议对于中东路本无列入之理由也。至于中政府对于中东路极力经营,有可证明者三端:(一)管理之证明。该路当俄乱日亟,罢工停车,几尽失其管理之能力。自中国实行管理后,修轨道、便运输,商货疏通,行驶迅速,站车整洁,行旅安全,成绩昭著,技术部无不极为称许。现仍随事整理,力求进步。(一)保护之证明。俄乱之际,该路牵入政争,路事败坏,不可收拾。自我实行管理后,军警极力保护,外人生命财产毫无危险,从未发生断绝交通之事。沿路偶有贼匪,随时剿捕,渠魁屡被搜擒。自编练游击队后,兵力益充,较之乌苏里等路断桥、毁路纷乱情形,不可同日而语。(一)经济之证明。该路从前营业曾经岁获盈余三千余万。俄乱后,遂陷于万分困迫之境。自经中政府贷助款项,力予维持,路务日见发达,本年收入增加,并能有余利归还旧欠数百万元。现在余存料款及各国所欠运费,足抵债而有余。较之乌苏里等路因乱停运无人过问者,何啻霄壤。中政府对于该路经济问题,既完全负责,自应始终一力担任整备,此皆中国对于该路所尽之义务、责任及已著之成绩,不必他人代谋之理由也。查交通部拟议各节,均系根据契约与事实,列举理由至为充分。中国拟定会议议事日程,已将中东路问题删去,希向美当局预为疏通,详细解释,期在事前打销此项提案,较之临时抗议自易为力。又,我国对于中东路应主张开放门户主义。关于各国在〔中〕东路上之交通,如客运、货运、价章,均平等待遇,各方面均得利益平均。并望事先接洽时,预为宣言。外交部。

二十七日。

外交部致代表团
1921年10月31日

　　政府颁发代表训条及附件,已交周高等顾问带美转交祗领。其附件内容,系将训条各端分别轻重,列为主要、次要,相机酌提及答复他国提案四项。(甲)主要提案:(一)英日续盟问题,应设法他国提出。(二)取消势力范围,否认特殊利益。(三)取消兰辛石井宣言及其他类似之条约、协定。(四)与会国共订公断条约。(五)关税自由及关税目前应商问题。(六)定期召集会议,讨论远东国际重要问题。(乙)次要提案:(一)胶澳善后问题。(二)二十一条问题。(三)修正不平等条约,使中国在国际间立于平等地位。(四)成约地位问题。(五)外侨纳税问题。(六)裁厘加税问题。此外,相机提出及恐他国提出而我国应筹对付之提案,兹不列举。又,我国提案之中,最注意者厥有四端:(一)取消英日续盟。(二)取消特殊地位。(三)订立公断条约。(四)关税自由等语。特先电达,即希查照办理为盼。外交部。三十一日。

顾维钧致外交部
伦敦,1921年11月1日

　　钧与英代表同舟赴美,谈及华盛顿会议。彼意结局如何,视与会各国态度为断。如有意与日本为难,恐无良果。钧告以中国方面睹此会议,为各问题和衷讨论公平解决之时,并无与任何国吹求之意。彼云:会议难点在使日本裁减军备,而欲达此目的,对于日本要求扩张殖民理由,不能完全不顾。钧因以前与某要人所谈意见三层相告。彼答:此说诚然,惟日本力富兵强,雄心久图发展,非予以专款,□终将溃决。

中国势弱，固难抵御，如望英、美两国出为强制，势须诉诸武力，惟甫经大战，亦不堪再见兵端。然则既不能牵制日本，将来为害中国更大，为中国目前计，不如听日经营东北而以不涉中国本部为限。钧言：此近饮鸩止渴，昔日日并朝鲜，何尝不望其眈眈之欲借此得餍，今果如何？个人看法，根本解决在使日知侵略政策为中、日与他国均属不利，不如彼此尊重土地主权，秉公共图工商发展云云。按此论调，与二十四日电陈某要人说法相同，可见外人对我政策一斑，颇为可虑，乞核夺。钧。一日。

《秘笈录存》，第367—368 页

外交部致代表团

1921 年 11 月 3 日

日本移民满洲事，关系綦重，亟宜预筹抵拒。查满洲自唐代以来，即为中国属土，前清以为根本重地，保护备至。清季举办开垦，直、鲁人民移居者，每岁必增数万。民国成立，五族共和，视满洲与各省毫无歧异。中国内地，近年亦人满为患，将来安插裁兵，妥筹生计，正赖满洲等地为尾闾，万难准外民移殖，致有喧宾夺主之弊。况日本人口虽众，尚有朝鲜、台湾、库页等处可以移民，并无急切移民满洲之必要。且日本人民移殖满洲，实多种种不合宜之点：满洲地属寒带气候，与日本迥殊。土著生活过低，移民亦不易争利。从前日人之来满洲者，或赖军队之庇护，军队撤，则商民涣散矣；或恃官府之补助，补助停，则裹足不前矣。顾必斤斤主张者，谓非为侵占中国之土地及垄断三省之实业计，其谁信之？加以日人所到之处，军警即随其后，南满状况言之寒心，盖不独于中国之主权、民生多所妨碍，即于各国商务亦有损害。此种论调，最易淆乱听闻，危及国本，务希切实声明，随时痛驳为要。满洲移民情形，业编案带美，可向徐秘书取阅。外交部。三日。

《秘笈录存》，第391 页

国民外交联合会对于华盛顿会议中国提案之意见

1921 年 11 月 7 日

中华民国北京各团体国民外交联合会对于华盛顿会议中国提案之意见

中国为维持远东和平并企图世界安宁起见,对于华盛顿会议主张提出国际之原则与原则之适用并原则实行之保障如左:

甲、国际之原则

一、凡国际上和平之障碍,应协力扫除之。

二、凡国际行为应绝对的准据正义,所有国家互相待遇应绝对的平等。

三、凡国际间缔结条约或协定,应一律公开。

四、凡国家间,应互相尊重其领土完全,政治独立,经济自由,彼此不得稍有侵害。

乙、原则之适用于中国

一、紧要案件:

(一)废除一九一五年五月二十五日之中日条约及五月廿五日之中日换文。

(二)日本在胶澳及在山东省内占据之土地、铁路、矿山及一切财产,总无条件交还中国。

(三)要求各国声明废除在中国势力范围之协定,所有特殊权利、让与权、优先权概撤销之。

(四)各国未经中国同意,不得关于中国有所协定,凡类似此项性质之协定(及条约或契约),中国概不承认。

(五)收回各国在中国境内单独经管之铁路(如南满铁道等),如需要款项时,得由各国银团投资(赀),但以不〔违〕背上列国际原则为要件。

(六)恢复关税自由,但可废止一切内地通过税。

二、希望要件:

（一）提前退还租借地，由中国自动的开为商埠。

（二）限期废除领事裁判权。

（三）撤退外国在华驻屯之军警。

丙、原则实行之保障

一、太平洋国际联盟案。

凡太平洋沿岸各国，及与太平洋有关系之各国，共同组织国际联盟，监督实行国际之原则，以保障太平洋永久之和平。大中华民国十年十一月，七日。

北京各团体国民外交联合会第八次代表会议议决公布。

中国第二历史档案馆藏北洋政府外交部档案

曹云祥来电

华盛顿，1921 年 11 月 11 日

公报股遵守之最秘密宗旨与政策如左：各诬论须对付及答复者：（一）中国否认以日本为被告，在会起诉。中国参预会议，毫无控告任何一国之意志，各国同属友邦，并非以敌国歧视任何一国。至对于会议，亦视为各国和平讨论互益问题之机会，以期维持远东与太平洋之和平耳。（二）中国否认舞弄一国以抵制别国，亦非心怀此种意见或政策。郑重声明中国所愿者，即为一种国际协同动作，能有裨益于其经济、商业之发展，且增进缔约国公共利益，而无妨害其领土完全与政治完全，又无理由使华人有反对之怀疑者。（三）华府会议惟一险象，即中国或过于苛求，抑提出问题过于阻难。须重言中国完全领会真象及其在会并未心存任何不合理奢望。（四）中国因境内纷争，须重言目前不静状态，原属改革任何要政所难免之过渡局势，且有外来恶力运用于其间，使中国不能统一，致政局更形扰乱。（五）中国财政紊乱，须表示中国国家财政地位根本巩固之事实，重言中华民国于整顿财政一途已往所得之成绩，并述欧洲财政大概不妥善情形。某种意见须辩驳者：（一）承认日本在满蒙有扩张之特要，并承认其在满蒙之要求。须指明

无确实之必要。(二)英、美、日同盟维持太平洋与远东之和平。重言该同盟须加入中国,方可发生效力。(三)国际共管中国。力言此种计划之无效,中国必定竭力反对其为国际管理关于会议所声明之事项。(四)国际接管或管理财政。大致与(三)相同。(五)军备会议应超越太平洋远东会议,俾军备会议得告成功。此则等于马前驾车,欲为建树远东太平洋和平基础得收实效计,各种争端曾引起目前政治纠纷者,务须审查讨论。(六)或恐一国作梗,致陷会议功效于险地。任何一国不应反对协力增进和平利益之诚恳讨论意见。须宣传者:(一)中国须要不受外力侵占之安全保障。(二)须要还以自由发展之权。(三)对于中国公平待遇。曹云祥。十一日。

《秘笈录存》,第388—389页

外交部致代表团
1921 年 11 月 15 日

东省移民事,三日电计达。兹查得奉天人口统计,近十年共增加九十万二千,吉林近八年增加一百又五万八千四百九十八,黑龙江近九年增加一百三十余万,特闻。外交部。十五日。

《秘笈录存》,第391—392页

施肇基、顾维钧、王宠惠来电
华盛顿,1921 年 11 月 17 日

会议开始,远东问题行将议及,外邦对我固表同情,惟近察欧美舆论暨多数代表团态度,均以为中国政局日见纠纷,殆已无自治能力。近于少数借款逾期不偿,更属失信。而某某方面,遂乘机鼓吹对华共同管理及组织国际警察等说。多数美资本家于监理财政一层,尤表赞同。此项主张于我国前途关系甚切,业经随时驳正,将来如在会提出,自当竭力抗议。惟他人若根据事实拟有具体办法,在我终难空言抵制。默察前途,焦忧万状。窃思我国国内重要问题,为统一、军政、财政等三

项,亟应及早自定切实办法大纲,庶免会议时贻人口实,穷于应付。能否迅速设法,商请各方要人,各筹救国大计。乞密示。基、钧、惠。十七日。

附录：顾使与英某代表之谈话

1921 年 11 月 17 日

顾使晤英某代表,询（又）〔及〕报载英国有主张共同管理中国财政,确否。彼否认,并云:此项干涉,事实上碍难实行。随询是否英将助日要求满洲权利。彼问:所谓权利,系由何指？顾使答:如承认特殊地位之类。彼谓:日本在满洲,似已得有某种特殊地位,如管有特别区等。又谓:兰辛石井提文,似亦已承认日本在华特殊利益。顾使云:美现政府已明白否认,试观无线电交涉案之美国宣言,即可了然。彼言:日本有何提案,尚未接洽。惟闻欲保持条约上已得权利。顾使云:今日所以询问传闻各端,因中、英感情佳,商务亦大,若使华民对英发生误会,影响匪鲜。现知传闻不确,颇慰云云。

附录：福开森之演讲

1921 年 11 月 9 日

福开森演讲听凭中国自决之问题,曾讨论中国情形,其中认有不良之处,但主张中国一如曩者美国所为自行救济,谓若不为外力所滋扰,则中国当可建设巩固政府。福又力责宣传共同管理之不是。

《秘笈录存》,第 392—393 页

外交部致代表团

1921 年 11 月 23 日

中华民国领土,当然以约法所规定为惟一标准。查约法第一章第三条内载,中华民国领土为二十二行省,内外蒙古、西藏、青海等语。近查外人议论,每多误会,希注意辩正。外交部。二十三日。

《秘笈录存》,第 392 页

（二）山东问题

说明：山东问题因中国代表在巴黎和会拒签对德和约而成"悬案"，华盛顿会议期间再次成为中国代表团所面临的主要问题。但由于种种原因，山东问题并没有被列入会议的正式议题中，而是在英、美的调停下，在会外由中日代表直接进行谈判。关于"鲁案"的谈判，自1921 年 12 月 1 日开始，总共举行 30 多次。中国代表为施肇基、顾维钧、王宠惠，日本代表为加藤友三郎、币原喜重郎、埴原正直。会谈期间，英、美派观察员列席。1922 年 2 月 4 日，中日两国代表在《中日解决山东悬案条约》及《附约》上签字。《条约》共 28 条、《附约》共 6 条，主要内容有：1. 日本将德国旧租借地交还中国；2. 日本撤退驻青岛与沿胶济铁路及其支线的军队；3. 青岛海关归还中国；4. 胶济铁路及一切附属财产移交中国，中国以铁路的现实价偿还日本，以中国国库券交付，期限 15 年；5. 选任一日本人为车务长，选任一日本人为会计长，与中国会计长权限相等；6. 日本放弃 1898 年中德条约中的优先权；7. 海底电线交还中国；8. 青岛盐场由中国备价赎回；9. 中国将胶州德国旧租借地全部开为商埠，等等。因一战期间日本出兵中国而引发的山东问题至此终于解决，中国收回了山东的主权。

1. 日提鲁案与中国的因应

顾维钧来电
伦敦，1921 年 8 月 24 日

顷晤东方股长，彼询：鲁案是否将在华盛顿提出？钧答：应提各案，政府正在考量，尚未完全定夺。惟个人看法，鲁案势难久悬，不得不在会提出。中国对此问题之希望，不仅为己计，且为国际商务计，故会中当不难解决。彼言：闻日本因不愿在会讨论，故又向中国商请开议。此事如能在会外解决，可免在会争持。钧答：国民对于直接交涉，仍甚反对。如日本将切实交还办法开示，□有何表示？彼答：此事外相不愿先与贵使面谈云云。外相处，现约于本月二十六日往谈。东方股长所言日本请我商议鲁案一层，确否？盼电示。钧。二十四日。

《秘笈录存》，第 343 页

胡惟德来电

东京，1921 年 8 月 31 日

探悉昨日阁议，议决山东问题欲于太平洋会议前解决。声明大正四年、七年中日换文条件，交还中国。特密闻。德。三十一日。

《秘笈录存》，第 343 页

施肇基来电

华盛顿，1921 年 9 月 3 日

基派专员即日可到京，俟面陈后，当再将以后情形续电陈，目前切恳诸持镇静。无线电台案及山东等各问题，因与广开门户、机会均等两事极有关系，此为美将来会中首重之件，即我国提案根据张本。巴黎和议颇为七年中、日诸密约所束缚，有鉴前车，不可不格外慎重。公对无线电案如何答复美代使，乞详细电示。至盼至祷。基。三日。

《秘笈录存》，第 343 页

胡惟德来电

东京，1921 年 9 月 6 日

本日晤政府要人，面告山东问题当于会议前与中国解决。如中国不愿商议，欲在会中提出，彼惟有声明理由，决然拒绝，非他国所能勉强。闻已饬小幡密探意见云。德。六日。

《秘笈录存》，第 344 页

胡惟德来电

东京,1921 年 9 月 10 日

闻此间政府探知,山东问题,中国国民不欲此时直接交涉。其提议之用意,乃欲借此备案,俾美京会议时由我负此责任,并便彼在会拒绝云。德。十日。

《秘笈录存》,第 345 页

胡惟德来电

东京,1921 年 9 月 16 日

鲁案九条,昨晚外务省公布,已登本日各报。朝野议论,谓此次提案,日本抛弃各种权利,即系二十一条之改订至全部废止,国际信义攸关,万难曲从云。德。十六日。

附录:日使面递山东善后处置大纲九条

一、胶州湾租借权并关于中立地带权利还之中国。

二、中国政府如将租借地全部作为商埠,自行开放,认外人之居住及商工农业其他一切合法职业之自由,且尊重承认外国人之既得权利,帝国政府允撤回设置专管居留地及共同居留地案。

中国政府为外国人居住贸易起见,应速将山东省内适当之都市实行开放。

前各项开放地之开埠章程,应由中国政府预与关系各国协议而决定之。

三、山东铁路及附属矿山,作为中日合办之组织。

四、根据胶州租借条约,关于供给人及资本材料各项优先权,当抛弃之。

五、对于山东铁路延长线之权利及对于烟潍铁路之优先权,当提供于新银行团之共同事业。

六、青岛海关,当比德国时代之制度,更令明确其为中国关税制度之一部。

七、租借地内行政的官有财产,原则上当让渡中国。但关于公共营

造物之维持经营,别行协定。

八、就前各项实行所关之细目及其他事项,别行协定。因此,中日两国政府当速即任命委员。

九、关于山东铁路特别巡警队之组织,中日间应另行协定。当照再三声明之旨,俟接中国政府巡警队组织之通告,日本政府即宣言撤兵,将铁道警备之任移交巡警队后,即行撤退。

《秘笈录存》,第 345—346 页

王广圻来电

1921 年 9 月 17 日

伦敦转七日电悉。鲁案公开,至佩荩划。二十一条全因胶州问题发生,宜乘机要求其先行声明取销,然后答复其节略。该节略内第一条所开,外人既得权之尊重,应以佛赛和约签字期前者为限。开放商埠不能协定,但关系各国,如有意见,通知时自可加以考量。鄙意似不妨告以鲁省亦可完全开放,只须将该省内之领事裁判权先行撤回。第三条路矿合办之组织,应分为二:(甲)土地及行政权完全属于主权者之中国所有;(乙)路矿营业上之经济权,两国完全平等。第七条官有财产及公共营造物,应以完全让渡。但中国对于日本所有营造,只在佛赛和约签字期前者,可酌量给偿。查太平洋会议在即,既未允我要求,将来在该会议中自可将该案提议。其所云业经声明各节,日后亦再不能收回。故鄙见此时能将鲁案结束固佳,否则姑俟太平洋会议再定,为时无多,于事实未必有损。而于拒绝直接与议之旨,更可始终贯彻,以冀坚持而杜狡谋。当否? 乞钧裁。圻。十七日。

《秘笈录存》,第 346 页

陈箓、章祖申来电

1921 年 9 月 17 日

十日、十三日电均悉。华盛顿会期在即,日本忽提出鲁案,国民心理反对直接交涉，今昔当无悬殊。而会中能否提议此问题，亦尚无把握，此时诚迎拒两难。然节略内第二项，尊重外人既得权及开放鲁省都市；又第三项铁路、矿山中日合办等语，青岛产业大半已在日人之手，归还仅属空名，而日本权利蔓延且及于全省，在我所得不偿所失。充类至尽，纵使华盛顿会中不能提议，将来至必不得已而与日本开议时，其为害亦不至更甚于此。是与其此时就日本（唤）〔换〕案开议而无满意之结束，徒引起国内风潮，不如暂行设词延缓，免生重大枝节，一面设法使得于会中提议，以副舆望。是否有当，尚乞荩裁。陈箓、章祖申。十七日。

芮恩施来电

华盛顿，1921 年 9 月 20 日

日本之提案，以极谨慎之方法，将铁路为根本问题，虽未有何责任之允诺，而已使世人以为日本已提出重要之让与，中国即可利用之，以图美国舆论之利益也。使中国政府能于今日提出有识见之提案，则其胜利必归中国。例如，中国回报日本之希望调停，即可声明在中国内地之铁路，若永久为外人管理，则与中国之统一有碍，故若不能使山东铁路成为国家统一铁道制度下之一部份，及所有日本之正当要求，即由日后银行团借款内偿还，则中国政府不能讨论何种解决山东问题之条件。是盖指定此案之紧要关键，而舆论即可设法赞助中国，要求其国家铁路制度之统一，于是举证之责将由日本担负。盖于铁路问题未得明白保证以先，中国不能视为开始交涉。但至此情形，中国可以全力注视及讨论此紧要之问题，当可大获胜利也。芮恩施。二十日。

汪荣宝、唐在复、顾维钧来电

1921 年 9 月 21 日

鲁案事，十日电敬悉。细察日政府所提办法大纲，其内容与昔日英、美所议调停办法，大致相似。谅因华盛顿会议期近，故意略示让步，以图直接解决而免在会提议，至碍彼国体面。此时应否允与开议，自须视国内舆论及国外情势而定。国内一层，政府自在就近审察。至于国外，除英政府目前意见业属朱参事再行探询外，上月下旬，钧与东方股长谈及鲁案，彼曾言，深望我能直接交涉。现在日本所提八条，业由驻欧各日使馆完全送报登载。各报评论多认日本为让步，而望我能与开议。我如拒议，则在彼为有辞，在我为孤立。不如就其所开八条，择其可允者，如第一、四、五、六、七、八等六条，即行承认原则，使其不能收回。余如第二条，应声明原则上亦赞成，惟开放适当都市，其处数地点由我择定，其章程由我以国际商务之便利为主旨，自行规定，以免有默认山东条约之嫌。至尊重外人既得权一语，包含太广，似应声明：凡有碍我国主权、公共道德、国际商业便利或我国条约成例者，得由我国提商出资收回办法。第三条，铁路、矿产，声明路由我国将德国一部分出资赎回，于未赎回以前，应照津浦铁路办法，改为借款国有之路；矿则另行协定妥善办法。其会议地点，如在京不及办竣，则以由中、日两国在华盛顿协议为宜，俾至不能就绪之时，仍可设法交会办理。再，二十一条牵涉较鲁案为多，似应设法在会另提，免使鲁案解决加难。惟商议鲁案时，似宜于二十一条特加注意，俾无直接或间接承认之嫌。以上各节，就商王代表，意见相同，特电奉陈，统候卓裁。荣、复、钧。二十一日。

《秘笈录存》，第 347—348 页

施肇基来电

华盛顿，1921 年 9 月 26 日

关于日本山东提案事，兰辛顾问之意见如下：中国之拒绝交涉，实以拒签凡尔赛和约为根据。日本现在之提案，似非根据于该约，乃根据

现在之事实,此固大有区别者也。除日本占据山东事实外,尚有何者可为交涉之根据？我(兰辛自称)以为从前反对之重要理由,现已变移,中国与日本直接交涉解决此争端,实较其他列强干涉为有体面。(英、法、义等国因一九一七年协约及凡尔赛和约,多少均曾允准日人希望。)许士之希望此案解决,即有相当之力量。我信彼(指许士)既对于中国表示愿望,并敦劝中国进行,即不能免与中国以多少援助,俾得公平之解决。彼虽不肯轻许,实不知彼将何以推诿,时间之短促,我以为正属中国之利益。太平洋会议,中国代表须择熟练山东交涉人员。欲山东问题成功,只有移往华盛顿交涉之一法,并于太平洋会议开会后,此问题仍可继续进行,日人自不能任意强迫中国承认不利益之条件。如日本仍试用威吓手段,中国自可依美国以采取针对之方法也。就他方面言,在华盛顿交涉,中国人将以为即太平洋会议所允许,其实亦即会议之一部分。广东政府亦将无从攻击矣。以予私见,现时中国似可不必提出对案。如以上述意见为然,最好方法应请日本委任全权代表与中国全权代表于十月下旬在华盛顿交涉解决此案。若日本表示赞同,中国即允许日本之提案为交涉之基础。但须特别声明,该提案中有若干款为中国所万难同意者。若日本不表示赞同,在美及其他强国前必立于不利之地位,皆将以日本并无真欲解决此案之诚意。窃信如此情形,中国必能得美国同情,而中国地位必更稳固。此外,或有他种情事可使此种交涉不能进行或不利益,否则此实为中国可采之最好办法也。若贡献此种意见于政府,我以为贵公使应将此事告知许士,并谓于中国各代表赴太平洋会议之前,在北京如何不能完成与日本交涉之理由,各代表既须参预会议,又不能将一案分作两地交涉也。中国答复日本提案之文,如能经过美国国务院,固属有利于中国,然许士必不能同意。如以在华盛顿交涉为承允日本直接交涉之条件,似为我最简单最优良之进行方法。日本如拒绝,彼即当负不速解决之责任,在太平洋会议中,必使彼感受非常困难。基。二十六日。

施肇基致外交部

华盛顿，1921 年 10 月 7 日

本日下午将部复日本节略抄文许士，基请其一阅，并注意两事：
（一）中国人公共意思。（二）九月七日小幡面交节略口述，此乃日本最后让步。基。七日。

附录：外交部答复日使节略

一九二一年十月五日

中、日间重大悬案之山东问题，在中国固极愿早日解决，收回主权领土。所以至今不能与日本开始谈判之故，则以日本要求谈判之所依据，皆中国政府及人民所不愿或未经承诺者。且日本对于此案，虽曾发表许多空泛之宣言，实为中国初意所不及料。九月七日本提示山东善后大纲节略，并附以小幡君口头声明，谓日本鉴于中、日亲善之大义，拟定此项公明正大之办法，实为最后让步云云。经中国政府详加考量，觉此次提出新案，尚多与中国政府历次声明暨国民全体希望以及中外条约规定之原则，不尽符合，若以此为最后让步，殊不足表示日本真愿解决此案之诚意。即如：

其一，胶州湾租借权，自中国对德宣战即已消灭，日本仅以兵力占领该地，当然全部无条件交还中国，实无租借权之可言。

其二，开放胶州湾为商埠，以谋友邦通商居住之便利，中国曾经通告各国，本无庸有居留地之设置。又，农业关系国民根本生计，且按照各国通例，万难准许外人经营。至外人之既得权利，在德人管理时代，按诸法律手续取得者，固当尊重；若以日本军事占领期内，用强迫压制取得及有违背约章法律者，万难承认。又，同条开放山东都市为商埠，虽与中国发展商务之宗旨相合，然当由中国斟酌情形，自行择定。至开埠章程，中国自以国际商务便利为宗旨，按照自开商埠成例妥筹订立，无庸预行协议。

其三，合办山东铁路（即胶济路线）一层，为全国人民所反对，因各国铁路当有统一制度，合办即破坏铁路之统一，侵害国家之主权，且中国鉴于合办铁路之先例,流弊滋多,无法纠正,对于合办原则上不能承认。全路及管理权,应完全归诸中国。其该路资产,公平估计后,暂未收回之半数,仍应由中国定期购回。至铁路附属之德人已办矿山,应按照中国矿律规定办理。

其五,山东铁路延长线,即顺济、高徐两路,此项建筑事,中国自当向国际投资团商办。至烟潍铁路,本与该两路截然两事,不能相提并论。

其六,青岛海关,从前在租借地中制度略异。租借地既收回,则海关当归中国政府完全处理,不容与他埠海关稍有异制。

其七,官有财产范围,极为宽大,不仅限于行政的　部分。该节略所谓原则上之让渡,语意殊欠明了。日本果诚意交还,应将各项官有、半官有、市有及公有财产事业,完全交由中国接收,按其种类分交中央及地方机关、市政公所、海关等管理,自无别行协定之必要。

其九,山东境内撤兵问题,本与交还胶澳不相牵涉,迭经中国政府催促实行,应即克日全部撤退。至胶济铁路警备事宜,即由中国派遣相当路警接管。

以上举其大端,多有不能满意之点。中国政府不能不剀切声明。且观于双方意见之悬殊,恐此案久悬不结,仍应保留其自由,得于遇有相当机会时,自觅解决之法。其第四与第八两条,则无庸答复也。

《秘笈录存》,第 372—374 页

外交部致施肇基、朱兆莘

1921 年 11 月 3 日

鲁案二次复日使节略,本日递交,其文如下:十月十九日,日本政府再提示关于山东案之节略,经中国政府详加审核,以为对于十月十五日中国所表示之意见,根本上固多不同,而于节略中文字之解释,亦不免有误会之处。中国政府不得不将经过之事实及始终一致之主张,再行声明。山东问题,关系中国利害至巨。中国政府急图解决之诚心,实较日本为尤切，徒以日本政府之所依据，与我人民及政府所期望相距过远，故不得不静待时机，徐冀日本之转圜。此次节略内，首称本年五月小幡公使回国时，颜外交总长对于该公使声明，盼望日本政府提出公正妥当而又为各国可认作公平之具体案一节，查小幡公使回国时，曾叩颜博士对于山东问题个人之意见，则颜博士之答复纯是个人谈话，并非外交总长正式之声明。又称中国政府当路，曾将中政府解决意见密示日本政府及非公式表示与日本政府进行商议之意向各节，或因坂西顾问与余参事私人之谈话，辗转传述而生误会，若将此种私人谈话引为参酌提案之口实，似欠斟酌。至十月五日中国提示之节略，系就原案立论之根据及条件之内容，开陈中、日两国意见相异之点，日本果能谅解，必提出更切实公正并为各方公认为公平之办法，乃并未表示让步，而谓中国为明示无进行商议之意，此尤中国政府所深惜者也。查凡尔赛条约，中围代表所以不能签允者，不过因山东问题之数条耳。中国既未签凡尔赛条约，则该约关于山东问题发生之效果，当然不能强中国以承认。故胶州湾之租借权，日本认为因和约而转移，中国认为由宣战而消灭，此种观察之歧异，若彼此各执其是，此案永无解决之期。日本政府既愿将胶澳完全交还中国，即不必再坚持此种争点。至指摘德国代表向中国声明一节，查德国代表来议商约时，中国仍申交还胶澳之要求。惟德国因战争局势及为条约所束缚，不得已失去其交还之能力，而向中国政府声明歉意，中政府亦只称已悉德国解释之事由，乃日本解为中国承认和约，殊属误会。又查胶济铁路建筑在中国领土之内，本系公司承办性质，并有中国之资本，既非德国之公产，亦非完全德商之私产，虽暂由德人办理，中国早拟乘机收回，且护路警察权完全属诸中国。日本占据该路，毫无军事上之必要，当时中国曾屡次抗议，日军实无占据该路之理由，且该路沿线除租借地一段外，绝无德国军队驻屯，日本占路时并未受何抵抗，不能谓因该路而致有牺牲生命钱财之事也。及中国加入战团以后，则在中国领土内之铁路，理应由中国自行处分，乃日军久驻不撤，致沿线中国商民受无穷之损害，此所以中国代表不惮在巴黎和会中再三声明者也。十月五日中国节略之主张收回管理权,而将该路资产折半均分,至日本取得之一半,仍由中国分年赎回,此种办法在中国政府视之,已极公平,不料日本竟指为甚无谓之主张,深为遗憾。日本政府之意,以为该路资产已由赔偿委员会决定抵偿德国之赔款,不知中国既未签凡尔赛条约,则由该约而生之赔偿委员会,何能处中国领土内之财产而以抵德国之赔款。且中国参战后,德国亦有应赔中国之款,若欲以胶济铁路财产抵偿赔款,亦当尽先偿还中国,此理固至为明了也。又处分德国官产问题,日本政府既无保有各项财产之心,自以交由中国接收为正当之处置。至为各国人民利益计,而定公平处分方法,中国政府亦所甚愿。但日本未将所称之公平处分方法具休开示,中国政府断难贸然表示赞否耳。要之,中国政府之意见,大致已见于十月五日之节略中,兹所以不惮重行剖辩者,以日本二次节略仍不能谅解中国之意,且对于铁路各项之主张,视首次之节略更难容纳,或致与迅速解决本案之旨趣大相径庭。日本政府为远东永久和平计,为中、日真实亲善计,当再加以充分之考虑焉。再,山东境内日军,早经日本政府允先撤退,上次节略中并经催促克日实行,然日本迄今仍未着手照办,自应从速撤退。所有铁路警备事宜,自有中国警察负其责任也等语。特闻。外交部。三日。

附录:兰辛、韦罗贝、吴而塞建议答复日本节略

中国政府得闻日本政府九月七日所提条件尚可修正,颇为欣慰。因日本政府既以此表示诚愿和好解决山东问题,中国政府方面志愿正与相同。且信欲得和好之解决,莫如坦白明言其地位,因此中国政府以为,鉴于各方面情事,若非日本政府将胶州租借地外之军队、护路巡警及其他一切设施全行撤回,以证实其所表示希望结案之真诚,而餍足中国人民之根本权利,无论如何讨论,对于山东现状必不能有有效之结局。盖日本政府在租借地外之一切举动及占据铁路加以经营,并无军事上之必要,更无法律上之根据,中国政府曾屡经抗议,故不得不以先行撤退为开议之先决条件,日本政府必能谅解也。中国政府为日本得详悉其所持态度起见,特再行声明,对于十月十九日二次节略详加考

量,不能认其内容为有美满之根据。并因保持中国之主权及经济利益于山东,万难将维持及警察与管理该省铁路之权,与一外国均分,故于其所处地位,不能退让。至于该省铁路、矿山之资产问题,中国政府以为和衷处置,必可美满解决。为免除误会,并令各方注意起见,兹特申述其十月五日之宣言,凡外人在山东根据法律之既得权,必予尊重,并拟自开山东相当城镇为商埠,及与外国资本家协议建筑济顺、高徐铁路。十月五日节略所称交还官有财产事,中国政府深信,和衷商办,必不难于解决。至于胶州海关完全归中国税司管辖办理,与其他海关无异,既得同意,中国政府得悉深为满意。解释以上各节,可以口述代之,鄙人等前于拟复日本文中所抱之宗旨,其第一步即为中国须将在山东之根本权利,向各国明晰陈说,冀得全球舆论之赞助。吾人深信撤退在鲁租借地外之军队及他项设置与中国完全管理山东省铁道之要求,必能鼓动舆论,而日政府势难发出宣言以转移此舆论。日政府文中所陈述要求共同管理鲁省铁路之理由,已经否认,然并未有何等辩论,因彼时恐致一般人脑中要点转不明了。此外,该文中之宗旨,系欲得中政府和平态度及以友谊解决他项事件之准备,吾人深信此项事件,终须用正式交涉解决。鄙人仍以为山东问题在华盛顿修整,而不在会议中交涉,实与中国大有利益。鄙人从华盛顿各方面所闻,及近来英国财政总长张伯伦在众议院英政府视山东问题已为凡尔赛条约所解决之宣言,益坚持前见云。

《秘笈录存》,第383—386页

2. 美欧的意见与日本的态度

施肇基致外交部

华盛顿,1921 年 9 月 17 日

《费城列佐报》登云:东京报告,倘中国拒绝日本提案,日本亦将在华盛顿会议拒绝讨论山东问题云云。本报确信,此种传闻轻言之未免过早。又确信,此次提案并不是日本最后之意见,案内大有修改余地,如中国提出修改,日本必乐与考虑。又,日本提案,据官场观之,不过为一种磋商依据耳。肇基。十七日。

《秘笈录存》,第 349 页

胡惟德来电

东京,1921 年 9 月 17 日

东报载纽约电,美总统决定,本会重要事件,由英、美、法、义、日本讨论解决。中国列咨询地位,遇有与中国利害关系,请中国代表陈述意见。又载,华盛顿会议范围,驻美日大使与美外部连日商议,意见一致,山东问题不包涵在内云。确否,请电询施使。德。十七日。

《秘笈录存》,第 349—350 页

施肇基来电

华盛顿,1921 年 9 月 18 日

昨晤某要人,彼问:中国政府对于日本提案意见若何? 中国将拒绝直接交涉,是否确实? 并问基对于合办铁路一节之意见。基当答以在公事方面说,则毫无意见。但个人以为中国于铁路需用甚急,惟有铁路庶可得商业均等之机会及维持门户之开放。余不知有何理由,何以此等铁路不能成为中国统一铁路之一部份也。彼又问此事之详细计划。当答以此系个人意见,个人尚未想出办法。彼又问基对于日本提议之意见。基答云:提议太不明了,不能有何意见。彼云:此种不明了之情形,自能以质问方法解除之。彼以为铁路问题极为紧要。彼又问对于直接交涉有无困难之处。当答以现尚未接训令,但困难之处必有数端:(一)政府宣言不直接交涉,如变更以前政策,则须声明相当之理由。(二)政府有反对党,无论何派执政,反对党均以对日政策为攻击政府之具。(三)时间太促,今离华盛顿会议代表团出发之期已近,在此期间内交涉,万难终了。即使此种交涉,于代表团出发后,在华盛顿或中

国亦可继续讨论。但使于会议闭幕以前,尚未能完全解决,则中国又将处于不利益之地位矣。彼云:此种困难,均可免除。盖若对日之答复公开,则即可得舆论之赞助。在中国方面所疑虑者,盖在于直接交涉时,恐不能得公平之解决办法。但中国若不经何种手续,遽行拒绝直接交涉,则将使中国在世界各国心目中染有不光明之色彩。且即欲提出会议,亦有种种困难之处。盖中国并未参加凡尔赛条约,而列强对于日本则受秘密条约所束缚;在美国亦不欲阻止其双方自行解决,而将此种问题牵入会议。然日本即可借他国为后盾,以极充分之理由反对此案之提出于会议也。使此时中国拒绝日本之提议,以后若日本变更其态度,则日人手中之权利更难收回矣。日本提案使实行拒绝之后,日本人民即可要求政府不令提出同等有利之条件也。今日人既称急欲解决此案,则中国可以试探其有无诚意。凡提案中不明了之处,可以详细质问。彼又云:此系其普通之感象,并非对于中国有何提议或忠告也。盖彼脑中所有之问题,即在此时与日人交涉是否为较有利之时期,列强之态度亟应注意也。如中国拒绝交涉,是否能确知于此次会议时提出,即有良好之结果,或坐待以后之机会,即此机会究竟何时可来,此亦应研究者也。使中国拒绝交涉,并不深究其提案中不明了之条文,亦不修正其提案或提出相当之答案,则将制成极不利益之空气。虽然各国代表团于加入会议之时,在人情上固皆天然抱有乐观,均希望成就大功者也。总之,(一)凡有问题可以公平解决者,即应解决。(二)凡可以解决者,则自应乘早解决。(三)此次会议自能制造良好空气,若实有难于解决之事,则不应不提出于会议也。彼因提案文中有种种不明了之处,故彼不欲表示此种提案之优劣。惟深愿中国先告以中国方面之意见,并解释"既得权利"四字之意义及所称"公共产业是否包括船坞在内",对于"原则上让渡于中国"数字作何解释及所称"德人与日人租与私人之土地"数字之意义。基告以现虽未有正式考据,然基亦略知一二。盖日人于占据青岛时,按照德人办法,将生地以二十五年为期租与私人,并得无条件继续租赁。假定日人已承继德人利权,日人亦仅能享受与德人同等之权利,其租期亦不得逾原有之租借期限。彼又再行声明:中国于查明提案中不明了文句以前,或不予修正或不提出相当答案,则不能遽行拒绝交涉。基又告以日人在山东所行使之权利并有在德人时代所未有,亦且不肯行使者。若日人在济南设置强有力之无线电台,派兵保护,以与汉口通电,此外尚设第三个电台于满洲里。此等日人逾越权限所享之权利,均应明白放弃者也。基又云:今日最困难之问题,盖在时间太促。日人深知此种情形,故可意存延宕,使中国处于不利益之地位。基又非正式的探询其意见,谓可否向北京提议,将来如有质问日人之事件,即由美转达。彼称:时机未至,美政府不愿处于调停地位也。基云:余今并未要求调停,惟希望作中间人转达中国之复文耳。此事有两种利益,一可防日人之延宕,二可得中国人民之信用。彼云:若交涉在北京不得终了,即可由颜博士在华盛顿继续交涉。基云:君是否谓中国可以质问日本,使其答复,尚不明了,即可继续质问,使不明了者已了解,中国可以主张在华盛顿继续讨论。彼曰,然。又云:讨论时在会议场中或会议之外,均无不可。并称:使中国能将交涉进行之状况告彼,即可防止日本之故意延宕。余又询以日本未交出提案以前,已要求美政府认可其提案,并希望予以赞助之报告。彼均否认。但就彼所言而论,即可断定日人已先与美国有所接洽。但某要人不欲中国政府因彼所谈之情形而采取何种办法也。基深愿政府能将此案情形随时详示,俾基得为有力量之言论。至其他新闻,若青岛租借地之现状及对于合办铁路之意见,务望见示为盼。基。十八日。

《秘笈录存》,第351—353 页

施肇基来电

华盛顿,1921 年 9 月 19 日

《华盛顿邮报》发表意见,向称切当。哈丁总统暨共和党之(政)〔决〕策者,今日登出论说,题为《起救中国》。文曰:"美国欢迎中国南北政府混合组织太平洋会议代表团,以求代表全国。又,日本欲与中国直接解决山东问题,难得美国同意。其故有二:一、如依照日本提案各项行之,华人必不承认,势必重事抵制日货,激成内乱,牵动各国。二、如日本提案有效,是不啻政治上管理中国,为欧洲列强以及美国所难容忍。"继载以下要语:"欧洲列强虽至战争亦不愿坐视中国主权丧失,彼等态度如此,无非为自卫计耳。中国若在华人掌握中,各国可无顾虑。惟观现归日本管治之区,欧国商业久被摈斥,而原籍华人亦不能同享均等机会。凡日本势力所及之处,均可作是观。"又曰:"美人皆知日本现与俄东诸政府秘密协商,欲得西比利亚东部而统治之。然此事不久提出太平洋会议,俾开友谊之讨论矣。又,中俄两国人民不下五百余兆,正在孱弱之中,不得不希望友邦暂与提携。吾人深望各国得一善策,使日本自行发展,而不侵害中俄疆土。"继述中国现在乱况,并言中国统一恐无希望云。结论曰:"各国同求自卫,欲免战争,不得不起救中国,而与日本重订协约焉。"施肇基。十九日。

《秘笈录存》,第 350 页

顾维钧来电

伦敦,1921 年 9 月 20 日

本日《伦敦晨报》载鲁案事,英对日本向中国最近提议,深为满意。惟望日本于铁路等事,能再稍让步。此次提议,复为日本愿践和会时对英允许终必还鲁之明证。无论何种提议,凡关于维持中国独立及其领土完全等问题,英当道深愿加以考虑,且极盼华盛顿会议开会前,山东、亚波诸问题先行解决,开会时不再提出国际条约及协定解决之事端云云。特闻。钧。二十日。

《秘笈录存》,第 350 页

施肇基来电

华盛顿,1921 年 9 月 22 日

今日晤某要人,彼谓自己不愿泄漏某国以诚意相告之事。基问:日本提议事,是否曾首先告美政府,美政府不赞同向中国提出,因彼对于条件尚未满意。又,日本大使曾否告美政府,谓此次提案尚非最后决定,仍有变更余地。彼谓:所闻两消息均确,后者尤确。基告以中国处此实为困难,国内对于此事有两种主张,一则反对直接交涉,一则主张答复日人附以保留。此外,尚有其他困难情形,即须注意上星期与彼所晤谈情形。基又谓:在会议中,中美两国利益相同,予虽极佩美之不偏袒,然中日间事件不解决,美国利益亦属危险,美国最少当采有利益之中立态度。彼谓:目前中国当先自动答复日本。至于铁路事,当指出原提案中不能满意之条件,并细论其他提案之欠明了。如是,中国自能扩清世界空气。彼希望中国或日本发表意见,扩清不明了之处,然在中国未答复日本之前,日本不能为第二次之提案也。彼又谓:个人绝不愿他国人在北京谓美对此案有何意见。考量某要人言论,似谓中国应为适宜之答复,指出原提案中不满意之条件等。能如是,世人自不致谓中国无理由,时机一到,美将出而代为尽力,现非美参加之时也。闻可靠消息,许思曾劝日本大使解决山东问题。部对于日人提议抱何旨趣,如何答复,千祈详行示知。基。二十一日。

《秘笈录存》,第353—354页

顾维钧来电

伦敦,1921 年 9 月 24 日

鲁案事,二十四日电计达。朱参事往见东方股长,探以日提八条,英国政府看法如何。彼谓:英国政府当然愿见鲁案早日解决,但此为中、日两国间事,与我等无关等语。钧。二十四日。

《秘笈录存》,第354页

施肇基来电

华盛顿,1921 年 9 月 26 日

吴而塞曾与某外部有关于山东案之谈话。兹将其要点摘录如下:

（一）如现时即敦促许斯开议，或倩其为中、日两方传达公文之媒介，或为调人以谋本案之解决，似乎尚非其时。中、日须先开谈判。初步办法，中国应答复日本提案，明示范围（此处电文费解——原编者），并应转移于日本，则美国之志愿及舆论必强迫日本为让步之答复。（二）至于即时提出山东案于会议一节，照现时情形而论，或者只有美国与和兰二国能为赞成之投票，但稍缓，俟日本已为让步，并各争点已实得各大国之赞助而至相持不下时，则大多数国家必投票赞成将本案提出大会。无论如何，俟情形变迁至无可奈何之时，许斯仍有可为调人之余地也。基。二十六日。

《秘笈录存》，第354页

胡惟德来电

东京，1921年10月1日

连日外务省开重要会议，密闻山东问题无论中国拒绝直接交涉与否，日本抱定方针，终须由两方自行解决。又闻关于极东各问题，业密商英政府，俟得复，再开外交调查会决定云。德。一日。

《秘笈录存》，第354页

施肇基来电

华盛顿，1921年10月8日

今日询许士对于日本山东节略之意见。许称：予以为此非最后办法。继询及我国答复。现在形势，中、日两国可以自行解决，或不久即解决，或在太平洋会议中，或在日后，并以中国地位与美国起初国史相较，彼时亦有数邦不愿曲就联邦也。北京乃中国惟一政府，为美国所能承认，然可信北京与广东终将统一。又询彼或被请为中日间之仲裁人。彼不置可否以答。此即是表示凭证也。基。八日。

《秘笈录存》，第374页

施肇基来电

华盛顿,1921 年 10 月 9 日

　　各报评注我国鲁案答复,撮要述之于下:华盛顿《波士特报》谓,中、日均不愿妥协,盖中国若无强国协助,必不能恢复山东主权。《波士特报》论说,谓在太平洋会议之先,直接交涉恐不能继续,结果必俟诸太平洋会议。华盛顿《明星报》谓,政界中人见互送节略,谓东京、北京有调停基础。纽约《太晤士报》以为在太平洋会议之先,中、日可望一致。哈丁政府渴望在太平洋会议之先解决。《联合报》载东京消息,日本将承诺许士议事日程,但拟加"免除事实问题包括普通原理"。纽约《何勒路特报》谓,伦敦报界一致宣言,太平洋问题超过其他一切问题。基。九日。

《秘笈录存》,第 375 页

胡惟德来电

东京,1921 年 10 月 9 日

　　我国节略公布后,此间朝野舆论,大都谓中国无诚意。密闻政府因有两种主张:甲、不拘泥体面与形式,再与中国设法交涉。乙、请美总统调停,在华盛顿解决。余续闻。德。九日。

《秘笈录存》,第 376 页

胡惟德来电

东京,1921 年 10 月 9 日

　　中国复文,东报讥我无诚意。政府意欲退回复文。原首相谓:如此,则不啻失和,仍力主和平。在野舆论谓:因此失和,未免失算,甚望政府让步。又闻日政府预料中国或允或拒,如此附带条件之答复,实出意外,致日本颇处为难之地云。德。九日。

《秘笈录存》,第 376—377 页

顾维钧来电

伦敦,1921 年 10 月 10 日

鲁案事,八日电敬悉。本日《泰晤士报》有长篇论说,大致谓中政府已拒绝日本交还胶州租借权之提议,重行声明无条件交还之要求,并保留俟有适当机会图谋解决之自由。日本殆欲于华盛顿会议前解决此案,中国似已决在会议提出。北京政府苟非因地位不固,又恐酿成国内大哗,或愿与日开议。时局如斯,殊难满意,双方计划,皆不可谓尽善尽美。日本欲将各大悬案先行结束,以利华盛顿会议之进行,其意洵堪嘉尚。亚波问题业经和衷办理,倘能将更难之山东问题妥善解决,岂非快事。鲁案善后,其道有二。现在暂置不问,俟美京会议时,与中国全部问题相提并论,一也;日本自行退让在鲁地位,公道对华,尽释群疑,二也。此次日本提议有两缺点:一、华盛顿会议行将开会,而欲与权力薄弱之中政府直接议决鲁案之难题,且在中国人心惶惑之时,似非良策。二、提议中有〔日〕合办铁路一层,致贻中国哓哓青年之口实,谓日本存一终不去鲁之心。现在结果殊为不幸。中国复文词气强硬,其结语殆欲使日待罪于美京,尤足引为诟病。英人意见,以为日本在华盛顿会议占一近世大国位置,将与欧美列强共议维持世界和平之良策。日本良法美意之发达,渐渐于国家伟大政府中见之。华盛顿会议为日本所最优美与宏大精神之试验,其余各国果能各尽其责,日亦当仁不让也云云。特闻。钧。十日。

《秘笈录存》,第 375—376 页

夏诒霆[①]来电

里约热内卢,1921 年 10 月 11 日

山东问题,驻国及使团对我最近答复之公文,多表同情。其尤关切

---

① 中国驻巴西公使兼驻秘鲁公使。

者,并密询现时全国已否醒悟,一致对外。谨闻。霆。十一日。

《秘笈录存》,第 376 页

陈箓致外交部

巴黎,1921 年 10 月 11 日

该节略公布后,巴黎各报迄无评议,但《晨报》对于华盛顿会议曾论及,如日本不得满意结果,恐与美国决裂。届时法国态度,惟有严守中立云云。特复。箓。十一日。

《秘笈录存》,第 376 页

顾维钧来电

伦敦,1921 年 10 月 11 日

《泰晤士报》对于复日节略论调,昨电计达。《观察报》亦有评论,大致谓中政府已显然拒议,彼因地位不固,不得不借口坚决,以沽爱国之名。且以为争诸华盛顿会议,或比单独进行结果较好。又,将来日本欲免美京纠葛,再行让步。此案若在该会议提出,必生一种障碍,为太平洋全局利益计,不如双方和衷解决云云。钧。十一日。

《秘笈录存》,第 376 页

胡惟德来电

东京,1921 年 10 月 12 日

闻十一日阁议,谓中国复文本应退还,惟中国内政上种种困难,可深谅中政府之苦衷。拟电小幡,请中政府再加研究云。德。十二日。

《秘笈录存》,第 377 页

施肇基来电

华盛顿,1921 年 10 月 20 日

基询许斯对于我国复日本节略看法如何。许称:不可以彼之看法

作为美国政府之意见。许阅日本提案及我国复文，似已有开议基础，并希望其能为协商基础。许又询关于日本举动，曾否自北京得有新消息。基答云：无。基又询日本请其调停是否确实。彼答云：无。基又告以开会之期已迫，而山东问题似难解决，完全以私人关系询其能否相助。于请示北京以前，基甚愿得悉。如彼受有请求，其看法若何。彼答以时机尚未至。并称美国如非双方欢迎，不愿有所斡旋，日本亦未曾请其调停也。然彼实不愿山东问题提出会议，因其他列强均受凡尔塞条约之束缚，如在会外商议，似尚易协助。彼又称：彼深知日本提案不过开议之基础，而中国复文则指出日使口述情形别有意义，彼甚愿观日本之第二步办法。若日本明言其第一次提案并非最后办法，则开议似即有望。彼以为我国复文逐条说明，可使我国地位益见明了。基。二十日。

《秘笈录存》，第 374 页

顾维钧来电

伦敦，1921 年 10 月 24 日

鲁案事，二十一日电敬悉。日使所递节略全文，本日由驻英日本大使馆在英宣布，并附我国各种答意，似欲诉诸公论，冀获联邦援助。《泰晤士报》社论，大致谓鲁案新近由本报详载论说，现对日本复文所提各种理由，不愿评议。（一）因中国现状纷扰，日本所言无论如何视若中听，其效力不能与诉诸力足自由行动之国相提并论。中国现已分裂，其国际地位究竟如何，颇觉恍幻。而在华盛顿会议时，中国实为大问〔题〕之一。（二）因列强在华盛顿会议时，中、日两国对于鲁案，□当可视之以较远之眼光。并知此案非仅局部权利冲突，实为较大问题一部分云云。特闻。钧。二十四日。

附录：日本二次致外交部节略

1921 年 10 月 19 日

日本政府接到中国政府本月五日关于山东善后交涉问题之公文，现已加以慎重之考虑矣。查迅速解决山东问题，乃日本政府年来之希望,曾不惜有所努力。自去年一月对德平和条约发生效力后,日本政府即敦促中国政府迅速开始商议本案。乃中国政府迁延数月之后,始致回答。而回答之中,又不过借拒签德约及民论反对为理由,辩述不便直接与日本政府商议之旨。故日本政府一方更尽述事理,求中国政府之反省,一方向中国政府声明,如认为便于商议开始之时,则无论何时,日本政府均可应本问题之商议。尔来经时年余,日本政府切望中国政府及国民之冷静、公明、自觉,所以不惜隐忍自重,以待好机之到来焉。

在此时期,中国政府当局之态度,时来变更,每遇机会,即向日本政府欲开始谈及此案。当本年五月小幡公使回国之前,颜外交总长曾向该公使切述希望之旨,意在请日本政府提出公正妥当而又为各国所认为公平之具体案。嗣后,中国当局又将中国方面所希望本问题之解决案,密示日本政府,自是复非公式的表示与日本政府进行商议之意向,故日本政府因希望该案之迅速圆满解决,特参酌中国方面之解决案,决定公正宽大之妥商条件,于九月七日提交中国政府,以求切实之考虑。然今次觉书,中国政府竟大反日本政府之期待,以为日本政府之妥商条件,不足以表示欲解决本问题之诚意,是明明表示无进行此商议之意,殊为日本政府所认为意外者也。且不特此也,该觉书之前段,竟谓日本关于本问题之宣言,多用空泛之言辞,是大不顾国际之礼让,尤为日本政府所认为遗憾,殊不能不为中国及中国国民深惜也。至中国政府对于日本政府解决案各项之持论,其意义颇缺明了之处。然推察而读之,日本政府有不能不促中国政府反省之处,犹甚不少。例如,谓胶州湾租借权,因中国对德宣战之结果而消灭,当然宜无条件交还中国云云。此不仅征诸国际法上之理论、惯例及中、日两国间之条约,实际为失当之言语,且为破坏巴黎条约之效果。本年五月二十日,驻华德国公使向中国外交总长声明文曰:德国因巴黎条约已抛弃根据中德条约所获得之一切山东权利、利益,丧失交还中国之能力云云。中国政府接到此项声明,现已了解,是中国政府现亦承认巴黎和约之结果矣。

且中国所谓对德宣战者,关于胶州湾及其他事项,曾与日本政府缔结条约,自承认日、德间利权移转,业经二年余,后复经联合国之劝告,收受许多之利益,至一九一七年八月,始决行对德宣战。当时中国仅处分国内之德、奥两国侨民,输送劳动者于法国而已。中国如以此宣战一事认为租借权自然销灭之理由,实蔑视既战条约及既往事实,于鲁案之善后交涉途径,殊不能不认为根本意义上错误之甚者也。至中国方面关于山东铁道主张,欲将山东铁道全线之管理权完全收回,至铁道价格之半额尚未收回者,则仍然暂时如旧。日本政府不拘形式如何,并无单独经营该铁道之意向。然同时举该铁道今日之营业,概委诸中国方面,则顾及中国今日一般铁道状况,殊不敢贸然赞同者也。要之在名实俱为中日协力管理,以便该铁道克举营业之好成绩焉。原来该铁道在德国时代,纯系德国单独经营,日本牺牲几多生命与巨额之财力,始由德国获得,则公平之基础,莫过于中、日合办也。况中、日合办经营,原为一九一八年九月中、日两国所协定,遥在中国对德宣战以后,今如谓侵害主权,则日本政府殊苦于了解也。且山东铁道及矿山,原由赔偿委员会决定价格,以与德国赔偿额相杀,故记载于德国之贷方。中国如谓当然无条件可以收回其半额,可谓极无谓之主张。又,日本政府关于德国官有财产之主张,原以所谓行政的官有财产为原则,此固可以让渡之于中国。至于其他,亦并非概由日本保有,必须公平协定处分方法,不仅为中、日两国人民,并须为一般外国人之利益而考虑也。乃中国方面对此主张竟欲完全收归己手,殊不能不谓为极不了解事态也。此外,如以日本政府之提案悉不符合于中外条约规定原则之主张,其意何在,尤苦于了解也。然以为中国政府者,宜静思熟虑,善了解帝国政府提案之本意,又宜为中、日两国国交之亲善,再有所反省,倘更表示开始交涉之意向,则日本政府仍当毫无踌躇而应诺开始商议。兹特声明之。

《秘笈录存》,第377—379 页

3. 会外交涉鲁案

顾维钧来电

伦敦,1921 年 10 月 24 日

　　顷往谒英外相,首谈鲁案。大致彼言:中国不允开议,谅信在华盛顿提出,可得较佳条件。其实赴会各国,非尽友华,美国政府之对华感情,已颇明了,结果如何,正难逆料。为中国计,不如到华盛顿后,由英、美居间周旋,在会外磋商解决。钧答:中国仅望收回应得权利,此案即在会提出,亦无故与日本为难之意。国内舆论仍反对直接交涉,故现在解决之手续与条件,殆属同样重要。个人看法,英、美既愿助我以友谊之周旋,如劝导日本服从公道一层可恃,而于铁路问题,并力劝日本全依我国希望办理,想中国政府自乐加考量。外相谓:所云友谊之周旋,非指某项条件。惟因美素为中国信仰,对华可作调人,英为日之联邦,对日可开诚劝导。钧问:英、美对日本解决鲁案,能否完全自由主张?彼谓:此层未能直接答复,因巴黎和会由白尔福参与,对于鲁案当时并有议决案。白代表对于和会之议决案,在法理及道德上是否视为已无束缚,彼尚未回伦敦,故未谈及。钧。二十四日。

《秘笈录存》,第 380 页

顾维钧来电

伦敦,1921 年 10 月 25 日

　　本日英下议院某议员质问首相,大致谓:在凡尔塞和会时,英对山东问题政策以英、日密约为指归,现在英政府是否仍受该密约束缚,抑因情势不同,态度已变? 政务代表答以英政府对于山东问题之政策,业经在凡尔塞和约中决定云。特闻。钧。二十五日。

《秘笈录存》,第 380 页

施肇基来电

华盛顿，1921 年 10 月 27 日

余今日第三号电，记录与许斯会晤情形。许斯与余会晤将至末了时，招墨克磨雷至，对伊重述与余之谈话，并告伊，谓关于本件已备有书面宣言云。墨克磨雷根据余之记录，当面口述各大端之纲要，而令人笔录之。随后彼将各大端补足，如余第三号电所载者。余察许斯之意，第一则、甚欲吾人现时在华盛顿着手谈判，最好总长躬与其事。第二则、此间空气甚佳，总长实为在此处适合谈判之人。兰辛、卫洛背、吴而塞暨福开生均将于明日电陈意见，惟芮恩施现在不在此间。对于日本二次通牒，美国报章并无评论，殊堪注意。报载千布伦在英下院之宣言，谓英国对于山东问题之政策，已经在威塞和约中决定云。施肇基。二十七日。

《秘笈录存》，第 380—381 页

施肇基来电

华盛顿，1921 年 10 月 27 日

许斯谓：彼见中国显然误解彼之态度，颇为遗憾，即指十月二十三日电中，有言美国反对将山东问题在华府大会中讨论一节。彼称：美国政府从未表示反对此种讨论，惟以为大会实际上非宜于讨论山东问题之地，且将此问题留在大会，恐将错过可得所谓结果之机会。因大会乃一种仪式之场，与会各国对于山东问题，除美、和、中三国外，均受凡尔赛和约之拘束。中国对于自身，当力避增长困难之行动。伊又谓：中国若公然表示美国反对山东问题提出大会，势必令美政府发表彼谈话真相之解释，此实于中国大为不利，因此为增长困难之形势，而破坏中国对于该问题之希望也。各国代表到此，可与山东问题以间接谈判之机会，即言不在大会场讨论，而同时独立谈判。伊又指示，若在大会中讨论，日本能自由表示允诺或拒绝。如允诺讨论，日本将言彼已竭力直接交涉，惟彼之提案为中国拒绝不顾，是亦足以伤损中国之地位。日本亦

可恳求曾签凡尔赛约之列国，声明为该约所拘束，而对于美国及和兰，亦可主张山东问题为中、日两国间问题。伊又论及本月二十日日本致中国节略之末段，即外交部二十一日电施使者，有此种问题，两国间可望协定公平处分方法，以谋两国及一般外人利益，中国欲全部收回固所不能，日本希望中国再考量其复文，而予以充分愿望之表示，以便开始谈判等语。综观日本初次提案及中国复文，并十月二十日日本之节略，已有可以谈判之基础，无若何理由令两国疏远也。交涉在北京或在大会以外地方，均可进行。彼又指示，彼之私见，以为当力避彼政府失去友助关系之机会，即令人疑彼政府为中国辩护人而无不偏之行动也。彼言美国之利在问题能即解决，而所希望之交涉能从最妥善方法进行。彼以为颜博士欲免由中国拒绝交涉之责任，未尝不能如彼发表出席华盛顿会议，则可得重行讨论之机会，若日本准备继续交涉，可以在代表中任命一人，与大会同时进行讨论。彼想日本必难拒绝此种提议，而于外交总长离京期内，坚持在北京交涉也。若在此间讨论鲁案，当可得良好之空气也。施。二十七日。

《秘笈录存》，第 381—382 页

福开森来电

华盛顿，1921 年 10 月 28 日

十月五日致小幡照会及二十一日电，均已诵悉。欣悉日本二次通牒并非最后的，且表示愿意继续谈判。余尝屡劝中国对于不遵守裁决的威塞条约暨不照一九一五及一九一八年协约进行之态度，不可退让。如能保留各项不至使中国退让及无容承认日本根据前项协约之要求，则中国原不妨继续直接谈判。如以此种退让或承认为日本要求归还山东之条件，则宁可失去山东，而不可失去此种有利地位，较将全案提出会议以所得为优，因会议投票须全体同意也。如日本愿为根本解决之提案，并为远东平和而相让，则日本应听劝告，以收束国际战争为谈判根据而撤退驻兵。余仍竭力劝颜总长来华盛顿，彼可在此地会议之外

与日本谈判，或可较在北京得益为多也。福开森。二十八日。

《秘笈录存》，第 382 页

福开森来电

华盛顿，1921 年 11 月 1 日

续廿八日电。前电请否认凡尔赛条约，系本承认协约国转移德人权利为根据（意谓设想中国政府已承认该约）。日本毁坏中国主权，逢迎国际监督而达终结之国际管理，且造成列强干涉中国与任何国家间所发生争执之先例。中国外交独立之权已在危境，关于委任统治案争执，列国处分德属之权，因未得美国承认，美国予以否认。关于列国处分山东，并无中国之允认，中国可予以同样之否认。福开森。一日。

《秘笈录存》，第 382 页

朱兆莘来电

伦敦，1921 年 11 月 2 日

英下议院某议员质问鲁案，政府代表答日本提议无强迫意，望华盛顿会议时，在会中或会外解决，英政府不欲干涉。又质问英政府是否仍认外人在华势力范围之原则，副外部答：势力范围已变为国际提携，此必为华盛顿会议议题之一云。朱兆莘。二日。

《秘笈录存》，第 382—383 页

施肇基、顾维钧、王宠惠来电

华盛顿，1921 年 11 月 10 日

答复日使鲁案节略事，三日汉洋文电均悉。英、美外相对于此案意见，前经基、钧先后电陈，计达。现距开会期迫，各界人士纷来探询，政府于解决手续如何决定，请速密示，以资应付。基、钧、惠。十日。

《秘笈录存》，第 383 页

施肇基、顾维钧、王宠惠来电

华盛顿,1921 年 11 月 14 日

鲁案事,十日电悉。此事经于同日电请核示,计达。现察重要各国代表态度暨所聘洋顾问意见,似如大部来电所言,在会提出,难望他国相助。政府如拟会外解决,宜从速决定进行,俾在会议期内了此悬案。否则□对□他项要求既受牵制或遭完全失败,即鲁案问题于会议告竣以后,更不易要挟日本秉公解决。如何? 乞速裁示。基、钧、惠。十四日。

《秘笈录存》,第 383 页

施肇基、顾维钧、王宠惠来电

华盛顿,1921 年 11 月 17 日

顷见英国白代表,钧谓:中国在会所提各种原则,故用概括之词,俾鲁案等问题于必要时均可提出。彼言:该案以在美京由中、日在会外磋商为便。钧答:此与英外相所言相同,惟中国舆论始终反对直接交涉。彼言:果由中、日商定办法,仍交会通过,作为该会解决事件之一,似亦未尝不可。钧言:此举稍减国民反对,但即使政府重视英、美意见,议决会外交涉,恐仍须由该二国发起。彼言:今晚本与美外部有约,拟与谈及;晤日代表时,亦当同样劝告云云。特密闻。基、钧、惠。十七日。

《秘笈录存》,第 409 页

外交部致代表团

1921 年 11 月 21 日

十七日电悉。鲁案前预备提出国际联盟,曾由和约研究会拟有解决办法八条。近因日本提出善后大纲,经两次节略辨〔辩〕论,并酌拟有对案八条,特电达,以资接洽。余函详。条文如下:

(一)胶州湾租借地及中立地带,完全交还中国。

(二)中国政府将胶州湾全部,自行开作商埠,承认各国人民有居

住及经营商工业之自由，并尊重德人管理时代外人之既得权，但在日军占领期内外人取得之权利，应由中国另行查核办理。

（三）胶济铁路管理权，应完全归诸中国所有。该路之资产，由中、日两国折半均分，其日本所占半额，得由中国定期分年赎回。至沿路德人已办矿山，可按照中国矿律规定办理。

（四）德国前在山东所有条约及合同上一切权利利益，日本均不为何等之要求。

（五）济顺、高徐两铁路之权利，日本均允抛弃。如中国欲利用外资建筑，得向各国适当投资机关商借。

（六）青岛海关，完全归还中国。

（七）租借地内官有财产，应均交还中国。其处置大纲如左：

（甲）官署、炮台、营房、无线电台及青烟、青沪海线，由中国政府接管；

（乙）码头、浮桥、货栈、灯塔等项，归中国海关管理；

（丙）电灯厂、屠宰场、自来水厂、矿政公署、医院等项，交合于最新市政制之新设市政厅管理；

（丁）盐场，交中国政府接办。

以上各项财产，如由日本投有资本或由日人经理者，得由两国委员另议清理及偿还原资方法。

（八）山东境内驻扎日军，克日撤退。所有铁路沿线警备，由中国迅派路警接管。外交部。二十一日。

《秘笈录存》，第412—413页

施肇基来电

华盛顿，1921年11月25日

本日下午，晤许外长与英白尔福。彼均已晤日代表加藤，许并代表白君劝中国与日本在会外接洽山东问题。许谓：华盛顿形势较北京为佳，但山东问题如提出大会，恐发生不良结果，嘱为电达，并劝大部采纳渠等意见。且谓：英、美对于两国均系友邦，并不偏袒。基告以舆论极反对直接交涉，中国已答复日本二次节略，则第二步动作在乎日本，但谈判已在北京开始，无妨由美京继续耳。许云：倘有某项争点不能妥协，仍可使余及白君注意或提出大会也。基谓：争点固须诉诸大会，即能有所协定，亦应交大会通过。许允将此二节转达日本代表。白亦谓无可反对。基询：倘中国政府声言，系依许外长及白代表之劝告，始在华盛顿开始谈判，两君意见如何？白答：并不反对。基又询许斯，设谈判不得要领，可否仍提出大会？许谓：按议事日程，并无不许提出之规定，但虑提出之结果，仍非吾人之初意耳。白谓：可声告国民，谈判虽然进行，大会未闭，仍有提出该问题之机会。许外长并另电驻京美舒使，白亦将由英外部电知艾使。该两使必将来部接洽也。大会事务进行甚速，祈迅决，至要。基。二十五日。

《秘笈录存》，第 409—410 页

施肇基来电

华盛顿，1921 年 11 月 25 日

许斯顷将下文电致驻京舒使云：兹与英白代表交换意见后，同晤日代表加藤上将及中国驻使，分途说明吾人对于山东案提出大会虽不反对，但通盘筹画，深以为中国将此案提出于大会，必引出日本之宣言，谓不特使大会不能解决此案，并将妨害友好解决此案之一切希望。故敦劝中、日两国代表，最好在此处继续谈判，并表示余与白代表将以友谊从中尽力斡旋，以期根本妥协。对于中国公使之所询，曾提议无论两方如何解决，均应通知大会，实为妥当办法。希迅见外交总长剀切声明，余与白代表均以真挚无私之旁观，无偏不倚之友谊，切望中、日两国早日根本谅解，公平解决此问题，如斯而已。故吾等以为惟一可行方法能达此目的者，莫如中、日两政府继续谈判，盖双方争点已达甚小限度，倘不照旧进行，必至有不美满结果，使关于山东案之形势益趋困难，而不能解决矣。故希望中国能喻此意，允在会外再行讨论也。本训令大旨，

已示中国驻使等语。施肇基。二十五日。

《秘笈录存》，第 410 页

外交部致代表团

1921 年 11 月 26 日

鲁案京三十六号电计达。十七日电述英白代表所谈各节，白晤美外部后情形如何？所称由该二国发起介绍讨论及商定后仍由大会通过两层，如能办到，即希商酌进行，但不能由彼预定范围。至于提议用何步骤为宜，仍盼随时电知。外交部。二十六日。

《秘笈录存》，第 410 页

外交部致施肇基

1921 年 11 月 28 日

二十五日一、二两号电悉。京五十号电计达。美舒使昨日来晤，转述许外长电内容，与尊处第二电略同。当答以山东问题不能提出大会，中国人民甚为失望。然中国以友谊调和之精神加入会议，雅不欲扰及与会之他国。许外长及白代表之调停鲁案，自应得中政府之尊重感佩。政府必竭力指导舆论，使容纳所劝告之解决办法。所困难者在发生一相当机会，使两国开始谈判耳。中国已答复日本第二次节略，继续举动者应为日本，须表示让步意旨，不然以中国就日本，可耻也。问题解决后，应提交大会备案，亦极重要，因中国观察鲁案乃国际问题，应得关心本问题各友邦之赞同。末告美使，设议而不协，则此案之将来与现在同，仍须提交大会等语。特闻。又，部意最妙能将此案形式上提出大会，不加讨论，即由大会嘱中、日直接谈判，如此变通办理，日本或可同意。英艾使尚未来部。外交部。二十八日。

《秘笈录存》，第 410—411 页

外交部致代表团
1921 年 11 月 28 日

　　鲁案京三十六号电计达。对案八条外,尚拟有先决宗旨四款:(一)解决鲁案,纯从亲善起见,非认日本继承德国权利。(二)专就事实立论,与无论何项条约、协定,毫无牵涉。(三)如主张不能一致,保留用别种和平方法解决之自由。(四)本案文件,一律公开云云。再,日本于二次节略内,曾以本年五月德约有德国不能交还山东权利之声明,指为承认巴黎和约,业经于二次复文中驳拒,将来谈判时仍应注意。又,报载关于中国提案,大会议决原则四条,其第四条鲁案性质,似可适用。外交部。二十八日。

《秘笈录存》,第 413—414 页

施肇基、顾维钧、王宠惠来电
华盛顿,1921 年 11 月 28 日

　　本日顾问咨议会议,决定二条交代表:(甲)山东问题,以能提出大会为上,如万不得已承受会外调停解决时,则以先得最后条件及最短时期完满解决乃有把握,并仍保留调停并允有再提出大会之权,方得承诺调停。(乙)将来代表探知确切之调停条件及谈判期间,仍请随时召集会议,公共讨论。是日,山东代表徐、唐亦在座,同表赞成,并无异议。请速转田督军及省议会。基、钧、惠。二十八日。

《秘笈录存》,第 414 页

施肇基、顾维钧、王宠惠来电
华盛顿,1921 年 11 月 29 日

　　某股长敦劝勿在大会提及鲁案,因此是与日本以机会援据列强已签定之巴黎和约也。不仅山东问题,恐中国全案皆将一败不可收拾。且大会一生挫折,则美对日本之地位亦不复强固,而自处于困难矣。今英、美既任调停,深信必可达到合理之形势与公平之解决也。基、钧、

惠。二十九日。

施肇基来电

华盛顿，1921年11月29日

二十八日电悉。本日午后，基偕顾使晤许外长及英白代表，告以本国重视两国之调停，但全国人民以为鲁案必可提出大会，今闻不提，必大为失望，故拟仍形式上提出，不加讨论，即劝告直接会谈。许云：即使日本并不反对，亦不相宜。盖因一经与会全体代表知悉，必随时采访有何进步。知悉之人数既多，势难久秘，新闻家即可铺张。鲁案交涉未有若何进步以前，万不能将会话泄露，因此人必怀疑，且使新闻家有所制造，而外面之猜疑必增；如能保守秘密，俟议有若干进步，然后宣布，可免当事者无穷之烦扰。基云：中国以友谊调和之精神加入大会，不愿扰及与会各友邦，但须防中国人民之疑虑。因提议许外长、白代表于初次会见时亲到介绍，以后每次会议，英、美均派代表到场。白代表以为既任调停，自可转达日本，如该两国时时与闻，必于事有益。基并声明，议决案须提交大会，倘议而不协，仍提大会。许劝先议易决之款，以免开首即至龃龉。彼等将转达加藤，星期四（即十二月一日）或可为第一次会期。现拟基、钧、惠三代表均出席，或辅以办事处数员。许与白均主张人数愈少愈妙。肇基。二十九日。

施肇基、顾维钧、王宠惠来电

华盛顿，1921年11月30日

鲁案经英白代表、美许国务卿向中、日代表觌面谈判，以期解决。日本代表首先在会声明愿商，基等旋亦应允此事，已由会中发表。不料主席在大会宣言，英、美首席代表愿任调停，请中、日代表觌面商议，以期解决鲁案。中、日代表均已承诺，并约定十二月一日午后作第一次会晤。□明日初次谈判，英白代表、美许国务卿□拟到场，以后每次，并有英、美各二人到场。并闻。基、钧、惠。三十日。

施肇基、顾维钧、王宠惠来电
1921 年 12 月 1 日

华会开会，节经代表等提出原则十条暨第五条具体议案六款。十一月三十日在大会中，基、钧、惠提及鲁案。主席起言，鲁案久悬，实为中日两国之困难问题。今以最诚挚之意，约同英国分向中、日两国间力任调停。旋商允谈判会组织方法，除中、日两国全权代表外，美派代表东方股长马克谟及外交参事培尔、英派代表朱尔典及东方股长莱朴生共同列席。并谓，无论结果如何，均须报明大会。当于本月一日开第一次会议，经华会主席美总统代表许斯先致介绍及友邦竭诚调停之辞。次英代表白尔福起称，赞成许斯君之言。并谓，此后如有困难，虽英、美均有上述四代表常川出席，而彼与许斯二人，仍可随时参加。次日本代表德川氏先对英、美表示调停谢意，继略言，山东问题为中、日两国误会之原因，此次晤谈，中国政府困难情形，日本亦甚了解，但如能就其远者大者观之，可信不难从速解决。基即起述感谢英、美调停之善意，并言，此案昨已在大会提及，无须重叙。总之，山东问题为中国存亡关系，中国国民均希望有公平圆满结果云云。随即散会。自二日起，当将此案各种事项以次解决。窃以山东问题为我国主权领土所关，原则通过，即有提议之机会，诚以国际地位、会议形势，不得不慎重考虑，冀得良好结果。今得英、美代表共同列席，以友邦调停中之谈判手续，希望以最短时间解决数年之悬案。友邦赞助之意，情不容辞。而于大会发端，仍以大会公认为将来此案之保障。舆论指导之功，尤不可泯。基等专命海外，已觉恐慌，惟期于国家主权领土两无损伤。恐远道传闻有失真相，特此驰电奉闻。基、钧、惠。一日。

外交部致代表团

1921 年 12 月 4 日

鲁案议九号、十一号电均悉。解决本案纲要,已详廿一日电,其中以收回铁路及官产、限制日人既得权、农业等项,最为重要。此外,日军在鲁扰害我国公私权利及杀伤人民等案,具详部拟提交大会议案附件,应附带解决。再,谈判宜确定限期,以免延宕,统希查酌。外交部。四日。

《秘笈录存》,第 414 页

外交部致代表团

1921 年 12 月 7 日

余、蒋二君致沪报界电,大意如下:山东问题及二十一条,迄未提吾等决定,倘不立提,惟一机会必全失,即使提交无效,决不致比现状更劣。美及其他数国惟恐大会不能奏全功,不肯为中国尽实力。美国舆论怪吾国毫无动作,但仍始终协助。局势已陷于危急,我国除得口惠及轻蔑之矜悯外,毫无实益。应速通告全国,死力抗拒。一、电促政府代表取坚决之态度,直陈勿懦;二、鼓吹举行国民示威运动;三、速将吾国民意径电美国人民,并电告示威运动经过以及其他反对情形及结果,刻速举行,坚持到底等语。国内舆论,因此摇惑,群起抗争,希将鲁案提会及四国会议形式详告二君,仍由二君电京、沪解释。再,以后务盼与余、蒋二君多为接洽。并复。外交部。七日。

《秘笈录存》,第 414—415 页

芮恩施来电

华盛顿,1921 年 12 月 8 日

中国实际上谅必增进其地位,虽目前进步稍形迟缓。缘议程细节,均尚待讨论也。今中国所需之各要项,如铁路、海关管理暨势力范围等,均经加意提前进行,对于任何原则,无庸放弃,而外人所有权利将必逐一详加减削,其中数项之废弃,业已就范,权利之未交还者,嗣后亦可援例恢复。凡尔赛和约既因某某等国不能作废,中国代表团只可不根据和约与之磋商。事关重要,代表团应一致注意于会议。代表团最后之利器,即声明远东问题解决失当,如是,则会议无论何点不能收效矣。芮恩施。八日。

《秘笈录存》,第474页

国务院、外交部致施肇基、顾维钧

1921年12月10日

美京施、顾代表鉴:极密。七口电悉。鲁案同时并进,具见应付之艰。惟此事关系至巨,吾辈躬任国事,惟当以国家利害为前提,无论有何困难,政府必力任主持,以求妥善之解决。至于责任所在,政府更当完全担负,决不使诸君子独任其难。昨因王代表等辞职,已将此意切实电达,当兹一发千钧,稍纵即逝,我代表任国家付托之重,正当同心擘画,力赴事机,万不容临时更易,致国家受其影响。且此次遴简代表,均慎选人望,环顾国内殆无以易,所望勉力为国完成大业,不特抗怀引退,非贤者所宜出此,抑且匡济时艰,尤赖大力负荷,勿稍执让,是所至跂。院、外部。十日。

中国第二历史档案馆藏总统府军事处档案

施肇基、顾维钧、王宠惠致外交部

1921年12月11日

鲁案八日下午及九日午前、午后两次继续讨论官有财产,至道路自来水公园沟洫卫生设备等,日本主张交还后应设混合参事会管理,我驳称过于具体,恐束缚地方行政之组织。而英代表示以为市政局应有外侨利益之代表,不得已允于收回后管理及维持此项设备,许外侨预闻。又公共营业中电灯及日人所办屠宰场、洗衣厂三项交回市政局,按照中国公司条例组织公司承办,由市政局监察。至电话一项,日本仿照办理,我以交通部关系统一计画,未便独异。再四磋商,日代表允如中国保证将来外侨于情理申请求扩充及改良时,中国在公益需要范围内予以考量,则可完全移交中国政府,但尚须请示后。此外码头问题,日代表坚指与铁道相关,俟讨论达到日再议。次开埠问题,日本提议所有外人既得权利概须尊重要素,良久决定两条:一德租日占期内外人合法公道取得之物权,概尊重之。二凡关于此项登记之法律上地位及效力问题,由中日合组委员会决定之。次及盐场,日本坚要中国承认我国,以原则关系,竭力驳拒,尚未解决。基、钧、惠。九日。议字二十五号。昨电屠宰场误作材料场。

《中日关系史料——山东问题》,第354页

施肇基、顾维钧、王宠惠致外交部
1921 年 12 月 12 日

本日鲁案谈判先议盐场。日本以国内乏盐特此接济,且日人投资创办,未便遽令姑从我允视其需要酌准出口,日本投资秉公给偿。彼云,稍假时日,当详加考虑提出办法。次即提铁路问题,我主张将全路及附属财产估定价格,以半价给日本。彼言,该路系德国作价约三千万日圆抵偿日本,今中国给半价收回全路,则日本损失半数。我答以半价之说根据合办二字而来,彼称即合办亦须中国给半价。我答以中国不知日本备价得来,既有此情形,可加以考量,即付给全价亦无不可,但须扣除历年营业余利,及中国原有股本。彼称如是则日本毫无所获,且中国未知日本给价,尚拟还半价。今明知之,而所加亦仅半数,是以精神论此次提议反逊于前。且铁路有无余利,尚不能答,多数办路人员其薪给由中央支出,未经开支铁路账内。我答以,如不愿扣除红利,亦可考量彼请中国提出讨论具体案应主张先决原则。彼称合办原则一时尚难放弃,但中国提议案,极愿考量提纲,先提详细具体案作为下次讨论之基础。基、钧、惠。十日。议字廿六号。

《中日关系史料——山东问题》,第355—356页

外交部致代表团

1921 年 12 月 12 日

本日京师男女四十余校、数千余人游行示威，并来部陈请四条：一、尊重民意。二、鲁案必须提出大会。三、胶澳须无条件归还。四、上述各条，电代表照办。告以：第一当然尊重；第二已提由大会发端，英、美调停，将来仍由大会公认；第三必期达还我山东，保全主权领土之目的；第四允照电等语。彼均满意，归散。特达。外交部。十二日。

《秘笈录存》，第 415 页

施肇基、顾维钧、王宠惠来电

华盛顿，1921 年 12 月　日

大会宣布鲁案如下：今晨会议，议长谓，关于山东问题，许斯及白尔福两君曾调停于中、日两国代表之间，建议由双方代表会谈，以期解决山东及胶澳租借地问题。此项调停，中、日两国政府代表均已承诺，依此开议。第一次会晤定为本星期四下午。基、钧、惠。

《秘笈录存》，第 412 页

外交部致施肇基、顾维钧、王宠惠

1921 年 12 月 13 日

议二十六号电悉。鲁案以铁路为第一要点，当日军占领时，迭经抗议，答复二次节略。又再三声明议给半价并非根据于合办，以日本既占该路欲期完全收回，故酌予相当利益，实为顾全友谊之最后办法，万难再让。至抵偿德人赔款一节，因牵涉巴黎和约不能承认中国股本及历年余利，为数似无足重轻。现在民气激昂，损失过多，必生他变，管理权及给半价两层仍希坚持。外交部。十三日。京字八十号。

《中日关系史料——山东问题》，第 356 页

国务院、外交部致各省巡阅使等

1921 年 12 月 13 日

各省巡阅使、督军、省长、各都统护军队鉴：胶澳问题自我国二次答复日本后，已将经过详情训令太平洋会议我国代表提出大会讨论，冀由与会各国公评在会圆满解决。嗣据我国代表报告英美两国，以大会待决问题正多，此案可由英美居间商榷，俾得从速解决。曾以友谊提出此指向两国接洽，愿任调停，并准驻京英美公使转达其政府之意见亦同前因。政府详加审度，以为胶澳问题关系至重，两次答复节略皆系尊重人民公意，据理力驳，以期达我国民之希望。但此次太平洋会议实以英美为中坚，故英美两国主张不容谟视。因与我国代表往后电商，并据声称美外长许斯、英代表白尔福均谓将来协定条约仍交大会公认等语。当即由我国代表招集赴美顾问谘议，暨山东代表联席会议，亦均以英美对于双方友谊之劝去来便置之不理。惟政府对于胶澳问题，先已训令代表向会声明：一解决鲁案非认日本继承德国权利。二专就事实讨论与无论何项条约协定毫无牵涉，此二者必须先决。嗣于十一月三十日大会开会，我代表提出鲁案，主席正式宣告鲁案久悬实为中日两国之困难问题，今以最诚挚之意约同英国分向中日两国间力任调停。旋商定会议方法，中日两国全权代表外，美派东方股长马克漠，及外交参事培尔，英派代表朱迭典，及东方股长莱朴生共同列席，并谓无论结果为何，均须报明大会。当于本月一日，英、美、中、日四国代表开第一次会议，经大会主席美国务卿许斯先致竭诚调停之词，英代表白尔福赞同其谈。我国与日本代表均致答词，我代表并言此案昨已在大会提及。总之，山东问题为中国存亡关系，中国国民均希望有公平圆满结果云云。次复将训令先决多端再行声明，日代表无异议。此鲁案提出大会，由大会委托英美出任调停之经过情形也。总之，胶澳问题久悬未定，此次英美出任调停，以提出大会为发端之始，以大会公认为解决之终无。次会谈均有英美代表参预，即议而不协，何以大会讨论为后盾，实与我国向来希望尚无抵触。兹事所关綦钜，用将详情撮要宣示，以明真相而免误会，总希查照。院、外交部。元。印。

施肇基、顾维钧、王宠惠来电
华盛顿,1921 年 12 月 14 日

十三日午后会议鲁案铁路问题。日代表忽称尚难放弃合办原则,须俟其他问题悉行解决,方可表示赞否。我坚不允,几至决裂,声请停议。英、美代表亦为不平。嗣日代表复声请次日续会,述明彼方意见。始允之。至今日续议时,日代表言,政府训令确系合办,现姑与中国提出办法三条,经讨论后,将一、二两条修正如下:一、山东问题议定后,日本于九个月内将青济干支路与附属财产商议清楚,其附属矿山另行计议。二、中国偿还五千三百四十余万金马克,即德人遗留铁路财产之估价。此外,并偿还改良添置等费,而除去折旧。至码头货栈等,如经日本改良添置者,亦应偿还费用,亦除去折旧。以上由中、日合派委员会估计其改良添置之价值。至遇有争执时,再将前员判决一层,尚能商允。第三条原文云:仿照中国近来铁路借款条件,于山东问题议定后六个月内,与日资本家订借款合同云云。我主张由中国即行集资赎回,日坚持不断利益关系。意见悬殊,明日续议。基、钧、惠。十四日。

施肇基、顾维钧、王宠惠来电
华盛顿,1921 年 12 月 15 日

本日续议鲁路,决定移交、估价等事。如中日委员会有困难时,可由两政府于外交上解决,或咨询第三国专门家。至借款一层,日代表十分坚持。我仍力主现款购回。惟日代表又言,中国欠日本债务甚多,每至不能支付本息,此次坚持,显有摈斥日本利益之意云云。故尚难就绪。基、钧、惠。十五日。

外交部致施肇基、顾维钧、王宠惠

1921 年 12 月 15 日

京八十号电计达。胶济路事续议情形如何，日军扰害鲁省，及杀伤人命事，希查照京六十一号电，相机并案讨论，要求赔偿或可于交路资产有所补救。并闻大会闭会在即，鲁案务于闭会前议结，提出大会公认，以符原议，而坚保障，乃可以飨国民之望。盼复。外交部。十五日。京字八十七号。

《中日关系史料——山东问题》，第 359 页

施履本①致国务院

1921 年 12 月 17 日

本日上午十一时，济南第一中学及商工业师范法政等专门学校学生三千余名，齐集本署门前请愿，要求严重交涉禁阻日人在内地居住营业，并在商埠开设工厂等事。群情愤激，不可遏抑。经特派员恺切宣示爱国热诚官民一致，所有设领各事向均严重交涉，现仍继续商阻，务必尊重民意力争主权，期达到圆满之目的。各代表复要求宣示交涉情形，亦告以外交已趋重公开主义，自可随时接洽等语。学生等齐手拍掌，三呼万岁，遂各整队归校，秩序井然，恐远道传闻失实，谨电闻。府院方面，应否转陈情钧裁。履本叩。十七日。

《中日关系史料——山东问题》，第 362 页

施肇基、顾维钧、王宠惠致外交部

1921 年 12 月 18 日

十六日续议鲁路。因日本坚持借款，故允不一次付清，摊分六期，又云每期半年。日亦欲力主长期借款。并查照近来所订合同期限为

---

① 山东外交特派员。

例，且要求由日资本家推荐工程师、专务长、会计长驳辩良久，毫无让步，不得已始答如能依我三年期限，则用人一端，不妨考量。日仍称借款合同须二十三年，惟十五年后，可将余款一次付清。我改为十年，惟三年后可清余欠，彼尚未允。基、钧、惠。十六日。议三十四号。

《中日关系史料——山东问题》，第 363 页

施肇基、顾维钧、王宠惠来电

华盛顿，1921 年 12 月 18 日

十七日午后续议鲁路，日仍坚持向该国资本家借款，期限二十年，惟十年后随时可一次付清。我未让步。基、钧、惠。十八日。

《秘笈录存》，第 479 页

施履本致国务院

1921 年 12 月 18 日

鲁案会外交涉，全国舆论反对后，是否仍在进行。今阅报载，已议及胶济铁路问题，由我备款赎回。又撤废客邮、关税、领事裁判权、二十一条各问题，均已提出大会云云。究竟各问题已议至如何程度，此间商学各界纷纷来署询问，拟请电示详情，以资应付，嗣后代表团关于鲁案来电，并乞酌予抄示。无任叩。盼覆。本叩。十八日。

《中日关系史料——山东问题》，第 362—363 页

施肇基、顾维钧、王宠惠来电

华盛顿，1921 年 12 月 19 日

十九日续会。日本于期限及国库券两层，似有允意，惟车务长甚坚持。我仍未让步。基、钧、惠。十九日。

《秘笈录存》，第 479—480 页

上海闸北学界游行会致徐世昌等

1921 年 12 月 20 日

北京徐、靳、颜三公钧鉴：大会闭幕迄今匝月，我国驻美代表施、顾、王诸君，一唯美代表之语是听，鲁案直接交涉，举国之人一律反对，而公等竟贸然接受英美之调解。二十一条密约至今未闻有提交大会之消息，而公等始终默无一言，国人奔走呼号置若罔闻，诸公甘心亡国，已显然若揭。须知中华民国乃四万万人民之国家，非尔其少数人所能擅自主张，从中阴私陷害。倘然再不开诚布公，速电吾国代表将鲁案及二十一条密约提交大会秉公评判，则时机将失，他日万矢无所集的何人。上海闸北学界游行会代表朱企民上。十二月十二日。

《中日关系史料——山东问题》，第 364 页

施肇基、顾维钧、王宠惠致外交部

1921 年 12 月 22 日

二十日续议鲁路。日代表仍要求胶济段由中日各派副车务长及副会计长一人，统归津浦车务长及会计长节制。我未允。日代表又询我前拟付现款收路办法，能否于估价完毕时，立即将全数交存第三国银行以为保证，然后起始移交铁路财产。我以此举牵动金融太甚，答以只可分期交存。总在铁路财产交割清楚之前，凑足全数，惟不得已时亦未尝不可征求国内银行家意见，设法豫存全数云云。彼称谈判已达困难之点，须请示政府，然后续议，请先讨论其他问题。我却之。溯自十日以来逐日谈判路案已九次之多，日代表迭次坚持合办几至决裂，继复提出长期借款不断利益关系，欲派日人为胶济总工程师、车务长、会计长。又经多次讨论，我不允借款，愿以国库券作路价，期限十年，惟三年后，得一次付清。至用人一节，我允自聘干练日人为胶济段养路工程师。旋因日代表于车务长一席坚持甚力，又允将库券期限展至十二年，且三年届期后，如可付清，须予以六个月之预先通知，是不啻实际上已改为三年半之后，方能一次付清。私探日代表口气于副车务长一席似在必

争,万一该代表请示之后,仍不能让步,应如何对付。再万一日忽愿受现款交路,则虽分期付款,亦须于九个月内交付三千余万之钜款。我政府及商民有无筹措之方法,万一订定现款办法而到期不能赎,恐必至陷于长期借款之难境。基等熟筹再三,实未敢冒昧进行,尚祈会商交通部,迅赐方略,俾有遵循,幸甚。基、钧、惠。二十一日。议三十八号。

《中日关系史料——山东问题》,第 366—367 页

施肇基、顾维钧、王宠惠致外交部

1921 年 12 月 23 日到

外交部新转田督军钧鉴:胶济铁路会议计九次,对于收回估价付款及各项手续,均已大体议定。惟日代表注重用人问题,我方始终拒绝,现日代表请示政府决夺,会议暂停。谨开。藩叩。二十一日。

《中日关系史料——山东问题》,第 368 页

施肇基、顾维钧、王宠惠致外交部

1921 年 12 月 23 日

外交部新转叶誉虎先生十日电悉。会期尚难预知,我国形势尚佳,鲁案正在吃紧,铁路力主收回。惟余蒋在东团会议时提出赎回胶济铁路,可由中国银行团负担,但路须商办,当时交通部专员亦难发表意见。后来以此保内政问题不能取决,又以商民为代表后盾,出于爱国至诚,现惟急筹赎回办法。路权既归而杜原主,则国有商办无庸坚持等语。解释之余,俟续告。基、钧、惠。二十二日。

《中日关系史料——山东问题》,第 368 页

施肇基、顾维钧、王宠惠来电

华盛顿,1921 年 12 月 24 日

鲁案铁路问题,二十一日电述各节,计达。基等办理此事,节经咨询顾问、咨议等。余、蒋两君及徐、唐二咨议,先会同学生团,投函主张

分年付款。旋徐、唐忽联合学生团，又投函主张九个月还清，余、蒋未列名。今日徐、唐亦来面陈，仍主张分年付款，并称用人一节，不妨让步云云。查此路果能现款收回，虽似直捷办法，而余、蒋不敢应承，则筹款之难可知。若以库券付价，则用人一节，恐为日本所必争，究宜如何对付，统祈迅赐方略，俾资应付。基、钧、惠。二十四日。

《秘笈录存》，第480—481 页

国务院致外交部

1921 年 12 月 24 日

径启者：准贵部钞送留日学生王纯毅等电称，年来国民奔走呼号，无非欲取销二十一条，完全还付山东，务恳尊重民意，贯彻初衷。华府会议召集本旨首在保障东亚和平，我国本此力争，当为列强所谅解。苟正义难彰，不如断行脱退等语。相应抄录原电，函请贵部查核径复可也。此致外交部。

《中日关系史料——山东问题》，第369 页

外交部致代表团

1921 年 12 月 25 日

议三十八号电悉。已商交通部，日于副车务长既在必争，似可放松，惟须按照国有铁路现行章制办理，以保持铁路行政之统一。至彼要求中日各派副车务、副会计一人统归津浦车务长、会计长节制一层，如其用意系以胶济路为津浦枝路，而员职务以枝路为限，则事尚可行。至赎路款项可参酌交通部十九日致委员团电，用发行债票办法，惟应声明先尽中国人购买期限问题，只须有若干年后可一时付清一层，长短请随宜酌定。外交部。二十五日。京字一百号。

《中日关系史料——山东问题》，第370 页

安徽太平洋会议外交后援会代电

1921 年 12 月 26 日

各省省议会、教育会、商会、农会、工会、律师公会、学生会、各公团、各报馆、各军民长官钧鉴：太会消息险急，皖省各界于铣日特开国民大会游行讲演，力争外交。当致电华会文曰，华盛顿太平洋会议各国全权代表均鉴：中华民国国民以诚恳之至忱，希望公等主张公道，所有二十一条山东问题及其他一切不平等条约，中国完全否认。中华民国安徽人民全体公叩。又电美国参众两院文曰，华盛顿参众两院转美国国民均鉴：二十一条暨山东问题，以及其他不平等条约，中国民意完全否认，希望美国国民在华会闭幕之前，加以仁爱之协助。中华民国安徽人民全体公叩。同日又电北京外交当局，暨京沪各报馆文曰，万急。北京外交总长、北京日报、晨报、平民公报、上海申报、时报、民国日报、时事新报、新闻报转各公团均鉴：太会消息险急，国人共愤。铣日安庆开国民大会，到者二十九公团、二十五学校，又市民两万余人游行讲演，力主无条件收回青岛，取销二十一条，及其他有害国权条约。政府暨代表媚外丧权，即认为甘心卖国，除电华会力争外，乞一致坚持，以维国命。安徽太平洋会议外交后援会暨各团体叩等语。事机急迫，即乞一致抗争，临电无任激切。安徽太平洋会议外交后援会叩。筱。

《中日关系史料——山东问题》，第 371 页

国务院致外交部

1921 年 12 月 26 日

径启者：据全国商会联合会函称，窃查太平洋会议关于远东问题之讨论固多，而我国鲁案结束之得失，实为东亚全局和平之关键，尤为我国存亡所关，故朝野上下群皆注意，冀获最后之善果。近闻鲁案虽已提出，然是否能得各国公判，又取消二十一条及保持满蒙等项交涉已至若何地步，国人不悉真相，不免疑虑丛生。敝会迭接各省总商会、各省联合会事务所文电探询，每必数起。昨经评议会议决，公推敝会副会长张

维镛、评议员安迪生、杨明僧□□□高启运等前诣钧院躬请训示，以便有所□□□□详复，藉息群疑，为此备函，先容敬乞总理核定赐见时期，俾遵前往等语。相应函达贵部定期接见可也。此致外交部。

《中日关系史料——山东问题》，第 371—372 页

外交部致施肇基、顾维钧、王宠惠
1921 年 12 月 28 日

胶济路事，二十七日日使来部称，奉政府令问中国代表在华会主张即刻赎回，是否中政府意见。日本政府已允将该路改为借款中国各路办法聘用日工程师、会计长、车务长，并定期赎回，实已让步至极度。若中国坚持即刻赎回之议，惟有停止交涉。当告以铁路案件不过赀本、用人二端，日本于此二者均仍固执此事，颇为困难。我代表来电似已至中日各派副车务长副会计长归津浦路节制，并付款方法、期限等问题，彼言此乃日本代表之意，日政府决不赞同。又谓中政府是否赞同借款办法，请以一言答覆，以便报告政府等语。正与交通部熟商再复。查二十日会议，日代表对于发行库券及十二年期限两层，有无允意，嗣后曾否续议，并英美倾向如何，希并查照。本日英文电迅电复。外交部。二十八日。京一百零三号。

《中日关系史料——山东问题》，第 371 页

外交部致代表团
1921 年 12 月 28 日

小幡公使昨日来晤，要求政府切实答复对于仿照京奉或浦信铁路以借款合同替代赎回胶济铁路之议，是否愿意许纳。二十一日来电所云，日本代表只要求隶属津浦路员之副车务长与副会计长。据小幡答称，实未接奉训令办理。又谓，倘若中国答以不愿意，则日本政府将必令行代表终止谈判云。准十九日电称，日似已愿意许纳国库券，不过反对短期耳。希将二十日最后谈判之实在情形电部。外交部。二十

八日。

施肇基、顾维钧、王宠惠致外交部
华盛顿,1921 年 12 月 29 日

二十八日电悉。小幡访问各节,请暂勿答复。已与许士、巴尔福订期会晤。俟探其意见后再告。基、钧、惠。二十九日。

施肇基致外交部
华盛顿,1921 年 12 月 29 日

关于小幡星期二日来晤一事,今晚已告许士。许士谓,此事可否交余办理,数日内当熟思解决之法云。许士与巴尔福出任调停,既经日本许纳,今在北京竟背前议,此种事实已请许士注意。肇基谓,部电虽未嘱陈述意见,然鄙人有敢为非正式之陈述者。肇基首先说明中国提议理由,并指明中日意见不同之点,乃在此种提议而已。许、巴两氏主张公允,肇基等素所信仰。兹为确保会议成功计,鄙人愿将此事交由许士与巴尔福办理。许士答称,能免调停,乃许、巴二人所愿。盖彼等以为中日两国人士之意,此事苟能解决,总以自行解决为佳。巴尔福定期星期五日下午见顾。肇基。二十九日。

施肇基、顾维钧、王宠惠来电
华盛顿,1921 年 12 月 30 日

今日钧面晤巴尔福,告以小幡所称各节。巴谓,不信日本政府在各代表许诺之后,仍持日人充任山东铁路三项要职或其他事项之议。在巴之意,为远东与天下和平计,该问题必须在华盛顿解决。巴待解决后,方离美国。明日巴与许士接洽,以期早日了结。至二十一条,巴以

为与鲁案不同，但谓许士决意在会外调停办理。钧谓，为良好谅解暨远东和平计，须有和睦圆满之解决，手续乃次要问题耳。巴亦允与许士接洽。基、钧、惠。三十日。

《秘笈录存》，第483页

施肇基、顾维钧、王宠惠来电

华盛顿，1921年12月30日

某君密告施使，东京训令日代表，鲁案主张退让。日代表复电，以为如再退让，英、美政府及人民之力更强，故请政府再酌。但臆测日政府终当勉为退让。故皆以北京宜坚持，勿为所动。基、钧、惠。三十日。

《秘笈录存》，第483页

田中玉[①]致外交部

1921年12月31日

鲁案关系国家存亡，此间国民之主张约有三项：一提交大会公决，二青岛铁路无条件交还，三中日密约二十一条完全取消。业经省议会电请中国专使一致力争，并电美参议院，及英法美意大使鼎力相助，以抑强权而伸公理在案。查胶澳问题为世界各国所注意，全体国民不惜牺牲岁月，一再力争者，原冀达到我方之希望。今查省会电文主张极为正当，特电请大部察照，希转电美京，竭力主持，冀得美满效果。无任祷盼。田中玉俭。

《中日关系史料——山东问题》，第373—374页

---

① 山东督军。

外交部致代表团

1921 年 12 月 31 日

议字三十八号。电经转准交通部拟定办法四条:(一)现款赎路恐难实行。(二)国库券作保证,偿还期限十年或十二年均可,允三年后提前清偿亦可通融以为拒决用人之交换。(三)车务较会计尤重,倘争持至不得已时,可允用日人充副会计长,再不得已,可仅允日人充副车务长。若仅允日人充胶济段养路工程师,关系尤轻。(四)无论用日人任何职务,均须加以下之限制:(甲)须由我自由聘用。(乙)须受津浦车务长或会计长或总工程师节制指挥。(丙)其职权限于胶济段。(丁)聘用期间以款项清还时为限等语。请参照办理。外交部。三十一日。京字百零五号。

《中日关系史料——山东问题》,第 374 页

外交部致代表团

1921 年 12 月 31 日

二十九日电悉。小幡于二十九日访晤梁揆,切询胶济办法,告以拟定借款自办。至一切细目,仍由华府商议云云。特达。外交部。三十一日。

《秘笈录存》,第 483—484 页

施肇基、顾维钧、王宠惠致外交部

1922 年 1 月 1 日

北京外交部转上海商会联合会教育会联合会:本月十三日电示意旨至为钦佩,敬悉。山东问题早经提出,当时因徇英美之意见,遂由中日两国代表就英美代电一同列席,迭开谈判,并所议结果将来提交大会。廿一条之要求业已提出,专徇日本方面之答覆,四国协约仅指太平洋各岛之属地、领地,并〔不〕保证与约国在山东之权利。基、钧、惠。

《中日关系史料——山东问题》,第 375 页

施肇基、顾维钧、王宠惠来电
华盛顿,1922 年 1 月 2 日

据麻克谟烈称,驻美日本大使告许外长,谓二十八日部电所称驻京日使面请具体答复一节为不确。盖意在剖白,并未背调人别有行动也。此间中、英、美方面意见赞成交付现款,反对延期。□□□□。基、钧、惠。二日。

《秘笈录存》,第 484 页

施肇基、顾维钧、王宠惠致外交部
1922 年 1 月 2 日

转上海商会联合会教育会联合会,本月十三日电示意旨至为钦佩。山东问题早经提出,当时因徇英美之意见,遂由中日两国代表就英美代表一同列席,迭开谈判,并所议结果将来提交大会。廿一条业已提出,专待日本方面之答覆。四国协约仅指太平洋各岛之属地领地,并不保证与约国在山东之权利。基、钧、惠。

《中日关系史料——山东问题》,第 375 页

施肇基、顾维钧、王宠惠致外交部
1922 年 1 月 2 日

赎胶济路付款事,现拟两种办法:(一)中国以现款全数存入第三国银行,协定成立后,第三个月底交五分之二,第六个月底交五分之一,第九个月底交五分之二,照此办法中国不必聘用日本技师,但日代表坚持在会同派铁路人员估价后,交还该路之前,须将款项全数交存第三国银行。(二)中国按照应付款数发行国库券,分二十四期收赎,每六个月为一期,但三年后中国得一次赎清,惟须六个月前通知。第一期于协定发生效力九个月后交付现款,其余款项以本路资产及赢利作底,并酌给利息。中国政府于中国铁路内所用日本有经验技师中,选充本路工程师,照此办法,日本坚持须用日人为副车务长、副会计长。基、钧、惠。

三十日。

《中日关系史料——山东问题》，第 375—376 页

施肇基、顾维钧、王宠惠来电
华盛顿，1922 年 1 月 4 日

四日鲁案续开。日忽复坚持借款。我答以国民自愿筹款，未便舍此就彼。如日对库券不满意，可另设法，最好不居借款之名。日乃请我于借款一层，再加考量。我亦请其注意分期付价办法。约明日续议。基、钧、惠。四日。

《秘笈录存》，第 484 页

施肇基、顾维钧、王宠惠来电
华盛顿，1922 年 1 月 4 日

马素（译音）告报界，伍廷芳电声言，北京、东京业已商妥一日本山东铁路借款云。倘收受此项借款，必影响于大会甚巨，并实行将山东问题移出大会之外。因中日两国代表于此问题，相持不下已两星期矣。伊云，北京已受纳日本条件，并训令代表等勿催迫铁路或矿务权利问题，因新内阁亟需款项，以度新年。当中日两国代表在此间谈判时，小幡亦在北京谈判。伊并谓，当此问题业已解决，而仍哄骗许斯及巴尔福，令其出任调停，实难宽宥云。基、钧、惠。一月四日。

《秘笈录存》，第 484 页

施肇基、顾维钧、王宠惠来电
华盛顿，1922 年 1 月 4 日

美外部密告吾等，日本大使对于请求恢复山东谈判，答云，北京现正谈判关于赎款问题，并日本必只照北京之根据方愿恢复谈判。该部向吾等探询北京谈判情形，而北京谈判，吾等并不得其详。此间形势危

急并极不顺利。基、钧、惠。四日。

《秘笈录存》，第 484 页

施肇基、顾维钧、王宠惠致外交部
1922 年 1 月 5 日

青岛至上海至烟台两处海底电线，日代表曾声明不列入公产内解决，其意似欲对于此项海线与我另订办法，如将来求日本沿海接线至青岛之类，现彼方虽尚未有表示，惟此事究应如何办理，请速电示，以便应付。基、钧、惠。四日。议字四十八号。

《中日关系史料——山东问题》，第 377—378 页

朱兆莘[①]致外交部
1922 年 1 月 5 日

鲁案解决消息传至伦敦，各报对于华盛顿会议极表满意。泰晤士报论说标题为大成功，略谓限制海军条约、四国协约先后订定，山东悬案今又解决，足弭远东战祸。其世界和平赴会各国代表和衷共济，成此伟业，有足多云云。各报对于英代表白尔福宣告退还威海卫大字标题极口称赞，报界索威海湾影片摹刻报端，惜无以应。兆莘。四日。

《中日关系史料——山东问题》，第 378 页

外交部致施肇基、顾维钧、王宠惠
1922 年 1 月 5 日

三十日两电均悉。第一项付现办法用意甚善，而难实行，与国民及山东代表看法正同，似应即照第二项办法商定即用库券分二十四期赎回，但三年后得一次赎清。京百零六电所谓借款自办，即赎路自办，可

---

① 中国驻英代办。

用此方式。惟用日人为副车务长及副会计长一层,须由我自动雇用,不必由彼推荐。并声明以国库券清偿日为止,统希酌核办理。再周顾问来电,已由总理详复,请参阅外交部。五日。京字百零七号。

《中日关系史料——山东问题》,第 378 页

施肇基、顾维钧、王宠惠致外交部
1922 年 1 月 6 日

北京外交部鉴:今日钧面晤巴尔福告以小幡所称各节,巴谓,不信日本政府在各代表许诺之后,仍持日人充任山东铁路三项要职,或其他事项之议。在巴之意为远东与天下和平计,该问题必须在华盛顿解决,巴待解决后,方离美国。明日巴与许士接洽,以期早日了结。至二十一条,巴以为与鲁案不同,但谓许士决意在会外调停办理。钧谓,为良好谅解暨远东和平计,须有和睦圆满之解决,手续乃次要问题耳。巴亦允与许士接洽。基、钧、惠。三十日。

《中日关系史料——山东问题》,第 380 页

施肇基、顾维钧、王宠惠致外交部
1922 年 1 月 6 日

四日鲁案续开,日忽复坚持借款。我答以国民自愿筹款,未便舍此就彼,如日对库券不满意,可另设法,最好不居借款之名目,乃请我于借款一层再加考量,我亦请其注意分期付价办法,约明日续议。基、钧、惠。四日。议四十九号。

《中日关系史料——山东问题》,第 379 页

施肇基、顾维钧、王宠惠来电
华盛顿,1922 年 1 月 6 日

昨今两次会议鲁路,日坚持借款毫不松动。昨日我于现款收回办法,允一次预存。如分期付款,则拟用我国银行券为保证的款。彼不同

意。我复提日本放弃借款办法,于凡有付价办法之中参照普通铁路合同略加一二条件,但以不妨害我国之完全执行及管理权为限,彼仍不同意。今日仍相持不下。我提议请许斯、白尔福调停。彼不赞成。我又拟请二君明日加入会议,彼亦不愿。只得暂停会议。现英、美旁听员拟将详情报告许、白二君。日代表请于星期一续议。我答以俟商许、白二君后,再定续会日期。基、钧、惠。六日。

《秘笈录存》,第 485 页

外交部致施肇基、顾维钧、王宠惠
1922 年 1 月 7 日

四日、六日电均悉。小幡于十二月二十七日来谈情形已详,百零三电嗣屡派员来部催询,均未置答,京未继续会谈。至与院中晤谈,亦只一次,已由院另复。希更正讹言,免滋误会。外交部。七日。京字一百零八号。

《中日关系史料——山东问题》,第 381 页

施肇基、顾维钧、王宠惠来电
华盛顿,1922 年 1 月 7 日

代表等分谒许斯暨巴尔福,请其出任斡旋。渠等云,无论何时,倘双方欢迎,彼等义务即行正式调停。今日本既未请求渠等,当试为非正式的协助,二人咸以为双方意见不同之处,宜使融洽,俾得解决办法。彼等将为设法会晤,甚为美满。基、钧、惠。一月七日。

《秘笈录存》,第 485—486 页

施肇基、顾维钧、王宠惠来电
华盛顿,1922 年 1 月 9 日

胶济路事,英、美所拟非正式调停办法四种,顷电计达。我国争点,一为不用借款形式;二为保守用人权。现在英、美将此两点分晰调剂,

以便最后折衷解决，并望双方能多择数种，庶易彼此接近。此在调人，用心良苦。惟在我仍亟待详审，即如用人一端，甲、乙办法，系根据津浦；丙、丁大致似根据京奉、浦信，其间□不无出入。而丙项所拟付现后，五年内外仍须用日员二人一节，损我尤巨，颇不近情，乞速熟权利害，择定电示，并请分别代呈。基、钧，惠。九日。

《秘笈录存》，第 487—488 页

施肇基、顾维钧、王宠惠来电

华盛顿，1922 年 1 月 10 日

此间日代表团传出消息，山东铁路事，北京与日本政府已议有端倪，不久华府中国代表团即有确切之训示云云。在美华侨得此消息，颇示不安。究竟有无此事，乞速电示，以便更正。基、钧、惠。十日。

《秘笈录存》，第 488—489 页

外交部致代表团

1922 年 1 月 10 日

鲁案路事，以小幡谒贺梁揆时谈话之误传，致有数省来电反对。其理由内有梁揆训令驻美各代表遵照等语。查当日谈话，极为简单。所谓借款，亦即前电发行库券分期偿还之意，并声明正式答复，须经外部。嗣后，小幡并未来部，部中亦未作复。华会日代表顿翻初议，实出意外。此中真相，外人不能知晓，易滋讹传。总之，政府既未在京与之正式谈判，亦未电达代表改变方针，仍希切商英、美调停，疏通日代表继续前议，早图解决。至外传院电代表训令一层，既属不确，应请据实来电各省军民长官、商会、省议会、教育会、报馆声明，以释群疑为要。外交部。十日。

《秘笈录存》，第 489 页

施肇基、顾维钧、王宠惠致外交部

1922 年 1 月 11 日

极密。美东方股长麻克谟烈及英东方股长莱朴生各得该长官主义上之允许，同时不正式向我国及日本提议四种办法。彼等坚嘱严守秘密，并电京请求政府答复何项可承受，以为解决最后之办法。为免除中日两国选择不同起见，敦劝我国选择数项，对于日本亦以同样手续相劝，基等意见，俟另电奉达四种办法如下：

第一办法：

日本政府自协定成立之日起，在三个月内将铁路转移于日本。资本团为将来转移于中国起见，日本政府将关于胶济路一切要求，先与该资本团商定条件。日本资本团自估定价值之日起在三个月内，至迟不得过一九二二年九月三十日，将铁路转移于中国银行团。该银行团因此即取得享有山东铁路之利益，铁路价值以已议定之约五千三百万金马克，加增修费除去折旧为根据，由委员会估定，但附带下列条件：

一、以估定铁路价格为总额，加通行银行佣费，由中国银行团交付日本资本团，其方式用国债票或银行证券随带通行。利息期限十二年，但三年后得一次赎清。

二、此项债款以本路资产及收入为担保。

三、中国银行团将该路移交中国政府管理，为国有铁路之一部。其转移之条件由中国政府及中国银行团协定之，但中国政府之义务须以日本财团之同意，选派日人为总工程师，其职权与津浦路总工程师相同，此项义务以债款清偿为止。

第二办法：

自协定日始六个月内，由委员会估铁路价值，以已议定之约五千三百万金马克加增修费，除去折旧为根据，中国政府按照所估价目，由日本财团借款付给日本政府。此项借款随带通行，利息期限十二年，但三年后中国政府得于六个月前通知一次赎回付清，以铁路资产及收入为担保。中国政府以日本财团之同意选派日人为总工程师，其职权与津浦路总工程师相同,此项义务以借款还清时为止。

第三办法:

自协定日始六个月内,由委员会估铁路价值,以已议定之约五千三百万金马克加增修费,除折旧为根据,此项估价至迟不得逾千九百二十二年九月三十日。估定后中国政府得不论何时将此款存入一外国银行赎回此路。本路因此即移交中国政府管理,完全为中国国有铁路之一部。其条件为中国政府以日本政府之同意,选派一日本人为车务长,一日本人为会计长,均受交通部管辖指挥,期限五年。

第四办法:

自协定日始六个月内,由委员会估铁路价值,以已议定之约五千三百万金马克加增修费,除去折旧为根据,此项估价至迟不得逾一九二二年九月三十日。估定后,中国政府得不论何时收回该路,但须交付国库券存入外国银行,以路产及收入作抵,期限十二年。但三年后,中国得于六个月前通知一次清偿该路,即交还中国政府管理,完全为中国国有铁路之一部。其条件为国库券未收回以前,中国政府以日本政府之同意,选派日人为车务长、会计长,均受交通部管辖指挥。基、钧、惠。九号。

《中日关系史料——山东问题》,第389—390 页

外交部致施肇基、顾维钧、王宠惠

1922 年 1 月 12 日

九日电。四项办法及说见均悉。第一项所谓日本政府将关于该路一切要求,先与该国资本团商定数语,作何解释。恐于移转华团时,多增束缚。又秘密固当严守,然如采用第一项,势不能不先商。本国银团各项办法已否征求国民及山东代表意见,并探日本趋向,电复外交部。十二日。京字百十号。

《中日关系史料——山东问题》,第395 页

施肇基、顾维钧、王宠惠致外交部

华盛顿,1922 年 1 月 13 日

本日由周沂老转到梁揆十二日电。又接江西陈督军电,询问赎路事。当即电复文如下:庚电悉。赎路案,此间曾接外交部十二月三十一日电称,梁揆答复小幡拟定借款自办;嗣又接一月十日电称,借款自办即发行库券分期偿还之意,并未改变方针等语。至尊电所询梁阁电致代表遵照一节,此间并未接有此项文电,特先电复,并请其转电各省军民长官。基、钧、惠。十三日。

《秘笈录存》,第 489 页

国务院、外交部致各使馆

1922 年 1 月 13 日

近日关于鲁案谣传甚多,实则新阁决定维持华府原议,从无移北京交涉之说,内阁并无何项训令与三代表,亦未允许小幡何项办祛,希即广为传布。国务院、外交部。十三日。

《秘笈录存》,第 489 页

施肇基、顾维钧、王宠惠致外交部

1922 年 1 月 13 日

鲁案由美非正式提议,经于本日续会。铁路问题双方既候训令,先议盐场。日于出售一节,尚未接到明白训条。乃改议山东撤兵案,节经争持,议决要旨如下:(一)沿胶济铁路及枝路之日本军队及宪兵,一俟中国军警接防,即行撤退。(二)以上所言撤兵之事,可分段为之。每段完毕,日期由两国主管官员预先商定,但此项日本军队如属可行,应于本约画押后三个月以内,完全撤尽,但至迟不得逾六个月。(三)青岛日本守备军如属可行,应于该地行政权移交之日撤尽,但至迟不得逾三十日。并经声明鲁省所有日本军队及宪兵,均在应撤之例。总之,我国接防警卫队应请从速筹办。基、钧、惠。十一日。议字五十三号。

《中日关系史料——山东问题》，第 400—401 页

外交部致代表团

1922 年 1 月 13 日

准盐务署咨，日报对于青岛盐田主张除外，拒绝归还。惟查胶澳盐滩，宣统间曾经东抚派员勘定，德督拟岛盐规条。第一条，盐场向德纳斗捐，鲁省加收特别营业捐。第三条，德允鲁省派员来青收斗捐，汇交德督署收帐。第五条，该委员随时稽查德境人民需盐之实数，经鲁抚承认。虽因政变，未及签字派员，德人均已逐条遵守。岛盐虽在租借期内，中国尚有权干涉，现租界正议交还，盐田岂能除外等语。特电接洽，以资参考。外交部。十三日。

《秘笈录存》，第 493 页

施肇基、顾维钧、王宠惠致外交部

1922 年 1 月 14 日

去年九月七日本提交节略第八条有请示事项一语，究未知除该节略九条以外，在我方面尚有何种事项应提出要求解决者，请速电示，俾便提议为感。基、钧、惠。十三日。议五十四号。

《中日关系史料——山东问题》，第 401 页

国务院关于赎回胶济路之通电

1922 年 1 月 14 日

前日（五日）国务院与外交部关于赎回胶济铁路问题，联署拍发通电，征求各省意见，兹录其原文如左：

各省巡阅使、督军、省长、教育会、各报馆鉴：内阁成立，对于华府会议一守前此方针，业经通告代表转知各国。目下急待解决者，为鲁案之胶济铁路问题。前此迭经在美磋商，我均主筹款赎回自办。至筹款办

法,或发债票,或发库券,不论向国内外筹借,均以截请前后界限申明该路性质为要义。仍拟先尽向本国商民筹借,以期稍挽利权。嗣以关于款项用人办法,双方争议,迄未解决。上月二十七号,日使到外部称日本让步已极,若中国坚持即刻赎回之议,惟有停止交涉等语。我仍主筹款赎回自办,未变初旨。三十号我三代表来电称,赎胶济路付款事,现拟两种办法:(一)中国以现款全数存入第三国银行,协定成立后第三个月交五分二,第六个月底交五分一,第九个月底交五分二。照此办法,中国不必聘用日本技师,但日代表坚持在会同派铁路人员估价后,交还该路之前,须将款项全数交存第三国银行。(二)中国按照应付款数发行国库券,分二十四期收赎,应每六个月为一期,三年后,中国将一次赎清,惟须六个月以前通知。第一期于协定发生效力九个月交付现款,其余款项以本路资产及赢利作抵,并酌给利息。中国政府于中国铁路内用日本有经验技师中选充,本路工程可照此办法,日本坚持须用日人为副车务长、副会计长等因。查该路作价约三千万日金,如能设法筹足交存,照第一类办法办理,则一切葛藤均可斩断,是为上策。舍此而外,无论筹借内外款项,虽仍属抱定赎回自办宗旨,惟条件势不能十分圆满。目下闭会在即,事钜期迫,亟应速征众意,以决从速。政府于此并无成见,尚盼切实筹维,兼权利害,示众周行,藉为政府后盾。大局幸甚,并希立复。国务院外交部。微。

《中日关系史料——山东问题》,第402—403页

国务院秘书厅通电

1922 年 1 月 14 日

一月十一日外部准华盛顿施、顾、王三代表十日电开,文曰此间日代表团传出消息,山东铁路事,北京与彼方政府已议有端倪,不久华府中国代表团即有确切之训示。在美华侨得此消息颇示不安,究竟有无此事,乞速电示,以便更正等语。当经国务院外交部于十二日电复华盛顿三代表,其文曰十日电悉,前月二十七日国务会议议决鲁案,由三代

表在美京赓续办理。政府始终无在北京与日本开议之意思,更无事实所传,议有端倪,自属毫无影响。对于方所传消息显系一种作用,请速更正,并告华侨勿信谣传为要。再来电正可证明政府以前并无训令代表改变原议之事,亦不妨一并说明等语。合并布达。国务院秘书厅。元。

《中日关系史料——山东问题》,第404页

施肇基、顾维钧、王宠惠致外交部
1922年1月15日

十一日电计达。本日复由周沂老转到梁揆十二日电,又接江西陈督军电询问赎路事。当即电覆文如下:庚电悉。赎路案,此间曾接外交部十二月三十一日称,梁揆答覆小幡拟定借款自办。嗣又接一月十日电称,借款自办即发行库券分期偿还之意,并未改变方针等语。至尊电所询,梁阁电致代表遵照一节,此间并未接有此项文电。特先电覆。并请其转电各省军民长官。基、钧、惠。十三日。

《中日关系史料——山东问题》,第405页

施肇基、顾维钧、王宠惠来电
华盛顿,1922年1月15日

十二日电悉。先与该团商定数语,据某方云,仅指手续而言。对于规定条件,不容违反变更云。本国银团,诚须先商,惟请嘱严守秘密,并勿言英、美提议,以免东邻因关体面转不让步。至国民代表等,尚未与谈,惟彼仍反对借款。至日本趋向,据闻此间代表尚未接到东京复电。基、钧、惠。十五日。

《秘笈录存》,第488页

施肇基、顾维钧、王宠惠来电

华盛顿,1922 年 1 月 16 日

关于四种办法事,十五日复电计达。甲种用意颇巧,惟执行时丛生困难。乙种用人条件较轻。第察国内外舆论,对于借款形式恐多波折。丙种不近情,已详九日汉文电。至于丁种,可无借款问题,惟管理权不免暂操诸彼。现探闻东邻代表,颇注意该种。我为求早日解决鲁案起见,丁种或须一并采择。但应声明,所用两项日员,仅为助理,其主任仍用华人。再,此层业与某某方面要人非正式密谈,察其语气,如果双方同择丁种,或有磋商余地云。基、钧、惠。十六日。

《秘笈录存》,第 488 页

国务院、外交部致施肇基、顾维钧、王宠惠

1922 年 1 月 17 日

十三日电悉。尊处复陈督军并请其转电各省军民长官一电内称,外部电称,梁揆答复小幡拟定借款自办等语。查与事实不符,除一月十日外部电对于借款自办一语已有解释外,查当时梁揆对于小幡曾声明一切纲目仍由华府商议等语。又声明此后个人谭话,若正式答复,须经由外部。是日谈话不能指为答复,且外部电亦只称告以借款自办。告以二字与答复之意义迥不相同,务望迅即再径电各军民长官以免误会。此外他处有来询问者,并请审慎具复,以免滋生误会,致阻进行,无任企盼。国务院、外交部。十七日。

《中日关系史料——山东问题》,第 410 页

外交部致施肇基、顾维钧、王宠惠

1922 年 1 月 17 日

四日议字四十八号电悉。商准交通部复称,和平条件第一百三十条规定德国在中国领土内之公产,应让与中国。其一百五十六条则规定青岛至上海至烟台之海底电线,均归日本各等语。惟现在青岛问题

尚未解决,如能达到归还我国目的,则此项附属之海底电线,自应视作公产,一律由我收管。是该项电线应归何方面所有,全视青岛本身为转移。在青岛问题未解决以前,日本对于该项电线如欲占为己有,自当提出抗议。至欲与我另订办法,如由日本沿海接线至青岛一节,尤与我国主权暨历来与各洋公司所订合同有碍等语。希查照。外交部。十七日。京一百十三号。

《中日关系史料——山东问题》,第 410 页

施肇基、顾维钧、王宠惠来电
华盛顿,1922 年 1 月 17 日

十二日午前,议烟潍铁路案。日代表允,如中国人民自行集资建筑,则不加阻力,惟声明如用外资建筑,则须归新银团承办。次议济顺、高徐二路。议决将该二路之让与权归国际资本团公共承办。其条件由中政府与该团订定之。午后议开埠案。日代表允将九月七日节略第二条第一项内之"农业"字样删去。第二项改为"由中国自行宣言,愿择山东省内适宜之城市,实行自开商埠",可不必订在约。第三项删去。惟日代表坚请组织特别市政局,准许青岛外侨参预地方行政事宜。驳辩良久,尚未解决,明日续议。基、钧、惠。十七日。

《秘笈录存》,第 490 页

施肇基、顾维钧、王宠惠来电
华盛顿,1922 年 1 月 18 日

十三日续议开埠案。日代表仍欲于青岛公益局之组织中,准外侨利益得有代表。再三辩论,我乃拟案云:中国亦谓允向五国建议,在普通地方制度未经颁定以前,可饬令青岛中国官员于直接有关外侨幸福及利益之公益事宜,即征收地方捐税、施行卫生办法及筑路收回民地,均须先征外侨意见云云。日代表嫌其过于狭隘,不得已将事宜下之"即"字,改为"如"字。旋英、美代表相继插言,谓征收外侨捐税,须得

各该国政府同意,不能因彼等在此旁听之故,遂谓仿照办理英、美政府承允中国有自行征收英、美侨民捐税之权云云。日代表乘机更加坚持,复改为议决案。兹言明,在中国地方制度未经颁定及普通实行之前,前德国租借地内之中国地方官办理直接有关外侨利益均沾及幸福之公益事宜时,应征求外侨意见云云。此项议决案作为条约附件。又,综结开埠案条件,以备列入条约如下:甲、日本政府宣言,并无设置专管居留地、暂行公共居留地之意志。乙、中国政府宣言,胶州前德国租借地开为商埠,准外人自由居住、经营商工业及其他合法职业。丙、德租日占期内,外人合法公道取得之权利,概尊重之。凡关于日人所有此项特权之法律上,均不及效力问题,由中日合组委员会决定之。以上议结开埠案,请参看十二月九日电。基、钧、惠。十八日。

《秘笈录存》,第491页

施肇基、顾维钧、王宠惠来电

华盛顿,1922年1月18日

十四、十六两日,议收回胶澳租借权事。议决如下:甲、日本应将胶州前德国租借地归还中国。乙、关于移交行政权及公产之详细办法,以及其他应有解决事件之议结,均由中、日两国政府各派委员共商定并实行之。该二委员会,应于本约发生效力时立即召集。丙、此项移交事宜,应从速完毕,但无论如何不得过本约发生效力后若干日云云。以上载入约内。至移交文卷、图籍一节,亦经议定如下:日本政府愿将胶州前德国租借地之行政权移交中国时,将移交时所必要及移交后中国治理该地及百里环界房屋之档卷、册籍、地契及其他文件之现在日本手中者,或其校正本、抄本交与中国政府云云。以上一节,载入会议记录。至移交日期,尚待东京回电。基、钧、惠。十八日。

《秘笈录存》,第491—492页

施肇基、顾维钧、王宠惠来电
华盛顿,1922 年 1 月 19 日

关于鲁路事,日本、许外长、白代表约基等往谈。两君以为此案如不在华府解决,于世界均有极大之责任、极大之影响,力劝承允库券交付办法,即以十五年为期,五年后得一次赎清。并用日人充车务长及会计长各一员,均受中国总办之管辖。日本方面担任除两长本身助手外,不别用日本人为下级职员。基等申明愿结此案之诚意,但只能承受公允之办法。为表示格外让步起见,我方愿允在华正长下用日人充副车务长、副会计长。两君劝给予此项日人以同等之权。基等答,若为最后办法,我准备承认此种提议,并转达政府。但愿此种办法,可以不需许与白并向日本方面用其腕力。基、钧、惠。十九日。

《秘笈录存》,第 494—495 页

梁士诒①通电
1922 年 1 月 20 日

胶济铁路问题现多趋重筹集款项赎回自办,准山东田督军咸电略称,筹款一节正与鲁中士民研究切实担任方法,暨山东省议会教育会等各团体电并称,认负担赎路全款等语。至江苏齐督军、王省长铣电,并拟简章十一条极为周密,具见疆吏不分畛域之意,及国民毁家纾难之忱。惟期日匆促,鲁(纡)苏以外各省区长官暨国内诸君子对于筹款赎路办法,计已切实研求,亟待汇参,以免延误。特再电达,务希赐教,无任翘企。梁士诒。效。

《中日关系史料——山东问题》,第 413 页

---

① 国务总理。

施肇基、顾维钧、王宠惠致外交部

1922 年 1 月 20 日

十七、十八两日,连议山东矿产。我拟收回坊子、淄川煤矿后组织中国公司,准日人投资一半。惟金岭镇铁矿,则由中国政府给价收回,但日本所需铁矿可酌量供给。日代表坚请一律合办,且不愿组织中国公司。驳辩甚久,议决前准德国开采之淄川、坊子、金岭镇三矿应交由中政府特许组织之公司承办。该公司内日本资本不得过中国资本额。详细办法,由中日各派委员会协定之。该委员会,应于本约实行时立即召集云云。再,收回胶澳租借地事,十八日电内丙项末句,不得过本约发生效力后若干日云云,未定日期,因彼此各须请示政府之故。我国筹备接收应需若干时日,祈商主管各机关从速核议示复,以便订入约内为盼。基、钧、惠。二十日。

《秘笈录存》,第 492 页

施肇基、顾维钧、王宠惠来电

华盛顿,1922 年 1 月 20 日

十九日议决青烟、青沪海线如下:日本声明前属德国之青烟、青沪各海线,除一部份业经日本政府移为青岛、佐世保海线外,其余之权利、所有权及特权,皆属中国。惟青岛、佐世保间海线在青岛管理之特权问题,应由中日委员会商定,仍以不妨害中国已订各合同之条件为度。又,济南、青岛之无线电台,亦经议决如下:青岛、济南之日本无线电台,应于该二处日兵撤退之时移交中国,秉公给价。其移交及给价之细目,由中日委员会商定之。又,讨论青沪、青烟海线时,日代表谓,中国政府去年与日本曾议订烟沪海线合同,此次交还青烟、青沪之线,应并交该公司承办云。经一再驳拒,彼始允删去。所云之合同一节,究竟如何,请电示。基、钧、惠。二十日。

《秘笈录存》,第 493 页

施肇基、顾维钧、王宠惠来电

华盛顿，1922 年 1 月 22 日

十六日尊电所云之训令，仍未奉到。十九日电陈报关于山东铁路问题与许斯及巴尔福会晤情形，计已达鉴。渠等今日复招代表等晤谈，情形如下：许斯云，山东问题必须在华盛顿解决，如失此时机，则不知何日方能解决矣。日本地位极为坚强，盖第一层中国不能以武力驱逐日本；第二层日本在法律上颇为充分，盖其地位曾经参与华会之六国在威塞条约内予以承认，故决不能在华会内解决此问题。日本虽曾宣言交还之志愿，但措辞皆属空洞，其在巴黎宣言保留经济利益一节，尤为空洞，确系实情。倘中国在华会失败，地位必致薄弱，而日本地位反强。现下中日谈判虽在华会之外，然此间空气于中国极为有利，盖此项谈判进行于华会之前与世界舆论之下也。解决办法须报大会，可得道德上之援助。巴尔福与许斯已尽其所能，探求日本可以再行让步之点，以下即为日本最后之让步，渠等坚劝采纳者：中国付日本以十五年为期之国库券，但五年后得一次赎清。用中、日各一人为会计员，权限同等。并日人一名为车务长，惟中国得于年半后派一华人为副车务长，以备五年后库券清偿时接办。所有此项人员，均归中国局长管辖。许斯云，此项办法并非完善或公平之解决，但须考虑不解决之利害。伊以为按照所提之确切办法，可将山东归还中国，并因派任局长，立即取得该路之所有权及管理权，并能使中国国民奋兴，以图国家之团结。倘此问题不解决，则日本仍留据山东，其结果非常可危。美国政府与人民必知谁系负责之人也。许斯云，华会将闭会，现在确切解决之时机已到中国国民与代表之前，失此不图，则机会决不再来，即欲再行集会，势亦有所不能。伊以为中国不必留此问题仍不解决，而放弃一切已得之利益也。伊云，此不独代表个人意见，兼代表美国代表团与哈定总统之意见。巴尔福则请中国人权其轻重，采纳是项提议云云。代表等答以此议未能满意，但当即转达政府。许斯及巴尔福同时亦将电其驻使，劝告采纳，并声明此项提议乃最后之提议云。大会行将闭幕，不能再有谈判及迟回之余地。窃以为所提解决办法,未予中国以完全公道,但可得亦不过如此。大会事项系于本问题之解决者甚多,似应各方兼顾,并于中国对外关系之前途,详为考虑也。基、钧、惠。二十二日。

《秘笈录存》,第495—496页

外交部致施肇基、顾维钧、王宠惠
1922年1月22日

二十五日电计达。全权证书已照会美使,其文如下:大中华民国大总统为发给全权证书事。兹因山东问题经英美代表善意之调停,得有解决之良机。本政府特派施肇基、顾维钧、王宠惠为全权代表,会同大日本国皇帝所派之全权代表,在华盛顿商议一切,并予以订立关于山东问题之多项协定,署名画押之权。该项协定一经订立,署名画押,并报告太平洋会议大会备案后,当即批准照行,为此发给全权证书,以昭信守,此证右发给特派全权代表施肇基、顾维钧、王宠惠收执。大中华民国十一年一月二十六日,给于北京。盖用国玺徐世昌、外交总长颜惠庆。除证书即日邮寄,并照会美使电达美政府外,希即查照。外。日京字第百二十四号。

《中日关系史料——山东问题》,第415页

外交部致代表团
1922年1月22日

十五、十六电均悉。赎路四种办法,除乙种国民反对自难承纳外,甲种须与国内银团接洽,非亟切所能定议。丙种本合人民心理,惟仍须用彼二长,五年是否付现,亦尽五年交清,以免摇动金融。丁种与三十日电办法略同,惟用人改副为正,反觉严重。现体察人民心理,多趋重丙种,而不主张用人,惟华会收束在即,重案未便久悬。元首意以速了为是,希就丙种或十六日尊拟丁种办法试与磋商进行,早达收回山东主权之目的。本部责任所系,自当一致维持,仍希将商议情形电复为盼。

外交部。二十二日。

《秘笈录存》,第 496 页

外交部致代表团
1922 年 1 月 22 日

十七日电悉。声明下应改为"如建筑时需用外资,可归某某承借",以免误解为承办建筑。外交部。二十二日。

《秘笈录存》,第 490—491 页

施肇基、顾维钧、王宠惠致外交部
1922 年 1 月 23 日

昨晤许士与巴尔福各节,业由水线及无线电报告大部,顷情势紧急,有迅速见复之必要。英、美两国代表团盼复最切,希立即电示,并将答复舒、艾两使之全文电示。二十二日来电,关于四项办法一事,并未提及十九日基等与许士、巴尔福晤会之报告。基、钧、惠。二十三日。

中国第二历史档案馆藏北洋政府外交部档案

施肇基、顾维钧、王宠惠致外交部
1922 年 1 月 23 日

关于山东谈判,请照通例电予基等以全权,因此案于本星期内必须结局也。基、钧、惠。二十三日。

中国第二历史档案馆藏北洋政府外交部档案

施肇基、顾维钧、王宠惠致外交部
1922 年 1 月 23 日

探询兰卜森对于威海卫意见,伊意似欲确知关于外人既得权之办法。英国舰队向来用威海卫为疗病所,故仍应准许入口,并准用海岛中之一为练习打靶之用。伊又谓:英国驻华舰队向来享受此项权利,并愿吾人准许英国公司等仍然留居。伊云:并不坚持此为退出威海卫之条件,但须吾人之确切保证耳。即乞训示,代表等以便于正式提出时,方知如何答复也。基、钧、惠。二十三日。

中国第二历史档案馆藏北洋政府外交部档案

施肇基、顾维钧、王宠惠来电
华盛顿,1922 年 1 月 24 日

美海军总长登贝昨访施使,据云,闻山东事甚为紧急,日本坚持不让,特以中国友谊来晤。施力陈中国所以不能听从许斯、白尔福劝告之理由,并以我之地位亦极公平,恳其相助。施晚间又访登贝,据称,许外长复言星期日所提议已属最后办法,毫无可以变更。中国允即照办,不允即罢论。施因请登贝别设他法,以助中国。今午施再访登贝,登谓,本日国务会议,本总长亲见总统,亦以许外长之言为然。日本方面毫不为动。美国完全与中国友好,但亦无能为役矣。情势如此,务请迅示办法。东方事项,明日议毕。惟"二十一条"事,许外长曾正式声明须鲁案议结,方能由委员会着手。西比利亚及太平洋岛屿,今日议毕。基、钧、惠。二十四日。

《秘笈录存》,第 496—497 页

施肇基、顾维钧、王宠惠来电
华盛顿,1922 年 1 月 24 日

二十三日续议胶岸盐场。日代表先拟由日人暂行保留利益关系,经我竭力驳斥,始议定由我政府秉公给价收回,酌准该处产盐运销日本。一切细目,由中日委员会从速商定,总期在□□日内完毕云云。日期尚未定,俟后商定填注。基、钧、惠。二十四日。

《秘笈录存》,第 493 页

施肇基、顾维钧、王宠惠来电

华盛顿,1922 年 1 月 25 日

美总统见施使于白宫,许外长侍。施详论鲁案中国情形,请转劝日本由最近地位再让。总统云,伊之友华,久已著闻,于中国之希望,尤表同情。但中国于一九一八年已愿将胶济路归中日合办,日本至今犹固守此地位,惟因美国方面之抵抗,日本始退步,且有其他之各让与。今予与华友好,亦不信日本将于二十二日星期所提办法之外,再求进展。且予意局长既属华人,而车务长及其他一切员役又均在局长管辖之下,中国自不必惧日本技师之把持路务,况五年并不为久,其实日本之在山东已不止五年,特谆劝中国亟当应允,无致后时。伊并令我试思,如不允许,其景象如何,虽与中国同情,亦恐中国于五年内未必即能逐出日本也。美总统言论极其谆诚爽朗,可见彼于此案已深洞悉也。基、钧、惠。二十五日。

《秘笈录存》,第 497 页

外交部致代表团

1922 年 1 月 26 日

二十二日电,巴、许所陈收回胶济路最后办法具悉。英、美使来部转述意旨,与尊电略同。并谓,此项办法较之悬案不结,日本仍据胶澳以及路矿等事,利害悬殊。倘失此时机,不惟放弃已得之利益,即欲再行集会,势必不能。大会行将闭幕,更无迟回余地。美总统及人民亦盼此案完全结束,力劝速允。查照此解决虽不能完全满国人之望,特事势如斯,本部深知代表苦心争持,备历艰辛,迨真相宣布后,国内明达,自能谅解。现各界正热心筹款,倘能加以声明,如估价期内我国已凑齐现款,亦可适用第三办法,尤为周妥。至用人车务,希望与会计一律,或同时任用。时机迫促,如实无商量余地,只可就此决议,仍照原议报告大会公认为要。外交部。二十六日。

《秘笈录存》,第 497—498 页

施肇基、顾维钧、王宠惠来电
华盛顿，1922 年 1 月 28 日

二十六日续议鲁案，我提出日本官民占用民地及所致损失，要求分别给还并赔偿。日代表一再盘驳，意不肯允。并谓：可就地解决，无讨论之必要。经反复磋议，姑商定不列入约内，惟在会议录内加载宣言云。大致谓：日官吏所占民地公产，如查有实据，应由日政府交还或赔偿。至日民所占民地或所致各项损失，应由双方查明后，日政府秉公办理。又声明本约内虽不提及损失赔偿，中国或中国人民提出在日军占据时期内所发生之要求，惟因用兵直接所致之损失，日政府不负责任云。再，鲁案各问题除铁路外，均已解决，并闻。基、钧、惠。二十八日。

《秘笈录存》，第 493—494 页

施肇基、顾维钧、王宠惠来电
华盛顿，1922 年 2 月 1 日

三十一日议决鲁路办法七条：（甲）移交路产。（乙）给价范围，均与议案所报无出入。（丙）中日各派三人合组委员会，办理估价移交事宜。（丁）至迟于本约实行后九个月内移交完毕。（戊）移交完毕时，中国以国库券付给路价。该券以路产及收入作抵，本当十五年，惟五年可还清，五年后亦可随时还清，但须六个月前通知。（己）库券未还清以前，中国选派日本人为该路车务长，并派中日各一人，会同执行会计长职权。此项人员均归中国局长节制，有过可撤换。（庚）关于库券之细目，由中日官员商定，至迟不得逾本约实行后六个月。以上拟列入约内及会议录内。加载下列各节：（甲）二年半后，中国得派副车务长一人，以二年半为限。又，中国发出还清库券之通知后，亦得随时派副车务长。（乙）所有请派日本车务长、会计长之属员，均由中国局长选派。（丙）日本不要求派日人为路员。（丁）中国不用非中国款项还清库券云云。现正将山东全案议定各节编成条约，俟约稿议定，再行详报。基、钧、惠。一日。

《秘笈录存》，第 498 页

外交部致代表团

1922 年 2 月 6 日

上月二十日电悉。经询准交通部,复称青烟沪海线所有权及特权,应属中国。惟此项海线除日本移作青岛、佐世保间应用外,其余线料现存何处,应由日人点交中国接收。其青佐之线,应商定归中日两国各半修养管辖。青岛方面由中国管理,佐世保方面由日本管理。至本部与日本并未订有烟沪海线合同。仅于八年四月向该国订购海线材料,系属普通购料性质,并未指定用途,亦无他项关系。至青烟沪海线交还中国后,如需用修养材料,中国得自由购办。日代表要求并交该公司承办一节,由三代表一再驳拒,彼允删去,至为赞同等语。希查照办理。外交部。六日。

《秘笈录存》,第 494 页

4. 鲁案签字及善后事宜

施肇基、顾维钧、王宠惠来电

华盛顿,1922 年 1 月 23 日

关于山东谈判,请照通例电予基等以全权,因此案于本星期内必须结局也。基、钧、惠。二十三日。

《秘笈录存》,第 499 页

施肇基、顾维钧、王宠惠来电

华盛顿,1922 年 1 月 26 日

全权证书事,京百二十三号电悉。今日双方议定:我政府证书备就后,出示驻京日使,日本政府同样出示胡使,一面各电寄此间代表团。请电知胡使接洽。基、钧、惠。二十六日。

《秘笈录存》,第 499 页

外交部致代表团

1922 年 1 月 29 日

华七十六号电悉。全权证书已于本日照会日使,电达日政府,并电告胡使接洽矣。外交部。二十九日。

《秘笈录存》,第 499 页

施肇基、顾维钧、王宠惠来电

华盛顿,1922 年 2 月 1 日

许斯将山东妥协案十一条八项并代表等之意见纪录(即日本与我代表团报告于彼者),向大会全体宣读。巴尔福继起建议将威海卫归还中国,细情后详。基、钧、惠。二月一日。

《秘笈录存》,第 500 页

施肇基、顾维钧、王宠惠来电

华盛顿,1922 年 2 月 2 日

中日协议鲁案前后三十六次,于三十一日已分别将全部解决。一日大会,中、日两国同样报告,经主席许外长将议决约文十一条、附件八条、会议纪录四条宣读。英、美、中、日互致颂词。英代表复宣言,愿将威海卫交还中国。星期二许议长所宣读各约全文,美外部已电驻京美使,并训令抄录全文送外交部。兹不另电。铁路案各条,另电呈报。基、钧、惠。二日。

《秘笈录存》,第 500 页

外交部致代表团

1922 年 2 月 4 日

全权证书事,京百二六电计达。旋准小幡照复,已照达本国政府,并准胡使电称:据内田面告,日政府业经阅悉,可表同意各等因。特达

查照。外交部。四日。

施肇基、顾维钧、王宠惠来电
华盛顿,1922 年 2 月 4 日

二月一日在大会报告之鲁案议决条件,刻已缮就正式条约,准备签押。计全约共二十八条,附件六条。除文字略有修正外,其内容及精神与前议决案悉同。基、钧、惠。四日。

施肇基、顾维钧、王宠惠来电
华盛顿,1922 年 2 月 4 日

鲁案奉部电传,全权签订。其一切历次商议情形,节经电部在案。本晨,美外部长许斯特以此案已将约文商定待签,向大会报告。旋午后五时四十五分,许外部长、白代表并英、美当道与报界各员,均集会所,基等当与日本代表互将鲁约签字。谨闻。基、钧、惠。四日。

施肇基、顾维钧、王宠惠来电
华盛顿,1922 年 2 月 4 日

今晨,许斯在大会报告山东条约,根据前已议定并报告会中之条件起草完毕,准备签押。本日午后五点四十五分,山东条约正式签字。许斯、巴尔福及其他英、美人士均在场。报界代表亦在场目睹。基、钧、惠。四日。

外交部致施肇基、顾维钧、王宠惠
1922 年 2 月 5 日

准胡使二日电开，本日日外部出示日本政府发给主权证书，其文曰，保有天佑践等世一系之帝祚，日本国皇帝嘉仁以此书宣示有众，朕兹为帝国与中华民国订立关于山东问题详密案件条约，特转与中华民国主权委员会承商议，署名盖印。于其约书云，全权付与海军大臣、从二位勋一等男爵加藤友三郎，驻美国特命全权大使、正四位勋一等男爵币原喜重郎，及外务次官、从四位勋二等埴原正直，就其议定各条项朕亲加阅览，认为善良后，当批准之。神武天皇即位纪元二千五百八十二年，大正十一年二月二日于东京宫。亲署名，盖玺。御名，国玺。摄政名，外务大臣伯爵内由康哉副署名等因。除电复胡侠与以同意外。特达外。

《中日关系史料——山东问题》，第 426 页

徐世昌致哈定①电
北京，1922 年 2 月 5 日

中华民国大总统敬致电美国大总统哈定阁下：此次华府会议，关于山东问题，备承阁下及贵国各代表友谊赞助，得以解决，消除积年纠葛，巩固远东和平。本大总统不胜欣慰，谨代表中华民国全体国民，特申感谢，并祝阁下康强无既。徐世昌。二月五日。

《秘笈录存》，第 501 页

施肇基、顾维钧、王宠惠致外交部
1922 年 2 月 5 日

外交部七新鉴乞代呈大总统钧鉴：鲁案奉电部传全权签订，其一切

---

① 美国总统。

历次商议情形节经在案。本晨美外部长许斯特以此案已将约文商定待签，向大会报告。旋午后五时四十五分许外部长、白代表并英美当道与报界各员均集会所，基等当与日本代表互订约签字。谨闻。基、钧、惠。四日。

《中日关系史料——山东问题》，第 426—427 页

外交部致施肇基、顾维钧、王宠惠

1922 年 2 月 6 日

上月二十日议字六十三号电悉，经询准交通部复称，青烟沪海线所有权及特权应属中国，惟此项海线除日本移作青岛佐世保间应用外，其余线料现存何处，应由日人点交中国接收。其青佐之线应商定归中日两国各半修养管辖。青岛方面，由中国管理。佐世保方面，由日本管理。至本部与日本并未订有烟沪海线合同，仅于八年四月向该国订购海线材料，系属普通购中料性质，并未指定用途，亦无他项关系。至青烟沪海线交还中国后，如需用修养材料，中国得自由购办。日代表要求并交该公司承办一节，由三代表一再驳拒，彼允删去，至为赞同等语。希查照办理。外交部。六日。京字百三十二号。

《中日关系史料——山东问题》，第 427 页

盐务署致外交部

1922 年 2 月 6 日

为密咨事：查青岛盐田一案，迭经咨请贵部相机主持在案。兹阅报载贵部上月三十一日通电，宣布华会中国代表在会协商鲁案议定各项问题十条。第四条内载公产原属中国及德国者，无偿归还中国，日占时获得或建造者约给原价数成。又第十条（裁）〔载〕青岛盐场由中国备价赎回各等语。盐田属于国有，与寻常私产本不相同，即谓经营盐场系日商之资本，与其他公产有殊，而在前清光绪廿三年德人租借青岛以前，中国本有自制之盐场。民国三年，日人占有青岛以前，德人亦不乏

扩充增益之盐场,皆与日本官商之资本无涉。按照普通事理及第四条之比例,悉应无偿归还。惟民国三年以后,日人加制之盐场,将应在约给代价之列。但土地本属国有,亦只能就制造费约为提议,绝无地价之问题。此案签订在即,可否于未经签字以前,由贵部密电各代表特别申明,抑或俟签定后,再行据理交涉之处,应请贵部察约办理。防密令山东盐运使将民国三年以前岛境原有之盐场暨以后加制之盐场制造费分别查复,以资参考外,相应咨请贵部查照。再顷文据六日京报载,有中日新订山东之条约文词与贵部通电略殊,其甲条第八款内载青岛盐场由中国备价收回,归政府专卖,但中国承认日本人之经营权,鉴于日本食盐专卖现状,允输出特定量于日本等语。查中国食盐例禁出口,为米岛盐充溢,而日人又要求接济,原不妨特予通融。惟外人向不准经营中国盐业,现既收回全岛盐场,其经营之权断难旁贷,为明订承认日人经营权之条文,则破坏禁令,后患必多。为谓主管权虽经交回,而日就仍须继续营业,则不独窒碍滋甚,亦无解于备价赎回之理由。是否实有其事,即希贵部查照见复,并将原案文电密抄过部,是为至盼。此咨。

《中日关系史料——山东问题》,第 428 页

外交部致总统府秘书厅

1922 年 2 月 6 日

径启者:准驻日本公使馆函送关于日本全国非难反对现在华盛顿之德川公爵及日本之政局洋文通信一件,业经本部译成汉文,相应抄录一分函送贵厅,即希转呈主座察阅为荷。此致。附件。

附件:日本全国非难反对现在华盛顿之德川公爵及日本之政局

日本全国人心对于现在华盛顿之德川公爵,其近来所持之态度颇不甚佳,现在纷纷议论,抨击德川氏之言,谓德川公爵在华盛顿向美国新闻记者所发表之意见,于日本在华盛顿特别坚持主张之政策谓,日本提议海军之标准应为英国或美国海军百分之七十一事生莫大之阻碍焉。然此事实无非日本政府宣传言论之一大成功而已,盖何以日本政

府由前总理大臣原敬选派贵族院议长德川公爵为日本参预华盛顿会议之代表,则以德川公爵,人皆承认其在研究会有极大势力,故欲藉此以和解研究会,并欲阻遏贵族院关于日本政府杜华盛顿会议之外交政策不至有攻击反对之举也。是以日人虽对德川公爵在华盛顿之态度横施讥评之言已不胜其多,而对于政友会之现内阁,则吾人固未闻有何剧烈之讥评也。倘此次华盛顿会议日本所派代表之中并无一人由贵族院议员之中选派者,则贵族院必将对于日本政府在华盛顿会议之外交政策所铸之大错发起反对政府之大运动矣。夫为政友会之政府言之,凡因众议院中宪政会之反对,故对于政府或加以抨击之言实不过无非一单纯之攻击,不能激起任何切要之问题,以摇动内阁之根基也,惟贵族院则为政友会内阁最所畏惧之仇敌耳。

　　无论如何日本全国人心现关于日本政府在华盛顿会议所造之因果,并未稍稍激怒煽动日人,虽亦为日本此次在华盛顿会议成绩并不甚佳,而其态度甚为镇静,对于日本在华府会议所获之效果,殊淡然漠不关心也。此为向所未有之例。日人直至今日向于外交问题最极热心踊跃,而于日本对于中国之外交尤为(持)〔特〕甚。然此次日本在华盛顿会议关于山东问题,日本之某某公法学家数人及政府中人虽亦承认所有讨论交涉并不得法获效,而全国人民则从未发起任何运动或政治骚动,有如以前日本人民尝为外交问题之所激怒非常也。日本人民似已失其勇敢鼓动之气,不复如往昔之起而为外交问题之后援。即如今春美国提出耶普岛问题以反抗日本之时,日本庶众之态度甚为激烈,当时日本舆论主张,倘美国继续对于日本在耶普岛已得之权利采取干涉之态度,则日本不如采取一坚决之态度以反对美国云。今年之春,日本舆论对于耶普岛问题实热烈如此也,现在则普岛之问题照美国今春以来之志愿而已决定矣。然日本庶众似绝对未为此问题所激动也,此则甚为可异矣。是日本已精疲力尽乎。盖何以日本全国之精神关于华盛顿会议之结果寂静不动,是盖有故也。其理由如下:

　　一、日本政府及人民已(学)〔觉〕悟日本在世界情势中所处之地位也。日本政府现已醒悟倘日本向所采用之侵略态度尤以远东问题用之为甚者,今仍不改弦易辙,则日本将处于国际孤立之地位矣。直至今日以前,不论何时,日本凡遇有外交问题发生,日本人民即激昂慷慨狂呼,政府必得采用坚决之行动,否则政府极弱不堪竟屈服于中国之下云云。日本公法学家或政客向必广开会议纷纷不一以鼓动促进政府之政策,至日本人民则似于日本政府所采用之外交政策,不论何事终有怨愤不平之意,日人以为日本国家除在外国占据土地外,决无外交成功之可言。盖日人于国际智识向甚缺乏也,即如日本与俄国在美国缔订和约之时,日本全国以为日本受人强迫而订此屈服忍辱之和约,是以日人愤激非常,以至激起革命之骚动。凡此等运动集会等事所用之经费,均由商人及军人派筹措付给之,然今则关于日本之外交问题,吾人不能复见此邦有此等激昂之全国运动矣。日本人民亦已十分明敏,足以了解日本于欧洲大战以后在世界之中所处之地位,是以不复为小政客或政界之营私植党之阴谋家所鼓惑煽动矣。

日本政府本向为军阀之政治家所控制,即在欧洲大战之前,关于外交政策尚亦企图激煽全国人心,以求餍满其侵略土地之野心。然欧战以后,此等办法不得不改易更张,而军阀派亦遂极微弱。今则日本政府及人民皆明白了解日本以前对于外交所用之旧办法,在今日列强国际关系之中已成无用之物矣。然日本政府以为,关于美国之政策不如用宣传煽惑之政策,而利用全国之人心以激动美国,日本直至今夏之前尚以为宜如是办理。是以关于耶普岛问题,关于西伯利亚撤退军队问题,关于移民出口问题,以及关于新银团问题,全国报纸皆无不热心激昂讥评美国之态度也。虽然吾人所闻,数家狂热之报纸及大学之教员外,从未闻日人有攻击美国有仇视美国之感想也。盖日人亦知倘为表示全国人心激昂慷慨起见,采用一宣传煽惑之政策以反对美国,亦属无用矣。原夫日本报纸何以在本国之中鼓吹反对美国之运动,则因各报纸以为美国或因此停止其干涉远东事务,而承认日本在远东之绝对优惠权利,兼因美国加利福尼亚州,美人有鼓吹反对日人之运动,而藉此为反抗之宣传鼓吹以为报复也。然今则日本各报纸亦知此等宣传鼓吹办法无非颇激促恶感而已,如报纸盖亦已公认其非而不讳。今也,日本政府及人民均熟知伤犯美国感情之非计,故为日本之前途起见,以为日本与美国常敦友好,绝对不渝,实为必不可免之事。惟日本并不忠信无欺,即以为美国为日本久要不忘之最好良友,此则无非日本为本国十年以内之安乐及独立起见,故决意忍受此目下之情势而不计,俟过十年再徐图计校耳。

二、日本人民现颇愿改进国内事务,而不愿日本在国外有所扩张也。夫日本人民见日本在世世之中处于孤立之地位,而态度仍甚为镇静不乱,此是事实,然口人下外交问题现已不胜其疲惫,此则为日人始行思及本国之国内身世如何之时矣。日本向来盲然,惟图向国外扩张发展,而此时始以为日本国家生命亦须国内改进增善也。实则倘日本国家之现在组织非于政治及经济有必要之改革,则日本国家或将遭遇社会之危险运动矣。何以言之,日人民治主义之目光思想,现已将全国社会无处不激之使醒悟也,日人已始思及人民之身世,而颇不思向国外扩张,为国家争攫权利矣。今日日本之最要问题即为如何采用政策,以餍全国由旧梦之中已醒之人心也。

是以日人现正思量其自身之身世,自身之家室、妻孥,方是不暇给,更无暇思及于国家也。是以此次华盛顿会议虽有狂热好事之大学教授数人或爱国热心之海军官员大声狂呼,谓日本国家现为美国在华盛顿所屈辱,日本国家牺牲无量数之血肉而始在中国获得权利,今则所有已得之权利皆失而无存,是以日本国民必得速起为国家后援云云,而何以日本人民并不为此会议之问题所激动崛起,职是故也。

三、内阁总理大臣之死。前内阁总理大臣原敬被刺而死,日本政府异常惊愕,似已惊心丧气不敢复激动人心,或尽力于华盛顿会议事宜。盖政府中人均自为其所属之政党,方经营补葺忙不暇给,且因原敬总理之死亦受惊不小,一若以为内部危险或将随之踵临也。

四、华盛顿会议之问题适在一九二一年之年末发起也。以前日本之一切革命运动向必在夏季发起,例如丑名四播之米荒骚乱,又内阁更动,以及日俄战事以后骚然不靖之乱事行动皆在夏季炎热之时发起,然在冬季,尤在年末之际,日本人民极难为外交问题所煽动或促起也。

五、日本政府选派日本参预华盛顿会议代表之政策遏灭日人攻击政府之勇气也。夫日本内阁何以选派海军大将加藤男爵及德川公爵为日本参预华盛顿会议之领袖代表,其故因倘在会议之间,或遇外交之过误发生,日本内阁欲避免其责任而不居也。现在惟贵族院始终为政友会,今内阁之可畏劲敌能捣毁内阁而有余,故政友会内阁,倘选派德川公爵为日本代表,则贵族院将关于外交政策不能攻击内阁,是以政友会内阁可不致因华盛顿会议而生内阁风潮矣。

以上云云,皆为前内阁总理大臣原敬为其内阁及为其政友会政党之故所计画之政策。至海军大臣加藤男爵之委派为日本代表,故亦与德川公爵之选为代表相同。夫华盛顿会议之主旨既为讨论裁减海军问题而召集,则加上藤男爵之选派为领袖代表亦其宜也,此理由日人皆知之。虽然前内阁总理大臣原敬之选派加藤海军大臣为代表,其故则因会议之间,倘或有外交之过误发生,欲避免海军派之痛加攻击也,盖海军派倘痛加攻击,亦或可激起内阁危机,且离间政友会与萨摩之结合大团体而拆而分之也。何以言之,盖前内阁总理大臣亦甚踌躇满志,不欲为海军中人永久攻击,以为担负责任,为忍辱决定日本与美国比较之海军标准之人也。

倘前总理大臣原敬之政党政友会为海军中人念念不忘,以为裁减日本光荣之海军势力之仇人,则政友会将永失其政治上之势力而终不能恢复。又海军派与政友会之团体结合亦必解散不存,倘果如是,则是反对政友会之政敌,宪政会将活动经营毁灭政友会之势力,终至完全无存矣。且也据政友会之历史言之,乃计画日本扩张海军以八八舰队为标准,而且证明实行此计之人也,是以政友会不愿为海军中人牢记不忘,当为裁减,即由政友会内阁一手办成之海军标准之人也。又海军大臣加藤男爵自大隈内阁时代以来,继为海军大臣,已阅三内阁矣,亦即经手办成日本海军以八八舰队为标准之人也。日本海军之根本计画系告成于原故内阁时代，而其时加藤大将则正三次连任为海军大臣也。是以前内阁总理大臣选派加藤男爵为日本参预华盛顿会议代表，其理由即为加藤大将倘在华盛顿会议讨论日本海军标准之时，或有失败，则日本海军将对于日本在华盛顿会议所采用之外交步程，亦不能有怨愤之余地也。今也，华盛顿会议之结果，真置加藤大将于必得自杀之地位，据云，加藤氏在华盛顿会议非常绝难，虽日本海军派遣其最忠实不仁之代表赴此会议，而从最初之时所豫期之一定标准，即竟不能维持到底也。是以海军中人现亦丧气，不能怨恨或攻击今内阁之外交政策矣。然据云，日本海军关于华盛顿会议之结果，其仇视美国之感想非常剧烈云。

结论：日本政府自最初之时，即并无十分希冀在华盛顿会议坚持确定严切之提案，是以关于耶普岛及中国问题，日本内阁似不失望丧气志，盖日本内阁鉴于世界之情势，以为日本在华盛顿会议所造之因果实为必不可免之事也。现在日本内阁以关于中国事宜已有四国协约订定告成，颇为喜悦，即对于山东问题日本政府似亦已决定将一切权利放弃不问。至日本政府对于日本在华盛顿会议之外交政策所奏成绩，颇为愉快欣悦者，其故如下：

（一）四国协约已商订告成以维持中国之和平。

（二）列强均甚承认日本在远东之地位，而对于中国之宣传鼓吹并无表示同情怜恤之意。

（三）日本现在满洲蒙古所有之优越权利，在华盛顿会议并不招惹列强之议论。

（四）高丽问题并不为列强唯一注意。

《中日关系史料——山东问题》，第428—433页

施肇基、顾维钧、王宠惠致外交部

1922 年 2 月 7 日到

卅一日山东案谈判第三十五次结果如下：日本将胶济铁路及其支线连同附属财产包括码头堆栈暨其他同类财产在内，一并移交于中国，中国担任给还日本移交铁路财产之实价。此项实价总数，即德人遗下之财产五千三百四十万六千一百四十一金马克，加入日本于管理铁路期间所出永久改良或增加设备之费用，减去相当之折旧共同估算而得之数也。至于码头堆栈及其他同类之财产，除去上述日本在管理铁路期间所为之永久改良，或增加设备之费减去相当折旧外已订明不征收偿款。日本政府与中国政府应各派委员三人组织一联合铁路委员会，授以估算。根据上节所述铁路财产实价之权，并办理上述财产之移交，是项移交应早办竣，至迟不得过本协约发生效力后九个月。至于给价实行办法，则中国应于铁路财产移交完毕后，以铁路财产及收入为担保，发行十五年期之国库券作为偿还路价，是项库券可于届五年期时赎还，或于五年后随时还清，惟须于六个月以前通知。在国库券未赎还期间，中国政府应选派一日本人为车务长，另一日本人为会计长，会同中国会计长执行职务，权限同等。此项人员均归中国局长节制管理监督，并可因过撤换。至关于库券细目，未经本条规定者，应由中日官税商定，至迟不得过本约实行后六个月。在胶州之公有财产管理权及盐田，其移交均不得迟过本约实行后六个月。基、钧、惠。三十一日。

《中日关系史料——山东问题》，第 433—434 页

颜惠庆会晤小幡酉吉问答

1922 年 2 月 8 日

小幡云：关于山东问题，贵国驻东京胡公使曾将贵国政府发给全权委任状之抄件，面示日本外务大臣。外务大臣答称，状中有报告太平洋会议被案一语，似以报告备案为订结本条约之必要手续。日政府以鲁案与太平洋会议系属两事报告备案于太平洋会议，实然鲁案订约必要之手

续。但作为中政府任意自发之行动，则为圆满解决本案起见，日本政府亦无异议可以承认此项委任状云云。胡公使当时允将外务大臣所言，函告贵部本使，今日复接到训令，会将谈话情形通告贵总长，故特来部。

总长云：胡公使之报告尚未到部，至于报告备案一语，当英美调停，两国开议鲁案时，曾声明此案解决后，当报告太平洋大会，故全权证书同加入此语本有根据，然本部率意为之也。

小幡云：此语何人听言。

总长云：余此时亦不能详记何之所言，然案具在，不难复按。盖此次协商既发生于大会，且以报告大会为终点也，况据报告协定业经签字，则贵国全权亦已承认中国之证书矣。

《中日关系史料——山东问题》，第434—435页

施肇基、顾维钧、王宠惠致外交部
1922 年 2 月 13 日

胶济铁路收回后，路旁自开商埠事，日代表始则要求载入记录，继则要求由我政府宣言，均被我拒绝。最后双方同意由我代表团在报纸作一宣言，然后将此宣言抄录一分，送交日团。现在此项宣言，业已拟就，特将原文电达政府，有何意见，迅盼电示。基、钧、惠。十日。

《中日关系史料——山东问题》，第437页

施履本致外交部
1922 年 2 月 15 日

鲁案议结，此间拟讨论撤兵各事，请将华会中日签约全文迅赐抄寄，以资接洽。履本。十五日。

《中日关系史料——山东问题》，第439页

施肇基、顾维钧、王宠惠致外交部

1922 年 3 月 16 日

为咨送事：查此次太平洋会议关系我国前途至为重要，基等黾勉从公，刻不敢懈。上承政府之训令，俯察舆论之依违。依照大会议事日程，将我国重要议案次第提出，迭经开会讨论，其间会议情形及议决结果均已随时电达在案。其议决各案而缔结条约者，厥有三种：一曰山东条约收回胶州及赎回胶济铁路路属之，已于二月四号与日代表双方签押。二曰九国条约罗脱原则四款，各国不得订处分中国私约，不得要求商业经济特别利益，以及取消势力范围，尊重战时中国中立铁路上平等待遇等属之，已于二月六号经九国签押。三曰关税条约亦于六号经九国签押，除签押情形及日期业经先后电达外，相应备文连同山东条约正本誊本各一份，山东会议协定一份，山东会议记录全份，九国条约关税条约副本誊本各二份，计八份。再制限海军条约誊本一份，战时禁用毒气条约誊本一份，四国附约誊本一份，计三份。统计十一份，一并交由英馆魏秘书文彬带回。赍呈钧部查核，并乞分别代呈，至为公便。此咨外交部。顾维钧、施肇基、王宠惠。

《中日关系史料——山东问题》，第 448 页

国务院致外交部

1922 年 3 月 29 日

径启者：案查督办鲁案善后事宜，王正廷呈鲁案善后筹备接收布置各端，请分明职权以专责任文一件，业于本月二十五日奉指令呈悉，准照所议办理。此令等因。奉此，相应钞录原呈，函请贵部查照可也。此致。

为呈请事：本月三日奉大总统令，特派正廷督办鲁案善后事宜等因。伏查鲁案频年相持，举国力争，经巴黎（寻）〔华〕府两次会议甫获解决。此次接收管理头绪既极纷繁，而条约规定各事项分属各机关管辖事权，复不一致，对外既苦无法因应，对内亦属难于整饬。查鲁案善

后约则事前筹备,届时接收及事后布置三大端三者贯彻,方竟全功。正廷谬承特简思竭所知,第职权必先分明,斯责任乃能专一。关于鲁案善后各事项,如市政铁路、邮电、盐矿以及开埠护路海关暨筹款赎路各端,统由督办负责办理,俟接收后布置就绪,再移交各该管机关接管。至接收期内如关系各部署如有意见,或人民对于各该管部署如有请求,均咨请督办公署审核决定,庶不致因纷歧厌杂而误进行。是否有当,伏候训示祗遵。谨呈大总统。

《中日关系史料——山东问题》,第 454—455 页

盐务署致外交部

1922 年 4 月 10 日

为咨事:查青岛盐场经华会议决,由中国备价赎回,业经部先后密令山东盐运使密查呈报为议价接收之准备。但事关重大,交涉在即,亟应将一切应办事宜预为筹画,以昭慎重。前拟具设立议接收青岛盐场筹备处简章七条,提出国务会议议决照办,经国务院函达到部署。业于本年四月六日于本署内将接收青岛盐场筹备处成立,相应钞录简章,咨照贵部查照备案。

此咨。

接收青岛盐场筹备处简章

第一条　盐务署设立接收青岛盐场筹备处,专办关于华会议决案内接收青岛盐场事宜。

第二条　本处设总办一员,会办若干员,以本署参事厅长总务处长秘书兼任设坐办一员,以山东盐运使兼任。

第三条　本处分文牍调查二股,每股各设主任一员,办事若干员,以各厅处科长科员兼任。

第四条　本处各员秉承督办署长之指探办理一切筹备事宜,凡签定文稿仍以部署名义云。

第五条　本处缮核收发事件得酌用雇员。

第六条　本处俟青岛盐场接收手续终结时即撤消。

第七条　本简章如有未尽事宜得随时呈请督办署长酌量修改。

《中日关系史料——山东问题》，第 455—456 页

外交部致徐世昌

1922 年 4 月 28 日

本大总统前特派全权代表与大日本帝国皇帝所派全权代表，在华盛顿议订解决山东悬案条约及附约。业经两国全权代表于民国十〔一〕年二月四日彼此分别签字盖印，本大总统亲加核阅，特予批准，为此署名盖玺，以昭信守。

《中日关系史料——山东问题》，第 465 页

外交部致徐世昌

1922 年 4 月 28 日

为呈请批准解决山东悬案条约，以便定期互换，仰（衫）〔祈〕钧鉴事：窃查山东问题，自我国拒答对德和约以来，久成悬案，此次太平洋会议我国全权代表施肇基等遂照政府训条，将该案于十年十一月二十八日提出大会，旋由主席美代表许士及英代表白尔福从中调停主张，由中日两国分组。鲁案会议英美派员参加讨论，自开议以后计先后协议三十六次，几经周折，始议定区分十一节二十八条附约六条。又会议纪录内协定条件十六条均经两国全权代表于本年二月四日彼此分别签字盖印，并函达大会主席报告大会备案，所有协议大概情形业由代表施肇基等呈报钧鉴在案。兹准该代表等将解决山东悬案条约及附约正本并会议纪录咨送前来。查该约规定本约连同附约应由两国批准，其批准文件从速在北京互换，至迟不得逾签字日四个月，为期甚迫，自应及早批准。兹特将应用批准文件由部敬谨拎就缮具二分，附解决山东悬案条约汉英文合璧本一册恭呈钧阅，请予署名盖墨。交本部由惠庆以外交总长名义副署后，知照日本政府订期互换，以资遵守，并附呈解决山东

悬案条约汉英文合璧本一册,藉备乙览。再查民国元年临时约法第三十五条内载大总统经参议院之同意将缔结条约等语,是按照我国立法通例,应先提交国会取其同意,惟现在国会尚未召集,开会需时,而该约之互换又未便久稽时日,拟请先引批准,俟国会开会时引提请追认。是否有当,理合呈请大总统鉴核,并予公布。谨呈大总统。大总统指令第八百八十四号令,外交总长颜惠庆呈请解决山东悬案条约批准署盖玺以便定期互换由,呈悉应即批准钤用国玺即由部定期互换以资遵守,余为所拟办理,此令。大总统盖印。国务总理周自齐、外交总长颜惠庆。

《中日关系史料——山东问题》,第465—466页

江洪杰①致外交部

1922 年 5 月 8 日

北京外交部新鲁案五日电敬悉。业于昨日备文通知日政府。特覆。洪杰。七日。

《中日关系史料——山东问题》,第470页

田中玉来电

1922 年 5 月 10 日

大总统、国务院钧鉴:外交部、内务部、陆军部、交通部钧鉴:胶济路接防,前经大总暨王督办与日使议定分期分段接收,双方组织委员会办理撤兵及接防事宜,当由王督办督率委员按照原订期间逐段接替。兹据该委员会军事委员本署参谋任居建报称,自四月十日起,日兵队始撤退,吾国即随同接防。双方订定日期分三段接收,所有各站守备队暨宪兵用之兵管官舍并残留物品,均造具表册,点收无讹。沿途防务除路警担任外,另由军队扼要防护,分驻小队于张店、坊子、高密等处,共计兵力一团,其潍县地方原有驻军未予另派,截至五月六日止办理完端,一

---

①　驻日本使馆秘书。

切尚臻妥洽等语。查此次接防适当直奉战事发生，风声鹤唳，势颇岌岌。深惧稍有牵动，内无以对全国，外无以对友邦，幸赖处以镇静，业已平安结束。除由督办公署呈报外，谨先电闻，以慰廑注。田中玉叩。青。

《中日关系史料——山东问题》，第 470 页

山东鲁案善后研究会致外交部

1922 年 5 月 11 日

大总统、国务院、外交部、王督办、田督军钧鉴：近闻政府有允日本要求，拟将沿胶济路线重要城市开为商埠之说。查国内重要商场应否开埠，须由吾国审查情形自动办理，原非外人所得干预。此次中日山东条约对于此并无特别规定，所有沿胶济路线之重要区域，自无允许日人要求开埠之理由。且考日人所以出此，无非以彼居留各地人民违法取得土地经济各项权利，经此结束难以保障，思藉开埠以图悠久。我政府尤应洞烛其隐，勿为所朦。如果鲁案结束以后各该地方商业经济实有开放之必要，吾国自当分别缓急着手进行，事关国家主权，不得不披沥详陈，尚乞严正主持，据理驳复，无任企盼。山东鲁案善后研究会。

《中日关系史料——山东问题》，第 470—471 页

王正廷致颜惠庆①

1922 年 5 月 11 日

径启者：案查德国在胶澳租界及胶济铁路沿线官公产业，曾将一部份在巴黎和会赔偿委员会作价，由德国应赔日款中扣抵。又德澳及匈加利、土耳其人民或其法人在青岛之私产中，自民国八年六月，日本青岛守备军司令部以军令第二二号发布特殊财产管理规则以后，陆续归日军管理者不少，其后复作价变卖，或转租于日本人民，究竟前项公产

---

①　时任鲁案善后事宜督办。

何种曾经作价抵偿,抵价若干,以及上项私产中有无偿价抵价日款之处,亟应将计数种类、名目价额及其所在地点、经过情形等逐项查明,俾知真相。除责成本署行政调查部详细查勘外,应请贵部将关于上列各项之和约及议定书,并附属文件等,英法文原本,暨汉文译本全卷发交本署,暂行借阅,以便饬由行政调查部分别查考,实地勘验,庶有参考,而利进行。一俟办理竣事,即当如数奉缴归档。此外如有关系参考书类及贵部于此有何意见,统希一并寄来,相应函达贵部,请烦查照办理。并祈见覆。至纫公谊。此致外交总长颜。督办鲁案善后事宜王正廷。

《中日关系史料——山东问题》,第471页

沈瑞麟①会晤小幡酉吉问答

1922年5月30日

小幡:上次王督办委唐参事来余处声称事,王督办命请将铁道及市政委员会各派委员三人,以便山东士绅可以加入云云。余当即电请政府训令,今日得复电称中国各派委员三人,日本并无异议,惟日本仍照条约所定只派委员二人。再中国虽派委员三人,然出席时仍应按照条约,只用二人出席。其余一委员,可于委员长及委员缺席时出而补充。

次长:此法亦甚好,与王督办商量。

《中日关系史料——山东问题》,第483页

日本馆会晤问答

1922年5月30日

小幡:交换山东条约事,日本遣送约本之委员今晚即可到京,贵部之意究拟何时办理交换之事。

次长:本部因明日为端节,照例休息一日,即于后日交换为何。

小幡:交换条约时,例应有全权委任状,现颜总长出京,由贵次长办

---

① 时任外交部代理部务次长。

理,似亦应由公府取得委任状方为合宜。

次长:日前呈请批准时,总统已有指令令本部定期交换,且上年中德交换条件时,亦未用全权委任状,似可援例办理。如必要委任状则展转多时,至早亦须至星期六方能交换。

小幡:倘于星期六交换,则与条约所定六月四号之日期不符,至委任状能否免用,余此时亦不知有无前例,需回馆调查后再行答覆。

《中日关系史料——山东问题》,第483页

外交部致国务院
1922 年 6 月 2 日

外交部为咨呈事:查中日解决山东悬案条约,前经本部呈事大总统批准,当即照会驻京日本公使,并电知本国驻日本代办马廷亮通知该国政府在案。兹准驻京日本公使小幡酉吉派员来部面称,解决山东悬案条约,业于本年五月二十三日事本国大皇帝批准约本亦已寄到,请定互换日期等语。当经请颁本部次长沈瑞麟换约全权六月一日事发委任状件到部。二日下午四时日本全权委员特命全权公使小幡酉吉来部,即由沈次长将所事全权状互相阅看,均属合例,当将两国批准约本彼此校对无讹缮立凭随即互换。讫该约本照案由本部收藏,相应咨呈贵院查照备案。须至咨呈者。

《中日关系史料——山东问题》,第483—484页

外交部致驻外公使、巡阅使、省督军省长、济南鲁案善后督办公署
1922 年 6 月 2 日

中日解决山东悬案条约于本日下午四时由驻系日本公使到部互换,讫特达查照。并希转去所属各领馆、并希转知交涉员。外。二日。

《中日关系史料——山东问题》,第484页

沈瑞麟呈文

1922 年 6 月 3 日

为呈报中日解决山东悬案条约互换竣事,仰祈钧鉴事:窃于民国十一年六月一日奉总统委任状开,中日解决山东悬案条约业经批准,兹委任外交次长沈瑞麟为全权,与日本国全权将批准约本彼此互换此状等因。奉此,遵即约定日本全权委员驻京公使小幡酉吉于六月二日下午四时来部,将所奉全权委任状彼此阅看,均属合例。当将两国批准约本彼此校对无讹,缮立文凭,随即互换讫。除将约本照案交部收藏外,所有中日解决山东悬案条约互换竣事缘由,理合呈报大总统鉴核备案。谨呈

换约全权委员　外交次长

《中日关系史料——山东问题》,第484页

熊垓①会晤吉田②问答

1922 年 6 月 7 日

吉田:山东悬案条约,日前已批准交换。按照国际联盟条约,此项条约例应通告联盟会。现日本政府拟由中日两国驻法大使公使,会同通告,贵部如赞成此种办法,即请训令驻法陈公使,使之会同日使办理。

熊垓:此事刻已陈明次长,次长允许照此办理。部中即当电致陈使,望贵政府急速电知驻法大使,以便接洽一切为幸。

中国第二历史档案馆藏北洋政府外交部档案

---

① 外交部代表。
② 日本参赞。